MONOGRAPHIE

DE

L'UNION DU SUD-EST

DES

Syndicats Agricoles

PAR

Claude SILVESTRE

Secrétaire général du Syndicat agricole et viticole
du Bois-d'Oingt
Auditeur au Conseil de l'Union du Sud-Est

LYON

ANCIENNE IMPRIMERIE A. WALTENER & Cie

Paul LEGENDRE & Cie, suc^{rs}

14, rue Bellecordière, 14

1894

MONOGRAPHIE

DE

L'UNION DU SUD-EST

des Syndicats Agricoles

MONOGRAPHIE

DE

L'UNION DU SUD-EST

DES

Syndicats Agricoles

PAR

CLAUDE SILVESTRE

Secrétaire général du Syndicat agricole et viticole
du Bois-d'Oingt
Auditeur au Conseil de l'Union du Sud-Est

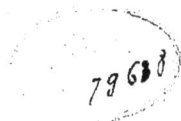

LYON

ANCIENNE IMPRIMERIE A. WALTENER & Cie
Paul LEGENDRE & Cie, sucrs

14, rue Bellecordière, 14

1894

PRÉFACE

1884-1894

La loi du 21 mars 1884 sur les syndicats professionnels a été une loi de liberté, avec l'aide de Dieu elle sera aussi une loi de salut ; en raconter les effets dans notre région du Sud-Est pendant les dix premières années, afin que les générations à venir puissent s'avancer avec confiance dans la voie nouvelle, c'est faire œuvre patriotique et grande. A ce titre, ce petit ouvrage est digne d'attention.

Dans l'esprit de quelques-uns de ceux qui conçurent cette loi, comme dans la volonté de beaucoup de ceux qui la votèrent, elle ne devait servir qu'à préparer le terrain d'attaque sur lequel ils comptaient lancer les colonnes des ouvriers à l'assaut du capital. Par un hasard providentiel leur calcul a été bouleversé.

Les socialistes, pour se renforcer, ont voulu s'adjoindre les ruraux, cette masse profonde de travailleurs, et voici que ceux-ci, plus clairvoyants, ont reconnu que la place, loin de ne contenir que des adversaires, renfermait nombre des leurs. Ils ont compris que, pour y pénétrer à leur tour, le moyen le plus prompt et le plus sûr n'était pas de tout détruire, mais bien, au contraire, de suivre le chemin du travail et de l'économie qui y avait conduit leurs anciens.

Aussi les socialistes, qui se glorifient du nom de sans-patrie, auront beau prêcher, dans nos campagnes de France, leurs doctrines subversives, ils n'y feront que peu de dupes, car nos cultivateurs savent que de ce sol généreux ils peuvent tirer l'existence de leur famille, ils savent également que, par l'économie, ils peuvent le conquérir.

Travailler pour laisser à ses enfants mieux et plus, c'est peut-être bien humain, mais quel mobile puissant aux grandes énergies ! Cela seul suffirait à légitimer la propriété.

Loin de diviser et d'opposer l'une à l'autre ces deux forces immenses, **le travail et la propriété**, les syndicats agricoles tendent à les rapprocher ; ce sera leur véritable titre à la reconnaissance de la société ; aussi convient-il de placer à la première page de ce volume, comme un symbole de l'avenir, leur belle et puissante devise :

L'Union pour la vie.

LE PRÉSIDENT DE L'UNION
DU SUD-EST

EMILE DUPORT.

INTRODUCTION

Considéré à son point de vue le plus général, le syndicat professionnel a été défini par M. Waldeck-Rousseau, dans son projet de loi sur la matière déposé en 1882 à la Chambre des Députés : « *Un contrat par lequel deux ou plusieurs personnes conviennent de mettre en commun leurs facultés, leurs connaissances ou leur activité dans un but déterminé* ». En l'espèce, nous définissons donc le syndicat agricole : « *Un contrat par lequel un certain nombre de personnes exerçant la profession d'agriculteurs ou une profession connexe, conviennent de mettre en commun leurs facultés, leurs connaissances ou leur activité pour l'étude et la défense de leurs intérêts* ». C'est, dans son esprit le plus large, l'association libre et libérale et la disparition, par elle, de toutes les barrières opposées, par les précédentes législations, à la liberté du travail, à la liberté d'association. Il n'est pas dans notre cadre de rechercher ici quels on pu être les antécédents des syndicats profes' onnels, cela nous entrainerait trop loin, peut ê.re aussi en dehors du véritable terrain neutre sur lequel nous nous plaçons et voulons rester. Qu'il nous suffise de dire, avec l'éminent président honoraire de la Société nationale d'Agriculture, M. Josseau, que les syndicats étaient tellement une nécessité

professionnelle que, malgré les prohibitions des
lois de 1791 et du code pénal, il s'était établi des
chambres syndicales pour protéger les intérêts
des diverses industries et que ces chambres, non
seulement étaient tolérées, mais recevaient de la
confiance des tribunaux mission de donner leur
avis sur le règlement des différends survenus
entre les industriels ou entre patrons et ouvriers.
Les syndicats agricoles étaient si bien une nécessité, qu'au mois de mars 1883, un an avant que
la loi ne fût votée, M. Tanviray, professeur départemental d'agriculture à Blois, organisait, dans
le Loir-et-Cher, un syndicat départemental qui est
resté, même aujourd'hui, l'un des meilleurs types
d'associations professionnelles agricoles. Ce fut
donc une poussée de l'opinion publique qui fut
la cause déterminante de la loi sur les syndicats
professionnels et, fait étrange, quand, le 20 novembre 1880, le premier projet fut déposé par les
ministres de la justice et de l'agriculture, sur le
bureau de la Chambre, on ne pensait pas du tout
à l'appliquer à ceux qui en devaient le plus bénéficier, aux agriculteurs. On lit généralement
peu en France et ceux qui lisent, dans les journaux, les débats parlementaires, s'attachent avant
tout, pour s'en égayer, aux séances agitées ou
scandaleuses; quant aux discussions d'affaires,
elles n'excitent guère l'intérêt ni au dehors, ni
même à l'intérieur du Palais-Bourbon et, le plus
souvent, elles passent inaperçues. C'est certainement à cette regrettable tendance que nous
devons d'avoir vu la loi sur les syndicats professionnels ballottée pendant trois ans du Palais-
Bourbon au Luxembourg, sans qu'aucun des
députés nommés par les agriculteurs ait eu
l'idée de les en faire bénéficier. C'est seulement
à la dernière lecture, le 21 février 1884, un mois
par conséquent avant le vote définitif de la
loi, qu'un sénateur du Doubs, M. Oudet, proposa d'ajouter la profession agricole aux professions de l'industrie et du commerce seules

appelées au bénéfice de la loi. Cet amendement, dont rien n'indiquait la portée, dont personne ne prévoyait les conséquences, fut adopté sans aucune opposition. La grande dédaignée était donc admise, mais d'une manière incidente, en quelque sorte à la dérobée, comme un pauvre honteux qu'on laisse entrer par la porte de service; plus d'un, sans doute, qui vota l'amendement de M. Oudet, avait ses pensées de derrière la tête et ne s'imaginait guère que ce simple mot recouvrît tant de choses nouvelles.

Quoiqu'il en soit, la loi définitive naissait le 21 mars 1884 et, avec elle, la démocratie rurale si longtemps oubliée, si longtemps asservie, renaissait pour constituer cette armée qu'un publiciste de talent appelait récemment le Cinquième État et qui, sous le drapeau des syndicats agricoles, doit réunir ceux qui, dans l'État, sont le nombre et peuvent être la force : les agriculteurs.

Ce mouvement, qu'on peut bien appeler la Renaissance agricole, ne fut pas cependant immédiat et, à part le syndicat de Loir-et-Cher, qui régularisa sa situation, nous ne connaissons guère que deux syndicats, ceux d'Allex et de Die, tous deux dans la Drôme, dont l'origine remonte à 1884. Nous sommes heureux et fiers de constater ici que le mouvement agricole est parti du Sud-Est et que c'est à nos amis MM. de Fontgalland et de Gailhard-Bancel que l'honneur en revient.

Ce n'est donc, en réalité, qu'en 1885 que le mouvement se dessina pour prendre, chaque année, ces proportions grandioses qui l'on fait justement appeler le « réveil des ruraux ». Si le développement des syndicats a été lent à se faire jour au début, comme l'a fait très justement remarquer M. Hautefeuille, c'est que les propriétaires fonciers, petits ou grands, indépendants par leur situation même, sont peu disposés à aliéner leur liberté au profit d'une association dans laquelle

ils ne sont plus qu'une unité souvent négligeable,
en tout cas un simple élément dans un grand tout.
Vaincre cette disposition d'esprit très naturelle
était une œuvre difficile et délicate et quand, pour
la première fois, dans les premiers jours de mars
1885, celui qui a eu l'honneur de mériter le titre bien
enviable de « Père des syndicats agricoles », M.
Deusy, exposa à l'Assemblée générale des Agriculteurs de France l'économie de la loi de 1884 et le
parti que l'agriculture en pouvait tirer, on l'écouta
avec surprise, avec défiance même, mais comme à
ce moment la crise était des plus violentes et qu'elle
exigeait un prompt et efficace remède, la Société,
entraînée par son très distingué président,
M. le marquis de Dampierre et par M. Sénart qui
mettait toute sa virile éloquence, toute sa science
juridique d'ancien président de chambre à la
cour d'appel de Paris, au service des syndicats,
décida, par un vote unanime, qu'elle seconde-
rait de ses vœux et de son appui l'œuvre
qu'on allait entreprendre. Quelques hommes
d'action comprirent aussitôt, raconte M. du Bled,
quel parti on pouvait tirer de la situation, se mi-
rent à l'œuvre et prêchèrent avec ardeur la croi-
sade des syndicats agricoles ; à leur tête, M. Deusy,
véritable Pierre l'Ermite de l'idée, parcourut la
France, réveillant de sa torpeur le monde agricole, sonnant en même temps la charge et la victoire. Agir, agir sans cesse, donner l'exemple du
dévouement, prendre partout l'initiative, marcher
sagement, progressivement, ne pas mêler l'ivraie
de la politique au pur froment de l'agriculture,
se cantonner sur le terrain purement agricole et
économique, voilà le programme.

Nous verrons, dans la suite de ce livre, comment les syndicats de l'Union du Sud-Est ont
rempli ce programme, mais, dès maintenant, nous
pouvons dire que les 1.100 syndicats qui rayon-
nent sur la France entière ont bien compris ce
qu'on attendait d'eux et que, partout où ils ont
été bien administrés et tenus en dehors des

querelles de parti, ils ont réussi au-delà de ce que les plus optimistes en pouvaient espérer.

C'est qu'en effet, dirons-nous avec M. Robert de la Sizeranne, la loi sur les syndicats a eu cette rare fortune d'apparaître juste à l'heure où trois grands faits bouleversaient le monde agricole et lui faisaient sentir le besoin de s'unir. Un nouvel ennemi était venu fondre sur l'agriculture : le *phylloxera*, de nouveaux alliés accouraient à sa défense : les *engrais chimiques*, un nouvel obstacle se dressait devant elle : *les traités de commerce*.

Pour combattre les uns et se servir des autres, pour se débrouiller au milieu de cette guerre nouvelle et sur ce champ de bataille immense, l'expérience des pères ne suffisait plus aux enfants. Il fallait mettre en commun les expériences nouvelles, se concerter, se consulter, s'entr'aider ; il fallait distinguer, entre les mille engrais offerts par le commerce, ceux qui étaient bons à quelque chose, puis ceux qui étaient bons à la chose que l'on voulait, pour le terrain qu'on possédait ; il fallait ensuite se liguer pour obtenir du commerce le prix du gros et en faire bénéficier le petit cultivateur. L'union, la cohésion s'imposaient donc. Ajoutons à cela le renouvellement des traités de commerce qui dressait les intérêts des villes contre ceux des campagnes et nos lecteurs saisiront facilement pourquoi l'idée de coalition agricole a si bien germé de la Manche aux Pyrénées.

Comme le disait fort éloquemment notre vénérable collègue, M. Deusy, au Congrès d'Autun « l'idée syndicale appliquée à l'agriculture se produisait à son heure ; elle répondait à un besoin ; elle venait en aide à des intérêts en souffrance : son développement a été merveilleux. Hier, nous n'étions nulle part ; aujourd'hui nous sommes partout. Sans autres moyens d'action qu'un dévouement franc et loyal, nous sommes parvenus à tirer le monde agricole de sa léthargie, à le mettre debout et à le lancer, hors de la routine, dans la voie de la réforme et du progrès. Nous ne sommes ni des utopistes, ni des poètes, nous sommes tout bonnement des gens pratiques, terre à terre si l'on veut, et nous nous glorifions de la qualification de paysan qu'on nous jette quelquefois au visage, comme une injure, parce que nous nous glorifions, avant toute appellation politique, d'être des hommes du pays ».

Tous les paysans — et par paysans nous entendons tous ceux qui vivent sur le sol et par le sol, sans distinction de classes — tous les paysans ont intérêt à développer ce mouvement, à s'en émouvoir, à le rendre de plus en plus puissant. C'est ce mouvement qui, seul, nous donnera le droit, la force et nous permettra de faire écouter en haut lieu les doléances de l'agriculture.

Que demandons-nous après tout ? La liberté, l'égalité, la fraternité, la justice ! Et, malgré ce que peuvent insinuer nos ennemis, c'est le plus respectueusement du monde, et en évoluant toujours dans le cadre strict de nos lois, que nous arriverons à conquérir notre droit.

Agriculteurs, aidons-nous mutuellement et luttons sans jamais perdre courage. La fortune et l'honneur de la France récompenseront nos efforts.

Le Bois-d'Oingt, 1er mai 1894.

C. SILVESTRE.

MONOGRAPHIE

DE

L'UNION DU SUD-EST

TITRE PREMIER

L'Association au premier degré. Le Syndicat.

CHAPITRE PREMIER

HISTOIRE COMPLÈTE DES SYNDICATS DE L'UNION

Pour donner à cette première partie plus d'importance et surtout moins d'uniformité, nous avons demandé aux Bureaux des syndicats unis de vouloir bien nous envoyer, eux-mêmes, la monographie de leurs syndicats respectifs.

C'est assez dire que nous nous sommes fait un scrupule de respecter l'esprit de leurs réponses, laissant, bien entendu, à chacun de nos correspondants, la responsabilité de ce qu'il écrit. Nous sommes heureux de constater l'empressement mis par les syndicats à nous répondre et nous nous faisons un devoir de remercier publiquement tous ceux qui ont ainsi colla-

boré à notre œuvre et nous ont aidé, par là, à mettre
en relief le chemin parcouru, depuis dix ans, dans la
région du Sud-Est, par l'idée syndicale.

---

§ 1. — Syndicats du département de l'Ain.

Syndicat agricole et viticole de Belley.

Le syndicat agricole et viticole de l'arrondissement
de Belley est un des sept premiers syndicats agricoles
fondés en France.

Après l'avoir fait fonctionner un certain nombre de
mois entre divers agriculteurs qu'il avait mis en rapport avec le Syndicat central des Agriculteurs de
France, dès le jour de la création de cet office, M. du
Vachat, son promoteur, crut qu'il convenait de ne pas
laisser croire qu'il s'agissait de nuire à la prospérité
du Comice agricole existant déjà à Belley et, pour
écarter tout sujet de conflit, il appela tous les membres du comice à bénéficier des avantages de l'association naissante. Le 7 février 1887, en séance
générale du comice il fut donc décidé : 1º Que le
syndicat serait constitué régulièrement entre tous les
membres du Comice et que les premiers statuts seraient déposés à la mairie; 2º que les membres de la
Société de Viticulture de l'Ain résidant dans l'arrondissement de Belley en feraient également partie de
droit, sans avoir à payer aucun supplément de cotisation et, 3º, que des membres étrangers à ces deux associations pourraient, de plus, être agrégés à l'association syndicale.

Un Bureau commun au comice et au syndicat était
appelé provisoirement à diriger indistinctement les
deux associations.

Un bulletin périodique, devant être l'organe du

comice et du syndicat, fut créé à la fin de l'année suivante.

En 1889 le syndicat agricole de Belley s'associait aux travaux de propagande du syndicat économique agricole et prenait part à la campagne commencée par MM. Flourens et Kergall pour la suppression de l'impôt foncier, au nom de la démocratie rurale.

Par ses soins, un grand nombre de communes de l'arrondissement de Belley, toutes celles de trois cantons notamment, prirent des délibérations pour accentuer leurs revendications.

Après deux années de vie commune, il parut nécessaire de faire fonctionner séparément les deux associations. La multiplicité des services, le nombre croissant des membres, le besoin d'expansion du syndicat qui s'adressait à tous les cantons de l'arrondissement, alors que le comice ne comprenait que sept d'entre eux, et surtout l'apparition d'un syndicat rival qui se formait à Belley sous les auspices de M. Paul Cottin, ancien député, tous ces motifs déterminèrent l'Assemblée générale du comice agricole à voter la séparation des deux associations.

Le syndicat agricole de Belley avait besoin de la liberté de ses mouvements pour ne point se laisser amoindrir par le syndicat rival qui tendait manifestement à l'absorber.

La séparation à peine prononcée, le nombre des membres alla croissant rapidement, alors même que le syndicat agricole crut devoir s'interdire de leur fournir la plupart des produits alimentaires ou d'épicerie qui étaient distribués dans les bureaux du syndicat rival. Celui-ci ayant abaissé à 1 fr. le taux des cotisations, M. du Vachat dut suivre cet exemple. Son Bulletin continua néanmoins à paraître, mais à des intervalles irréguliers, le produit de cotisations à 1 fr. ne permettant pas de défrayer une publication mensuelle où l'on cherche à donner, dans chacun de ses numéros, des articles originaux toujours appropriés aux besoins culturaux du pays ou aux questions vitales du moment.

Le syndicat s'applique spécialement à fournir des

plants de choix, les semences les plus variées, des
engrais chimiques contrôlés par des analyses régulières, des instruments agricoles perfectionnés.

Mais il ne se borne pas à faire des fournitures de
denrées et d'objets nécessaires à la profession agricole,
il a, dès le principe, cherché à fournir des indications
sérieuses pour que les commandes soient faites d'une
façon judicieuse, utile. Il a donc organisé un service
de renseignements pour faire appliquer et compléter,
au point de vue pratique, les enseignements fournis
par la chaire d'Agriculture nouvellement créée à
Belley ou par le Bulletin du Syndicat.

C'est ainsi que, toutes les fois que les intéressés n'ont
pu encore faire procéder à l'analyse de leurs terres
au laboratoire de la ville de Belley, le Bureau du
Syndicat fait souvent doser les terres à l'aide du calcimètre Bernard, afin de fixer les membres sur le choix
des engrais chimiques à appliquer, sur la nature des cépages à adopter pour la reconstitution de leurs vignobles.

Sentant qu'un syndicat n'est pas constitué seulement pour fournir des marchandises, qu'il doit avant
tout procurer à ses adhérents l'instruction professionnelle, et ayant remarqué qu'à côté de l'enseignement officiel il est nécessaire parfois d'organiser des
conférences libres confiées à des hommes d'un mérite
reconnu, pour mieux habituer enfin les populations
rurales à la fréquentation des cours qui leur sont
destinés, le syndicat a fait appel au concours de MM.
Jossinet, chimiste agronome, Bernard, directeur du
Laboratoire et de la station agricole de Cluny, Froissard, d'Annecy, apiculteur vulgarisateur, etc., etc.

Soit dans diverses conférences, soit dans l'ensemble
des numéros du Bulletin, M. Jossinet, a traité, avec
clarté et une grande compétence, diverses questions
d'agronomie, guidant nos cultivateurs dans l'emploi
judicieux des engrais chimiques. Son étude géologique
des terrains du Bugey restera le point de départ de
tout travail de reconstitution du vignoble dans notre
pays.

M. Bernard a fait connaître l'usage du calcimètre et

la nécessité, pour une culture raisonnée, du dosage du calcaire et de l'argile. A la suite de sa conférence, l'emploi du calcimètre s'est vulgarisé dans l'arrondissement.

Cinq premières conférences ont été données, dans divers cantons, sur l'élevage rationnel des abeilles, avec un si grand succès par M. Froissard, que M. le ministre de l'Agriculture, déférant à la demande des sénateurs et députés de l'Ain, a délégué ce professeur pour faire de nouvelles conférences dans les autres cantons de l'arrondissement et dans plusieurs villes du département.

Le syndicat agricole de Belley compte aujourd'hui 4.000 adhérents. Le chiffre de ses achats s'est élevé, pour l'exercice 1893, à 200.000 francs. Tout annonce que ce chiffre doublera dans le cours de l'année courante.

Le Bureau a fait une demande pour obtenir de cultiver le tabac dans l'arrondissement. Une première autorisation, pour 1894, a été accordée au profit de diverses communes de deux des cantons les plus importants. Les autorisations de culture pourront, les années suivantes, être étendues de proche en proche.

Pour remplir la seconde partie de son programme qui est relative à la vente des produits agricoles, le Bureau a établi un marché aux vins qui s'est tenu, pour la première fois, le 17 novembre 1893. Depuis lors et par la force des choses, le siège du syndicat est devenu l'office de la vente des vins, les viticulteurs y apportent leurs échantillons au vu desquels les marchands de passage ou les consommateurs traitent des marchés.

L'office de la vente des vins a donné de bons résultats pour l'année de début et malgré la mévente des vins de France.

D'autre part le Bureau étudie l'organisation d'une assurance mutuelle contre la mortalité du bétail. Le projet est prêt, la constitution de la société ne tardera pas à être un fait accompli.

L'organisation de l'office de la vente des vins et la création d'une association d'assurances mutuelles contre la mortalité du bétail sont l'œuvre propre du secrétaire général, M. Bégérard, avocat, qui y a consacré tous ses soins.

Voilà ce que le syndicat a fait sous la direction intelligente et généreuse de son président, M. du Vachat, qui, pénétré de la pensée que le plus noble rôle de l'homme en ce monde est de se rendre utile à ses semblables, en particulier aux travailleurs, a mis au service de l'ouvrier des champs son activité, ses connaissances, sa fortune elle-même.

C'est un exemple qui méritait d'être cité, souhaitons qu'il trouve des imitateurs.

Syndicat agricole de Béligneux.

Créé le 11 avril 1886, ce syndicat a eu quelques bonnes années de prospérité puisqu'il a fait jusqu'à 15.000 francs d'affaires.

Nous aimons à croire qu'il en est toujours ainsi ; nous regrettons toutefois que son Bureau ait poussé la modestie jusqu'à vouloir, envers et contre tous, rester dans l'ombre.

Syndicat agricole et viticole de Beynost.

Le 15 mars 1891 M. Foray, ex-président du syndicat du Mas-Rillier, fut invité à venir à Beynost. Il expliqua le fonctionnement d'un syndicat et fit valoir les avantages à en retirer. Il fut compris. Le 7 mai suivant, vingt-quatre membres signèrent les statuts et nommèrent la Chambre syndicale.

Le 31 mai, la Chambre syndicale nomma son Bureau.

Le 1er juin, le dépôt des statuts fut fait à la mairie. Notre syndicat était constitué.

Depuis cette époque, aucun changement n'a été fait, chaque renouvellement (articles 6 et 16 des statuts) a maintenu en fonctions les mêmes membres. Depuis

juillet 1891 jusqu'à ce jour, il y a eu onze membres
nouveaux admis et trois qui se sont retirés. Total actuel, trente-deux membres.

Le syndicat de Beynost fait partie de l'Union du
Sud-Est depuis janvier 1892.

Tous ses membres reçoivent le Bulletin spécial aux
syndicats de Neyron, du Mas-Rillier et de Beynost. Ils
sont aussi tous adhérents participants à la Coopérative
agricole.

Les opérations du syndicat consistent en marchandises d'alimentation et de consommation, en engrais
chimiques et outils divers. Le chiffre annuel d'affaires
est d'environ 5,300 francs, se décomposant ainsi : épicerie, 2,500 francs; charbons, 800 francs; engrais chi
miques, 1,800 francs; outils et objets divers, 200 francs.

L'actif de la caisse du syndicat, au 10 décembre 1893,
est de 186 fr. 25 c., y compris la somme de 50 francs,
versée pour une action à la Coopérative.

Le syndicat, ayant peu de ressources, n'a fait aucune
conférence, n'a pas de champ d'expériences, ne donne
pas d'adjudications. Il n'a pas non plus de règlement particulier, ses statuts lui ayant suffi jusqu'à ce
jour.

Syndicat agricole de Bourg.

Un voyageur avait une longue course à faire à travers des chemins abrupts et rocailleux, couverts de
ronces et de broussailles. Arrivé au sommet d'une
colline, il sentit le besoin de se reposer et de reprendre
de nouvelles forces pour continuer sa marche en
avant. Ainsi ferons-nous aujourd'hui au syndicat de
Bourg. Il y a juste cinq ans que notre association dé-
butait modestement, à travers mille difficultés, et
beaucoup prétendaient que nous n'arriverions jamais
à les surmonter. Heureusement, le courage ne nous a
pas fait défaut et, malgré quelques éclaboussures produites par les ronces du chemin, le Ciel aidant, nous
voilà arrivés sains et saufs à la fin d'une période où il

devient intéressant de jeter un coup d'œil en arrière,
sur notre passé mouvementé et difficile. Au fait, rien
n'est plus propre à stimuler le zèle de nos adhérents
que cette étude rétrospective de notre syndicat qui a
débuté avec moins de cent membres et qui en compte
aujourd'hui plus de deux mille.

1re Année, 1889. — C'était le 13 mars 1889. Quelques propriétaires et cultivateurs du canton de Bourg
étaient réunis pour organiser un syndicat agricole.
Tout d'abord, l'association ne devait pas dépasser les
limites du canton. M. Grant de Vaux, qui avait pris
l'initiative de cette création, ouvrit la séance par ces
paroles :

« Je vous remercie d'être venus nous aider à former
le syndicat agricole de Bourg. Cette création s'imposait et était désirée par un grand nombre de cultivateurs. C'est qu'en effet les syndicats agricoles sont
appelés à rendre d'immenses services aux cultivateurs. Les résultats obtenus ailleurs sont déjà remarquables, mais ils seront bien autrement sérieux
quand les syndicats auront groupé tous les cultivateurs.

« Il est absolument nécessaire que les syndicats
soient largement ouverts et que leurs membres se
recrutent dans toutes les catégories de la classe agricole ; car il importe au plus haut point de réunir tous
les membres de la grande famille agricole, afin de leur
apprendre à se connaître, puis à s'aider.

« Certes, il ne faut point introduire la politique dans
ces associations ; on doit l'en bannir avec soin. Mais
enfin, on ne nous persuadera pas qu'un syndicat fasse
de la politique lorsqu'il dit à ses membres : « L'agriculture doit être défendue à la Chambre, au Sénat et
partout. Nous nous plaignons d'être écrasés d'impôts,
de plier sous le faix de la concurrence étrangère. Il
faut donc s'occuper de diminuer les dépenses, d'augmenter les recettes des cultivateurs. Agir ainsi, c'est
rester dans le cadre absolu fixé aux syndicats par la
loi ».

Le bureau du syndicat a été élu immédiatement.

Puis on arrêta le texte des statuts. La cotisation fut fixée à 2 fr. par an pour les membres ordinaires et à 5 fr. pour les membres fondateurs. Devaient être considérés comme membres fondateurs, tous les rentiers et propriétaires ne travaillant pas de leurs mains en agriculture.

A la réunion du 10 avril, tenue dans la salle du Bastion, près de 300 cultivateurs étaient présents. La Chambre syndicale fut nommée, en grande partie du moins. M. Guinand, président du syndicat de Saint-Genis-Laval, fit une conférence sur les syndicats, leur fonctionnement, leurs avantages. Cette thèse fut vivement applaudie par l'Assemblée. A la fin de la séance, environ cent membres se firent inscrire au syndicat. Notre association était constituée, bien faiblement encore ; mais enfin elle pouvait fonctionner. Le dépôt légal des statuts fut fait à la mairie de Bourg. Plusieurs membres firent immédiatement des commandes.

Peu à peu, on nomma des correspondants spéciaux dans tous les groupes où ils étaient nécessaires.

Comme il fallait au syndicat un organe de publicité, M. Girod, secrétaire-trésorier, fit, à la date du 3 juin 1889, auprès de M. le Procureur de la République, la déclaration prescrite par la loi de 1881, sur la presse, à titre de gérant du *Bulletin du Syndicat agricole de Bourg*, qui commença à paraître. Trois numéros seulement furent publiés sous ce titre. En raison du faible tirage, le prix de notre Bulletin était relativement trop élevé et nous ne pouvions lui donner que huit pages, ce qui était insuffisant.

Sur ces entrefaites, le syndicat de Bresse, siégeant à Bagé, demanda à s'unir au nôtre, pour ne publier qu'un seul Bulletin, dont les frais seraient payés par chaque syndicat, dans la proportion du nombre de leurs membres. Après entente entre le gérant du Bulletin de Bourg et le bureau du syndicat de Bresse, il fut décidé, courant d'août 1889, qu'un seul Bulletin serait servi aux membres des deux syndicats. En conséquence, à la date du 3 septembre, M. Girod fit au Parquet une nouvelle déclaration de publication d'un journal mensuel sous le titre de *Bulletin des Syndicats agricoles de l'arrondissement de Bourg*. Le tirage de notre publication ainsi transformée atteignit bientôt 2,500 exemplaires. Cette combinaison, avantageuse pour tous, n'augmenta pas nos frais, quoique le Bulletin fût de 16 pages, au lieu de 8 qu'avait l'ancien.

A la même époque, nous avons demandé et obtenu l'affiliation du syndicat de Bourg à l'Union des Syndicats des Agriculteurs de France, à Paris, et à l'Union du Sud-Est, à Lyon, dont les Bulletins nous sont envoyés. Ces Unions ont des Offices, par l'entremise desquels nous pouvons réaliser quelques achats pour nos adhérents et parfois aussi des ventes.

Nous échangeons aussi, dès cette époque, notre Bulletin avec ceux de plusieurs autres syndicats de la région, et aussi avec ceux du Calvados et de la Charente-Inférieure, qui sont des modèles pour leur vaste et puissante organisation.

Des réunions de tous les membres ont lieu à Bourg, le troisième mercredi de chaque mois, d'abord dans la salle de la Société des Courses, puis dans le manège de M. Berthet et, en dernier lieu, dans la salle du Bastion.

A la fin de cette première année, le syndicat comprend environ 500 membres, très inégalement répartis dans les cinq cantons de Bourg, Ceyzériat, Coligny, Pont-d'Ain et Treffort.

Recettes effectuées	1.349 50
Dépenses	1.116 05
Reste en caisse	233 45

2e année, 1890. — Au printemps de 1890, le syndicat a fait venir de Saint-Just-la-Pendue (Loire) 12,100 kilos de semences choisies de pommes de terre livrées par notre collègue, M. Philibert Vignon, habile producteur du dit lieu. Ces semences furent livrées au prix de revient aux membres qui les avaient retenues, et chacun vint recevoir à la gare de Bourg les sacs qui lui étaient destinés. On se rappelle que ces semences produisirent d'abondantes récoltes. Les rendements furent bien supérieurs à ceux des variétés abâtardies du pays. Impossible de compter les tombereaux récoltés en plus chez ceux qui reçurent nos semences. Aussi, on vanta partout les pommes de terre du syndicat.

Le 16 juillet 1890, le syndicat inaugura, dans sa réunion du Bastion, une exposition de céréales en paille et épis. Les membres apportèrent des spécimens fort beaux de blé, de seigle, d'orge et d'avoine. La simple vue de ces produits, vraiment remarquables, décida beaucoup de cultivateurs à s'approvisionner de ces bonnes semences, et on reconnut qu'il y a avantage à les renouveler de temps en temps.

Cette exposition se reproduit tous les ans avec plein succès. Elle fournit aux producteurs de belles céréales, l'occasion de les vendre pour en faire des semences, et les acheteurs en obtiennent généralement les meilleurs résultats.

Nombre des membres en 1890, 800.

Recettes effectuées	2.285 65
Dépenses	1.573 80
Reste en caisse	711 85

3e année, 1891. — Sur la proposition de M. Grant de Vaux, le syndicat provoque des pétitions en faveur des fruitières de l'Ain, pour demander que les fromages étrangers, et notamment ceux de Suisse, payent un droit équivalent à l'impôt que supportent les cultivateurs français. Cette pétition, couverte de plusieurs milliers de signatures, présentée à nos députés et sénateurs, est bien accueillie par les pouvoirs publics et il y est fait droit par une loi en conséquence. Cette campagne du syndicat, si heureusement terminée, nous causa une dépense de près de cent francs en frais d'impression, de correspondance et autres.

Nouvelles commandes de pommes de terre à Saint-Just-la-Pendue, et aussi à Grièges-Feillens. Un wagon de Richter Imperator nous est envoyé du département de l'Oise, au prix de revient de 10 fr. 50 les 100 kilos, quand, à la même époque, le commerce vendait cette même variété 30 fr. et plus les 100 kilos.

En février 1891, un Comité de consultations gratuites est organisé. Il comprend MM. de Quérézieux, ancien magistrat; Dareste de la Chavanne, avocat et Thiévon Antoine, aussi avocat. A cette liste, il a été ajouté le nom de M. Ebrard, avoué. Ce comité règle gratuitement les difficultés qui lui sont présentées par les membres du syndicat. Il a rendu déjà de grands services aux syndicataires qui ont eu à l'employer.

M. Chossat de Montburon fait don au syndicat des principaux ouvrages de M. Puvis sur la marne, la chaux, etc.

Dans un but de vulgarisation agricole, nous avons acheté, à la même époque, 400 exemplaires du livre de M. Monnier sur l'agriculture de notre pays; puis, 1.000 exemplaires d'un opuscule très bien fait sur les engrais chimiques, signé : *Un petit cultivateur*. Ces deux derniers ouvrages ont été distribués aux membres, tant dans les réunions de Bourg que dans les communes.

Le 10 mai 1891, Assemblée générale du syndicat et, à cette occasion, belle et très instructive conférence de M. Emile Duport, aujourd'hui président de l'Union du Sud-Est. Un concours régional tenait alors ses assises à Bourg. Nos membres s'empressent de profiter des enseignements qu'il comporte et assistent aux diverses conférences faites dans le champ du concours et aussi par la Société des Agriculteurs de France.

A la fin de la saison, le Bureau reçoit de nombreuses lettres annonçant que les pommes de terre livrées par le syndicat ont bien réussi à peu près partout.

Nombre des membres du syndicat : 900.

Recettes effectuées	3.055 80
Dépenses	2.006 55
Reste en caisse	1.049 25

4e *année*, *1892*. — Les réunions mensuelles se tiennent rue Notre-Dame, n° 13, à Bourg, dans une salle louée par le syndicat au prix de cent francs par an.

Pour encourager l'élevage du bétail et en améliorer la race, le syndicat décide de donner des primes sur le champ de foire de Bourg.

M. Armand, l'un des vice-présidents du syndicat, ayant donné sa démission, la Chambre syndicale réunie à cet effet le 22 juin 1892 nomme en son remplacement M. Paul Morgon, de Jasseron, qui dirige avec un succès remarquable l'un de nos meilleurs groupes.

Le 2 juillet, une délégation du syndicat est admise à Versailleux chez M. de Monicault, pour visiter ses cultures. Un rapport de cette visite est publié au Bulletin.

Au concours du Comice agricole de Bourg, en août 1892, notre syndicat ayant présenté une exposition collective de produits agricoles, obtient pour récompense une médaille de vermeil, grand module, que le secrétaire-trésorier reçoit des mains de M. le Préfet, avec ses félicitations au sujet du syndicat, dont les services sont très appréciés.

Le 21 septembre, M. de Monicault assiste à notre réunion mensuelle et y fait une conférence très pratique sur les engrais chimiques. Le Bulletin s'en est fait l'écho et les enseignements du célèbre agronome ont été répandus au loin au grand profit de notre agriculture.

Le 19 octobre, M. le curé de Nantua nous fait une conférence sur l'apiculture, en montrant les appareils de son invention. Le Bulletin a reproduit cette conférence en quatre articles très intéressants, qui ont été lus avec profit par nos agriculteurs.

Le 13 novembre, à la suite d'une réunion syndicale tenue à Coligny, l'ancien syndicat viticole de cette région demande à se réunir à celui de Bourg, M. le docteur Gauthier, son fondateur et président ne pouvant plus s'en occuper, en raison de ses devoirs professionnels.

Nombre des membres du syndicat : 1.000.

Recettes effectuées	3.614 »
Dépenses	2.277 75
Reste en caisse	1.336 25

5e *année, 1893.* — Le syndicat continue sa marche en avant. Les commandes se multiplient. La rigueur

de l'hiver précédent et la sécheresse de 1893 créent
des besoins nouveaux, auxquels nous nous efforçons
de donner satisfaction. Beaucoup de cultivateurs ayant
laissé geler leurs porte-graines de raves et de betteraves, on nous a demandé ces sortes de semences,
que nous avons eu l'avantage de faire livrer à bon
marché et en tout premier choix. Sous ce rapport,
quantité de cultivateurs étrangers au syndical ont
éprouvé de grandes déceptions. Tels et tels, qui
croyaient avoir semé des raves, ont vu pousser de la
navette ou d'autres crucifères. Tout à côté, les raves
d'Auvergne et du Limousin, semées par nos membres,
ont donné des rendements énormes et de bonne qualité. Cette simple constatation nous a amené bon
nombre d'adhérents nouveaux. Les plus réfractaires
aux idées de progrès avouent que le syndicat a du
bon et qu'il est avantageux d'en faire partie.

A la fin de décembre 1892, le syndicat de Bresse
ayant annoncé son intention de se retirer du syndicat
de Bourg pour le Bulletin, en adoptant un Bulletin
omnibus publié à Lyon par l'Union du Sud-Est, il en
résulta un certain mécontentement dans le syndicat
de Bresse. Tout le canton de Montrevel demanda à
recevoir notre Bulletin et adhéra à notre syndicat.
Les communes de Saint-Martin-le-Châtel et de Curta-
fond, qui avaient pris les devants, furent bientôt suivies par celles de Malafretaz, Etrez, Saint-Didier-
d'Aussiat, Cras, Cuet, Foissiat, Bereyziat. Attignat,
l'une des dernières arrivées, est entrée encore plus
franchement que les autres dans le mouvement syndical. C'est le groupe qui travaille le plus ; il comprend
près de cent membres bien unis et faisant d'excellentes opérations. Ce développement rapide est dû à
l'initiative intelligente de l'un des plus dévoués de
nos correspondants, M. Curt Félix, de Crangeat, qui
était des nôtres à l'origine même du syndicat.

A la suite de la démission de M. Curt, de Saint-
Denis, comme vice-président, la Chambre syndicale
l'a remplacé, le 14 juin 1893, par M. Renard, agriculteur à la Verjonnière, qui a apporté au syndicat son

concours le plus dévoué, ce dont nous avons lieu tous
d'être très reconnaissants.

A l'Assemblée générale du 8 novembre, M. Victor
Cambon, ingénieur des Arts et Manufactures, à Lyon,
a fait une conférence sur l'alimentation du bétail. Cette
conférence, d'une utilité incontestable, a été imprimée
en une brochure spéciale, qui se vend 20 centimes
seulement à nos syndicataires.

Des réunions sont organisées dans les villages et
présidées tantôt par M. Grant de Vaux, tantôt par
M. Renard. Elles amènent de nombreuses adhésions et
le syndicat s'accroît rapidement.

A la fin de 1893, nous comptons 1.800 membres.
Recettes effectuées....................... 4.743 10
Dépenses 3.097 45

Reste en caisse 1.645 65

Tel est le résumé historique de notre situation pendant les cinq années écoulées. Les jalons que nous
venons de planter indiquent le chemin parcouru.

Toutefois, il est un point que nous avons laissé
dans l'ombre : c'est le détail des marchandises que le
syndicat a fait livrer à ses membres. Il eût été fasti-
dieux de le donner pour chaque année. Nous nous
bornons à parler des livraisons faites en 1893.

Or, plusieurs de nos groupes ont, par devers eux,
des fournisseurs auprès desquels nous ne pouvons
intervenir au point de vue de la statistique. Nous
avons aussi, un peu partout, bon nombre de marchands qui accordent des remises aux membres du
syndicat sur la simple présentation de la quittance de
cotisation.

Il reste les commandes transmises directement par
le Bureau, qui sont nombreuses et extrêmement variées. Elles comprennent :

1° *Semences et pépinières.* — Blé de pays, blé Chid-
dam, blé barbu à gros grains, seigle, avoine, raves,
betteraves, vesces de printemps, vesces d'hiver, vesce
velue, maïs quarantain, trèfle, luzerne, polygonum de

Sakalin, pommes de terre, sarrasin de Bretagne, moutarde blanche, peupliers, eucalyptus, etc.

2º *Viticulture*. — Plants de vigne, sulfate de cuivre, échalas, raphia, etc.

3º *Engrais*. — Fumier, scories du Creusot, engrais chimiques, sulfate de fer, etc.

4º *Alimentation du bétail*. — Foin, orge de Russie, maïs, tourteaux, son, etc.

5º *Fournitures de ménage*. — Charbon, pétrole, savon, riz, etc.

6º *Divers*. — Articles de clôture, chaux lourde, instruments divers, drains, cire gaufrée, etc.

Le syndicat a transmis par la poste, en 1893, 4,207 correspondances diverses et c'est par milliers également que nous avons donné, de vive voix, des indications utiles pour les cultures, les ventes, les achats, etc.

Si, à tous les produits énumérés ci-dessus, on ajoute ceux que nos adhérents ont achetés, moyennant des remises, on obtient un total d'au moins 300,000 francs. Bref, à chacun de nos membres, le syndicat a fait économiser de 10 à 100 francs, suivant l'importance des achats, soit, pour tous ensemble, plus de 25,000 fr.

Quelque importants que soient ces avantages, qui se traduisent par des chiffres, nous croyons que le syndicat rend à ses membres un plus utile service en développant parmi eux les sentiments de bonne entente et de vraie confraternité. C'est dans l'essence même du syndicat de remplacer les divisions intestines par des rapports de bon voisinage et d'union. Sans ces dispositions, le syndicat ne peut fonctionner.

Et la vulgarisation des bonnes pratiques culturales, et les sacs de blé, de pommes de terre, les voitures de raves, de betteraves, les chars de foin, de trèfle, de luzerne, les tonneaux de vin que le syndicat contribue à faire récolter en plus, cela ne vaut-il pas mieux que les 10 ou 20 francs économisés sur divers marchés?

Élevons-nous plus haut encore. Si aujourd'hui les pouvoirs publics s'occupent des intérêts de l'agriculture, si, par exemple, le droit sur les blés étrangers a pu être élevé récemment de 5 à 7 francs, n'est-ce pas parce que les syndicats agricoles sont là, qui font en-

tendre les justes revendications de leurs membres ?
Et quand, au nom des 2,000 membres du syndicat de
Bourg, nous demandons une chose d'intérêt général,
il est évident qu'on y fait plus attention que si cette
demande était formulée par un seul homme, fût-il
même le plus important de la contrée.

Ah ! quelle puissance économique aurait l'agriculture, si tous ceux qui en vivent savaient s'entendre et
avaient le bon esprit d'entrer dans les syndicats, qui
sont faits pour eux et pour le bien de tous !

Syndicat des agriculteurs de Bresse.

Fondé le 20 novembre 1887, ce syndicat embrasse
les cinq cantons de Bagé-le-Châtel, Pont-de-Vaux,
Pont-de-Veyle, Montrevel et St-Trivier-de-Courtes. Son
siège social est à Bagé-le-Châtel, domicile du président,
M. le vicomte de Balorre. De 500 membres qu'il comptait la première année, ce syndicat est monté, en 1889,
à 1.500, pour retomber à 1.350, chiffre actuel de ses
adhérents. Il y a lieu, de suite, d'établir à quelles
raisons est due cette diminution, comme aussi il y a
lieu de relater les circonstances particulières dans
lesquelles s'est trouvé ce syndicat, circonstances qui
ont, sans aucun doute, influé notablement sur sa
marche en avant.

C'était au mois de juin 1889 ; désireux de contribuer
à l'amélioration et à l'extension des intérêts généraux
de la profession agricole, le syndicat de Bresse avait
résolu d'organiser, dans sa circonscription, une série
de concours spéciaux destinés à favoriser les essais, et à
récompenser les plus méritants d'entre ses adhérents.
Siège social du syndicat, la ville de Bagé-le-Chatel
avait été choisie, à juste titre, pour recevoir le premier
concours. Se conformant à la loi, le président du syndicat et son vice-président adressaient à la mairie de
Bagé une déclaration indiquant le lieu, le jour, l'heure
de la réunion ; pleine autorisation fut accordée par les

autorités municipales, qui avaient assigné, comme siège du concours, la place publique de la ville. Tout semblait marcher à souhait ; de concert avec la municipalité, le Bureau du syndicat arrête le programme, rédige les affiches qui sont apposées dans toutes les communes des cinq cantons intéressés. Se mettant à l'unisson, la population de Bagé fait des frais de décoration et de pavoisement ; tous étaient d'accord pour donner à la fête le plus d'éclat, le plus de solennité possible. Tout allait pour le mieux dans le meilleur des mondes, quand le vendredi, avant-veille du concours, la gendarmerie de Saint-Laurent se présenta, à 11 heures du soir, au domicile du président, avec un ordre du préfet enjoignant au syndicat de ne pas tenir son concours. En même temps, la préfecture envoyait aux maires de toutes les communes l'ordre d'annoncer sans retard la suppression du concours. Ne voulant pas être en reste avec l'administration préfectorale, qui interprétait mal la loi de 1884, le Bureau du syndicat faisait connaître, de son côté, que, malgré la préfecture, le concours aurait lieu dans la propriété privée du président. Ce qui fut fait, malgré les cinq brigades de gendarmerie envoyées sur place pour faire exécuter la décision préfectorale. Comme il était à prévoir, le concours eut un immense succès. Le Bureau du syndicat fut assigné en police correctionnelle au mois d'août suivant. Une sanction étant nécessaire, le syndicat fut condamné à payer la somme de trois francs quatre-vingt-dix-huit centimes, pour tous frais. Ce n'était vraiment pas cher.

Nous ne voulons pas, à ce propos, discuter les raisons qui ont pu guider, en cette circonstance, la préfecture de l'Ain, ce n'est ni la place ni le moment ; mais, au point de vue purement légal et syndical, nous n'hésitons pas à dire qu'elle a eu tort d'empêcher, sur la place publique, la tenue de ce concours autorisé par la municipalité. Tous les légistes sont, en effet, d'accord. MM. Boullaire et Georges Gain, qui ont l'un et l'autre étudié tous les détours de la loi de 1884, se prononcent pour l'affirmative et pour le droit absolu du syndicat d'organiser, après autorisation des maires, des concours et expositions sur les places publiques.

Cette ingérence de la politique dans les affaires du syndicat, pouvait lui être mortelle, elle fut seulement purgative ; depuis, le Bureau a compris que l'agriculture et la politique étaient deux sœurs ennemies et qu'il n'y avait pas entre elles de conciliation possible. En restant strictement sur le terrain syndical, le syndicat de Bresse est appelé à faire le plus grand bien dans sa circonscription. C'est un but qui est préférable à tout autre.

Au point de vue commercial, le syndicat est très habilement organisé et à même de rendre, au point de vue matériel, des services importants. Les livraisons se font de deux manières : directement pour les expéditions de 1,000 kilog., dans les dépôts pour la vente en détail. Chaque canton a deux dépôts et un employé à la tête de chacun.

Le syndicat ne prélève de commission que sur les ventes au détail, se contentant de passer les ordres des expéditions directes payées par le destinataire lui-même, sans l'intermédiaire du syndicat. C'est pour ce dernier une perte sensible et il aurait avantage, tout en maintenant les expéditions directes, à payer lui-même toutes les marchandises, qu'elles passent ou non par les dépôts. Si on considère que ceux-ci, depuis 1887, ont livré pour 305,044 francs, soit pour 60,000 fr. par an, on peut, au bas mot, estimer le chiffre total annuel des affaires entre 90 et 100,000 francs.

Donc, malgré toutes les entraves apportées à sa direction, le syndicat de Bresse a toujours marché de l'avant depuis sa condamnation ; il est aujourd'hui constitué pour marcher mieux encore que par le passé. Le Bureau, nommé à la fondation, a vu son mandat renouvelé à trois reprises, c'est la meilleure preuve que les syndiqués lui ont gardé toute leur estime, toute leur confiance.

Syndicat agricole et viticole de Jujurieux.

L'Association syndicale viticole et agricole de Jujurieux a été fondée à la date du 23 juillet 1893, jour où les fondateurs du syndicat se sont réunis en Assemblée générale pour adopter les statuts, nommer le conseil d'administration, remplir en un mot toutes les formalités de la loi du 21 mars 1884 ; les signataires des statuts étaient au nombre de quatre-vingt-dix-sept.

Depuis le mois de septembre 1892 les dits quatre-vingt dix-sept cultivaient en commun un terrain complanté en vignes américaines pour la reconstitution de leurs vignes. Ils ont voulu s'organiser en syndicat régulier pour profiter de tous les avantages de cette forme de société.

Peu après sa création, le syndicat a fait une demande pour faire partie de l'Union du Sud-Est, demande qui a été agréée.

Courant janvier dernier, le syndicat est aussi entré dans la Coopérative agricole du Sud-Est. Dans le courant de ce mois de janvier, trente nouveaux membres sont venus s'adjoindre aux quatre-vingt-dix-sept premiers adhérents.

L'objet principal du syndicat est toujours la culture de la pépinière de bois américains qui alimente toutes les plantations de sujets greffés.

Le greffage est fait sur les lieux par des greffeurs de profession, qui forment en même temps les vignerons du pays, spécialement les jeunes gens, à ce travail. Courant février et mars le syndicat a greffé environ 150.000 (cent cinquante mille) plants, qui ont été plantés en mai, pour être distribués aux syndicataires courant novembre 1894.

Le syndicat a, à Jujurieux, un agent dépositaire, qui procurera à ses membres les engrais, sulfures, semences, etc, qui peuvent leur être utiles ; mais, jusqu'à présent, il y a eu peu de demandes, vu la récente organisation de notre syndicat.

Syndicat agricole de la Cotière.

C'est sur la commune de Bublanne qu'a été fondé, en décembre 1892, le syndicat de la Cotière, dont les 20 membres fondateurs se séparèrent du syndicat de Bourg pour créer un syndicat indépendant. Aujourd'hui, malgré le cadre limité dans lequel il rayonne, ce syndicat a réussi à doubler son effectif primitif; il compte actuellement 37 adhérents.

Syndicat de consommation avant tout, le syndicat de la Cotière est plutôt une petite société coopérative puisque ses principales transactions portent sur l'épicerie et les denrées alimentaires. Son mode d'opérer est très simple: il consiste en un traité, passé avec une maison de Beynost, aux termes duquel ladite maison livre à domicile tous les produits achetés par les syndiqués, leur accordant un délai de paiement de 30 jours et verse, dans la caisse de la société, une remise de 1 1/2 0/0.

Depuis deux ans, le syndicat a fait les plus louables efforts pour propager l'emploi des engrais chimiques et, malgré que ce ne soit là qu'un commencement, il faut reconnaître qu'il a eu quelque succès puisqu'en 1893 il a écoulé pour 1,000 francs d'engrais divers. Cinquante francs par membre, combien de grands syndicats n'en peuvent dire autant !

En résumé, le syndicat de la Cotière est trop jeune encore, et surtout trop peu nombreux, pour faire un gros chiffre d'affaires ; mais, dès maintenant, nous ne saurions trop lui conseiller d'adhérer à la Coopérative agricole du Sud-Est, faite surtout pour les petits et qui, au point de vue de la consommation, lui pourrait rendre de signalés services. La caisse syndicale ne s'en porterait pas plus mal, les adhérents s'en porteraient beaucoup mieux.

Syndicat agricole et viticole de Loyes, Mollon et Villieux.

Constitué le 1er janvier 1888, ce syndicat est absolument nominal et nous ne croyons pas qu'il ait jamais fait d'affaires importantes au profit de ses membres.

Syndicat agricole et viticole du Mas-Rillier.

Fondé le 2 mars 1890, par un petit nombre de cultivateurs d'un hameau, dépendant de la commune de Miribel, possédant 500 âmes, le syndicat du Mas-Rillier avait surtout pour objectif l'union d'agriculteurs, voulant réagir contre les souffrances de l'agriculture en profitant des bénéfices de la loi de 1884.

Année 1890. — 26 membres ; arrive à fin d'année à 36 ; chiffre d'affaires 3.613 fr. 95.

Année 1891. — 36 membres ; arrive à fin d'année à 40 ; chiffre d'affaires 8.467 fr. 65.

Année 1892. — Arrive avec le nombre de 44 membres, mais qui se réduit à 41 par suite de deux décès et de la démission d'un membre ; son chiffre d'affaires, pendant cette année, est de 10.500 fr. 45.

Année 1893. — De 41 membres, il monte à 45 ; son chiffre d'affaires est de 8.901 fr. 70, chiffre sensiblement inférieur à celui de l'année précédente par le fait de la reconstitution partielle du vignoble ce qui a fait abandonner l'achat du vin par le syndicat.

Son premier soin, en se créant, a été de faire faire l'analyse des terrains par un chimiste, analyse complète embrassant tout le territoire et servant de base à l'emploi des engrais. Dès la première année, un trieur perfectionné a été acheté par le syndicat pour le net-

toyage des blés de semence ; mais comme la caisse, ne
possédant que les ressources des cotisations des
membres, n'avait pas de fonds, il a été payé par tous
les propriétaires adhérents au syndicat, proportionnellement à l'étendue de leur culture en céréales.
L'objectif du syndicat est l'achat d'engrais chimiques,
semences, instruments d'agriculture, marchandises
nécessaires à la consommation et l'étude des mesures
propres à sauvegarder les intérêts agricoles.

Notre syndicat a suivi constamment une marche
ascendante. Il est affilié à l'Union des syndicats des
agriculteurs de France ainsi qu'à l'Union du Sud-Est.
Tous ses membres font partie de la Société coopérative
agricole du Sud-Est. Le syndicat du Mas-Rillier a établi
un bon réglement intérieur qui est à signaler.

Art. 1. — La Chambre syndicale ne prendra aucune délibération, si elle n'est en majorité.

Art. 2. — Le membre de la Chambre syndicale qui ne
pourra assister à la convocation qu'il aura reçue, devra en
avertir le président ou le vice-président.

Art. 3. — Les séances commenceront aussitôt que la majorité sera acquise si l'heure de la convocation est passée.

Art. 4. — Le 1er dimanche de chaque mois, les commandes
de tout ce qui fait la base des opérations du syndicat, seront
reçues au siège du syndicat où tous les renseignements
seront fournis sur le prix des marchandises, de 11 heures à
midi. Le même jour et à la même heure, le trésorier fera
effectuer les paiements du mois précédent.

Art. 5. — Aussitôt que le secrétaire sera averti de l'arrivée des marchandises, il avisera les intéressés qu'ils aillent
en prendre possession. Tout retard, pouvant occasionner
des frais de magasinage, restera à leur charge.

Art. 6. — Le syndicataire, qui ne paiera pas aux jours et
heures fixés ci-dessus les marchandises qu'il aura reçues,
sera responsable des frais qui seront faits contre lui pour en
opérer le recouvrement ; néanmoins aucune poursuite ne
pourra être exercée contre lui sans le consentement de la
Chambre syndicale, qui aura préalablement entendu l'intéressé.

Au point de vue matériel, l'institution a montré aux
incrédules les bénéfices de l'association. Au point de
vue moral, elle a neutralisé les divisions entre les
hommes qui se dévouent entièrement au but cherché,
l'intérêt général.

Syndicat des agriculteurs de l'arrondissement de Nantua.

Constitué le 7 janvier 1888 avec 25 membres fondateurs, ce syndicat, conformément à l'article 19 de ses statuts, a été reconstitué le 17 mars 1894 avec 40 membres. Cette association présente, en effet, cette particularité qu'elle n'est constituée que pour une période de six années, à l'expiration de laquelle les membres du syndicat, réunis en Assemblée générale, révisent les statuts et procèdent à l'élection d'un nouveau Conseil.

C'est en s'appuyant sur cet article, que le syndicat s'est reconstitué cette année, en modifiant notablement ses anciens statuts, et en abaissant à trois francs la cotisation primitive de cinq francs.

Le chiffre des affaires faites, par son intermédiaire, a successivement été :

En 1888, 4.432 fr. 20 ; en 1889, 4.420 fr. 80 ; en 1890, 4.342 fr. 85 ; en 1891, 2.642 fr. 50 ; en 1892, 5.134 fr. 50 ; en 1893, 4.120 fr. 95.

Depuis sa reconstitution, le syndicat semble avoir pris un nouvel essor, puisque, dans les six premiers mois de l'exercice courant, il a déjà fait pour 5.817 francs d'affaires et acheté pour une valeur de 750 fr. divers instruments qu'il met à la disposition de ses membres. Son encaisse à ce jour est de 430 fr. 05.

Syndicat agricole de Neyron.

Le syndicat agricole de la commune de Neyron, après une réunion préparatoire tenue, le 11 janvier 1891, par un groupe de 15 agriculteurs, a été légalement constitué en association syndicale le 14 janvier, jour du dépôt de ses statuts. Les membres fondateurs, trouvant qu'ils étaient trop peu nombreux, n'ont pas cru devoir nommer une Chambre syndicale; mais, pour compenser, dans le mieux du possible, cet inconvénient, ils ont cru bon d'adjoindre aux membres du Bureau quatre assesseurs ou conseillers qui sont convoqués à toutes les réunions de Bureau, pour donner leur avis dans les délibérations, prendre part aux discussions, veiller, en un mot, à la bonne gestion du syndicat. L'idée principale qui a présidé à la formation de ce syndicat a eu pour objet général l'étude et la défense des intérêts économiques agricoles, l'achat des semences, plants, engrais, instruments agricoles et tous objets ou produits utiles à la profession de ses membres. Le but spécial a été de resserrer les liens de confraternité entre tous ses membres; propager l'enseignement spécial et les notions tendant au développement moral, intellectuel et professionnel de l'agriculteur; aider dans la mesure du possible ceux de ses adhérents qui ne pourraient faire leurs travaux agricoles par suite d'accidents graves ou de maladie; et enfin d'étudier et de prendre des mesures utiles à combattre les maladies de la vigne.

Depuis 1891, le chiffre des adhérents n'a pas varié et s'est maintenu à 20.

La configuration géographique de Neyron est pour beaucoup dans le maintien de ce nombre, car, quoique communal, le syndicat est surtout fait pour le hameau de Saint-Didier, distant d'un kilomètre environ du chef-lieu de la commune. C'est alors, à proprement parler, un syndicat de hameau, et c'est à Saint-Didier et non à Neyron que se trouve le siège social.

Depuis sa fondation, la plus parfaite harmonie n'a cessé de régner entre tous ses membres; d'ailleurs, n'est-ce pas là un lien, et le but du syndicat n'est-il pas de rapprocher des agriculteurs de différentes fortunes dans une confraternité véritable?

Immédiatement après la constitution du syndicat, son Bureau s'est empressé de demander l'affiliation à l'Union des Syndicats des Agriculteurs de France et à l'Union du Sud-Est. Les réunions ordinaires du syndicat se font tous les premiers dimanches du mois, par convocation spéciale portant l'ordre du jour, soit pour paiement des factures, soit pour faire les commandes, soit pour discuter en commun la ou les questions portées à l'ordre du jour, ou entendre quelques communications intéressant l'Association.

Le chiffre annuel des affaires a été, pour 1891, de 5,069 francs; pour 1892, de 4,669 francs; pour 1893, de 3,052 francs, soit un total général de 12,791 fr. 80. C'est donc, par membre, une moyenne annuelle d'achats de 220 francs.

Les achats ont principalement diminué, dans les deux dernières années, sur les engrais chimiques et les vins, ce qui indique, pour les engrais, qu'ils n'ont pas donné, dans les terrains de Neyron, tout ce que les syndiqués croyaient pouvoir en tirer par une surélévation de rendement, ce qui témoigne pour le vin que la reconstitution du vignoble est en partie achevée et que, désormais, le syndicat sera vendeur et non plus acheteur. Ce dernier résultat suffirait à lui seul pour récompenser les fondateurs du syndicat de leur initiative et de leur dévouement.

Syndicat agricole de Sathonay.

Créé pendant l'impression de cet ouvrage, ce syndicat en est encore à la période d'organisation ; nous ne pouvons que lui envoyer nos vœux de prospérité.

Syndicat des Agriculteurs
de l'arrondissement de Trévoux.

Historique. — Bien avant la loi de 1884 sur les syndicats, le Comice agricole de l'arrondissement de Trévoux, devançant les bienfaits de cette loi, avait déjà organisé entre ses membres, en outre de ses ventes au rabais d'animaux reproducteurs et d'instruments agricoles, des achats en commun de matières

utiles à l'agriculture, semences diverses, graines fourragères, tourteaux etc.

En 1886, le Comice, voulant profiter plus largement
des bénéfices de la loi libérale du 21 mars 1884, a décidé
de former entre ses membres un syndicat professionnel.

Les statuts, élaborés par le Bureau du Comice, ont
été définitivement arrêtés et, le 15 avril 1886, le dépôt,
conformément à la loi, en était fait à la mairie de
Villars-les-Dombes, centre et siège du syndicat, qui
prit, à ce moment, le titre de Syndicat du Comice
agricole de Trévoux.

Le Bureau provisoire fut le même que celui du
Comice. Une chambre syndicale, composée de seize
membres, soit deux par canton, lui fut adjointe et le
syndicat entra de suite en fonctions.

Pour faciliter aux membres du Comice l'entrée au
syndicat, une faveur spéciale leur fut concédée, et
l'article 3 des statuts établit un droit d'entrée de trois
francs pour les membres du Comice et un de cinq francs
pour les étrangers à cette association.

Dès cette année 1886, le syndicat procura à ses
membres des engrais, des semences à des conditions
avantageuses et plus de 100.000 kilog. de matières
furent achetées.

En juin de la même année et comprenant que son
rôle n'a pas seulement pour but la défense des intérêts matériels, le syndicat envoie à tous ses membres
un *Manuel pour l'emploi des engrais chimiques*.

Il le présente à ses adhérents en ces termes :

« En cherchant à vulgariser l'emploi des engrais
chimiques, le Comice et le Syndicat du Comice de
Trévoux ont le devoir d'éclairer les cultivateurs sur
le maniement délicat de ce nouvel et puissant élément
de fertilité.

« Il importe de bien faire connaître à tous le rôle
que jouent ces engrais au point de vue du sol, au
point de vue des plantes ; de bien faire comprendre
qu'ici il ne s'agit pas, comme avec le fumier, d'appliquer, suivant les exigences des récoltes, une plus ou
moins grande quantité d'un engrais uniforme pour
toutes les plantes.

« L'engrais chimique doit être de composition très variable. L'examen attentif de la constitution chimique du sol, donnée par l'analyse et l'étude des exigences spéciales de chaque plante, permettront de décider, après mûr examen, la composition de l'engrais qui doit être appliqué à chaque récolte.

« Employer un engrais chimique mal composé ou insuffisant, c'est s'exposer à une perte sèche.

« Employer un engrais chimique plus riche qu'il n'est nécessaire, c'est encore une perte inutile, mais c'est aussi s'exposer souvent à des accidents de récolte, tels que la verse.

« Enfin répandre des engrais chimiques dans des terres qui ne seraient pas bien assainies et parfaitement propres, c'est s'exposer à un échec certain.

« Il faut marcher avec prudence dans cette voie nouvelle, mais aussi ne pas perdre un jour pour se faire la main dans l'emploi de ces précieux engrais.

« L'expérience acquise de ceux qui emploient depuis longtemps des engrais chimiques dans notre circonscription, facilitera et abrégera la tâche de nos confrères en agriculture; mais comme, pour se bien comprendre, il faut parler la même langue, il nous a paru indispensable de publier un petit Manuel qui pût familiariser les cultivateurs avec une nomenclature nouvelle et résumer les notions les plus indispensables ».

Le 8 mars 1887, dans une réunion générale à Villars-les-Dombes, le Bureau provisoire, qui était le Bureau du Comice, et la Chambre syndicale, furent maintenus pour trois ans dans leurs fonctions et le syndicat fut définitivement organisé.

Dans cette même séance, quelques légères modifications furent apportées aux statuts pour en mettre les termes en rapport avec le fonctionnement régulier qui devait suivre, sa période d'organisation étant close. Le syndicat prit alors le nom de *Syndicat des agriculteurs de l'arrondissement de Trévoux.*

Cette modification paraissait devoir être faite, car l'ancienne rédaction semblait indiquer que le syndicat ne devait être formé qu'entre les membres du Comice de Trévoux, ce qui était une erreur, les agriculteurs pouvant faire partie du syndicat sans pour cela appartenir à l'autre association.

A ce moment, le syndicat comptait seulement 70 membres.

Pour faciliter les bénéfices de l'Association au plus grand nombre possible d'agriculteurs, le syndicat accepta du Comice un abonnement annuel de 200 francs, moyennant lequel tous les membres du Comice, non membres du syndicat, pouvaient transmettre leurs commandes et profiter ainsi de tous les avantages du syndicat.

Cette disposition, absolument transitoire, a été supprimée depuis et le syndicat fonctionne actuellement entre ses membres inscrits seulement.

Opérations du Syndicat. — Le syndicat de Trévoux, pour les fournitures à faire à ses membres, n'a pas eu recours à des adjudications ni à des entrepôts.

Il s'adressait directement à plusieurs maisons sérieuses, comparait leurs prix, obtenait d'elles des conditions avantageuses et transmettait simplement les commandes de chacun de ses membres, dont la livraison était faite par les maisons désignées, à leurs risques et périls et sous le contrôle du syndicat, auquel ces maisons remettaient directement une remise de 2 %, dont elles majoraient leurs prix de vente.

L'administration du syndicat était absolument simplifiée et il n'y a jamais eu à regretter ce fonctionnement, bien facilité du reste par l'importance de chaque commande, le syndicat de Trévoux exerçant son action sur une assez vaste circonscription comprenant de grands domaines.

Les choses marchèrent ainsi jusqu'en 1892, époque à laquelle il fut décidé que, pour simplifier encore l'administration du syndicat en ce qui concerne les commandes diverses, tous les ordres seraient transmis au courtier de l'Union des Syndicats du Sud-Est, qui se chargeait de faire exécuter les commandes au mieux des intérêts des syndicats et toujours sous le contrôle du syndicat qui faisait vérifier les comman-

4

des, analyser les engrais, en un mot veillait à la bonne exécution des ordres.

Enfin en 1893, lorsque le dévouement des administrateurs de l'Union du Sud-Est, dont le syndicat de Trévoux fut un des premiers adhérents, leur inspira l'excellente pensée de créer une Société coopérative, ayant son siège à Lyon, le syndicat de Trévoux voulut profiter de cet intermédiaire si utile aux intérêts agricoles.

Le syndicat de Trévoux, dont le nombre des membres avait augmenté (il est actuellement de 275), souscrivit pour trois actions de la Société coopérative, et il inscrivit tous ses membres comme adhérents à cette Société.

Le syndicat de Trévoux fait actuellement passer tous ses ordres par le courtier du Sud-Est et par la Coopérative, continuant ainsi à employer le système le plus simple et le plus économique pour toutes ses opérations en faveur des membres du syndicat.

Le Syndicat de Trévoux achète annuellement de 5 à 600,000 kilogs d'engrais de toute nature; le principal tonnage porte sur les phosphates métallurgiques du Creusot dont les effets en Dombes sont si remarquables et tout à fait en rapport avec les exigences du sol, pauvre en calcaire et en acide phosphorique.

Pour la culture du blé, le syndicat a conseillé l'emploi, à raison de 800 kilog. par hectare d'un mélange ainsi composé :

500 k. de superphosphate 13/15. | 75 k. sulfate d'ammoniaque.
100 k. de chlorure de potassium 50. | 125 k. plâtre.

Cette composition a réussi partout et a donné des résultats. La composition chimique du sol de la Dombe, assez conforme sur toute la surface de la région, a permis de recommander ce mélange et d'en obtenir des récoltes satisfaisantes.

Le syndicat de Trévoux procure à ses membres des semences, des graines fourragères, des instruments agricoles, etc.

La caisse du syndicat est alimentée par un droit

d'entrée de 3 francs par chaque membre faisant partie du comice et de 5 francs pour les étrangers à cette association.

Il n'y a aucune cotisation annuelle mais le syndicat prélève une commission de 1 à 2 p. % sur le montant des factures et arrive ainsi à se suffire largement, l'administration étant du reste aussi économique que possible, grâce au concours dévoué et gratuit des membres du Bureau.

Au 31 décembre 1892 l'encaisse du syndicat était de 1,848 fr. 50 permettant de prélever sur lui le droit d'entrée de tous les membres du syndicat comme adhérents à la Société coopérative agricole du Sud-Est.

Le syndicat de Trévoux est parvenu à la neuvième année de son existence, il a rendu de grands services à la cause agricole de sa circonscription, son action s'est portée surtout sur l'emploi des engrais chimiques qui s'est largement étendu dans la région et si tous les achats ne passent pas par son intermédiaire, il est certain que, par les conseils et la facilité qu'il a donnés, il a fait faire un grand pas à l'emploi avantageux de ces engrais qui sont entrés aujourd'hui dans la pratique agricole.

Tout n'est pas complet encore dans l'usage qu'on doit faire de la loi de mars 1884. Un plus grand développement doit être donné aux opérations syndicales, mais l'élan est donné et il n'est pas douteux que, dans un avenir prochain, il y aura des améliorations à introduire dans le fonctionnement et les moyens d'action du syndicat.

§ 2. — Syndicats du département de l'Ardèche.

Syndicat agricole d'Annonay et du Haut-Vivarais.

Vers la fin de l'année 1888, M. Léon Rostaing et M. Régis Rouveure prirent l'initiative de réunir un certain nombre d'agriculteurs de la région dans le but de fonder, sous le nom de Syndicat agricole d'Annonay et du Haut-Vivarais, un syndicat professionnel entre les propriétaires, fermiers, métayers et ouvriers d'agriculture des quatre cantons d'Annonay, de Serrières, Satillieu et Saint-Félicien.

Après plusieurs délibérations, les statuts furent arrêtés et le dépôt en fut fait, conformément à la loi de 1884, à la date du 31 janvier 1889.

Une Chambre syndicale provisoire, uniquement composée de membres fondateurs, fut nommée et appelée à élire son bureau.

M. Régis Rouveure, lauréat de la prime d'honneur, fut désigné comme président, à l'unanimité.

Environ un mois après, vers le 1er mars, le syndicat commençait à fonctionner. Un entrepôt avait été ouvert à Annonay pour la vente au détail des marchandises et M. Grimaud, le secrétaire gérant, se trouvait exactement deux jours par semaine dans les bureaux, pour recevoir les commandes des membres du syndicat.

Outre ce travail, M. Grimaud s'est chargé, à peu près seul, de la rédaction du Bulletin, publication qu'il a eu le talent de rendre intéressante et instructive et pour laquelle la Société des Agriculteurs de France lui a décerné une médaille d'argent, lors du dernier concours régional de Privas en septembre 1893.

Dès la première année, le syndicat comptait 109 membres fondateurs payant une cotisation annuelle de

10 francs et 274 membres associés dont la cotisation est de 3 francs.

C'est grâce au chiffre élevé de la cotisation des membres fondateurs que le syndicat a pu faire face, dès le début, aux frais des premières installations et aux frais de bureau qui ont été soldés à peu près intégralement dès la fin du premier exercice.

Au mois d'octobre de cette même année, M. Rouveure, le président, qui avait contribué si puissamment à la fondation du syndicat, nous fut enlevé par une maladie aiguë, au moment où nous avions encore un si grand besoin de son expérience et de son habile direction.

En février 1890, l'Assemblée générale compléta la Chambre syndicale conformément à l'article 11 des statuts ; le Bureau définitif fut nommé par la Chambre syndicale et M. le Dr Giraud fut élu président en remplacement de M. Rouveure.

En juillet 1890, le Syndicat agricole d'Annonay obtint son affiliation à l'Union du Sud-Est des Syndicats agricoles. Depuis l'année précédente, il était affilié à la Société des Agriculteurs de France.

Au mois d'août 1890, eut lieu, à Annonay, le concours départemental de la Société d'Agriculture de l'Ardèche. Le syndicat prit une part très active à ce concours. Il contribua puissamment à son succès par les nombreuses et importantes souscriptions des syndicataires et par les médailles qu'il fit remettre au comité d'organisation pour être distribuées.

Un grand nombre de sociétaires reçurent des récompenses ; sur 32 prix culturaux, 21 leur étaient décernés et, sur 39 prix pour les animaux exposés, ils en obtenaient 29.

En 1891, deux nouveaux entrepôts ont été fondés, un à Serrières et un à St-Désirat, dans le canton de Serrières qui était le canton qui fournissait le plus de membres et où les ventes étaient les plus importantes.

En février 1892, l'Assemblée générale a voté l'extension de notre syndicat à tout l'arrondissement de Tournon, les statuts ont été modifiés et déposés, à nouveau, le 1er mars.

Enfin, en 1893, le Bureau a ouvert deux nouveaux entrepôts, l'un à St-Jeure, pour les cantons de St-Félicien et de Satillieu, et un autre à Sarras qui dessert les bords du Rhône jusqu'à Tournon.

Nos entrepôts sont toujours approvisionnés largement de toutes les marchandises servant à l'agriculture : engrais chimiques, tourteaux, sels, fourrages, sulfate de cuivre, soufre, fils de fer, échalas, instruments aratoires, etc., etc.

Pour les marchés que le syndicat a à traiter avec ses fournisseurs, ils sont traités de gré à gré, ou bien il fait des marchés à livrer au fur et à mesure des besoins ; jamais il n'a traité par adjudication.

L'aperçu des prix auquel nous livrons nos marchandises démontre, si on le compare aux prix courants des autres syndicats, qu'il n'a pas avantage à modifier sa manière de faire.

Notre chiffre d'affaires annuel a été de 43.596 fr. en 1889 — de 67.996 fr. en 1890 — de 83.735 fr. en 1891 — de 143.196 fr. en 1892, pour finir à 267.361 fr. en 1893, avec un effectif de 1.157 membres.

Si l'on veut bien considérer que ces résultats ont été obtenus dans un département où le syndicat indépendant se trouvait en présence d'une société officielle, riche en subventions, qui couvre tout le pays, on reconnaîtra qu'ils sont plus que satisfaisants et que les hommes dévoués qui les ont obtenus méritent, à bon droit, la reconnaissance et l'estime de leurs concitoyens.

Syndicat des Agriculteurs d'Aubenas et du Bas-Vivarais.

Constitué le 2 septembre 1888 par l'élite des agriculteurs indépendants du Bas-Vivarais, ce syndicat a été certainement l'un des plus prospères de toute la région du Sud-Est.

Ayant compté jusqu'à 1.700 membres, il était, mieux que tout autre, tout désigné pour réussir, il était surtout bien placé pour rendre à ses adhérents le maximum d'effet utile.

Le Bas-Vivarais est, en effet, l'une des contrées les plus pittoresques, mais les plus éprouvées de la France agricole et il faut parcourir, dans toute leur étendue, les cantons qui le composent pour se rendre compte exactement de l'état de pauvreté auquel ses habitants ont été réduits. Grâce à l'un de ses plus illustres enfants, M. G. Couderc, le Bas-Vivarais est aujourd'hui en pleine voie de reconstitution, mais planter ne suffit pas, il faut encore, et surtout, fournir aux cultures, quelles qu'elles soient, les engrais artificiels dont le sol naturel est dépourvu. Or, étant donné la routine invétérée du paysan ardéchois, étant donné surtout l'état d'isolement dans lequel il vit, les syndicats agricoles sont seuls à même de faire pénétrer chez lui les notions nouvelles de l'agriculture moderne.

Pendant près de quatre ans, le syndicat d'Aubenas a fait pour le Bas-Vivarais ce que le syndicat d'Annonay a fait avec tant de succès et tant de dévouement pour le Haut-Vivarais ; il serait profondément regrettable que son œuvre disparaisse, faute de courage de la part de ses fondateurs.

La lassitude, le découragement sont en, effet, à l'heure qu'il est, les principaux ennemis de ce syndicat jadis si florissant. Ce sont bien des ennemis dangereux mais ils ne sont pas mortels et puisque, dans ce département, on ne sait pas faire, dans certains milieux, de l'agriculture sans politique, que nos amis d'Aubenas, à qui cependant on jette la pierre, montrent ce qu'ils sont, ce qu'ils valent. Qu'ils évitent, eux du moins, de tomber dans les excès de leurs adversaires et qu'ils se pénètrent bien de cette idée que le plus dangereux dissolvant de l'Union entre agriculteurs c'est la politique.

Plus heureux que bien d'autres, qui cependant réussissent, le syndicat d'Aubenas a de l'argent en réserve, il a une organisation excellente, il a surtout un noyau de fidèles qui le suivront quand même.

Que lui manque-t-il ? un peu de courage de la part de son Bureau.

La tâche, nous le savons, est d'autant plus ingrate que

le pays est plus divisé, mais elle n'est pas au-dessus du dévouement des hommes d'initiative qui ont fondé le syndicat d'Aubenas et nous aimons à croire qu'ils ne laisseront pas périr leur œuvre et qu'ils voudront, à nouveau, marcher sur les traces glorieuses de leurs amis d'Annonay et du Haut-Vivarais.

Syndicat agricole du canton de Bourg Saint-Andéol.

Le syndicat agricole du canton de Bourg St-Andéol a été créé le 4 février 1888.

Il comprend actuellement 72 membres.

Le syndicat est affilié à l'Union des Syndicats des Agriculteurs de France et à l'Union du Sud-Est.

Le nombre restreint de ses membres n'est pas assez élevé pour lui permettre de se livrer à des opérations d'achats ou de ventes sérieuses.

Ses ressources consistent en une cotisation annuelle de 3 francs, plus un droit d'entrée de 5 fr. pour les membres fondateurs.

Le syndicat a pour but d'étudier toutes les questions pouvant intéresser l'agriculture, d'acheter en gros, sans passer par des intermédiaires onéreux, les engrais chimiques ou naturels et les produits chimiques nécessaires au traitement des vignes, de s'occuper de la vente ou du placement avantageux des produits de la culture, de favoriser, en un mot, tout ce qui peut tendre au développement moral, intellectuel et professionnel de ses membres ainsi qu'à l'amélioration de leur situation.

Membres fondateurs et associés ont les mêmes avantages.

Les femmes, propriétaires agricoles, peuvent faire partie du syndicat et se faire représenter aux réunions auxquelles elles ne sont pas admises.

Les marchandises fournies par le syndicat doivent être payées comptant. Il est interdit, sous peine d'exclusion, de trafiquer des produits livrés par le syndicat.

Le Bureau et le Conseil forment un groupe de 15 membres fondateurs, élus pour 3 ans et rééligibles.

Les membres du syndicat ne sont pas solidaires.

Réorganisé depuis peu, ce syndicat, sous la présidence de M. Bertrand, a pris un nouvel essor et regagnera certainement les premières années perdues.

Syndicat agricole des Vans.

Ce syndicat compte une centaine de membres, mais ses affaires sont de peu d'importance.

§ 3. — Syndicats du département de la Drôme.

Syndicat agricole d'Allex.

Fondation. — Le syndicat agricole d'Allex a été fondé définitivement en décembre 1884, mais, aussitôt la loi du 21 mars 1884 sur les syndicats professionnels votée, ses fondateurs avaient songé à l'appliquer.

Dès le mois de juin, ils avaient demandé des documents relatifs aux associations déjà existantes, notamment dans l'est, près de Reims et à Nantes.

Les statuts du syndicat furent rédigés en juillet, et communiqués de suite à des juriconsultes et agriculteurs compétents.

En octobre et novembre, quand les gros travaux des champs furent avancés, plusieurs réunions de cultivateurs d'Allex eurent lieu. Enfin, le 6 décembre 1884 les statuts furent déposés à la mairie d'Allex.

La durée, un peu longue, de cette période préparatoire, si elle a retardé la fondation définitive de notre syndicat, et permis à quelques autres de déposer leurs statuts avant lui, a eu de sérieux avantages : les statuts, longuement étudiés, n'ont pas eu besoin d'être remaniés, comme certains autres, ils sont aujourd'hui tels qu'ils étaient il y a 10 ans.

Les institutions d'assistance et de prévoyance, établies petit à petit, y étaient prévues ; le nom du syndicat : *Syndicat agricole d'Allex*, n'a pas changé.

Circonscription du Syndicat. — Comme son nom l'indique, le syndicat d'Allex est un syndicat communal. Peu à peu, cependant, un certain nombre de cultivateurs de communes limitrophes ont demandé à en faire partie et y ont été admis. Actuellement, les trois quarts des membres seulement habitent la commune.

But du Syndicat. — Le syndicat a fidèlement poursuivi le but fixé par ses statuts ; de fréquentes causeries agricoles ont initié les cultivateurs aux modes de culture perfectionnés et à l'emploi des engrais chimiques.

Des instruments agricoles, pals à sulfurer, trieur, charrues, pulvérisateurs, faulx, etc., ont été mis à la disposition des sociétaires.

Des semences, plants de vignes, engrais chimiques, ont été achetés et distribués.

En 1886, une caisse de secours pour les malades a été établie.

En 1889, la question des assurances contre l'incendie a été résolue, dans le sens indiqué par la session de 1894 des Agriculteurs de France.

Dès 1884, un local a été ouvert aux membres du syndicat et des consommations mises à leur disposition. En 1888, ce local a été considérablement amélioré et agrandi.

Bulletin, Almanach. — Le syndicat d'Allex a fait bénéficier ses membres du Bulletin du syndicat de Crest, son voisin et allié, de novembre 1886 à juillet 1891. En 1891, ce Bulletin a été remplacé par celui de l'Union du Sud-Est. Tous les sociétaires ont reçu et reçoivent encore gratuitement ce Bulletin, ainsi que l'Almanach de l'Union de la Drôme en 1889 et 1890 et, à présent, le très intéressant et amusant Almanach de l'Union du Sud-Est.

Nombre de membres. — Le syndicat a débuté avec 60 membres; il en compte aujourd'hui plus de 200, dont 160 environ (les trois quarts) habitent la commune.

Ressources. — Les ressources consistent : 1º dans la cotisation, laquelle est de 3 francs pour l'ensemble des sociétaires et de 6 francs pour les membres honoraires qui sont une douzaine ; 2º dans un prélèvement sur les marchandises livrées, prélèvement variable, mais qui n'excède pas 5 0/0.

Marchandises livrées. — En fait de marchandises, le syndicat a livré à ses membres des semences diverses, plants de vignes, engrais chimiques, sulfate de cuivre, fils de fer, etc., etc. Le poids de ces marchandises s'est élevé environ à 1,060,000 kilog Les engrais chimiques y entrent pour la plus grosse part; de 6,000 kilog., en 1885, ils s'élèvent à 170,000 en 1893.

Mouvement de fonds. — Les diverses opérations du syndicat ont occasionné un mouvement de fonds d'environ 200,000 francs depuis sa fondation, savoir : 113,000 francs de recettes, 107,000 francs de dépenses, auxquels il faut ajouter, pour la buvette, environ :

Buvette. — 12,000 francs de recettes et 10 à 11,000 fr. de dépenses, soit un mouvement de fonds total de 242.000 francs.

Caisse de secours. — Depuis sa fondation, en 1886, la caisse de secours a distribué aux sociétaires malades, pour visites de médecins et médicaments, 2,750 fr.

Assurances contre l'incendie. — Le syndicat s'est entendu, en 1889, avec la « Mutuelle de la Seine et Seine-et-Oise », qui lui abandonne 90 0/0 de la première prime et 5 0/0 sur les primes suivantes. Cette bonification est partagée entre la caisse du syndicat et l'as-

suré. Jusqu'à présent, quarante polices ont été souscrites pour assurer des immeubles ou récoltes, etc.,
d'une valeur supérieure à 700,000 francs.

Fête patronale. — Le syndicat n'a jamais manqué de
célébrer sa fête patronale (article 15 des statuts).
Chaque année les sociétaires, l'enseigne du syndicat à
la boutonnière, musique et bannière en tête, défilent
en rangs serrés à travers le village, assistent à la
messe et terminent la fête dans un joyeux banquet.

Funérailles. — Ils ne sont pas moins empressés à
assister aux funérailles de leurs collègues décédés, à
qui, au cimetière, un dernier adieu est toujours
adressé au nom du syndicat.

Assemblées générales. — Deux fois par an, jusqu'en
1888, et une fois seulement depuis lors, le syndicat a
tenu ses assemblées générales. La présence est obligatoire et contrôlée par un appel.

Commission d'arbitrage. — La commission d'arbitrage, établie par les statuts (art. 7), n'a pas régulièrement fonctionné par la bonne raison que les litiges
sont très rares. En deux ou trois reprises, cependant,
le président du syndicat est intervenu et a concilié les
parties.

Unions. — Le syndicat a, des premiers, adhéré à
l'Union des Agriculteurs de France, de la Drôme et du
Sud-Est. Il est affilié à la Société coopérative du Sud-
Est.

Actif. — Au 31 décembre 1893, l'actif total du syndicat s'élevait à la somme de 4.132 francs en argent,
marchandises, ou matériel. Ce matériel comprend des
instruments agricoles, le mobilier de la buvette et
tout ce qui est nécessaire pour préparer un banquet
de 200 couverts.

Buvette. — Le syndicat d'Allex étant le premier syndicat qui ait organisé une buvette, il y a lieu d'examiner
avec son président, quel est, en l'espèce, le droit strict
du syndicat.

Un syndicat professionnel, organisé et fonctionnant conformément à la loi du 21 mars 1884, peut-il, sans autorisation administrative, fonder un cercle pour ses membres dans l'immeuble où il a son siège social?

On prend le mot cercle dans le sens qui lui est ordinairement donné : un lieu de réunion dans lequel on trouve cabinet de lecture, bibliothèque, jeux, consommations, etc.

Il est bien entendu qu'on se place dans l'hypothèse d'un syndicat sérieux, s'occupant vraiment des intérêts professionnels de ses membres, et qu'on ne considère le cercle que comme un accessoire du syndicat. On écarte absolument l'idée de faire, sous le couvert d'un syndicat, une association qui ne serait pas vraiment professionnelle.

I. Pour répondre à cette question, il faut d'abord rechercher quelle est la portée et le but de la loi du 21 mars 1884, et on les trouvera, très nettement précisés, dans la circulaire adressée aux préfets, le 25 août 1884, par M. le Ministre de l'intérieur.

« La loi du 21 mars, dit-il au début de sa circulaire, en faisant disparaître toutes les entraves au libre exercice du droit d'association pour les syndicats professionnels, a supprimé, dans une pensée libérale, toutes les autorisations préalables, toutes les prohibitions arbitraires, toutes les formalités inutiles ».

Et plus loin :

« Désormais la fécondité des associations professionnelles n'a plus de limites légales... Cette loi a remis complètement aux travailleurs le soin et les moyens de pourvoir à leurs intérêts. On n'y trouve aucune disposition de nature à justifier l'ingérence administrative dans leurs associations ».

De ces citations, que l'on pourrait multiplier, il résulte évidemment que le but du législateur a été de donner aux syndicats professionnels la liberté d'association la plus entière et la plus complète. Or, que serait la liberté d'association sans la liberté de réunion? Un vain mot. Que deviendrait une association qui n'aurait pas un centre où ses membres pourraient se voir, se rencontrer souvent pour s'entretenir familièrement

de leurs intérêts et des intérêts de l'association? Elle
végéterait pendant quelque temps et ne tarderait pas
à périr. Une association de la nature de celle que la
loi autorise, est comme une grande famille ; la profession est le lien familial qui unit ses membres, et un
centre, commun à tous, lui est aussi indispensable pour
prospérer et même pour vivre, qu'un foyer est nécessaire à la famille.

Objectera-t-on que des réunions, pour lesquelles des
convocations spéciales seront faites, doivent suffire au
fonctionnement de l'association ? Ce serait vraiment
une façon singulière de comprendre la liberté la plus
complète que de fixer ainsi les réunions nécessaires
et celles qui ne le sont pas; mais il importe, nous
venons de le voir, à la prospérité de l'association que
les réunions soient fréquentes, et si l'on exige qu'elles
aient lieu sur convocations spéciales, on les rendra, par
cela même, très difficiles, forcément très rares, à la
campagne surtout, et le plus souvent inefficaces à cause
du nombre de ceux qui y assisteront et de leur solennité. Et d'ailleurs, pour des réunions de cette nature, il
n'était pas nécessaire de faire une loi, le droit d'avoir
des réunions privées suffisait largement.

Il ressort donc de l'esprit de la loi que les syndicats
professionnels doivent avoir la faculté d'offrir à leurs
membres un lieu de réunion dans lequel il leur soit
possible de se rencontrer fréquemment, et que rien ne
s'oppose à ce qu'ils donnent la forme d'un cercle à ce
lieu de réunion.

II. Le texte même de la loi n'est pas moins favorable
à cette interprétation que son esprit. L'article 1, § 2 est
ainsi conçu :

« Les articles 291 et suivants du Code pénal et la loi
du 18 avril 1834 ne sont pas applicables aux syndicats
professionnels ». Or, ces articles sont les seuls dans nos
codes qui limitent la liberté de réunion, les seuls qui
empêchent les cercles de se constituer librement.

Ce sont ces articles qui sont visés dans les actes
administratifs qui accordent des autorisations d'ouverture de cercle. Si donc les membres des syndicats
professionnels ne tombent pas sous le coup des arti-

cles 291 et suivants du Code pénal, ils ont l'entière
liberté de se réunir, quand cela leur plaît et où bon
leur semble, et l'administration n'a à leur demander ni
pourquoi ni comment ils se réunissent.

Ce droit de réunion est d'ailleurs formellement reconnu aux membres des syndicats professionnels par
le § 3 de l'article 6 de la loi du 21 mars 1884.

« Les syndicats professionnels, dit cet article, ne
pourront acquérir d'autres immeubles que ceux qui
seront nécessaires *à leurs réunions*, à leurs bibliothèques et à des cours d'instruction professionnelle ».

Or, ou le mot de *réunion* ne signifie rien, ou il signifie que les membres des syndicats professionnels peuvent se réunir en toute liberté, aux jours et heures où
cela leur convient : entendre, par ce mot *réunions*, des
assemblées ou réunions sur convocation, serait en dé-
naturer le sens et méconnaître la lettre aussi bien que
l'esprit de la loi.

III. Dira-t-on que si les membres d'un syndicat peuvent se réunir librement, là se borne leur droit, et
qu'ils n'ont pas celui de se faire servir des consommations ou de se procurer des distractions dans le lieu
de leurs réunions?

Mais il y aurait dans cette limitation du droit des
membres d'un syndicat une véritable atteinte au droit
de propriété, qui implique la libre disposition, le libre
usage de la chose possédée. Dans le local de leur association, les membres d'un syndicat sont chez eux, et
s'il leur plaît de discuter leurs intérêts, le verre en
main, ou de se reposer de leurs discussions et de leurs
études en faisant une partie de cartes ou de dominos,
en vertu de quel droit les en empêcherait-on?

Et quand bien même les membres d'un syndicat se
proposeraient d'ajouter aux avantages qu'ils ont recherchés en fondant leur association, la facilité de se
procurer des distractions et des délassements, outre-
passeraient-ils leur droit? Le repos n'est-il pas la meilleure préparation au travail, et dans ces distractions
et délassements honnêtes, qui font partie du repos,
n'y a-t-il pas réellement un côté économique? Pour
n'en citer qu'un exemple, n'est-ce pas exclusivement

au point de vue économique que se placent des économistes, des industriels, des commerçants, des patrons et des ouvriers pour demander un jour de repos par semaine?

On objectera peut-être encore, en se reportant à l'article 3, que les syndicats professionnels ayant exclusivement pour objet l'étude et la défense des intérêts économiques, industriels, commerciaux et agricoles, n'ont le droit de réunir leurs membres que dans ce but.

Les réflexions qui précèdent ont répondu par avance à cette objection. On peut y répondre encore qu'il est parfaitement loisible à un syndicat de considérer, comme un des moyens les plus efficaces de défendre ces divers intérêts, la fondation d'un cercle dans lequel ses membres ayant de fréquentes occasions de se rencontrer pourront facilement se concerter pour les défendre. Il ne faut pas oublier ces lignes de la circulaire ministérielle : « La loi a complètement remis aux travailleurs le soin et les moyens de pourvoir à leurs intérêts ». On n'y trouve aucune disposition de nature à justifier l'ingérence administrative.

Ne doit-on pas, d'ailleurs, considérer le cercle comme une de ces institutions économiques que le législateur a voulu donner le moyen d'établir aux gens de même profession, par exemple, comme une sorte de société de consommation qui offrirait à ses membres des consommations de choix, à des conditions avantageuses ?

Et l'intérêt économique apparaît davantage encore lorsque le bénéfice, si bénéfice il y a, réalisé sur les consommations, vient grossir la caisse du syndicat et lui fournir le moyen de favoriser le développement des progrès professionnels et des institutions d'assistance mutuelle et de prévoyance.

IV. Bon nombre de syndicats, usant du droit que la loi leur a donné, ont fondé des cercles pour leurs membres, et ce sont ceux qui leur rendent en même temps le plus de services professionnels et économiques.

Ce droit ne sera vraisemblablement jamais contesté aux syndicats, tellement il est évident. Si toutefois il se trouvait quelque fonctionnaire de l'ordre administratif ou judiciaire pour leur chercher à ce sujet une mauvaise querelle, la première réponse à lui faire serait de lui mettre sous les yeux ce passage de la circulaire du 25 août 1884 : « Il est impossible de prévoir toutes les difficultés qui pourront surgir ; elles devront toujours être tranchées dans le sens le plus favorable au développement de la liberté ».

Résultats obtenus. — Les résultats obtenus sont très satisfaisants. La bonne harmonie règne entre tous les membres du syndicat ; les progrès agricoles réalisés ont été considérables ; le local du syndicat est très fréquenté et le chiffre d'affaires augmente chaque année. C'est plus qu'il n'en faut pour récompenser les fondateurs de ce syndicat de leur intelligent dévouement à la cause agricole.

Syndicat agricole de Bourg-de-Péage.

Fondé le 17 février 1887, ce syndicat fut d'abord dénommé : Syndicat agricole d'Alixan, ce n'est qu'en janvier 1884 que son siège social fut transporté à Bourg-de-Péage, et sa dénomination actuelle arrêtée.

Les statuts ont été établis sur les mêmes bases que ceux du syndicat de Crest, mais la pratique a fait ressortir bien des défectuosités que nous avons fait disparaître, sans modification officielle aux statuts.

Dans la pensée de venir en aide aux producteurs de bétail, nombreux dans la région, le syndicat avait songé à contribuer à la fondation d'une société pour l'exploitation d'une boucherie coopérative, à Bourg-de-Péage, avec succursale à Romans. Pour arriver à ce but, sans léser les intérêts des bouchers de ces localités, le Bureau eut plusieurs entrevues avec eux, mais les prétentions émises par ceux-ci furent jugées inacceptables et toute idée de traiter avec eux fut abandonnée. La boucherie était donc créée sans eux et en dehors du syndicat, le 1er octobre 1888, au capital de

5

50.000 fr. divisé en actions de 50 fr. Après paiement de l'intérêt légal aux actionnaires, les bénéfices devaient être également répartis aux vendeurs et acheteurs au prorata des transactions de chacun. Par suite de l'hostilité qu'elle rencontra dans le public, qui était mal disposé contre une organisation qu'on lui représentait comme un piège politique, par suite de la guerre qui lui avait été déclarée par les bouchers de la localité dont les intérêts se trouvaient gravement lésés, cette institution, qui ne peut vivre qu'autant qu'elle est dirigée par un homme du métier, a vu son capital disparaître peu à peu. Sa liquidation fut prononcée le 30 novembre 1889.

Cet échec a porté un coup au syndicat, dont l'effectif tomba brusquement de 630 à 360 membres.

Aujourd'hui, grâce à la bonne gestion de son Bureau, le syndicat regagne vivement le terrain perdu, car le nombre de ses membres était remonté à 450 au 1er janvier 1894.

Le chiffre des affaires, malgré tout, a toujours suivi une progression ascendante, ainsi que le prouvent les chiffres suivants :

En 1887-1888, 1re année, le syndicat a acheté 227.218 kilos de marchandises, pour une somme totale de .... 25.853 fr. »

En 1890-1891, 4e année, il a acheté 316.810 kilos de marchandises, pour une somme totale de 40.485 fr. »

En 1891-1892, les transactions ont porté sur 415.840 kilos pour une somme totale de .... 54.267 fr. »

En 1892-1893, les livraisons atteignent 448.170 kilogs mais leur valeur n'est plus que de ...... 53.580 fr. »

Pendant ce temps, la réserve a grossi lentement et atteint à ce jour .... 5.935 fr. 80

Jusqu'en juin 1891, le syndicat a eu un Bulletin, spécial d'abord, commun ensuite avec les syndicats de Romans et de Clérieux ; il est aujourd'hui abonné au Bulletin de l'Union du Sud-Est.

Notre syndicat a servi tous les intérêts des agriculteurs de la région qui, syndiqués ou non, en ont tous profité, puisque les marchands ont été dans l'obligation de baisser tous leurs prix de vente de manière à ne laisser subsister qu'une légère différence entre leurs prix et ceux du syndicat. C'est ce que ne semblent pas comprendre bon nombre de propriétaires, mais le jour où cette vérité sera reconnue notre syndicat verra rapidement doubler le chiffre de ses membres et de ses transactions.

Syndicat de Buis-les-Baronnies.

Créé le 29 août 1888, ce syndicat compte à ce jour 90 membres faisant ensemble un chiffre d'affaires annuel de 6 à 7,000 francs représentant un tonnage de 50 à 70.000 kilos d'engrais chimiques de différente nature. Depuis sa fondation, cette association a organisé la vente des huiles d'olive de ses adhérents.

Syndicat Agricole de Châteaudouble.

Le syndicat agricole de Châteaudouble comprend trois communes du canton de Chabeuil : Châteaudouble au milieu, Peyrus au nord, Combovin au midi. Leur territoire s'étend à l'est du canton et confine, sur une grande partie, l'arrondissement montagneux de Die. Il est formé par des terrains adossés aux Alpes, dans la partie du département comprise entre l'Isère et la Drôme, par des coteaux, des escarpements abrupts, une série de petits vallons et une partie de la vallée du Rhône à l'orient.

Les altitudes sont très variables, suivant qu'on considère des points différents, quoique fort rapprochés. Il n'y a de cultivées que les terres de la vallée. Géologiquement parlant, elles appartiennent à la formation jurassique néocomienne; elles sont argilo-calcaires, argilo-siliceuses, d'une fertilité moyenne,

insuffisamment pourvues des éléments constitutifs
des fortes récoltes, notamment de potasse, d'acide
phosphorique, de magnésie et même fréquemment de
chaux.

Le pays doit au soulèvement alpin de ne posséder
aucun cours d'eau, mais une quantité considérable de
petits torrents, ne permettant pas l'irrigation de
grandes surfaces du sol. Conséquence, peu de gros
bétail, d'où insuffisance de fumier. Joignez à cela des
terres livrées, depuis les temps les plus reculés, à
des cultures épuisantes et vous aurez une idée des
faibles produits obtenus dans ces conditions, malgré
tous les soins qui y sont apportés, les héritages étant
en général très morcelés.

A part une vingtaine de domaines affermés à prix
d'argent, le métayage étant l'exception, chaque propriétaire cultive son bien; les familles sont de moins
en moins nombreuses à mesure qu'on s'avance dans
des âges nouveaux, les enfants quittent le pays pour
la plupart et la population est en pleine décroissance
depuis un demi-siècle. Ce ne sont pas les avantages
faits aux cultivateurs pour les retenir à la campagne
qui pourront enrayer le mal, car les charges énormes
s'accroissent d'année en année. Le cultivateur ne peut
plus vivre du produit de ses récoltes.

L'élevage du mouton, qui fut prospère jusqu'au milieu de l'Empire dernier, n'existe presque plus, le colon
vend son fourrage pour suppléer à la perte sur les
céréales, il n'entretient que le nombre de bœufs strictement nécessaires à ses travaux. La vigne et les vers
à soie n'entrent plus dans le contingent de ses revenus.
C'est la gêne à ses extrêmes limites pour le cultivateur
de quelques séterées de terre comme pour celui qui en
possède le plus.

Le paysan est intelligent, laborieux, sobre et particulièrement économe; la réunion de ces qualités le
préserve de la misère, mais à quel prix de labeurs et
de privations!

Isolé par le fait de la position géographique de notre
contrée, et par le peu de commerce qu'il entretient au
dehors, il est resté attaché aux vieilles pratiques de

culture de ses ancêtres. Le progrès y est plus lent que dans la plaine et le reste du canton. Un obstacle considérable se trouve dans l'exiguïté des ressources, le manque de crédit, la rareté des bras.

La jachère n'est cependant plus pratiquée, si l'on a eu le temps de faire travaux et semences: avoine, blé, pommes de terre, sainfoin. Céréales sur céréales se succèdent à court terme. Le froment ne dépasse pas, en moyenne, huit hectolitres à l'hectare. La tuzelle de Provence est la variété la plus communément cultivée.

Dans cette situation agricole, les engrais chimiques apportant au sol les éléments qui lui manquent, devaient produire un excellent résultat. Il 'agissait de les faire connaître et apprécier. L'œuvre d'un syndicat agricole était trouvée.

C'est à l'automne de l'année 1887, que M. du Bourg prit l'initiative de grouper en association les principaux cultivateurs des trois villages, dans la pensée de les amener à l'emploi des engrais artificiels. D'autres associations venaient d'être créées, sous l'heureuse influence de la loi de 1884, dans le voisinage, les syndicats de Chabeuil, de Montvendre, d'Alixan, de Bourg-de-Péage. On aurait pu simplement former une section d'un de ceux-ci ou s'affilier à eux. Le résultat ne devait pas être le même, à moins d'une organisation spéciale, telle, par exemple, que celle du syndicat agricole de la Charente-Inférieure, dont les sections sont comme autant d'unités sous une même administration.

La nouveauté du fait attira un certain nombre d'adhésions. Toutefois les sociétaires ne comprirent pas, tout d'abord, l'importance de la création. Leur remettant des engrais à des prix plus élevés que le commerce, à cause d'un titre plus supérieur, le syndicat eut à lutter contre les marchands peu scrupuleux vendant, à vil prix, des marchandises sans valeur. Ils ne risquaient pas grand chose en faisant de longs crédits et, par ce moyen, nous enlevaient celui de répandre ceux que nous procuraient les marchés passés avec les premières maisons par l'éminent directeur du syndicat de Die, président des syndicats de l'Union de la Drôme, à laquelle, dès notre début, nous nous étions affiliés. Il en résulta une défaveur marquée pour l'emploi des engrais chimiques, défaveur qui subsiste toujours et entrave tout développement. Beaucoup de cultivateurs nient encore leur efficacité, d'autres prétendent qu'ils dépendent tellement des accidents atmosphériques que leur réussite est aléatoire, au point qu'il devient impossible de récupérer les frais d'achat.

La constitution du syndicat date du jour du dépôt, à la mairie de Châteaudouble, des statuts imprimés, soit le 12 décembre 1887. Il prit la dénomination de *Syndicat des Agriculteurs de Châteaudouble, Combovin et Peyrus.*

Le syndicat fait partie de l'Union de la Drôme, de l'Union des Syndicats et du Syndicat central des Agriculteurs de France, de l'Union du Sud-Est. Après avoir tenu des instruments d'agriculture pour ses membres, il y a renoncé; il en a été de même de quelques produits alimentaires. Il s'est renfermé dans la fourniture des engrais chimiques, dont le plus demandé est sans contredit le superphosphate de chaux. Chaque saison, il est fait au moins une analyse des engrais remis aux sociétaires. Tout fournisseur, ayant livré un engrais d'une teneur inférieure à la garantie inscrite sur l'étiquette, a été impitoyablement abandonné, et il lui a été fait un rabais proportionnel. Le cas ne s'est produit que deux fois, parce que le syndicat a recours à des maisons de toute confiance et des plus connues. Parmi les instruments qu'il a acquis pour en faire jouir gratuitement les sociétaires, il y a lieu de citer le trieur Marot.

Au début de chaque année, tous les membres reçoivent gracieusement un exemplaire d'un almanach de la région. Le syndicat ne publie pas de Bulletin; il ne serait pas lu, ou il ne serait pas compris. L'enseignement à l'agriculteur doit se faire par les yeux. Avec le temps et les exemples, il se convaincra de la supériorité des procédés de culture. Outre les engrais les plus usuels, le syndicat met des semences de premier choix à la disposition des membres qui consentent à les payer un

peu plus cher que chez les marchands de cette spécialité dans le pays. Il est bien avéré que la fraude
s'exerce dans une large mesure dans le commerce des
graines. Un lot de graines n'en contient pas quelquefois
plus de 1/10e possédant la faculté germinative. Pourvu
qu'une petite quantité vienne à germer, le cultivateur
n'accusera pas son vendeur et celui-ci en profite. Il
est d'usage, dans la pratique agricole, de ne pas épargner la semence, avec cette idée que, fatalement, les
graines ne sauraient toutes réussir.

Le syndicat s'est associé à toutes les revendications
intéressant la profession agricole, et sa voix s'est
jointe à celle des autres syndicats de France, apportant l'influence d'une unité de plus dans le concert
général.

Il est resté, quant au chiffre, ce qu'il était au début
ou à une dizaine de membres près, 63 au lieu de 53.
Il ne saurait augmenter beaucoup, la population de la
circonscription étant d'environ 1,400 âmes, dont le
dixième seulement a intérêt à en faire partie.

La vente des produits a bien été essayée, mais elle
n'a pas réussi. Du reste, il faut le dire, le but de l'association est moins de procurer quelque bénéfice sur
des marchandises que de sauvegarder les intérêts
communs et supérieurs des agriculteurs.

Syndicat agricole de Claveyson.

Datant du 2 octobre 1887, ce syndicat est resté stationnaire entre 80 et 90 adhérents ; son chiffre d'affaires, qui atteint 8.000 fr., porte presque exclusivement
sur les engrais chimiques, le superphosphate surtout;
comme les syndicats voisins, il vend chaque année une
partie des produits de ses adhérents, produits qui consistent surtout en bois de construction, fourrages, pommes de terre et vin.

Syndicat agricole des cantons de Crest.

Fondation. — Le syndicat de Crest a été fondé dans les premiers jours de janvier 1886, après plusieurs réunions préparatoires tenues en novembre et en décembre 1885.

Circonscription du Syndicat. — Le syndicat s'est étendu aux deux cantons de Crest — Crest-nord et Crest-sud — à l'exclusion de deux communes, Allex et Granne, qui avaient chacune leur syndicat. En 1887, les communes de Roynac et Puy-St-Martin se sont constituées en syndicat séparé, d'accord avec le président du syndicat de Crest.

But du Syndicat. — Le syndicat se proposait d'ouvrir la voie aux progrès agricoles et au développement professionnel et moral de ses membres. Il y a travaillé en vulgarisant l'emploi des engrais chimiques et les bonnes méthodes de culture ; en mettant à la disposition de ses membres les instruments agricoles ; en organisant, dans les diverses sections du syndicat, des conférences théoriques et pratiques.

Division du Syndicat. — La division du syndicat en sections, jouissant d'une grande indépendance, ayant leur conseil et leur caisse, aurait eu de grands avantages, si partout les dévoûments avaient été persévérants ; mais ils se sont lassés, au bout de 3, 4 ou 5 ans, et bien peu de sections ont conservé de la vie. Un bon nombre, cependant, avaient eu de vrais moments de prospérité, fait beaucoup d'affaires, surtout en objets d'alimentation, organisé des réunions et des fêtes. Cependant, les présidents et secrétaires des diverses sections forment toujours la chambre syndicale, recueillent les cotisations, transmettent les avis du Bureau et sont exacts aux réunions.

Local-Magasin. — Dès le début du syndicat, un local et un magasin ont été ouverts à Crest. Les sociétaires y trouvent, sans avoir à souscrire à l'avance, bien des objets utiles à leur profession, notamment des engrais, tourteaux, maïs, etc., etc.

Bulletin, Almanach. — L'année même de sa fondation, en novembre 1886, le syndicat a créé un Bulletin, qu'il a servi gratuitement à tous ses membres et que plusieurs syndicats voisins ont aussi demandé à recevoir (Allex, Montvendre, Livron). C'est le premier des syndicats de la Drôme qui ait eu son Bulletin à lui. En 1891, il a souscrit au Bulletin de l'Union du Sud-Est, auquel il a abonné tous ses membres. Il leur a également fourni les Almanachs de l'Union de la Drôme et du Sud-Est.

Nombre de membres. — Le syndicat a débuté par une centaine de membres ; un moment, il en a compté près de mille. La fondation de nouveaux syndicats dans le canton lui en a enlevé un bon nombre. Actuellement, il en compte de 650 à 700.

Ressources. — Cotisation de 6 fr. pour les membres fondateurs ; 3 fr. pour les autres membres.

Marchandises livrées. — Le syndicat, depuis sa fondation, a livré environ 2.000.000 de kilogrammes de marchandises diverses, représentant un mouvement de fonds de plus de 500.000 fr.

Chiffre d'affaires. — Le chiffre d'affaires s'est élevé de 28.000 fr., la première année, à 52.000 fr., pendant la dernière.

Fêtes patronales. — Les sections, en grand nombre, ont célébré leurs fêtes patronales souvent avec beaucoup d'éclat.

Assemblées générales. — Le syndicat, chaque année, a tenu ses Assemblées générales, auxquelles un grand nombre de sociétaires ont toujours assisté. Des agriculteurs de marque, MM. de Fontgalland, Guinand, St-Marc-Girardin, Sayn, Riboud ont donné, à l'occasion de ces assemblées, de très intéressantes conférences.

Commission d'arbitrage. — Plusieurs procès ont été évités, grâce à l'intervention de l'un des vice-présidents du syndicat, ancien magistrat, qui a bien voulu travailler à concilier les parties.

Unions. — Le syndicat est affilié aux Unions de la Drôme, du Sud-Est et des Agriculteurs de France, depuis leur fondation.

Actif, patrimoine. — Le patrimoine du syndicat s'élève aujourd'hui, en marchandises, argent, matériel, etc., à 12,000 fr. environ.

Assurances contre l'incendie. — Le syndicat, depuis 1890, a fait un certain nombre d'assurances à la Mutuelle de Seine et Seine-et-Oise, qui lui a accordé certains avantages.

Résultats obtenus. — Au point de vue agricole, les progrès réalisés, grâce au syndicat, ont été certainement très considérables. La production des fourrages, notamment, a augmenté dans de grandes proportions. Au point de vue professionnel, le résumé de ses travaux et l'intelligente direction qui lui a été imprimée permettent de le classer au nombre des meilleurs syndicats de la région.

Syndicat agricole de Die.

L'un des plus vieux syndicats de France, le syndicat de Die est de beaucoup le premier dans notre région du Sud-Est et quand, le 31 août 1884, il fut fondé dans la salle de l'ancien hôpital, à Die, c'est à peine si, tout autour de lui, on savait ce qu'était la loi de 1884. Pour le bonheur des agriculteurs de sa région, M. Anatole de Fontgalland eut l'intuition des services qu'elle pouvait rendre aux agriculteurs et ce sera pour lui un titre de gloire que d'avoir eu l'audace d'essayer, la bonne fortune de réussir. Partant l'un des tout premiers, n'ayant encore aucun exemple à suivre, aucune expérience à

s'approprier, M. de Fontgalland avait une tâche difficile à remplir, il n'en a que plus de mérite d'avoir su
mener son œuvre à bien.

On répète chaque jour que l'agriculture est dans un
état lamentable, que la main d'œuvre devient de plus
en plus onéreuse, que les récoltes diminuent en même
temps que leur valeur, tout cela n'est que trop vrai;
il en est résulté un profond découragement parmi
beaucoup d'agriculteurs, et il n'en manque pas qui
ont laissé leurs terres en friche, tandis que d'autres
ont émigré vers les grands centres, à la recherche
d'une profession plus lucrative.

Et, cependant, c'est vers la terre qu'il faut revenir
puisque c'est la seule qui nous procure la nourriture
et les matières premières. Comment les ramener? Par
l'Association, par le syndicat agricole. C'est là le but
que se proposait M. de Fontgalland, il avait compris
que le seul moyen de rattacher au sol les agriculteurs
était de leur permettre de vivre de leur travail.

Pays à céréales, à fourrages et à vins, le département de la Drôme avait besoin, pour lutter contre la
concurrence étrangère qui avilissait alors le prix de
ses produits, de diminuer son prix de revient, c'est-à-
dire de produire davantage à condition que les frais
nécessaires à l'augmentation des récoltes soient moindres que la valeur du supplément obtenu. C'est là
qu'intervenait l'addition au fumier de ferme des engrais
chimiques, alors peu connus, mais entrés depuis dans
la pratique courante de l'agriculture progressiste.

Le rôle du syndicat était donc tracé : achat en commun des engrais avec toutes garanties de pureté, d'authenticité, et achat de ces engrais à des prix suffisamment réduits pour les mettre à la portée de tous,
grands et petits.

Acheter des engrais c'était bien, mais il fallait, avant
tout, apprendre aux agriculteurs à s'en servir et leur
donner les indications nécessaires pour que les premiers essais fussent fructueux et encourageants pour
l'avenir. Ce fut la raison d'être de la première circulaire syndicale dans laquelle le président s'exprimait
en ces termes :

« Pour lutter contre la concurrence étrangère qui
avilit le prix de vente de nos produits agricoles, il faut
diminuer nos prix de revient, c'est-à-dire produire
davantage, à la condition que les frais nécessaires à
l'augmentation des récoltes soient moindres que la valeur du supplément de récolte obtenu. Il est aujour-
d'hui reconnu qu'on peut arriver à produire davantage
et à meilleur compte par l'emploi d'engrais complémentaires du fumier de ferme, à condition que ces engrais ne soient pas falsifiés et qu'ils soient judicieusement employés. Il est donc nécessaire, pour arriver
vite à ce but, de créer entre nous une espèce d'enseignement mutuel de la part de ceux qui ont quelques notions envers ceux qui sont moins instruits. Afin de
faciliter l'usage des engrais, le Comité indiquera aux
agriculteurs la quantité et l'emploi raisonné des matières fertilisantes. Les sociétaires voudront bien remplir le tableau ci-annexé où toutes les indications sont
prévues. Le président répondra, au nom du Comité,
quelle nature et quelle quantité d'engrais il faut employer. Les membres du syndicat n'auront plus à craindre d'être trompés sur la quantité et le prix de l'engrais, le comité ayant soin de le faire analyser et de
s'entourer de toutes les garanties en passant son traité
avec le vendeur ».

QUESTIONNAIRE ANNEXÉ

1° Nature du sol, argile, marne, grès ou alluvions.

2° Nature de la récolte (si c'est de la vigne, indiquer l'état de végétation).

3° Nature de la récolte précédente. A-t-elle été fu-
mée ?

4° Depuis combien de temps la terre a-t-elle été dé-
frichée de luzerne ou sainfoin, de prés ou de bois ?

5° Poids du fumier que l'on veut employer avec l'engrais chimique.

6° Désire-t-on fumer avec l'engrais chimique seul ?

7° Superficie des champs à fumer.

Huit jours après, M. de Fontgalland répond à

chacun individuellement en lui indiquant la qualité,
la quantité, le prix de l'engrais à employer.

Les résultats ont répondu au travail colossal que
s'était imposé le président et aujourd'hui il serait impossible de trouver, dans le syndicat de Die, un agriculteur récalcitrant à l'emploi des engrais chimiques.

Ce but essentiellement et exclusivement agricole
du syndicat fut vite compris, vite apprécié ; deux
mois après sa constitution légale, à la veille de l'adjudication d'automne, le syndicat comptait déjà 101
adhérents. Le syndicat sortait des langes, il était déjà
quelqu'un. Pour une fois, Die, simple sous-préfecture,
marchait à la tête du progrès agricole dans le Sud-
Est ; elle devançait Valence et Lyon, elle sonnait la
charge, préparant la victoire qu'allait remporter, quelques années après, le mouvement syndical dans la région lyonnaise.

Variant de 101 à 133 membres, le syndicat de Die,
pendant l'exercice 1884-85, achète pour ses membres
200,000 kil. de marchandises représentant une somme
totale de 19,266 fr. 90.

Malgré la solidarité établie entre tous les associés
par les art. 31-32-33, pas la moindre somme à recouvrer ne figurait à l'actif. Il y a lieu, à ce propos, d'ouvrir
une parenthèse et de voir en quoi consiste cette solidarité.

Et d'abord que disent les statuts :

Art. 31. — Le président fait les achats en son nom pour le
compte du syndicat, dont tous les membres sont solidaires
proportionnellement au montant de leurs souscriptions
annuelles.

Art. 32. — Les traites des marchands sont faites au
nom du président du syndicat et payables chez le banquier
de la Société, après acceptation du président.

Art. 33. — Chaque sociétaire paie ses achats au comptant, en prenant livraison au magasin du syndicat le jour
qui lui est indiqué.

Dans le cas où il serait nécessaire d'expédier, le montant
de la commande devra être adressé au président et les
frais de port seront supportés par ceux à qui les engrais
sont destinés.

Donc, statutairement, tous les membres sont et demeurent solidairement responsables du paiement des marchandises achetées, proportionnellement au montant de leurs commandes dans l'année; un tel système implique nécessairement des relations de confiance entre les syndiqués, une sélection sévère de la part du bureau; il augmente singulièrement le travail de celui-ci et engage la responsabilité du président ; mais la solidarité avec la vente au comptant n'offre guère de danger, puisque chaque souscripteur doit prendre ses marchandises le jour de leur arrivée et les payer comptant. Elle présente, en retour, de puissants avantages.

Grâce à elle, le président groupe toutes les commandes de même nature, s'adresse personnellement aux fournisseurs qui, n'ayant désormais qu'un seul client très solide, n'hésitent pas à faire de grandes concessions, puisqu'ils n'ont plus besoin d'ouvrir un compte avec 5 ou 600 acheteurs, de prendre des informations sur leur solvabilité, de correspondre à l'infini. Le bureau du syndicat dresse, pour chaque saison, un cahier des charges qu'il envoie aux maisons de vente jugées dignes de sa confiance; sur leurs soumissions, reçues cachetées et ouvertes en réunion de Comité, il adjuge aux mieux offrantes, passant avec elles des contrats rigoureusement stipulés.

Les marchandises étiquetées, chacune selon sa nature et son dosage, sont expédiées dans les magasins où le président, assisté de deux délégués, prélève les échantillons qu'il soumet à l'analyse du Laboratoire de la Société des Agriculteurs de France; les traites en paiement sont faites en son nom, à 30 jours et, sur son acceptation, payables chez le banquier du syndicat. Les adhérents reçoivent les formules des produits mis en adjudication, le tableau des engrais propres à chaque culture, avec la dose à l'hectare suivant la nature du terrain et une note détaillée sur leur valeur, l'époque et le mode d'emploi.

Cette solidarité était une entreprise audacieuse, elle fut vivement combattue par les promoteurs du mouvement syndical en France; aussi, à l'assemblée générale du 19 septembre 1885, M. A. de Fontgalland leur répondait victorieusement :

« Vous le savez, disait-il, en toutes choses, le succès dépend du premier début. Il s'agissait donc de réussir à tout prix. Il fallait vous donner de bons engrais, pour vous montrer que, malgré les calomnies et les racontars de certains marchands, il était possible de fabriquer et de vendre à bon marché. Il fallait aussi gérer vos finances avec la plus grande prudence, afin de rassurer les gens timides que notre solidarité effrayait. Vous pouvez leur dire que notre exercice se solde avec un gros bénéfice en caisse qui représente la totalité de vos cotisations.

« Cette solidarité a soulevé bien des objections et, chose curieuse, l'une des personnes qui l'avaient le plus critiquée, vient de fonder un syndicat absolument semblable au nôtre, après avoir reconnu que le mode le plus rationnel de l'achat en commun des engrais, c'était d'acheter au nom du syndicat. La solidarité, avec notre système de vente au comptant, n'offre aucun danger, puisque chaque souscripteur est obligé de prendre immédiatement livraison. En admettant même que l'un des membres du syndicat ne prenne pas livraison de sa commande, la marchandise resterait en magasin et serait vendue la saison suivante. Donc, aucune perte à prévoir si ce n'est l'intérêt de l'engrais laissé pour compte, si nous n'avions pu le céder à d'autres sociétaires. Mais, si j'en crois l'expérience de l'hiver dernier, il ne nous restera jamais rien en magasin, car on nous a demandé une quantité énorme de suppléments que nous n'avons pu donner.

« A l'égard des marchands, notre solidarité est toute puissante. Contrairement à ce qui se passe dans d'autres syndicats, le vendeur ne connaît qu'un seul acheteur : votre président. Il a pour garantie votre solidarité. Aussi avons-nous le droit d'exiger le prix le plus réduit et les meilleures conditions ».

Dans la même réunion, qui était en réalité la première, le Bureau fait voter de nouveaux statuts, élargissant le cadre de l'association et réduisant à 5 fr.

le droit d'entrée primitivement fixé à 10 fr. et abaissant de 3 à 2 fr. la cotisation annuelle. L'organisation d'un banquet annuel, le dimanche après la Saint-Vincent, est voté et le président clôt la réunion par cette réponse aux attaques nombreuses dirigées contre le syndicat : « Votre Comité ne se dissimule pas que quelques négociants ont eu à souffrir de la création des syndicats, en voyant diminuer la vente de certains produits que nous vous livrons. Il en est ainsi de toutes choses, lorsque l'intérêt général prime l'intérêt particulier. Les chemins de fer ont détruit le roulage et les auberges situées le long des routes, mais le plus grand nombre a profité de cette révolution dans le mode de transport et personne aujourd'hui ne se plaint. Il doit en être de même des syndicats et, du reste, nos détracteurs ne sont pas autant à plaindre qu'ils veulent bien le dire. Pour la plupart ils vendent ou achètent des produits de tous genres. Si donc nos sociétaires, grâce à la culture intensive, font produire davantage à leur terre, ils auront plus d'argent à dépenser chez les négociants de notre vallée qui, d'autre part, pourront leur acheter, en plus grande quantité, les produits du sol tels que noix, graines de luzerne ou de sainfoin, dont ils font le commerce. Les pertes apparentes, subies par ces négociants, seront donc largement compensées par les affaires qu'ils pourront faire avec nos sociétaires. Notre syndicat vous a montré, dès la première année, quelle force donne l'association, quels résultats féconds on en peut attendre. Je ne crois pas trop m'aventurer en disant qu'il ramènera l'aisance dans notre département ».

Le premier de la région, le cinquième en France, M. de Fontgalland avait utilisé la loi de 1884, c'est aux applaudissements unanimes de ses amis et de ses syndiqués qu'il reçoit, lors du concours régional de Valence, en mai 1885, la grande médaille d'or des Agriculteurs de France.

C'est le 1er septembre 1885 que le syndicat entre dans sa deuxième année et, comme il prend chaque jour plus d'importance, le Bureau, pour resserrer les liens entre les syndiqués et lui, crée dans chaque commune

un délégué qui, élu par les associés de ladite commune, est le représentant officiel du syndicat, le porte
parole du Comité et des syndiqués.

Recruter des adhérents, faire ressortir, dans les communes, les avantages de l'association, donner des renseignements sur son fonctionnement, recouvrer les
cotisations et les sommes dues, indiquer à chacun les
engrais qui conviennent à son terrain, à sa culture,
c'est là le rôle général des délégués qui, rouage merveilleux, ont été pour beaucoup dans la prospérité si
rapide du syndicat. C'est là le côté professionnel de
leurs fonctions. Ce n'est pas le seul, car l'organisation
des réunions est aussi de leur ressort; ils y apportent
tout leur dévouement et toute leur activité, comprenant bien que toutes ces entrevues, dans lesquelles les sociétaires se coudoient et apprennent à
se connaître, sont les meilleures sources de la solidarité et de la fraternité qui doivent exister entre eux.
Aussi ne faut-il point nous étonner de l'empressement
mis par les sociétaires à se rendre au banquet de la
Saint-Vincent, dont le premier se tenait à Die en 1886.
Du reste, le banquet du syndicat de Die nous représente bien la vraie réunion de famille et, malgré la
chaleur pétillante de la clairette de Die, les cerveaux
ne s'égarent pas, les conversations roulent toutes
sur le terrain syndical. Chacun y parle de ses essais,
de ses résultats, tous se félicitent mutuellement des
services considérables que leur rend leur syndicat.
En guise de toast, le président donne des conseils :
« Nous vous avons vendu des engrais qui nous ont
permis d'avoir du fourrage et du blé, leur disait-il,
mais ces deux produits ne forment que la moitié
de la récolte que vos terrains devraient vous
donner. Autrefois, notre région était riche par ses
vignobles, aujourd'hui disparus. La gêne a remplacé
l'aisance. Le découragement s'est emparé de vous et
vous n'avez rien fait pour combattre cet insecte mi-
nuscule, qui a semé la ruine et la désolation partout
où il a passé. Contrairement à ce qui s'est fait et à ce
qui se fait encore dans d'autres régions, vous vous
êtes obstinés à ne croire ni au phylloxéra, prétendant

6

qu'il passerait, ni aux insecticides, ni aux vignes américaines. La masse des propriétaires est incrédule, je dirai plus, elle est incrédule volontairement, parce qu'elle refuse de s'instruire et de croire aux faits. Permettez-moi de vous dire que vous avez tort et que vous n'avez pas bien compris l'importance de la lutte à engager contre le phylloxéra. Il est encore temps de commencer la reconstitution du vignoble célèbre du Diois, mais, de grâce, ne restez pas inactifs, vous avez déjà trop perdu de temps. En agriculture, comme ailleurs, le temps c'est de l'argent ».

Prenons pour nous-mêmes cette maxime et arrivons de suite à la deuxième assemblée générale du syndicat, 5 septembre 1886, dont le bilan se peut résumer en quelques chiffres : 638 membres, 392,000 kilog. marchandises livrées, représentant 54,000 francs d'affaires ; actif du syndicat, 4,746 francs. Ces chiffres se passent de commentaires, ils ont comme conséquence la suppression totale de la cotisation annuelle, le droit d'entrée étant maintenu, et l'élévation à 4 0/0 des prélèvements destinés à payer les frais généraux et les employés.

Mais le syndicat n'est pas fait pour thésauriser, et les réserves prenant chaque jour plus d'importance, le Bureau, sur l'avis de son président et la décision de l'Assemblée générale, décide d'affecter une partie des fonds en caisse à des essais de semences et d'engrais qui auront lieu, dans chaque commune, sur les terrains et par les soins du délégué.

L'idée était heureuse, le capital placé à gros intérêt, car ces champs de démonstration constituent pour l'agriculteur, auquel les notions théoriques sont peu familières et pour celui qui se défie des procédés dont il n'a pas l'usage, des leçons de choses qui le portent, mieux que rien autre, à entrer dans la voie du progrès. On sait combien il est difficile de faire entrer dans la pratique agricole, et surtout chez le petit cultivateur, les perfectionnements qui peuvent résulter des conquêtes de la science ; nulle démonstration n'a sur lui autant d'action que celle qui frappe ses yeux, sous la forme d'une belle récolte. Puisque, dans le syndicat de

Die, la démonstration a été aussi éclatante que les résultats ont été exceptionnels, voyons sommairement comment il a procédé.

Les champs de démonstration ont été établis dans un terrain de bonne qualité, près d'un chemin, pour que les résultats soient plus palpables ; ils ont été divisés en deux parcelles de 300 mètres carrés chacune et chacune des parcelles a été à son tour partagée en trois portions égales de 100 mètres carrés :

Première parcelle	*Deuxième parcelle*
1re Portion. Blé sans engrais ;	1re Portion. Blé sans engrais ;
2e Portion. Blé avec guano ;	2e Portion. Blé avec tourteau de maïs ;
3e Portion. Blé avec guano imité.	3e Portion. Blé avec tourteau de colza.

Sur chaque parcelle, sauf sur les témoins, une addition de nitrate de soude ou de sulfate d'ammoniaque a été jetée au printemps.

Les blés distribués ont été: Blé de Noé, Blé d'Australie, Blé Nursery, Blé rouge inversable, Blé Lamed.

Comme nous l'avons dit, les essais, obtenus dans 30 communes, ont frappé les plus incrédules ; ils se traduisent, dans la suite, par une conversion à peu près générale des agriculteurs Diois aux engrais chimiques d'abord, aux semences sélectionnées ensuite.

Le propriétaire, qui comprend bien ses intérêts, doit, en effet, chercher à tirer de son domaine le maximum de récoltes, afin de ne pas être en perte. Il n'en est pas un seul, répondra-t-on, qui ne travaille dans ce but. C'est vrai, mais il faut voir si l'agriculteur fait tout ce qui est nécessaire pour lutter contre la malechance qui l'accable depuis trop longtemps.

En principe, le propriétaire doit s'efforcer de produire beaucoup sur peu d'hectares. Pour atteindre ce but, deux choses principales sont nécessaires:

1° Des fumures judicieusement appliquées.

2° L'emploi de semences améliorées.

Ce n'est pas tout que de donner à ses terres les façons voulues, il faut aussi employer pour les sem-

ailles des grains et graines de tout premier choix si
l'on veut arriver à de forts rendements. L'importance
de cette question a été, du reste, pleinement démontrée, dans une circulaire officielle, par M. Barbe, ministre de l'agriculture :

« Chaque année les agriculteurs français emploient
« pour environ six cents millions de francs de semen-
« ces ; je n'ai pas besoin d'insister longuement sur
« l'utilité de faire un choix judicieux des variétés à
« cultiver dans chaque situation ; l'expérience a démon-
« tré surabondamment, et on a pu le constater dans
« les nombreux champs d'expériences institués pen-
« dant les deux dernières années sur tous les points
« de la France, que telle variété améliorée donnait
« des rendements dépassant de 10, 20, 30 pour 100, et
« souvent plus, ceux des espèces ordinaires, ou fournis-
« sait des produits d'une qualité bien supérieure.

« L'expérience a encore fait voir qu'au moyen d'en-
« grais appropriés, de préparations convenables du
« sol, de semailles en lignes, on pouvait développer
« encore la puissance productive des bonnes variétés
« et, par suite, le rendement des cultures.

« La vigilance du cultivateur toutefois ne peut pas
« s'exercer seulement sur le choix des variétés à adop-
« ter pour sa culture et sur les procédés culturaux
« propres à obtenir de forts rendements, elle doit aussi
« porter sur la qualité de la semence même ; l'agricul-
« teur s'exposerait, en effet, à voir ses espérances
« déçues, s'il employait des semences impures ou
« ayant perdu leur faculté germinative, s'il confiait
« à son sol des semences investies de champignons
« parasitaires, ou des graines fourragères altérées par
« des mélanges frauduleux ou empoisonnées de cus-
« cute.

« Les conséquences de l'emploi de mauvaises semen-
« ces ne consistent pas uniquement dans la perte de
« la valeur des semences. Le dommage est plus grand :
« ces semences compromettent les résultats de la cam-
« pagne ; or, une récolte manquée ou mal venue, c'est
« le travail d'une saison, d'une année souvent, perdue,
« ce sont les frais de culture, de semailles, de fumure

« faits inutilement, c'est une année de fermage sacri-
« fiée ; enfin, ce sont les champs envahis de mauvaises
« herbes et, par suite, des dépenses de culture supplé-
« mentaires qui grèveront d'autant la récolte de l'an-
« née suivante ».

Il faut donc employer seulement des semences améliorées et contrôlées. L'analyse et l'examen des semences peuvent seuls en déceler la valeur. Il est nécessaire de vérifier avec soin la faculté germinative et la
pureté de toutes les semences que l'on emploie.

Les semences offertes aux cultivateurs, sans garantie
indiquée en pour cent de la pureté et du pouvoir germinatif ne doivent inspirer qu'une très médiocre confiance.

Les grains, et principalement les graines de prairies,
peuvent, tout en étant de la dernière récolte et d'apparence irréprochable à la vue, être d'une faible ger-
mination — la récolte de ces graines devant se faire
avec tant de soins et de connaissances — et le plus
exercé des cultivateurs, même le spécialiste, est complètement incapable d'en indiquer à l'œil le pouvoir
germinatif.

Elles peuvent germer 10 pour 100 aussi bien que 90
pour 100 et même plus, soit une différence de 80 p. 100,
ou nonante graines sur cent employées inutilement,
jetées en pure perte.

Il faut aussi ne faire usage que de semences bien
épurées, exemptes de mauvaises herbes, de grains
cassés, chétifs ou maigres ; la boule ou graine doit être
grosse, lourde, afin de pouvoir alimenter amplement la plante dans les premiers temps de sa croissance.

En apportant dans la fourniture des semences les
mêmes soins, les mêmes garanties que dans les autres
engrais, le syndicat de Die a donc puissamment contribué au développement de la culture intensive dont ses
membres aujourd'hui profitent si largement.

Mêlant la théorie à la pratique et comprenant que, si
intéressants qu'ils soient, les essais les plus heureux
n'ont de valeur utile qu'autant qu'ils sont connus et
divulgués, le Bureau crée un Bulletin mensuel gratuit

pour les syndiqués et dont le premier numéro paraît
le 1er avril 1887.

Le président le présente en ces termes : « Il y a longtemps que je suis convaincu de la nécessité de cette
publication destinée à faire connaître et surtout à
mieux faire apprécier les avantages du syndicat, que
bien des sociétaires considèrent comme un simple
marchand vendant à bon marché ce dont ils ont
besoin. Ce Bulletin doit être un trait d'union entre les
sociétaires ; il devra reproduire le compte rendu de
nos travaux, les résultats de nos essais, afin que tous
profitent des expériences de chacun ».

Dans toutes ses améliorations, dans tous ses essais,
le Comité du syndicat n'avait garde d'oublier les
vignes, cette branche si importante de l'agriculture
divise qui, après avoir donné l'aisance, était alors si
malmenée par les parasites de tous genres qui s'achar-
naient contre elle. C'était là le point faible. Il s'agissait de relever les courages et de donner en exemple
ceux qui, plus osés et plus progressistes, avaient, les
premiers, tenté la reconstitution. Ce fut l'objet du
concours de juillet 1888, à l'issue duquel quatre grandes médailles d'argent et de bronze furent décernées
aux vignobles les plus méritants. Distribuées à l'occasion de l'Assemblée générale du 11 septembre, ces
récompenses nous amènent naturellement au bilan de
l'année 1886-87, qui se traduit par un chiffre d'affaires
de 77,292 francs, pour un tonnage de 519,343 kilog. ;
l'actif en caisse passe de 4,746 francs à 6,418 fr. 49 c.
Le syndicat marche et monte avec une rapidité juvé-
nile ; aurons-nous assez de vigueur pour le suivre ?

En juillet 1887, son président organise l'Union des
syndicats de la Drôme, dont on trouvera plus loin
l'histoire. Au commencement de 1888, il prend l'initiative d'un pétitionnement général en faveur du relèvement du prix des cocons, par l'établissement d'un
droit sur les soies et cocons étrangers ; enfin, et toujours sur les services économiques, le syndicat proteste, avec l'Union de la Drôme, contre les démarches
de la Chambre de commerce de Valence qui, par une
lettre rendue publique, demandait au ministre com-

pétent d'interdire aux syndicats les opérations commerciales ou de leur imposer la patente. On verra, dans l'histoire de l'Union de la Drôme, quelle réponse fut faite par le ministre du commerce d'alors, M. P. Legrand. En la communiquant à ses collègues, M. de Fontgalland ajoutait : « Les syndicats sont devenus une puissance avec laquelle il faut compter; il y en a plus de quatre cents en France et rien ne pourra entraver leur œuvre. Si l'on tient à abolir la loi, ou si on veut les mettre à la patente, ils se transformeront en associations coopératives et ils seront encore plus forts qu'aujourd'hui, car ils ne se borneront pas à procurer à leurs associés les matières premières utiles à l'agriculture, mais ils achèteront, sans restriction, toutes les marchandises que les sociétaires réclameront. Jusqu'à ces dernières années, les agriculteurs ont fait les affaires des autres; aujourd'hui, ils veulent faire les leurs en se groupant et leurs premiers débuts sont assez encourageants pour qu'ils aient le désir, non seulement de continuer, mais d'agrandir le cercle de leurs opérations ».

C'était là une bonne réponse; elle fut comprise par ceux auxquels elle s'adressait. Du reste, au syndicat de Die, on a pour habitude de bien faire et de laisser dire. Aussi ne nous arrêtons pas plus longtemps à ces criailleries mesquines et arrivons de suite à la réunion générale du 9 septembre 1888. 1,153 membres, 94,000 francs d'affaires pour un tonnage total de 605,000 kilog., 8,703 francs de réserve, tel est en quatre chiffres la situation du syndicat à la fin de ce quatrième exercice.

8,000 francs ! Mais c'est une petite fortune, et puisqu'elle appartient aux adhérents, pourquoi ne pas les en faire bénéficier dès maintenant? Ce ne sera pas sous forme de répartition, ce sera sous forme de crédit, l'un des premiers essais de crédit agricole en France. « Prêter aux sociétaires, disait M. de Fontgalland, au taux de 4 ou 5 0/0 l'an, par fractions de 50 fr., remboursables à trois mois, tel est le principe. Arrivons maintenant à la pratique. Tout d'abord, il y aurait un conseil d'escompte composé de cinq mem-

bres, auquel le sociétaire, désireux d'emprunter, adresserait sa demande qui serait admise ou repoussée
après enquête sérieuse. Supposons que la demande
d'emprunt a été accordée. Le sociétaire souscrit un
billet à l'ordre du président, payable à trois mois, au
taux de 5 0/0. Ce billet constitue pour le syndicat une
valeur, dont il se sert pour payer ses fournisseurs. On
ne pourrait emprunter que dans le but de faire emploi
rigoureux de la somme en marchandises vendues par
le syndicat.

« Voilà donc un billet souscrit, qui ne porte que la
signature de l'emprunteur, et nous n'avons aucune
caution pour le garantir. En principe, j'avais bien
pensé à exiger une seconde signature, mais il ne faut
pas se dissimuler la difficulté de la trouver dans la
plupart des cas. Toutefois, le comité d'escompte pourrait engager le sociétaire à fournir une caution, ou
bien, si l'emprunteur offrait de lui-même une garantie
sérieuse à l'appui de sa demande, il va de soi qu'elle serait acceptée et faciliterait le prêt. Mais comme, dans
la pratique, cette seconde signature sera difficile à se
procurer, il faut remplacer la caution par une pénalité sévère, très sévère même, en cas de refus de paiement à l'échéance du billet. Le nom du sociétaire, qui
n'aurait pas fait honneur à sa signature, serait affiché
au magasin pendant dix jours. Il serait ensuite rayé
de la liste du syndicat.

« Quel est l'agriculteur qui souffrirait de voir son nom
mis au tableau d'infamie? Il n'en existe pas un seul.
Et, dans le cas où il existerait, et où il adresserait une
demande d'emprunt, il est à supposer que le conseil
d'escompte serait assez bien renseigné sur son compte,
pour considérer sa situation comme douteuse et lui
refuserait le crédit.

« En résumé, le maximum que l'on peut emprunter
est de 50 francs, pour trois mois à 5 0/0 (soit 0 fr. 65
d'intérêt), après autorisation du conseil d'escompte,
qui repousse impitoyablement toute demande émanant d'un sociétaire n'offrant pas une garantie sérieuse.
Le risque de perte n'existe pas ou est insignifiant, vu
le peu d'importance du prêt et sa courte durée.

« Enfin, la pénalité infligée au sociétaire est tellement sérieuse qu'elle ne sera probablement jamais appliquée.

« Ce projet a été soumis à des hommes d'affaires, à des banquiers, qui l'ont approuvé. Et maintenant, si nous admettons sa réalisation, combien de services n'est-il pas appelé à rendre à nos agriculteurs? Que de fois j'en ai entendu me dire que, faute d'argent au moment voulu, ils n'avaient pas acheté tous les engrais nécessaires à leur domaine, mais que si nous avions pu leur faire crédit d'un ou deux mois, jusqu'à la vente de leurs récoltes ou de leurs moutons, ils auraient employé une grande quantité de nos produits. Tel qui vient au magasin avec les 20 ou 30 francs qui constituent le fonds de sa bourse à ce moment-là, part avec le regret de ne pouvoir faire davantage, sentant bien qu'il éprouvera une perte, faute d'une quantité d'engrais suffisante pour ses terres ou de quelques balles de grains pour engraisser ses bestiaux.

« C'est peu de chose que de prêter 50 francs, et cependant cette petite somme fait souvent défaut à nos sociétaires. Si les premiers prêts sont fidèlement remboursés, si les sociétaires trouvent un réel avantage à ce crédit mutuel agricole d'un nouveau genre, eh bien, nous allongerons le délai de trois mois, nous augmenterons le chiffre du prêt et, dans ce but, nous ouvrirons la caisse pour recevoir les économies des sociétaires plus fortunés, auxquels nous servirons un intérêt rémunérateur, en leur accordant en plus la garantie du syndicat tout entier. Ce sera une véritable Caisse d'épargne mutuelle ».

Ainsi présenté, le projet fut voté par acclamation, l'Assemblée donnant à son Comité tout pouvoir pour étudier la question, la mettre en pratique quand et comme il le jugerait le meilleur.

Jusqu'à ce jour ce projet n'a pu être mis à exécution, vu l'impossibilité où s'est trouvé le Président de découvrir des sociétaires consentant à accepter les fonctions et la responsabilité du Comité d'Escompte. Aussi M. de Fontgalland songe-t-il à organiser de petites caisses rurales, système Raiffeisen.

Si les syndicats ont pour but l'achat des matières
nécessaires à la production agricole, il est indéniable
que c'est là le côté facile de leur mission et que ceux-
là comprennent mal le rôle de l'association professionnelle qui ne cherchent pas à y ajouter la vente des
produits de leurs membres. C'est là évidemment un
terrain mouvant par excellence, encombré de difficultés
de toutes sortes, difficultés qui ont raison des meilleures
volontés et qui ont, jusque-là, entravé les plus progressistes. Le syndicat de Die, plus favorisé, a pu
cependant, dès l'année 1889, rendre, sur ce terrain, des
services considérables à ses associés et, soit par les
boucheries coopératives, soit par la vente directe
aux syndicats unis, il a résolu, en partie tout au
moins, le problème difficile de la vente des bestiaux
et des fourrages de la région. Peut-être les transactions n'ont-elles jamais eu l'importance qu'elles pourraient avoir, il est certain cependant que, pour les
fourrages, de sérieux et très appréciables résultats
ont été obtenus, dans les années qui vont suivre
surtout.

Le syndicat progresse donc sur toute la ligne, il est
décidément né sous une bonne étoile, Qui en douterait
quand, pour l'exercice 1888-1889, avec 1551 membres, il
accuse 98.000 fr. d'affaires représentant 642.000 kilos de
marchandises livrées, et quand sa caisse entr'ouverte
nous montre 10.735 fr. de réserve. C'est là surtout le
chiffre à retenir, car très peu de syndicats, croyons-
nous, ont aussi rapidement fait fortune.

Ce n'est pas, du reste, un mauvais riche et son objectif
unique est de rendre service et de délier sa bourse ;
aussi achète-t-il successivement diverses machines
agricoles, d'un usage courant mais d'un prix élevé, telles
que : trieur marot, charrues défonceuses, houe vigne-
ronne, batteuse à manège, pulvérisateurs, tous instruments que, pour une redevance insignifiante, il
met journellement à la disposition de ses adhérents.
Grâce à la vigilance de son Comité et de son président, le syndicat de Die rend le maximum de services,
aussi ne pouvons-nous que féliciter ses membres de
l'éclatante reconnaissance qu'ils ont témoignée aux

hommes dévoués placés à leur tête en les réélisant, à l'unanimité, au scrutin secret du 21 septembre 1890. C'était, pour les électeurs, une garantie des succès futurs; c'était, pour les élus, la meilleure consécration du passé, le plus précieux encouragement à persévérer dans la voie toute de dévouement, toute de droiture dont ils n'avaient jamais dévié; c'était enfin, pour le président du Comité, une juste et éclatante compensation des injures et des calomnies lancées par tous ces aboyeurs méprisés jusqu'alors et dont Emile de Girardin a dit: « Mépriser le calomniateur c'est le punir deux fois, car, du même coup, c'est l'abaisser et s'élever soi-même ».

Ce fut donc une bonne journée pour tous et c'est avec plaisir qu'électeurs et élus constatèrent, à son issue, que la réserve, s'étant encore accrue, se montait à 12,174 fr. 65 et que, progressant toujours, les affaires, pendant l'exercice 1889-1890 s'étaient élevées à un total de 102,000 fr. pour un tonnage de 675,000 kilos. C'était plus qu'il n'en fallait pour contenter les plus difficiles. Décidément, pour les ennemis du syndicat, c'était bien la vraie journée des Dupes.

C'est sous ces heureux présages que commença l'année 1891 qui débuta par une conférence agricole faite, à Die, le 19 avril, par un apiculteur très connu, M. Froissard. Faite sur un sujet nouveau mais attrayant, cette causerie a déterminé, dans la Drôme, un mouvement apicole très accentué, et comme à la théorie se joignait l'exemple heureux de leur président, aujourd'hui passé maître dans la culture des abeilles, nombre de sociétaires ont créé un rucher qui, si petit qu'il soit, mêle heureusement l'utile à l'agréable En juin, le Bulletin du syndicat de Die, ce vaillant petit journal qui a vu les premiers débuts, relaté les premières réunions, disparaît pour faire place à un organe plus général, plus complet, plus moderne, le Bulletin de l'Union du Sud-Est. En financier qu'il est, le syndicat se paie le Bulletin spécial lui donnant droit à quatre pages spéciales, de telle sorte que, moyennant un supplément de dépenses de 180 fr. par an, tous les sociétaires reçoivent gratuitement un journal de 20 pages qui les tient au courant, non seulement des affaires de leur région, mais encore de tous les faits importants qui touchent à la profession agricole. Il n'est pas jusqu'à la météorologie agricole qui ne trouve sa place au dos de la couverture, rapportant régulièrement les observations faites chaque mois au poste météorologique de Die. C'était là une amélioration sérieuse qui devait donner plus de cohésion au syndicat et favoriser largement les progrès de l'agriculture locale.

Nous avons vu déjà que le syndicat avait pris sur ses réserves pour mettre à la disposition des siens quelques machines agricoles d'un prix élevé ; la production du blé augmentant, grâce au développement des engrais chimiques, il importait encore de donner aux associés les moyens de battre mieux et plus vite qu'avec ces instruments surannés qui s'appellent rouleau ou fléau. Acheter une batteuse à vapeur, c'était un gros trou dans la réserve, un capital important à amortir ; le bureau cependant s'y serait résigné si une proposition plus avantageuse ne lui avait été faite courant juin 1893 : un entrepreneur de battage, disposant d'une machine des plus perfectionnées, s'engageait, moyennant un prix de..., à la mettre au service des syndiqués, à condition toutefois que le travail serait au moins de dix journées. Le prix à payer était fixé approximativement à 0.35 le double, c'était donc une réelle économie puisque le prix de revient par les vieux procédés de battage est généralement estimé à 1 fr. Malgré les avantages offerts, les syndiqués préférèrent, qui leur fléau, qui leur rouleau et le total des souscriptions n'ayant atteint que 2.500 doubles au lieu de 4.000, le Comité dut renvoyer à une autre année l'exécution de son projet. Il comprit alors quelle prudente idée il avait eu de ne pas acheter une batteuse pour son compte. Mieux valait pour tous constater, quelques jours après, que la réserve grossissait toujours et que, malgré l'achat de nouveaux instruments plus courants qui l'avaient diminuée de 500 fr. environ, l'actif, à la fin de l'exercice 1890-1891, atteignait la somme de 12.270 fr. 25. Tout avait augmenté dans les mêmes pro-

portions : les syndiqués étaient 1.561, les affaires s'élevaient à 109.000 fr., le tonnage enfin représentait
679.000 kilog., soit la charge complète de 136 wagons
de 5.000 kilog. Le syndicat était désormais sûr de l'avenir. Aussi, dès cette époque, le voyons-nous organiser sérieusement la vente des produits de ses
membres et nommer un agent plus spécialement chargé
de ce service. Il lui suffit, paraît-il, de vouloir pour
réussir, puisque, dans le seul printemps de 1892, le syndicat envoie à l'Union des producteurs et consommateurs de Lyon pour 15.000 fr. de bestiaux. C'est, du
reste, cet exercice 1891-92 qui marque l'apogée du
syndicat, mais hâtons-nous d'ajouter que si la sécheresse a réduit, pendant l'exercice suivant, le tonnage
et le chiffre d'affaires, ce n'a été qu'un arrêt passager,
arrêt qui lui a permis de reprendre haleine et de préparer, pour sa dixième année, une nouvelle marche en
avant, début d'une ère nouvelle de prospérité. Mais
n'anticipons pas et donnons d'abord le bilan fin 1892 :
1.726 membres, 121.000 fr. d'affaires, 900.000 kilog. de
marchandises livrées, 12.517 fr. 70 de réserve, sans
compter la valeur du mobilier et des nombreux instruments, propriété du syndicat. L'accroissement
est donc considérable sur toute la ligne ; désormais les
temps difficiles sont passés et, grâce à la Coopérative
agricole du Sud-Est qui se fonde sur ces entrefaites et
à laquelle, l'un des premiers, le syndicat adhère, plus
de risques, plus de responsabilité. La Coopérative venait à son heure pour le syndicat de Die comme
pour tous ceux qui, comme lui, traitaient des affaires
importantes. Pour la dernière fois en 1892-1893 et pour
donner à la Coopérative le temps de s'installer et de
faire ses marchés, le syndicat de Die fait une adjudication d'engrais avec les syndicats de la Drôme, il est donc
temps de donner ici la teneur du cahier des charges :

*Cahier des charges de l'adjudication des engrais et ma-
tières premières à fournir au Syndicat des Agriculteurs
de Die.*

Die, le   18

Les fournitures des engrais et des matières fertilisantes
achetées par le président, en son nom, pour le compte du

syndicat, dont tous les membres sont solidaires proportionnellement au montant de leurs souscriptions annuelles (article 30 des statuts), devront être faites aux conditions suivantes :

Les soumissions devront être adressées au Président du syndicat, M. DE FONTGALLAND, propriétaire à Die (Drôme), *avant le*

Les engrais et les matières premières seront livrés dans un délai de quinze jours, après la réception de la commande.

Le prix des engrais sera calculé sur celui de l'unité des agents de fertilité entrant dans leur composition. A cet effet, les soumissionnaires devront indiquer dans leur soumission le prix auquel ils entendent livrer le kilogramme d'azote, de potasse et le degré d'acide phosphorique.

Ces engrais devront être dans un état pulvérulent parfait et ne contenir que 10 0/0 d'eau au maximum. Ils seront facturés, sur analyse à l'état normal, et d'après les bases suivantes :

ENGRAIS FABRIQUÉS	L'UNITÉ	
	FR.	C.
Azote ammoniacal...........................		
Azote nitrique — nitrate de soude...........		
Acide phosphorique, soluble dans le citrate d'ammoniaque, alcalin et à froid............ ..		
Potasse — chlorure de potassium...........		

L'acide phosphorique insoluble ne sera facturé ni dans les superphosphates, ni dans les engrais fabriqués.

Les matières premières seront facturées sur analyse à l'état normal, d'après les bases suivantes :

MATIÈRES PREMIÈRES	L'UNITÉ	
	FR.	C.
Sulfate d'ammoniaque 20/21 0/0.............		
Chlorure de potassium 45 à 55 0/0..........		
Superphosphate riche 14 0/0................		
Superphosphate extra 39/41 0/0.............		
Nitrate de soude 15/16 0/0.................		

Tous les prix seront établis, emballage compris.

Les traites seront faites au nom du président du syndicat et payables chez le banquier de la Société, après acceptation du président (article 31 des statuts).

Elles seront payables à trente jours, au dépôt du syndicat à Die.

Le président aura le droit de faire peser, aux frais du vendeur, les marchandises à leur arrivée en gare, toutes les fois qu'il le jugera nécessaire.

Les échantillons destinés à l'analyse seront prélevés par le président ou son délégué, à l'arrivée des engrais dans la gare ou dans le magasin du syndicat, en présence de deux témoins. Le vendeur pourra se faire représenter à cette opération, s'il le désire (article 14 des statuts).

Trois échantillons seront prélevés sur chaque wagon d'engrais, semences, etc., etc., dans les conditions énoncées à l'article 11. L'un sera envoyé au chimiste chargé de l'analyse, l'autre sera conservé comme témoin par le président, et enfin on adressera le troisième au vendeur, s'il en a exprimé le désir (article 35 des statuts).

Les analyses seront faites au laboratoire de la Société des Agriculteurs de France, à Paris.

Les frais d'analyse seront à la charge du vendeur pour toute livraison de 5,000 kilog.

Dans le cas où le dosage ne serait pas conforme au dosage garanti, le vendeur subirait une diminution de prix égale à la valeur commerciale du manquant.

Chaque sac devra être porteur d'une étiquette indiquant le nom de l'engrais ou de la matière première et son dosage.

Le syndicat se réserve le droit de fournir à ses membres toutes les matières utiles à l'agriculture non comprises dans l'énumération ci-dessus.

Le Président : A. DE FONTGALLAND.

SOUMISSION

Le soussigné déclare accepter le présent cahier des charges et soumissionner aux prix qu'il a indiqués ci-dessus.

Fait à   le   189

On comprendra que nous ne donnions pas ici les prix d'adjudication, cela nous entraînerait trop loin et, du reste, la meilleure preuve que les prix sont inférieurs à ceux du commerce n'est-elle pas dans la progression toujours croissante des affaires syndicales. Cette progression a tellement dépassé les prévisions que le Comité a dû, courant avril 1893, installer les services du syndicat dans un nouveau local, construit spécialement pour cet usage, et pourvu d'un quai facilitant beaucoup la manutention des marchandises. En outre des entrepôts et des bureaux du comptable et du magasinier, une autre pièce a été réservée pour le Comité, la bibliothèque et la salle de lecture. Au même moment, le Comité décide de recevoir les propositions d'assurances contre l'incendie pour les transmettre à l'une des meilleures sociétés françaises qui a consenti, au profit des syndiqués, une remise importante. Enfin, et toujours à la même époque, pour faciliter à ses membres la vente de leurs fourrages dont le syndicat est aujourd'hui un vendeur important, le Comité achète une presse à fourrages, mise journellement à la disposition de ses associés.

Le syndicat, on le voit, ne perd ni son temps ni son argent, il est d'autant plus actif qu'il vieillit davantage, et si, à l'assemblée générale de 1893, le chiffre d'affaires a baissé de 10,000 fr., c'est d'abord parce que la sécheresse a entravé ses opérations, ensuite et surtout parce qu'une diminution notable s'est produite dans les achats de sucre pour vendanges et dans les achats de maïs et autres grains.

Ce n'a été qu'une halte, puisque, dans cet exercice, la réserve s'est accrue de près de mille francs pour atteindre, à fin de budget, la très jolie somme de 13,326 fr. 65.

Cette halte, du reste, a été la source d'une recrudescence de vie pour le syndicat, et malgré que nous ne puissions, aujourd'hui, donner le résultat complet de l'exercice courant, nous sommes heureux de pouvoir constater, qu'en sept mois, le syndicat de Die a fait plus que dans les 12 mois de l'exercice précédent et que, pour le superphosphate notamment, son tonnage a augmenté sur 1892-93, de plus de 200,000 kilos *(Voir le graphique des opérations à la page suivante).*

Fondé le premier dans la région, le syndicat de Die va bientôt atteindre sa dixième année ; sa réserve, à laquelle ses membres devront bien se garder de jamais toucher, car elle est la source de leur force, va lui permettre de fêter dignement cet anniversaire.

Voici sur quelles bases cette grande réunion a été organisée par M. de Fontgalland :

« Le Comité, étant désireux de fêter solennellement la dixième année du syndicat, a réuni les *délégués* le 29 avril, afin de s'entretenir avec eux de la célébration de cet anniversaire.

« Il a été décidé qu'un concours se tiendrait à Die le 1er septembre prochain et que, le lendemain, dimanche, aurait lieu un grand banquet auquel les présidents des syndicats de la Drôme et nos amis de Lyon seraient conviés pour fraterniser avec nos sociétaires.

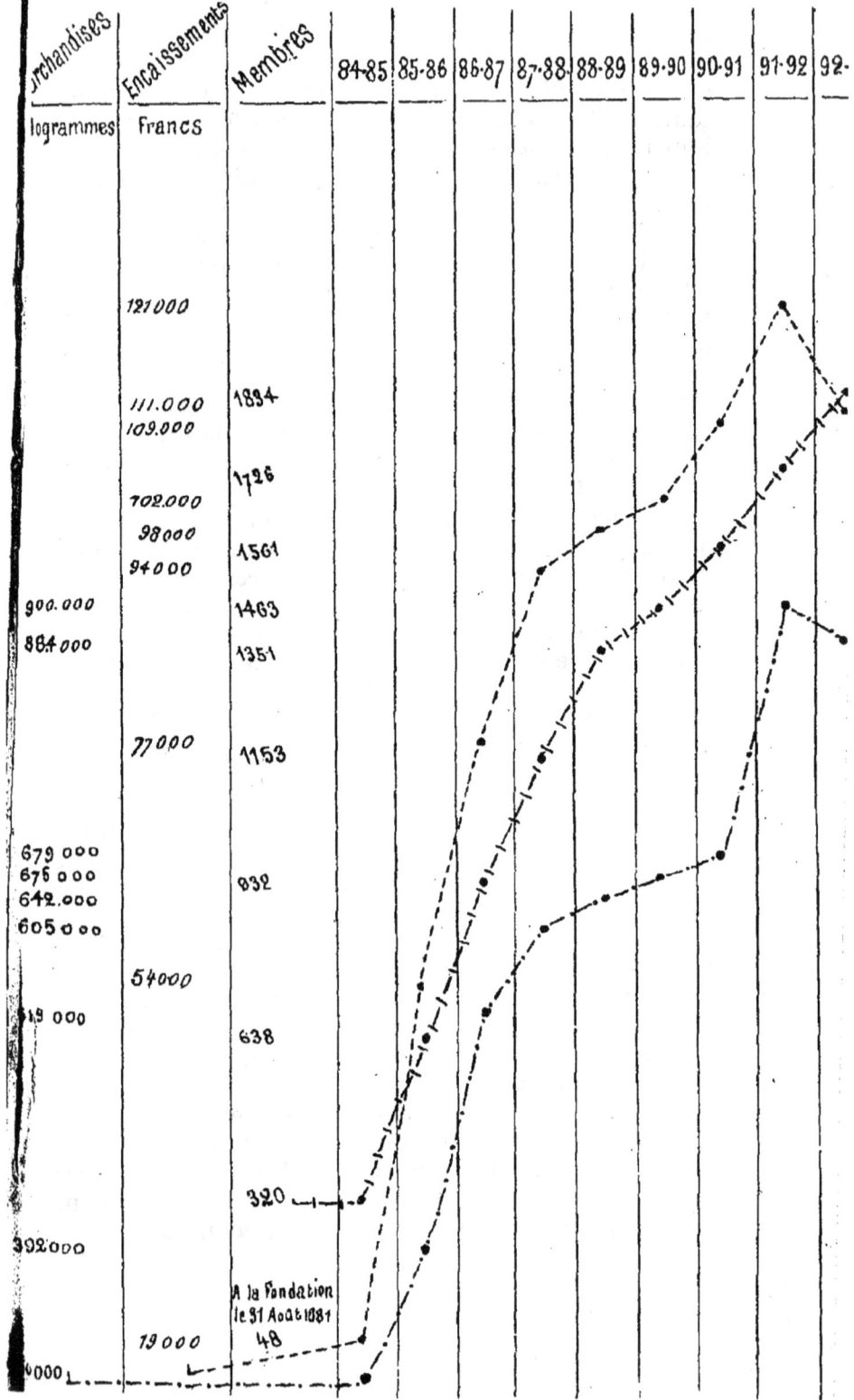

Marchandises	Encaissements	Membres	84-85	85-86	86-87	87-88	88-89	89-90	90-91	91-92	92-
Kilogrammes	Francs										

121000

111.000
109.000   1884

702.000   1726
98000
94000   1561

900.000   1463
884000   1351

77000   1153

679 000
675 000   832
642.000
605 000

54000

519 000   638

320

392 000

A la Fondation
le 31 Août 1881
19000   48

0000

« Nous avons été unanimes à reconnaître qu'un concours ouvert *entre tous les membres du syndicat* donnerait de l'émulation aux agriculteurs, et que ses résultats seraient excellents. La décision était facile à prendre, il n'en sera pas de même pour la mise à exécution. Nous ferons connaître le programme de ce concours, afin que chacun puisse l'examiner et y prendre part, mais nous devons prévenir les sociétaires que si les demandes ne sont pas suffisamment nombreuses, ou si les difficultés que nous prévoyons, dès maintenant, ne sont pas aplanies par ceux auxquels nous ferons appel pour nous aider, il sera supprimé par le Comité, ainsi que cela a été convenu à la réunion du 29 avril.

« En principe nous voulions organiser un concours de culture, soit pour des exploitations complètes, soit pour des cultures distinctes. Mais nous avons été arrêtés par les dépenses considérables qu'occasionnerait la tournée d'un jury, dans un pays où la culture est aussi morcelée, et par la difficulté d'établir un classement équitable entre les petites propriétés.

« Nous avons donc décidé qu'il n'y aurait qu'un concours à Die, sorte d'exposition des animaux et des produits, *obtenus dans la région*, dans le genre de celles que les comices agricoles font chaque année dans le département de l'Isère et qui nécessitent peu de frais. Outre les produits de tout genre, le syndicat récompensera les vieux serviteurs, les fermiers, qui sont depuis de longues années dans la même exploitation, les agriculteurs qui ont élevé leurs enfants dans cette noble profession qui laisse à l'homme toute sa liberté, son initiative, sa belle santé et ne fait pas de lui un de ces esclaves de l'industrie ou de la bureaucratie, qui peuplent les grandes villes et augmentent le nombre des malheureux.

« On rencontre quelquefois des gens qui vous disent : « Le père X... avait deux garçons : l'un était intelligent et l'autre était esprit borné. Il a envoyé le premier à la ville pour en faire un rond de cuir dans un bureau ; quant à l'autre, qui n'était bon qu'à travailler la terre il l'a gardé près de lui ».

7

« Eh bien ! ce raisonnement est absurde. Il tendrait à faire passer les agriculteurs pour des idiots, alors que c'est tout le contraire. C'est dans cette classe-là que l'on trouve le plus de gens ayant du bon sens, du jugement, des observateurs très fins, qui se rendent compte d'une foule de choses que les savants croient découvrir tous les jours et que les agriculteurs connaissent depuis longtemps.

« On leur fait un reproche parfois justifié. nous l'avouons — mais à qui n'en fait-on pas ? — c'est d'être routiniers. Aujourd'hui, il en est bien peu qui ne cherchent à s'instruire, le reproche ne s'applique donc qu'à une minorité. Mais cette minorité elle-même, est-elle bien coupable, et n'est-ce pas la faute de notre enseignement primaire, dont le programme s'occupe à peine d'agriculture et même pas du tout.

« Si le programme était adapté aux milieux dans lesquels le maître doit l'appliquer, nous verrions les enfants des agriculteurs recevoir des notions d'agriculture dans les communes rurales, au lieu d'être tous formés sur le même moule et apprendre un tas de choses inutiles à la profession qu'ils exerceront plus tard.

« Il faut constater aussi que certains maîtres apportent bien peu d'empressement en apprenant l'agriculture. Nous connaissons une école normale d'instituteurs, où la plupart des élèves sont fils d'agriculteurs: ils rougissent de la profession de leurs parents, au point d'affecter de ne pas suivre le cours obligatoire d'agriculture qui leur est fait par un professeur de la plus grande valeur.

« Toutes ces observations ont pour but d'expliquer l'article du programme relatif à l'*Enseignement agricole*. Nous avons pensé que le syndicat devait encourager très chaleureusement les maîtres qui enseignent l'agriculture à leurs élèves. C'est l'avenir de notre pays qui est en jeu. Il faut que la vallée de la Drôme redevienne florissante, par les soins et les travaux d'agriculteurs instruits, qui se livreront à une culture intensive et raisonnée. Nous sommes décidés, si cela peut amener d'heureux résultats, à *ouvrir un concours chaque année* pour *l'Enseignement agricole* auquel nous accorderons des récompenses importantes consistant, soit en médailles, soit en livrets de Caisse d'épargne. Les maîtres et les élèves seront appelés à concourir, dans des sections différentes ».

Et maintenant, puisque le syndicat de Die est, avant tout, un syndicat d'affaires, pourquoi ne pas terminer son histoire en rappelant à ceux qui le composent les sages et récents conseils de leur distingué président :

« Il est passé, pour toujours, le temps où les prix du syndicat et ceux du commerce des engrais avaient des différences de 3 et 4 fr. par 100 kilogs. Aujourd'hui, l'écart est presque insensible, parce que le commerçant, plutôt que de ne pas vendre, préfère accepter un bénéfice de quelques centimes.

« Mais si le syndicat venait à disparaître, qu'arriverait-il?

« Nous le savons bien par les exemples que nous avons sous les yeux.

« Le syndicat est-il dépourvu un jour, par suite d'une vente excessive et inattendue? Aussitôt le commerce relève ses prix. Tout dernièrement, pour les plants de vignes qu'une mauvaise réussite nous a empêché de livrer, nous avons constaté une hausse de plusieurs francs dans un jour. Jusqu'à ce moment là, les prix s'étaient maintenus à un taux voisin de celui du syndicat.

« Nous entendons quelquefois des sociétaires s'exprimer ainsi : « Comment se fait-il que le commerce vende au même prix que le Syndicat? »

« La réponse est fort simple.

« Le commerce est libre de vendre au prix qui lui convient, à perte même, s'il y trouve son intérêt.

« Souvent un commerçant vend un produit à perte ou à prix coûtant, et se rattrape sur un autre. C'est un procédé bien connu et employé fréquemment.

« Un fabricant de petits instruments agricoles me racontait, tout dernièrement, qu'il avait traité avec un gros acheteur de Bordeaux, qui revendait ses instruments *au-dessous du prix d'achat*. Il fit exprès le voyage de Bordeaux pour savoir la cause de cette baisse de prix. Le marchand lui répondit que cela ne le regardait pas, et que, ses marchandises étant payées, il avait le droit d'en faire ce qu'il voulait. Il ajouta que cet article, étant relativement très bon marché, constituait une réclame pour lui et que les cinquante centimes qu'il y perdait, lui étaient amplement remboursés sur les autres marchandises qu'il vendait à ceux qui venaient dans son magasin.

« Le même fait se produit pour les engrais vendus à prix coûtant dans certaines maisons.

« Nos sociétaires savent très bien que le bon marché qui leur est proposé coûte cher, d'une façon ou de l'autre, car le marchand a toujours le moyen de se rattraper.

« Il faut donc se dire que si les prix du commerce des engrais sont à peu près semblables, dans la Drôme, à ceux des syndicats, c'est que les rôles ont changé et que les dupeurs sont devenus les dupés. Aujourd'hui l'agriculteur est le maître du marché, grâce au syndicat qui établit les prix de vente.

« Voilà plusieurs années qu'il en est ainsi au grand profit de l'agriculture, et il en sera encore longtemps de même si le sociétaire comprend que son intérêt bien entendu est de rester fidèle au syndicat, et de lui amener de nouveaux adhérents pour accroître son influence, en même temps que la richesse du pays.

« Il est certain que les fabricants et leurs agents vont abaisser leur prix de vente, quand ils connaîtront les nôtres, afin de semer la désunion parmi nous, et qu'ils insinueront que le syndicat est inutile puisqu'ils proposent des prix semblables aux siens.

« Que les sociétaires se souviennent alors que l'union fait la force, et que, le syndicat disparu, ils ne pourraient pas résister à la hausse qui se produirait fatalement, au grand préjudice de l'agriculture, déjà si éprouvée de toutes manières. »

Plus que tout autre, le syndicat de Die, si injustement attaqué, fait ses affaires, ne déclarant la guerre à personne. Il a rendu le courage aux populations agricoles qui se désespéraient et les résultats merveilleux qu'il a obtenus jusqu'à ce jour, montrent clairement qu'il est dans la bonne voie. Quoi qu'il arrive, l'avenir lui appartient, il sera le salut de l'agriculture dioise et quand, en septembre 1894, il fêtera sa dixième année, il aura le droit d'être fier de sa conquête et de montrer à ses invités qu'avec des hommes de cœur et de dévouement, comme son président, il est encore possible de dire que *Labor improbus omnia vincit.*

Syndicat agricole de Grand-Serre.

Fondé le 14 avril 1889, ce syndicat a son siège social à Hauterives. Son bureau est présidé par M. Robert, sa Chambre syndicale se compose de 17 membres nommés par les douze communes syndiquées.

L'effectif total du syndicat est de 113 membres; son chiffre d'affaires, pour le dernier exercice, a été de 10.000 francs. Fait partie de la Coopérative agricole du Sud-Est.

Syndicat agricole de Grignan.

Créé le 25 mars 1888, ce syndicat compte aujourd'hui 50 membres environ faisant ensemble un chiffre d'affaires total de 6.650 fr. Les achats portent exclusivement sur les engrais et les semences.

Syndicat agricole de Livron.

Après diverses réunions préparatoires qui ont eu lieu chez M. de Bouffier, dans le cours de l'automne de 1887, à l'instigation de M. de Gailhard-Bancel, qui a bien voulu venir en présider une, le syndicat de Livron a été constitué et ses statuts, en grande partie copiés sur ceux du syndicat d'Allex, ont été adoptés le 15 novembre de la dite année; il se composait à cette époque d'environ 35 à 40 adhérents dits membres fondateurs, auxquels se sont associés lentement, mais progressivement, un certain nombre de propriétaires agriculteurs formant actuellement un ensemble de 110 membres, dont 24 ou 25, depuis deux ans, appartenant aux communes limitrophes d'Etoile et de Loriol dans lesquelles il n'existe pas de syndicats agricoles.

L'Association comprend : des membres honoraires, des membres fondateurs et des associés; sont membres honoraires : les propriétaires aisés qui, la plupart du temps, ne cultivant pas par eux-mêmes, forment la 1re catégorie et payent une cotisation annuelle de 10 francs, moyennant quoi leurs fermiers ou grangers ont droit à se procurer différentes fournitures faisant l'objet des commandes du syndicat, sans avoir à payer la cotisation annuelle de 3 francs exigée des autres membres.

Les membres fondateurs sont ceux qui, ayant primitivement constitué le syndicat, en forment le 2e groupe.

Le 3e groupe est formé des membres dits associés. Ce sont ceux qui, une fois le syndicat formé, ont été admis successivement à en faire partie.

Les syndiqués composant ces deux dernières catégories ne paient qu'une cotisation annuelle de 3 fr.; les femmes sont admises à en faire partie.

L'Association est administrée par un Conseil qui se compose de 12 membres au moins, mais dont le nombre pourra être porté à 24; ces conseillers sont nommés par les membres honoraires et les membres fondateurs, ils choisissent parmi eux les membres du Bureau, lequel se compose du président, de deux vice-présidents, d'un trésorier, de deux secrétaires et de trois conseillers.

Durant le cours de la 1re année, 1888, nos opérations n'ont pas eu une grande importance; les commandes, comme dans tous les autres syndicats, étaient faites par le président, et les marchandises, à leur arrivée en gare de Livron, étaient transportées par les soins de l'entrepositaire, dans un local que nous avions loué tout près de la gare; nous donnions à cet agent une redevance de 10 centimes par balle d'engrais pour la manutention et la livraison aux syndicataires.

Le bail passé avec lui devait avoir une durée de dix ans, mais avec la réserve d'une dédite, s'il y avait lieu, à l'expiration de la première année.

Les marchandises devaient être payées aux fournisseurs au comptant, moyennant un escompte de 2 % dont 1 % pour la caisse syndicale et 1 % pour le trésorier chargé d'en faire les avances à ses frais.

Indépendamment du local destiné à l'entrepôt, nous avions également loué, dans la grande rue du bourg, une salle pour nos réunions, qui ont lieu tous les deux mois, pour rendre compte des opérations effectuées dans l'intervalle et prendre les commandes. Cette location était faite au prix de 80 fr. par an, mais également avec la clause d'une dédite au bout de la première année.

A la suite de quelques difficultés qui s'étaient élevées, à l'expiration de la première année, tant avec l'entrepositaire qu'avec le trésorier, qui voulaient exiger des conditions plus onéreuses, M. Fraisse, un des vice-présidents s'étant offert à prendre gratuitement à sa charge l'entrepôt des marchandises, moyennant un simple droit de commission de 20 cent. par balle pour les marchandises qui ne seraient pas livrées aux syndicataires à leur arrivée en gare et qu'il serait ainsi obligé de transporter chez lui, nous avons accepté avec reconnaissance ses offres obligeantes, mettant ainsi à profit la réserve de dédite sus-mentionnée ; notre prix de location de salle était également diminué de moitié, ce qui a notablement réduit les frais de gestion.

Enfin une souscription a été ouverte parmi les membres du syndicat à l'effet de nous procurer le fonds de roulement nécessaire pour le fonctionnement régulier des transactions et nous avons ainsi recueilli une somme de 1,450 fr. prêtée gratuitement pour une durée de 3 ans, ce qui a permis de continuer à faire bénéficier la caisse syndicale de l'escompte de 2 % sur les expéditions de marchandises et, en 1892, nous avons été à même de pouvoir satisfaire à nos engagements en remboursant cette somme sur les bénéfices réalisés, indépendemment des fonds libres suffisants pour le cours habituel des transactions.

C'est également à cette époque que, par l'entremise de M. Verrière, courtier de l'Union des Syndicats du Sud-Est dont nous faisons partie, et grâce à la bienveillante intervention de M. Duport, nous avons tenté de faire l'acquisition d'une batteuse à vapeur système Garet Pilter qui nous est revenue, avec les accessoires, à 9,700 fr. environ. Les souscriptions volontaires recueillies parmi nos syndicataires ne nous ayant fourni qu'une somme de 8,800 fr., c'est sur les bénéfices réalisés durant la première campagne de battage qu'a été payé, en grande partie, le surplus du prix d'achat, un reliquat de 200 et quelques francs restant seul à la charge de la caisse syndicale.

En conformité de l'art. 13 de nos statuts, nous nous réunissons une fois par an en Assemblée générale durant le cours du mois de septembre, à l'occasion de notre fête patronale dédiée à saint Vincent; cette réunion est précédée de la célébration de la messe paroissiale et suivie d'un banquet où l'on fraternise à l'unisson.

Une fois par an, nous faisons également célébrer une messe de mort pour les membres de l'association décédés dans le cours de l'année, laquelle est suivie d'une distribution aux indigents de bons de pain, de la valeur de 10 francs.

Au point de vue financier, comme importance de transactions et roulement de fonds, tandis qu'en 1890 nous n'avions employé que 490 balles de superphosphate et 70 d'engrais composés de diverses natures, soit en tout 560 balles d'une valeur de 5,455 francs, nous avons employé, en 1893, 1,493 balles de superphosphate et 80 balles d'engrais composés soit en tout 1,573 balles et par conséquent une différence en faveur de 1893 de *1,013 balles*; le montant des 1,573 balles avait une valeur de 12,644 francs, soit donc une augmentation de roulement de fonds de 7,189 francs.

Le montant de la réserve, qui est actuellement d'environ *3,000 francs*, est le résultat :

1º des cotisations annuelles de nos sociétaires.

2º des 0,20 c. perçus, comme bonification, sur le prix de revient de chaque balle d'engrais au moment de la livraison au syndicataire.

Il va sans dire que nous livrons gratuitement à chacun de nos associés l'Almanach de l'Union du Sud-Est, le Bulletin mensuel et que notre syndicat est associé à la Coopérative dont trois de nos membres sont actionnaires.

Syndicat agricole de Montélimar.

Le syndicat agricole de Montélimar a été fondé, le 21 janvier 1888, entre les propriétaires, métayers, fermiers, ouvriers d'agriculture et de professions connexes de l'arrondissement.

Ses statuts furent déposés à cette date à la préfecture et à la mairie par M. Louis Roussin, propriétaire et avocat, qui avait pris l'initiative de cette création et qui, depuis, n'a cessé de s'en occuper comme secrétaire général.

Ce syndicat a pour but d'étudier toutes les questions intéressant l'agriculture, de rechercher les améliorations à introduire dans les exploitations rurales, d'en conseiller ou d'en faciliter l'application par des conférences et des expériences pratiques, d'acheter en gros, sans passer par des intermédiaires onéreux, les engrais chimiques ou naturels, les tourteaux, les semences, les cépages américains, les machines, les bestiaux, etc., enfin tout ce dont les cultivateurs ont besoin pour l'exploitation de leurs terres ; de faire bénéficier ses membres des remises obtenues, de s'occuper de la vente et du placement avantageux des produits de la culture, de défendre, par tous les moyens, l'intérêt de tous ses membres sur les halles et marchés, de créer des bureaux de renseignements, des registres de placement, de mettre l'étude des questions agricoles à la portée de tous par la création de bibliothèques et de cabinets de lecture, de fonder des institutions de prévoyance et d'assistance, d'encourager la constitution d'institutions économiques, de favoriser, en un mot, tout ce qui peut tendre au développement moral, intellectuel et professionnel de ses membres, ainsi qu'à l'amélioration de leur situation multiple.

Malgré des efforts incessants, ces buts n'ont pas tous été atteints encore. Quoiqu'il en soit, pendant la période des six années écoulées depuis sa fondation, le syndicat de Montélimar a pu rendre déjà de nombreux et signalés services qui obligent ses détracteurs de la première heure à reconnaître désormais son incontestable utilité. Grâce à lui, la culture s'est améliorée, l'usage raisonné des engrais s'est de plus en plus répandu et le prix de ceux-ci, surtout, malgré les efforts de ses adversaires, est demeuré inférieur de près de 50 0/0 à ce qu'il était avant sa création.

Il compte actuellement 400 membres : 50 membres fondateurs, ceux de la première heure, et 350 membres associés versant, les uns et les autres, une cotisation annuelle de 3 francs.

De vastes locaux sont aménagés en entrepôt et près de 300.000 kilos d'engrais de toute nature y sont distribués chaque année entre les membres qui y trouvent également les échalas, les fils de fer, les sulfates de cuivre, les instruments aratoires, etc., et y traitent un chiffre d'affaires assez important pour représenter un roulement annuel de 40 à 50,000 francs.

Il est administré par une Chambre syndicale, se composant d'un président, de deux vice-présidents, d'un secrétaire-général, d'un trésorier, formant à eux cinq le Bureau, et de dix membres, autant que possible un par commune.

Cette Chambre syndicale est élue pour 3 années, en assemblée générale, à la majorité des suffrages exprimés. Tous les pouvoirs de ses membres ont été renouvelés à deux reprises différentes.

Affilié à l'Union des syndicats de la Drôme et à l'Union du Sud-Est, le syndicat de Montélimar fait aussi partie de la Coopérative agricole du Sud-Est.

Dès son début et pendant les deux premières années

il a publié un Bulletin, maintenant remplacé par celui du Sud-Est et que chacun de ses membres reçoit.

Syndicat agricole de Montvendre.

Historique. — Le syndicat agricole de Montvendre a été fondé le 22 mars 1886; ses membres fondateurs étaient au nombre de vingt-deux. Dans une réunion préparatoire tenue sur l'initiative de MM. Rey Maximin et Sayn Gustave, les statuts avaient été discutés et arrêtés. M. Sayn Frédéric fut élu président et M. Sayn Gustave, secrétaire. Le développement de l'association, d'abord un peu lent, ne tarda pas à s'accentuer; vers la fin de 1886, une section se fondait à Montmeyran sur l'initiative de MM. Duc et Courthial, et bientôt une autre à Upie sur celle de MM. Gueyrand et Charrière. En 1890, M. Frédéric Sayn ayant demandé à être remplacé dans ses fonctions, à cause de son grand âge, la présidence du syndicat fut dévolue à M. Félix Bellier dont le zèle et le dévouement avaient beaucoup contribué à la prospérité de l'Association. Malheureusement il mourut peu après et M. Gustave Sayn fut élu président du syndicat. Pendant toute cette période, le nombre des membres et le chiffre d'affaires du syndicat n'avaient cessé de s'accroître. Bien qu'un syndicat agricole se fût fondé à Chabeuil en 1888, beaucoup d'habitants du chef-lieu de canton se firent inscrire au syndicat de Montvendre et leur nombre s'accroît de plus en plus, depuis la création surtout d'un entrepôt à Chabeuil; d'autre part, dès l'année de sa fondation, le syndicat avait compté un certain nombre de membres dans l'est du canton de Valence et, de ce côté aussi, l'association a fait de nombreuses et excellentes recrues, dans ces derniers temps; de telle sorte que le syndicat de Montvendre, créé pour être simplement un petit syndicat communal, est devenu en réalité cantonal et a pu, grâce à une large décentralisation et à la création de quatre entrepôts, parer d'une part à l'inconvénient d'une situation géographique peu centrale et éloignée des lignes de communications, de l'autre à la rivalité d'un syndicat créé au chef-lieu même du canton. Ce n'est cependant pas que les difficultés lui aient manqué ; outre les soupçons ordinaires de but politique qui ne lui ont pas manqué, mais dont le temps n'a pas tardé à faire justice, il a été en butte à tous les efforts des épiciers de la région qui tous vendaient des engrais chimiques à très haut prix et voyaient naturellement de très mauvais œil cette concurrence inattendue. Ces négociants ont employé tous les moyens possibles pour discréditer les marchandises vendues par le syndicat, ils sont allés jusqu'à pétitionner auprès des pouvoirs publics et à écrire aux directeurs du syndicat des lettres de menaces, anonymes bien entendu.

Il y a eu lieu ensuite, à diverses reprises, de remanier les statuts à cause de l'extension inattendue prise par le syndicat et ces remaniements sont toujours choses délicates.

Actuellement (25 mars 1894), le syndicat agricole compte 465 membres environ ; son chiffre d'affaires, depuis le 30 juin 1893, a été de plus de 50,000 fr. et la quantité de superphosphate fourni par lui à ses membres de 550,000 kil. environ. C'est dire que le syndicat est aujourd'hui en pleine prospérité.

Chiffre d'affaires. — De 1,000 fr. en 1886, il a progressivement augmenté et arrive aujourd'hui à une moyenne annuelle de 50 à 60,000 fr., dont la plus grosse part représente les engrais chimiques etnotamment les superphosphates.

Unions. — Le syndicat de Montvendre est affilié à l'Union des Agriculteurs de France, depuis le 6 février 1887, à l'Union de la Drôme et à l'Union du Sud-Est, depuis leur création.

Bulletin. — Après avoir fait distribuer pendant quelque temps à ses membres, le Bulletin du syndicat de Crest, le syndicat de Montvendre les a abonnés en bloc à une édition spéciale du Bulletin de l'Union du Sud-Est.

Almanachs. — A diverses reprises, le syndicat a fait distribuer à ses membres, soit l'almanach de l'Union de la Drôme (1889-1890), soit celui de l'Union du Sud-Est (1893-1894).

Conférences d'été. — Le syndicat s'est, en outre, efforcé de répandre, parmi ses membres, soit des notions exactes sur l'association, soit les bonnes méthodes agricoles par des conférences données à diverses reprises; de plus dans le banquet qui termine la fête annuelle, célébrée tant à Montvendre qu'à Upie ou à Montmeyran, les questions d'un intérêt plus général ont été traitées par divers orateurs de grand mérite, parmi lesquels il nous suffira de citer MM. Duport, Guinand, Riboud, de Fongalland, de Gailhard-Bancel, etc.

Actif. — Quatre mois après sa fondation, le 1er août 1886, l'actif du syndicat était de 148 fr. 50; le 31 juillet 1887 il s'élevait à 1,128 fr. 65; le 25 février 1891 à 4,748 fr. 17, le 23 avril 1891 à 4,855 fr. 10; le 23 août 1892 à 7.041 fr. 37; le 1er janvier 1894 à 9,786 fr.

Depuis 3 ou 4 ans, l'actif est sensiblement de 20 fr. par membre.

Cotisations. — Les cotisations étaient, au début, de 6 fr. pour les membres fondateurs et de 3 fr. pour les membres associés; elles furent ensuite de 3 fr. pour tous les membres et enfin de 1 fr. 50 pour tous.

Coopérative. — Le syndicat a affilié récemment tous ses membres à la Coopérative agricole du Sud-Est.

Crédit agricole. — Le syndicat n'a organisé aucune institution particulière de crédit, seulement il a autorisé ses entrepositaires à accorder des délais de paiement aux membres, mais sous leur propre responsabilité; il s'est borné à accorder aux entrepositaires les délais nécessaires pour faire leurs rentrées. Grâce à un certain triage opéré dans les admissions, grâce à la solvabilité et à l'honorabilité des membres admis, ni le syndicat, ni les entrepositaires n'ont, depuis huit ans, perdu un centime du fait des membres et cela malgré l'importance des crédits accordés (plus de 10,000 francs en janvier 1894 par exemple) et la longueur des délais de paiement. Cette facilité donnée pour les paiements a puissamment contribué à l'extension des affaires du syndical.

Causes de la prospérité du Syndicat. — Parmi les causes qui ont le plus puissamment aidé à la prospérité de notre syndical, nous citerons :

1º L'usage d'une fête et d'un banquet annuel qui ont contribué beaucoup aux bonnes relations entre les membres.

2º Le dévouement des présidents, secrétaires ou directeurs de groupes ou de sections; ce ne sera pas, du reste, un des moindres services des syndicats que d'avoir utilisé pour le bien général beaucoup d'hommes de bonne volonté qui, sans eux, s'en seraient probablement tenus au bon soin de leurs propres affaires.

3º Le grand développement des services matériels rendus par le syndicat et mis à la portée de chaque membre par la création d'entrepôts communaux.

4º L'exclusion absolue de toute ingérence politique dans le syndicat.

Syndicat des Agriculteurs de Nyons.

Le syndicat des agriculteurs de l'arrondissement de Nyons, fondé le 10 janvier 1886, avait, dès le début, réuni un assez grand nombre d'adhérents, et aurait probablement prospéré, comme les autres syndicats, si on avait rigoureusement suivi les statuts adoptés.

Il n'en fut pas ainsi, de sorte qu'après plus de trois ans d'existence, il avait un passif de près de 1,900 fr., et n'avait presque plus d'adhérents.

L'Assemblée générale du 4 septembre 1890 modifia le Bureau qui, sous la présidence de M. le docteur Laurens, prit des mesures pour liquider la situation et apporter les modifications nécessaires à son relèvement.

M. le docteur Laurens fut nommé président, M. le docteur Tortel, vice-président, M. Bonnardel, secrétaire-trésorier et M. Tyran, comptable.

Sous cette nouvelle direction, le syndicat entra dans la voie de prospérité qui lui était tracée par presque tous les syndicats et aujourd'hui, il fait partie de l'Union des Syndicats de la Drôme, il a adhéré à l'Union du Sud-Est et a abonné tous ses membres au Bulletin de cette Société, il a fait admettre ses sociétaires, au nombre de 239, membres adhérents participants à la Coopérative agricole du Sud-Est, (décision du conseil d'administration du 9 décembre 1893).

Le relèvement du syndicat commence avec la présidence de M. le docteur Laurens et la comptabilité de M. Tyran, à partir du 4 septembre 1890.

Dans sa réunion du 6 octobre 1892, le Bureau a dû pourvoir au remplacement de M. Tyran, comptable, qui, à cause de ses multiples occupations, ne pouvait plus remplir cet emploi. Il a été remplacé par M. Lafont qui s'acquitte bien de ces fonctions.

C'est à la date citée ci-dessus, 4 septembre 1890, que nous trouvons des renseignements précis sur les opérations syndicales.

Nous constatons qu'il a été vendu, dans les 7 premiers mois de 1891, 111,577 kilos de diverses marchandises qui ont produit une recette de 16,706 fr. 80 c. et un bénéfice net de 158 fr. 05 c.

Pendant l'année syndicale, du 1er août 1891 au 31 juillet 1892, il a été vendu 213,714 kilos de diverses marchandises qui ont produit une recette de 30,460 fr. 95 c. et ont donné un bénéfice net de 680 fr. 70 c. Enfin pendant l'année syndicale 1892-93, il s'est vendu 262,663 kil. de diverses marchandises qui ont produit une recette de 35,037 fr. 35 c. et un bénéfice net de 803 fr. 70 c. Ce qui fait un boni net, au 31 juillet 1893, de 1,642 fr. 50 c.

Le syndicat ne s'arrête pas dans sa marche ascendante; il compte actuellement 260 membres, et il prévoit que, cette année, malgré les dépenses qu'il a faites pour payer les cotisations de ses membres, adhérents participants à la Coopérative et leur abonnement au Bulletin de l'Union, il réalisera encore un joli bénéfice par suite de sa plus value d'affaires.

M. le docteur Laurens, ayant été élu sénateur, n'a

pu garder la présidence du syndicat à cause de son éloignement et de ses nombreuses occupations.

Dans sa séance du 8 février 1894, le Bureau à l'unanimité l'a nommé président honoraire et, également à l'unanimité, le Dr Tortel a été nommé président.

Nous espérons qu'avec le concours dévoué des membres du bureau, nous pourrons étendre les opérations du syndicat et accroître le nombre de nos adhérents.

Syndicat agricole de Pierrelatte.

Notre syndicat a été fondé, le 16 février 1888, par 18 personnes de la localité. La première Chambre syndicale, composée de 12 membres, nommait le même jour son Bureau et son président, M. Raoul d'Allard. Aujourd'hui, nous sommes 226 adhérents et, depuis sa fondation, notre syndicat a perdu 27 membres par décès, 20 pour cause de départ du pays, 16 par démission. En novembre 1892 nous avons adhéré, des premiers, à la Coopérative agricole du Sud-Est qui est notre unique fournisseur.

Le syndicat va entrer bientôt dans la dixième année de son existence; son Bureau s'est borné jusqu'ici à procurer aux syndiqués les seuls produits agricoles. Pendant l'exercice 1893, notre chiffre d'affaires a été de 20,000 fr. pour un tonnage de 160,000 kilog.

Syndicat agricole de Romans.

La date de sa fondation est le 23 juillet 1886.

Il aurait pris naissance vraisemblablement l'année où la loi sur les syndicats professionnels fut votée, 21 mars 1884, si déjà le président actuel, fondateur d'un Comice agricole dès l'année 1880, 6 juillet, n'eût pensé que cette transformation dût être différée; on verra plus loin le motif de cet ajournement.

Ce comice, à son début, au moment de l'approbation

préfectorale, comprenait 36 membres. De juillet 1880 à
juillet 1886, la vie de cette société s'affirma par de
nombreuses réunions et le chiffre primitif de 36 adhérents atteignit celui de 100.

La transformation de la société en syndicat fut
plusieurs fois agitée dans les assemblées qui se
tinrent alors, mais des motifs sérieux la firent différer ;
c'est que, dès 1881, le Comice de Romans faisait
en commun des acquisitions de soufre pour les
membres sociétaires. Ces acquisitions de 8 à 10,000
kilos annuels étaient faites sous la responsabilité du
président, et distribuées par ses soins. Des plâtres
phosphatés furent également achetés et livrés aux
sociétaires du Comice dans les mêmes conditions que
les achats de soufre.

Cette société, avant la loi du 21 mars 1884, avait
donc déjà rendu, aux membres qui en faisaient partie,
des services que devait faciliter la forme syndicale.
Il est bon d'appuyer sur les opérations faites par cette
société avant la loi de 1884, mais la nécessité de la
transformation se faisait sentir et les rouages du
Comice ne pouvant plus répondre aux nécessités de
la situation, les directeurs du Comice, avec l'assenti-
ment des sociétaires, transformèrent donc cette société
qui, pendant son existence, avait servi à ses membres
un journal agricole mensuel, le *Bulletin de l'Isère*.

Mais le syndicat agricole, appelé à recevoir des
membres moins aisés, dut limiter le chiffre de sa
cotisation à une somme moindre et, par suite, ne put
servir aux nouveaux sociétaires une publication que
la direction du Bulletin ne put ou ne voulut pas mettre
à la portée de nos ressources.

Le syndicat se décida à créer et à publier, pendant
deux ans environ, un Bulletin paraissant tous les mois
ou tous les deux mois et qui devait mettre en rapport
les intéressés. Il était à prévoir que ce surcroît de
charges incombant toujours aux mêmes personnes,
celles-ci ne pouvaient continuer longtemps une publication qui, cependant, tout éphémère qu'ait été sa
durée, permit d'établir des rapports et des liens de
solidarité entre les divers membres de la société jus-

8

qu'au jour où naquit le Bulletin du Sud-Est, organe de l'Union du Sud-Est.

Mais, avant de parler de cette Union, il est bon que nous revenions un peu en arrière pour constater la création de l'Union des Syndicats de la Drôme due au zèle et à l'impulsion puissante du président du syndicat de Die, M. de Fontgalland. Elle prit naissance en juillet 1887.

Neuf syndicats de la Drôme fondèrent cette Union qui depuis a fait de nombreuses recrues. Il est difficile de parler de cette Union sans nommer son président et créateur et sans lui payer un juste tribut de reconnaissance pour les services rendus aux syndicats de la Drôme. En 1888, se fonda, à Lyon, une nouvelle Union plus vaste, c'est l'Union du Sud-Est. Comme nous avions suivi M. de Fontgalland dans la création de l'Union de la Drôme, nous le suivons également et entrons à l'Union du Sud-Est; nous n'avons pas eu à le regretter car cette adhésion à l'Union du Sud-Est nous a permis de prendre part à la fondation de la Coopérative du Sud-Est pour laquelle nous faisons les vœux de succès les plus ardents.

Depuis la transformation du comice en syndicat, en 1886, nous voyons le nombre des membres augmenter et les opérations financières ne sont plus comparables.

La société a dû, dès la création du syndicat, ouvrir un magasin où, deux jours par semaine, le mardi et le vendredi, les adhérents viennent commander les objets dont ils ont besoin et prendre livraison de leurs commandes.

C'est à partir de cette époque que les engrais chimiques sont employés en quantité appréciable. La fondation des syndicats est bien certainement le point de départ, en France, des cultures perfectionnées. Le syndicat, depuis huit ans environ, fait annuellement de 15 à 20,000 fr. d'affaires, surtout en engrais chimiques, soufres, sulfate de cuivre, sufate de fer, plâtre et divers autres objets concernant l'agriculture. Il serait superflu de les énumérer.

C'est un chiffre de cent vingt à cent cinquante mille

francs d'affaires que notre syndicat a traité depuis sa fondation.

Les personnes seules au courant des affaires syndicales peuvent se rendre compte des services rendus.

Ces opérations, pour un chiffre important, n'ont provoqué aucune difficulté sérieuse et aucune n'a eu besoin de l'intervention des tribunaux.

Est-ce à dire que tout est pour le mieux dans la marche du syndicat agricole de Romans? Nous sommes trop expérimentés pour nous faire illusion.

D'abord nous avons à regretter que notre encaisse soit insuffisante pour nous permettre de dormir sur nos deux oreilles.

Ensuite, nous regrettons que le nombre de nos adhérents n'augmente pas comme nous devrions être en droit de l'espérer dans un milieu aussi agricole actif et intelligent, en présence des services rendus. Trois cents propriétaires et agriculteurs seulement font partie de la société, c'est-à-dire nous donnent leur confiance.

Enfin, nous ne craignons pas de dire que nous voudrions pouvoir, au milieu de la crise agricole, si intense qui se produit, pouvoir rendre plus de services, et qu'il est douloureux pour nous de ne pouvoir faire plus. ·

Syndicat agricole de Roynac.

Organisé en février 1888, ce syndicat se compose aujourd'hui de 170 membres, dont les achats portent exclusivement sur les engrais et les semences. Son chiffre d'affaires oscille entre 8 et 10,000 francs.

Syndicat agricole de Saint-Paul-Trois-Châteaux.

Plusieurs fois les cultivateurs de Saint-Paul-Trois-Châteaux avaient eu l'idée de se former en association syndicale, mais, pour une raison ou pour une autre, les promoteurs se séparaient toujours en disant : nous ferons, nous verrons.

Le projet en était encore là lorsque, le 12 février 1893, un groupe de viticulteurs et de laboureurs se réunirent dans une salle du café du Progrès ; la question de se syndiquer fut soulevée de nouveau par M. Gustave Durand qui insista pour que le pays suivît la marche de ses voisins ; M. Octave Valette prit alors la parole et démontra tous les avantages que pourrait avoir un syndicat agricole dans un centre aussi travailleur que celui de Saint-Paul-Trois-Châteaux ; l'Assemblée fut unanime à comprendre ses paroles et tous, d'une seule voix, demandèrent la formation du syndicat.

A partir de ce moment, le syndicat agricole de Saint-Paul-Trois-Châteaux était formé. M. Octave Valette, fut nommé président, M. Gustave Durand vice-président.

L'Assemblée levée on but à la santé du nouveau-né et de ses membres au nombre de 33.

Les bases de l'association furent arrêtées et le lendemain, 13 février 1893, les statuts furent déposés à la mairie qui en délivra récépissé, conformément à la loi du 21 mars 1884.

Aussitôt la commission installée, elle s'occupa de trouver un local pour servir de magasin, ce qui ne fut pas facile, vu l'état des ressources du syndicat ; enfin on trouva, sur la place Notre-Dame, un appartement assez convenable.

La commission en fit part aux adhérents du syndicat, et invita tous les membres à faire leurs commandes les dimanches, mardis et jours de foires, le secrétaire devant être au magasin de 9 à 11 h. du matin.

Un mois après sa formation, le syndicat avait grandi, le nombre des adhérents était de 54 ; une assemblée générale du syndicat fut provoquée pour le dimanche 12 mars 1893. Dans cette réunion, sur l'exposé du président, il fut décidé à l'unanimité que le Bureau du syndicat ferait le nécessaire pour faire sa demande d'admission premièrement à l'Union des Syndicats des Agriculteurs de la Drôme et ensuite à l'Union du Sud Est des Syndicats agricoles.

A partir de ce moment, le président et le secrétaire s'occupèrent avec activité des démarches utiles à faire auprès des présidents de ces deux Unions pour savoir les conditions d'admissibilité et, sur leur réponse, envoyèrent les pièces nécessaires pour arriver à ce but.

Bonne suite fut donnée à leur demande et, le 7 avril 1893, le syndicat agricole de Saint-Paul-Trois-Châteaux était admis à faire partie de l'Union des Syndicats des Agriculteurs de la Drôme dont M. A. de Fontgalland est le président. A dater de ce moment, le Syndicat put bénéficier des avantages afférents à cette Union.

Le 6 mai suivant, même solution fut donnée par M. le président de l'Union du Sud-Est des Syndicats agricoles et, par suite de cette deuxième affiliation. la société profitait de tous les avantages que peut procurer le courtier de cette Union.

Restait maintenant au syndicat à se procurer les avantages que peut offrir la participation à la Coopérative agricole du Sud-Est. Son Bureau s'en occupa immédiatement et, pour arriver à ce but, provoqua une réunion générale de tous les membres du syndicat dont le nombre, à ce moment là, s'élevait à 64 ; le nombre des membres avait donc doublé, ou peu s'en faut, en moins de cinq mois d'existence.

C'est dire que les agriculteurs commençaient à comprendre non seulement les avantages mais encore l'utilité de l'existence du syndicat agricole de Saint-Paul-Trois-Châteaux.

Dans cette réunion il fut décidé, à la presqu'unanimité, d'adhérer à la Coopérative agricole du Sud-Est et cette Assemblée chargea son président de faire les démarches nécessaires pour arriver à ce but, négociations dont se sont occupés assidûment le président et le secrétaire du Bureau. Le 7 septembre suivant, notre syndicat faisait partie de ceux qui composent la Coopérative agricole du Sud-Est.

Il va sans dire que, depuis son existence, les marchandises demandées par les adhérents leur ont été livrées par notre syndicat, non-seulement à un prix relativement bas, mais encore avec toutes les garanties désirables d'authenticité, de pureté et de dosage.

Au 31 décembre 1893, soit dix mois après sa formation, notre association s'était encore accrue de plus de 30 membres puisqu'elle comptait cent adhérents et nous espérions fermement que cette progression ne ferait que s'accentuer. Depuis lors, nos prévisions ne nous ont pas trompé et le nombre de nos syndiqués va toujours croissant.

Pour toutes ressources, notre syndicat n'a eu, à son début, que les cotisations de ses membres fixées à deux francs par membre et par an, par l'article 10 de ses statuts, et ensuite une légère majoration de prix, très légère même, que nous pouvions faire supporter aux marchandises livrées aux syndiqués; cette majoration de prix ne pouvait être bien élevée, attendu que les membres du Bureau avaient à cœur de faire comprendre, non-seulement aux intéressés membres du syndicat, mais encore à d'autres personnes pouvant en faire partie à l'avenir, tout l'intérêt qu'offre une association de ce genre.

Malgré cela, et avec nos faibles ressources, soit les cotisations d'une part (2 francs par membre), soit la légère majoration sur le prix des marchandises livrées à nos adhérents, d'autre part; nous avons pu : 1° faire partie des associations précitées; 2° servir le Bulletin de l'Union du Sud-Est à tous les membres de notre syndicat ; 3° offrir aussi à tous les membres du syndicat, gratis et à titre d'étrennes, l'Almanach de l'Union du Sud-Est des Syndicats agricoles; 4° organiser enfin notre magasin, en payer la ferme et le magasinier. Tout cela en livrant toutes les marchandises à des prix bien inférieurs à ceux du commerce local et, cela va sans dire, à la grande satisfaction de tous les membres du syndicat.

Tel est l'historique de l'existence encore courte de notre syndicat pour ainsi dire naissant ; jusqu'à présent il n'a été qu'un syndicat de consommation, mais si, comme nous l'espérons, il prend une importance plus grande à l'avenir, il pourra s'organiser pour la vente de tous les produits que pourront récolter ses adhérents. C'est le but que nous poursuivons et que nous ferons tout notre possible pour atteindre.

Syndicat agricole de Savasse.

Créé le 19 mai 1889 avec 23 membres, ce syndicat compte aujourd'hui 29 membres. Son histoire est courte, elle se résume dans le chiffre d'affaires annuel qui de 2,896 fr. en 1889 atteint, en 1894, 5,168 fr. 25. Le montant total des encaissements, depuis la fondation, a été de 20,160 francs.

Syndicat agricole de Suze-la-Rousse.

Ce syndicat a été créé le 29 février 1893, il a donc à peine un an d'existence. C'est assez dire qu'il n'a pas encore d'histoire et que son seul acte important a été son adhésion à la Coopérative agricole du Sud-Est qui rapidement lui pourra donner les moyens, s'il en sait profiter, de se faire connaître et de se rendre utile.

Syndicat agricole de Tain.

Le 30 novembre 1890, à l'occasion d'une conférence de M. de Fontgalland, M. Ollat, président du syndicat de Clérieux, se met à la disposition des propriétaires présents pour fournir les renseignements nécessaires à la formation et à la gestion du syndicat. Après quoi, les auditeurs décident la formation d'un syndicat et arrêtent une réunion pour le 14 décembre suivant.

Le 14 décembre 1890, M. Ollat fournit les renseignements nécessaires à l'Assemblée, qui se compose de 43 membres. Un Bureau est élu ; il se compose d'un président, d'un vice-président, d'un secrétaire et d'un trésorier, qui est en même temps nommé magasinier. Les statuts sont lus à l'Assemblée et approuvés par elle et, quelques jours après, déposés à la mairie de Tain.

Cette première tentative ne réussit pas aussi bien qu'on l'espérait. Au mois de septembre 1891, les mem-

bres du Bureau reconnaissent le besoin de donner un
nouvel essort au syndicat. Une assemblée a donc lieu
le 20 septembre 1891, dans laquelle un nouveau magasinier et un nouveau trésorier sont nommés. Il y est
décidé que les cotisations seront définitivement fixées à
2 fr. par membre et par an et que, pour se couvrir des
frais de magasins et de manutention, le syndicat ma-
jorera de 5 0/0 le prix d'achat des marchandises.

Depuis, le syndicat de Tain s'est maintenu dans une
très bonne situation et a toujours fait honneur à ses
affaires. Il compte actuellement 120 membres, tous
membres adhérents de la Coopérative agricole du
Sud-Est,, car il a été décidé, dès le principe, que nul
ne pouvait faire partie du syndicat sans être également membre de la Coopérative et réciproquement.
Son chiffre annuel d'affaires oscille entre 6 et 7,000 fr.

Syndicat agricole de Taulignan.

Créé le 4 mai 1887 avec 50 fondateurs, ce syndicat
compte aujourd'hui 85 membres ; sa circonscription
se bornant à la commune de Taulignan, c'est un effectif
qui ne peut guère augmenter. Cet effectif reste d'autant plus stationnaire qu'à Taulignan comme dans
maints endroits, il s'est formé contre le syndicat une ligue
de mécontents qui, d'abord sous un prétexte politique,
ensuite sous un prétexte humanitaire, a toujours refusé
de marcher avec lui. Comme cette abstention n'a
aucune raison d'être et que, pas plus qu'il ne fait de
politique, le syndicat ne nuit au commerce local, plus
que restreint, il est probable qu'elle diminuera avec
le temps et que la raison finira par triompher de l'imagination.

En attendant, si le nombre des syndiqués n'a pas
progressé, le chiffre d'affaires du syndicat s'est largement accru; qu'on en juge par les résultats annuels
qui donnent 5,000 francs pour le premier exercice 87-88
et 9,000 francs pour l'exercice 92-93 avec un ensemble
total de 38,500 francs.

D'allure modeste, le syndicat de Taulignan n'en a pas moins une organisation de grand syndicat et, grâce au dévouement de son président qui, simple cultivateur, n'en passe pas moins toutes ses soirées à faire la correspondance, à tenir les livres, à donner des conseils, il a pu jusqu'à ce jour faire beaucoup avec rien. Un magasin, servant de dépôt à toutes les marchandises, est ouvert tous les jours ; l'employé, ayant d'autre part un état stable et n'étant pas, par le fait, trop exigeant sur les appointements, est toujours là à la disposition des syndiqués. C'est cet employé qui touche les cotisations, livre les marchandises, en opère le recouvrement; il reçoit en retour 2 0/0 sur toutes les marchandises livrées par l'intermédiaire du syndicat. Celui-ci se contente dès lors, pour alimenter sa caisse, du produit des cotisations qui, fixées à 4 francs, ne rapportent guère plus de 300 francs. C'est juste ce qu'il a fallu au Bureau pour abonner tous ses syndiqués au Bulletin mensuel de l'Union du Sud-Est, à l'Almanach, pour payer enfin les cotisations aux diverses Unions, couvrir les frais de correspondance.

Le syndicat de Taulignan n'est ni un avare ni un prodigue, il rend au centuple ce qu'on lui donne sans, pour cela, avoir besoin ni de secours, ni d'appel de fonds. Petit mais vigoureux, il prouve, malgré les difficultés locales qu'il a rencontrées, qu'on peut, même dans les syndicats « faire beaucoup avec rien », à condition que le cœur et le dévouement viennent à la rescousse.

Syndicat agricole des Tourettes.

Ce syndicat date du 10 avril 1888, mais, pour des raisons qui n'ont pas leur place ici, il a végété longtemps et ce n'est guère que depuis sa reconstitution, soit janvier 1893, qu'il fait de réelles affaires. Les transactions ont porté, en 1893, sur 142,000 kilog. représentant un chiffre de 15,000 fr. environ. Le nombre de ses adhérents, qui était de 30 au moment de la fonda-

tion, est aujourd'hui de 32, ce qui donne par tête
environ 500 fr. d'achats annuels.

§ 4. — Syndicats du département de l'Isère.

Syndicat agricole et viticole d'Apprieu.

Notre syndicat date du 30 décembre 1888. Dès les
premiers jours de sa fondation il ne compta que 25
membres, et aujourd'hui ces 25 sont devenus 80 ; ce
nombre de quatre-vingts va augmentant de jour en
jour, grâce à la Société Coopérative du Sud-Est, à
laquelle nous sommes adhérents. Les marchandises
livrées en consignation par la Coopérative se trouvent,
ici, dans un entrepôt créé à cet effet, où elles sont
vendues à des prix avantageux aux adhérents, une
fois par semaine, le samedi. La vente hebdomadaire
atteint en moyenne le chiffre de 70 francs.

Aux avantages fort appréciables que lui fournit la
Coopérative, notre pays d'Apprieu doit encore à l'initiative de son syndicat la reconstitution de ses vignes
de coteau qui avaient été presque entièrement détruites par le phylloxéra.

Depuis dix ans, nos viticulteurs découragés n'avaient
que vaines doléances au sujet de leurs belles vignes
disparues, et restaient les bras croisés, lorsque le succès vraiment merveilleux d'une plantation de Gamays
et d'Alicantes Bouschet greffés sur Riparias, faite, il y a
4 ans, par plusieurs membres réunis de notre syndicat,
vint ranimer les courages abattus.

Aujourd'hui, sur toute la ligne de notre coteau situé
en plein midi, c'est plaisir de voir nos gais et robustes vignerons, la pioche à la main, travailler à la reconstitution de la vigne : cent mille greffes plantées en
l'espace de 4 ans, plus de cent cinquante mille échalas
de châtaigniers fournis annuellement à l'Union du Sud-

Est, telle est l'œuvre de notre petit syndicat agricole et viticole.

Je dois ajouter que notre syndicat reçoit le Bulletin de l'Union dans lequel une page lui est réservée pour ses avis et communications.

Syndicat agricole de Châbons.

Notre syndicat a déposé ses statuts à la mairie de Châbons, le 4 septembre 1890; il a été constitué le même jour par cinq fondateurs, juste de quoi composer un Bureau. Son premier acte fut une demande d'affiliation à l'Union du Sud-Est, acceptée en octobre de la même année; depuis, il a toujours et régulièrement reçu pour tous ses adhérents le Bulletin de l'Union. En janvier 1891, nous étions 23 membres; notre chiffre d'affaires, pour l'exercice, s'élève à 6.000 francs, soit environ 260 francs par tête. L'année 1892 nous trouve une centaine. Le prix réduit auquel nous livrons au printemps les semences, engrais, plâtres, nous vaut un accroissement sensible qui porte notre effectif à 170. Au mois de mai 1892, notre syndicat, sur 180 membres, en comptait 53 de la commune du Grand-Lemps, 24 de la commune de Colombe, 15 de la commune d'Apprieu. Les communes d'Apprieu et du Grand-Lemps comptant déjà chacune un syndicat affilié, comme le nôtre, à l'Union, nous avons jugé convenable de rendre à ceux-ci leurs compatriotes et de resserrer ainsi les liens d'amical voisinage qui nous unissaient. A la même époque, nous aidions à la constitution d'un syndicat à Colombe, dont nos 24 adhérents de cette commune devenaient le noyau fondateur. Cette générosité ne devait pas nuire à notre syndicat qui, malgré une diminution sensible d'effectif, faisait néanmoins, en 1892, pour 14,000 francs de transactions, soit 8,000 francs d'augmentation sur l'exercice précédent. En mars 1893, le syndicat adhère à la Coopérative agricole du Sud-Est et ajoute ainsi les articles de ménage et de consommation aux articles professionnels. Il ouvre en même temps un entrepôt qui, depuis, est régulièrement ouvert trois fois par semaine et constamment approvisionné des articles les plus usuels. Le chiffre d'affaires en subit une vigoureuse impulsion et atteint, pour l'exercice, le chiffre inespéré de 27,000 francs. Conséquence nécessaire, l'effectif augmente proportionnellement et atteint actuellement 250 adhérents. Continuant son œuvre de propagande syndicale si généreusement commencée, le syndicat prend l'initiative d'un nouveau syndicat qui est créé, fin décembre 1893, à Nivolas.

Malgré ces ablations voulues, le syndicat de Châbons est aujourd'hui en pleine prospérité, affaires et effectif augmentent sans cesse. C'est la récompense, pour son Bureau, du dévouement généreux et désintéressé qu'il apporte au service de l'agriculture locale.

Syndicat agricole de Colombe.

Constitué une première fois en 1891, le syndicat de Colombe avait essayé d'abord d'être un syndicat de concentration en appelant dans son Bureau quelques hommes politiques d'opinions diverses ; ce fut sa perte, il mourut en venant au monde.

Comprenant, par cette première expérience, que la politique est le plus grand diviseur, M. Perrin résolut cette fois de constituer un vrai syndicat agricole, et mit énergiquement, en dehors du conseil, tous les éléments qui avaient été, la première fois, une cause d'insuccès. Aidé de 20 agriculteurs comme lui, il fondait donc le syndicat de Colombe le 6 mai 1892. Attaqué avec violence par ceux qui déjà l'avaient fait tomber une première fois, le syndicat n'eut pas de peine à résister à la tempête et son Bureau, marchant droit devant lui, prenant pour ce qu'elles valaient les insinuations de ses ennemis, adopta le seul parti à recommander en pareille occasion : se taire et aller de l'avant.

Après avoir été uni aux syndicats d'Apprieu et du Grand-Lemps sous forme de petite union locale, le syndicat de Colombe a dû reprendre sa liberté d'action, l'autorité ayant trouvé irrégulière cette association de trois syndicats. Cette union n'a subsisté que pour permettre aux syndicats unis de profiter du Bulletin spécial de l'Union du Sud-Est.

Peu nombreux, le syndicat de Colombe n'a fait jusqu'à ce jour que des affaires restreintes, les principales transactions ayant porté sur l'épicerie. Ces livraisons, commandées par le syndicat à de grosses maisons de gros de Grenoble et de Lyon, sont distribuées par les soins du Bureau qui les répartit et en opère le recouvrement, moyennant un escompte destiné à alimenter sa caisse. Ce n'est là, évidemment, qu'une organisation provisoire et les avantages offerts à ses adhérents par la Coopérative du Sud-Est sont trop nombreux et trop évidents pour que le syndicat de Colombe ne la choisisse pas sous peu comme son seul et exclusif fournisseur. La moyenne des achats d'épicerie faits par le syndicat varie entre 15 et 1,800 fr. Les achats d'engrais, plâtres, semences, charbons, sont également pratiqués par le syndicat : ils sont encore peu importants.

L'organisation, dans ce syndicat communal, d'un entrepôt qui serait alimenté par le service de consignation de la Coopérative du Sud-Est serait évidemment une amélioration bienfaisante et la source d'une prospérité nouvelle. Ce serait, pour le Bureau, le moyen le plus efficace de désarmer ses ennemis et de les attirer, car plus que jamais, c'est par les services matériels que l'œuvre syndicale peut gagner du terrain.

_____

Syndicat des Agriculteurs de la plaine de la Bièvre.

Ce syndicat, constitué le 4 août 1889, est un des bons syndicats de l'Isère ; son histoire eût été certainement féconde en enseignements.

M. Meyer, son président, a été malheureusement

trop absorbé par ses fonctions de juge d'instruction à Paris pour nous envoyer en temps utile les renseignements que nous lui avions demandés.

Nous le regrettons pour nos lecteurs et pour le syndicat.

Syndicat viticole de la Côte-Saint-André.

Ce syndicat date de 1891.

Depuis quelque temps déjà, bon nombre de cultivateurs souhaitaient sa fondation, mais des influences locales, prévoyant qu'un syndicat porterait atteinte à leurs intérêts privés, multipliaient leurs efforts pour contrecarrer ce mouvement économique et en retarder l'organisation. Enfin, dans une réunion de viticulteurs du canton, la question, présentée sous forme de vœu, se fit jour par la nomination d'une commission d'hommes dévoués à l'agriculture et au progrès. La cause était gagnée.

Cette commission, réunie plusieurs fois à intervalles rapprochés, discuta la question. M. Duc-Dadon, juge de paix du canton, voulut bien rédiger les statuts et, un beau jour, une société d'agriculture et le syndicat agricole étaient fondés.

La commission, nommée uniquement dans le but d'étudier les voies et moyens pour arriver à la formation d'un syndicat, mit ainsi au monde deux associations à la fois.

La première réunion générale, organisée par le comité provisoire, et tenue le 20 septembre 1891, fut présidée par M. Duc-Dadon, son principal organisateur ; une quarantaine d'adhésions y furent reçues et les personnes devant composer le conseil d'administration désignées.

Le 27 du même mois eut lieu, sous la présidence de M. Rabatel, maire de Gillonnay et doyen d'âge, une deuxième réunion pour l'organisation définitive du conseil d'administration. M. Meyer fut nommé président.

Au 11 octobre suivant, le conseil d'administration,

réuni sous la présidence de M. Meyer, vote l'impression des statuts et décide qu'une majoration de 2 0/0 sera faite sur les marchandises pour permettre d'indemniser le secrétaire et de constituer un fonds de réserve pour le syndicat.

L'époque avancée de la saison rendit impossible son fonctionnement qui n'a commencé qu'en 1892.

Le syndicat a, jusqu'ici, borné ses aspirations aux achats des matières premières pour engrais et des charbons.

Le chiffre d'affaires, pour 1892, s'est élevé à 11,000 fr., à 12,000 fr. environ pour 1893 et pour le printemps seulement de l'année courante à 9,000 fr. ; total jusqu'à ce jour 32,000 fr. en considérant la livraison prochaine comme effectuée. Le nombre actuel des membres est de 134.

Notre syndicat a eu à déplorer quelques décès, mais aucun vide ne s'est produit, les héritiers remplaçant les membres décédés. Fait caractéristique : depuis sa fondation et malgré son fonctionnement, encore imparfait, aucun adhérent n'a demandé à se retirer de notre association.

Au début, comme il est expliqué dans l'article 5, pour être admis au syndicat il fallait faire partie de l'une des deux sociétés organisées dans le canton. Dans la réunion générale du 4 septembre 1892, cette obligation a été supprimée et la cotisation réduite à 0 fr. 50 pour les membres remplissant les conditions prescrites plus haut. Finalement, le 25 juin 1893, en Assemblée générale, la cotisation a été ramenée au prix uniforme de 1 fr. pour tous, membres des sociétés d'agriculture ou non.

Jusqu'ici, la livraison des marchandises se faisait à la gare, dans les magasins offerts gracieusement par M. Martel, vice-président et conseiller général du canton. Cette année-ci, nous avons loué un local en ville pour servir d'entrepôt, faciliter la comptabilité, et surtout épargner à nos adhérents la pénible obligation d'aller chercher leurs marchandises à la gare, distante de 5 kil. de notre localité.

Syndicat des agriculteurs du Grand-Lemps

Notre syndicat, de création tout à fait récente, 6 mai 1891, n'a pas d'histoire particulière. Il avait d'abord voulu se constituer en syndicat collectif avec le syndicat d'Apprieu déjà existant, mais l'autorité trouva irrégulier ce mode de procéder. Nous avons donc dû nous constituer séparément; nous sommes 70 membres. Toutefois, comme il faut compter au moins une centaine de syndiqués pour recevoir le Bulletin du Sud-Est, avec une couverture spéciale, nous nous sommes réunis à cet effet avec le syndicat de Colombe.

Nous avons, en 1892, fait environ 3,300 fr. d'achats, en 1893, 3,700 fr. Cette année, la proportion ne variera guère, elle sera plutôt un peu diminuée, comme le nombre des syndicataires, dont sept viennent de donner leur démission pour divers motifs. Le principal, c'est que les uns voudraient la constitution d'une Société coopérative qui n'existe pas. L'organisation de cette société, qui serait mal vue par les commerçants de la commune, assez nombreux, exige un magasin et un comptable ; elle est assez compliquée. La question va se poser d'une manière positive dans une prochaine réunion. Nous ne faisons pas de ventes, n'étant que de petits producteurs, nous ne faisons que des achats, principalement des charbons, des plâtres, quelques engrais chimiques encore peu appréciés, des graines.

Nous nous adressons directement aux fournisseurs et nos adhérents prennent eux-mêmes livraison en gare.

Pourquoi le syndicat du Grand-Lemps ne s'adresse-t-il pas à la Coopérative agricole du Sud-Est, qui lui organiserait un entrepôt toujours approvisionné, sans risques pour le syndicat, sans responsabilité pour ses administrateurs ? Ce syndicat est trop peu nombreux, à coup sûr, pour créer à lui seul une Coopérative, et puisque ses membres veulent entrer dans cette voie, nous croyons donner au Bureau un bon conseil, en lui recommandant de s'entendre avec la Coopérative du

Sud-Est. Quand il en aura usé et apprécié les utiles
effets, il ne nous en voudra plus de notre indiscrète
observation.

Syndicat agricole de Nivolas-Vermelle.

Créé le 22 octobre 1893 avec 37 membres, ce syndicat compte aujourd'hui 60 membres ; c'est le seul fait
intéressant que nous puissions enregistrer, sa fondation trop récente ne lui ayant pas permis encore de
faire preuve de vie.

Syndicat des agriculteurs
de Saint-Marcellin.

En 1885, à la suite de plusieurs vœux émis par la
Société d'agriculture de l'arrondissement, il fut décidé, entre une vingtaine de membres de cette société,
que l'on fonderait, dans l'arrondissement, un syndicat
agricole, en se conformant à la loi de 1884 sur les
syndicats.

A la première réunion, M. Charles Pétin, un des
vice-présidents de la Société d'agriculture, fut nommé
président du syndicat et chargé des formalités à remplir pour la constitution définitive du syndicat.

Le 20 août 1885, les statuts étaient déposés à la mairie de Saint-Marcellin et le syndicat était régulièrement constitué.

Pour la première année, le syndicat s'était entendu
avec la maison Berthier-Mauriat pour la fourniture des
engrais.

A la fin de 1885, le nombre des membres était de
81 sociétaires et, à la fin de 1886, il s'elève à 250
membres.

Au début, les opérations sont de peu d'importance,
mais, en 1886, le syndicat achète 30,000 kilog. de sucre
pour la fabrication des seconds vins. Les fournitures
d'engrais, pour 1885 et 1886, sont de 31,000 kilog.

En 1887, c'est la Compagnie de Saint-Gobain qui de-

9

vient le fournisseur du syndicat, et nous obtenons de bien meilleures conditions. Au 31 mai 1887, le nombre des adhérents au syndicat est de 500, et les fournitures d'engrais arrivent au total de 74,232 kilog.

Devant l'importance prise par le syndicat, l'Assemblée de 1887 décide la création d'une feuille mensuelle, destinée à donner aux sociétaires des renseignements sur la marche du syndicat, les prix des engrais, leur emploi. Pour diminuer les frais de publication, ce Bulletin est publié en commun avec la Société d'élevage de notre arrondissement.

Un dépôt est organisé à Tullins, pour faciliter les livraisons des commandes ; le directeur servira pour les cantons de Tullins, Rives et Saint-Etienne-de-Saint-Geoire.

D'après le compte-rendu de la réunion qui a eu lieu à Saint-Marcellin, le 25 mars 1888, le chiffre d'affaires est de 34,649 francs pour 1887.

Le syndicat s'affilie au Syndicat central des Agriculteurs de France, qui pourra nous fournir certaines matières et nous tenir au courant des prix des engrais. Le 16 octobre, l'Union des Syndicats Agricoles du Sud-Est est fondée à Lyon et notre syndicat y adhère immédiatement.

En 1888, le nombre des adhérents s'élève à 580, et le total des engrais fournis est de 76,000 kilog.

En 1889, le syndicat est divisé en deux sections, afin que les sociétaires puissent se renseigner plus facilement et que la surveillance des dépôts, qui deviennent plus importants, soit plus complète.

La section de Saint-Marcellin comprendra les cantons de Saint-Marcellin, Pont-en-Royans, Vinay et Roybon. La section de Tullins comprendra les cantons de Tullins, Rives, Saint-Etienne-de-Saint-Geoire.

Chaque sociétaire reçoit à dater de cette époque, en plus du Bulletin, un Almanach agricole.

Les quantités d'engrais livrées s'élèvent à 103,900 kil.

En 1890, l'Assemblée générale décide la création d'un dépôt à Moirans ; il sera géré par un agent spécial et dépendra directement du dépôt de Tullins. Le total des engrais livrés est de 131,000 kilog.

Le comité du syndicat, en 1891, devant l'importance
que prend notre Société, décide de transformer notre
feuille mensuelle en un Bulletin de quatorze pages. Le
total des engrais livrés est de 244,100 kilog.

En 1892, un nouveau dépôt est ouvert à Vinay ; il dépend de la section de Saint-Marcellin. Un autre dépôt
est également créé à St-Siméon-de-Bressieux, ce côté de
l'arrondissement étant trop éloigné de Saint-Marcellin
et de Tullins pour que les propriétaires puissent facilement prendre livraison de leurs engrais. Ce dernier
dépôt servira spécialement le canton de Saint-Etienne-
de-Saint-Geoire. Au concours départemental de Grenoble, le syndicat obtient une médaille d'argent pour
l'ensemble de ses travaux.

M. Auguste Vincendon-Dumoulin, ingénieur agronome, prend la direction de la rédaction du Bulletin,
ce qui permettra de le rendre plus intéressant et plus
approprié aux cultures du pays.

Le total des engrais livrés est de 221,300 kilog.
Le nombre des sociétaires, qui était resté un peu stationnaire, arrive à 700 membres.

En 1893, le syndicat donne son adhésion à la Coopération agricole du Sud-Est et tous ses membres deviennent membres participants de cette société, qui
nous facilitera beaucoup nos achats.

Le dépôt de Saint-Siméon-de-Bressieux est transporté
à [Saint-Etienne-de-Saint-Geoire, chef-lieu de canton.
Lors de la réunion générale du 16 avril, le nombre des
sociétaires était de 870. Le chiffre d'affaires augmente et
s'élève à 390,800 kilog. pour les engrais chimiques
seulement.

Au 1er janvier 1894, le nombre des sociétaires est de
1,000 membres. Un tableau donne, ci-joint, le détail des
fournitures faites par le syndicat depuis sa fondation.

Tel est, depuis sa fondation, le résumé des travaux
de notre syndicat ; il est jeune, mais son développement progressif et constant montre bien son utilité.

NOMS DES ENGRAIS	1886	1887	1888	1889	1890	1891	1892	1893
Superphosphate ordinaire............	»	5.500	5.100	11.900	10.900	39.800	45.200	58.400
— riche......	3.300	5.100	6.100	9.900	12.500	9.800	14.200	33.100
— azoté.............. ...	500	900	200	1.400	2.400	7.500	300	300
— potassique...	600	15.900	7.700	21.400	13.100	25.000	47.200	55.800
Engrais complet....................	3.325	13.400	8.000	8.800	20.900	21.100	20.000	53.600
— pour vigne..........	2.250	3.300	11.700	12.000	9.200	6.200	4.300	6.400
— pour tabac...............	1.410	1.600	700	1.600	200	100	2.900	6.500
— pour betteraves	»	»	»	»	»	»	»	100
Phosphates fossiles.................	9.000	200	5.500	11.000	5.000	5.000	»	1.000
Scories de déphosphoration.........	»	5.000	1.500	5.000	16.000	5.300	6.000	2.000
Nitrate de soude....................	7.000	4.250	10.300	2.250	4.100	14.900	16.800	21.70.)
Sulfate d'ammoniaque...............	800	700	700	950	1.100	200	1.100	2.100
Nitrate de potasse.................	»	»	»	»	»	400	100	»
Chlorure de potassium	1.925	1.750	1.200	1.750	2.700	4.400	3.000	3.000
Sulfate de potasse.................	»	550	1.100	600	800	1.200	2.700	4.900
— de fer............ ...	»	200	3.000	5.400	9.600	7.600	11.500	9.600
Plâtre phosphaté	»	1.500	3.000	»	»	4.500	15.000	15.200
Phosphate précipité	1.050	700	500	»	400	700	500	100
Plâtre ordinaire	»	»	»	»	»	66.500	15.000	95.264
Sulfate de cuivre..................	»	2.932	3.758	10.000	20.162	24.000	12.000	7.536
Soufre	»	10.750	5.000	»	»	1.500	2.500	900
Poudre d'os.......................	200	»	»	»	»	»	1.000	»
Acide sulfurique...................	»	»	1.022	»	20.162	»	»	»
Divers............................	»	»	»	»	»	»	»	13.600
TOTAUX	31.060	74.232	76.080	103.950	149.224	245.700	221.300	391.100

Total général............................... **1.292.646** kilogs.

Syndicat des agriculteurs de Saint-Priest.

Dans le courant de février 1893, quelques cultivateurs de la localité, poussés sans doute par cette idée
nouvelle qui semble précipiter toutes les classes de la
société vers l'association et aussi pour créer entre eux
des relations d'affaires et des liens de solidarité professionnelle, se concertèrent et décidèrent de fonder à
St-Priest un syndicat agricole qu'ils dénommèrent : « Le
Secours Agricole. » Près de 60 adhérents se présentè-
rent immédiatement pour en faire partie. Un conseil
d'administration de douze membres fut nommé ;
M. Barge, propriétaire, fut choisi comme président.
De ce jour naquit une ère de prospérité ; un entrepôt
de marchandises, à l'usage des adhérents, fut créé et
aujourd'hui 120 agriculteurs ont fait adhésion aux
statuts.

Pour donner une idée de l'importance des affaires
qui se traitent par l'intermédiaire du Syndicat des
Agriculteurs de St-Priest, il n'y a qu'à prendre connaissance du rapport du Conseil d'administration dans
lequel se trouve le tableau des transactions opérées
depuis la création (mars 1893 jusqu'au 31 janvier 1894.)

Il se décompose ainsi :

Engrais chimiques.......................Fr.	7.172
Alimentation du bétail................. »	21.377
Objets divers........................... »	6.434
Total.................... »	34.983

Pour un premier exercice qui n'a pas excédé dix
mois, ce sont des résultats fort appréciables et de nature à satisfaire les adhérents.

Depuis le mois de juillet, le syndicat est affilié à
l'Union du Sud-Est et a abonné tous ses adhérents au
Bulletin mensuel de l'Union ; son budget se boucle, après
ces dix premiers mois d'exercice, par un excédent de
265 fr.

En résumé, jeune syndicat qui ne fera pas mentir le proverbe :

La valeur n'attend pas le nombre des années.

Syndicat agricole de St-Symphorien d'Ozon

Le syndicat agricole du canton de St-Symphorien-d'Ozon, a été fondé le 8 octobre 1886, sous la présidence de M. Francisque Bouillier, membre de l'Institut.

On peut dire que ce syndicat est le plus ancien de France, car il est la continuation du comice, fondé dans ce canton par le baron Lombard de Buffières en 1840, et supprimé par arrêté.

Ce comice, ne faisant pas de politique, n'était pas dans l'esprit de la députation de l'Isère et du préfet. Aussi, le 16 juin 1883, une petite lettre du préfet arriva à M. Bouillier, président du comice, signifiant que non seulement le comice ne toucherait plus de subvention, mais encore qu'il avait cessé d'exister. La raison en était fondée sur la non-demande d'autorisation pour le renouvellement quinquennal du Bureau. Or, cette formalité n'avait jamais été remplie jusqu'alors, l'autorisation en question étant implicitement contenue dans celle donnée dès l'origine au règlement du comice. Malgré les protestations énergiques contenues dans les procès-verbaux des réunions générales de deux années consécutives, la suppression, décrétée par le préfet, fut maintenue. Puis, en vertu de la loi de 1884, l'ancien comice se constitua en syndicat avec le même bureau, conservant sa caisse et ses archives qu'on n'osa pas lui disputer.

On voit, par cet exposé, que le syndicat est bien l'ancien comice, sauf que le nombre de ses adhérents a plus que doublé et que, livré à ses seules ressources, il a pu, continuant ses anciens errements et ne s'occupant que d'agriculture sans jamais se mêler de politique, faire des concours, donner des prix et des primes, en outre des avantages procurés à ses adhérents par les achats en gros.

Actuellement, le syndicat comprend les communes suivantes du canton de St-Symphorien-d'Ozon : St-Symphorien-d'Ozon, Feyzin, Corbas, Mions, Chaponay, Marennes, Simandres, Solaize, Serezin, Ternay et Communay; il compte plus de deux cents membres payant une cotisation annuelle de cinq francs.

C'est un comice agricole transformé en syndicat. Aussi, conformément à ses habitudes premières, maintenues par ses statuts, le syndicat a-t-il continué à distribuer, chaque année, des primes en argent aux éleveurs.

Depuis un an, ce concours, trop onéreux pour la caisse syndicale non subventionnée, a été remplacé par une distribution de médailles attribuées aux meilleures cultures, distribution qui se fait lors des assemblées générales.

Le syndicat a deux assemblées générales par an. Et ces jours-là, c'est un plaisir de voir tous nos agriculteurs transportés pour un instant sous la coupole de l'Institut, et entendant un de ces discours dont M. Bouillier est coutumier et qui joignent si heureusement la forme au fond.

Le syndicat de St-Symphorien-d'Ozon fait partie des onze syndicats qui ont créé l'Union du Sud-Est le 15 mai 1888.

Malheureusement il n'a pas voulu autrement profiter de cette puissante organisation et, depuis lors, il a refusé d'entrer comme adhérent dans la Société coopérative. Il a voulu garder son autonomie et faire ses affaires lui-même.

Il est resté isolé, sans alliance, mais aussi sans conquête.

Syndicat agricole de Soleymieu.

La création de notre syndicat remonte au mois de décembre 1893. Cinq ou six hommes dévoués, comprenant qu'il était temps de faire quelque chose pour améliorer la situation des agriculteurs de la région, en ont pris l'initiative. Les statuts ont été déposés le 22 décembre et la demande d'affiliation adressée presque aussitôt à M. le président de l'Union du Sud-Est. Le nombre des adhérents, jusqu'ici très restreint, tend à s'accroître de jour en jour. Il est en ce moment de 25.

La Chambre syndicale est composée d'un président, d'un vice-président, d'un secrétaire, d'un trésorier et d'un administrateur délégué. Leurs fonctions sont gratuites, sauf celles de l'administrateur qui a la responsabilité de sa gestion. Notre' chiffre d'affaires et les services rendus sont généralement peu appréciables, vu que notre syndicat est à ses débuts et que le chiffre des adhérents est très limité. Notre Coopérative alimentaire a eu plus de succès, les produits livrés par elle étant d'un usage plus fréquent, et son prix de vente ayant été réduit dans la limite du possible. Le syndicat et la Coopérative ont les mêmes administrateurs, tous les deux se proposent le même but qui est de rendre service à la classe si intéressante des agriculteurs.

Nous aurions pu arriver à un résultat plus immédiat en usant un peu plus largement du droit de réclame, nous espérons arriver au même résultat pratique en usant de la vieille maxime: « Lentement mais sûrement ».

Syndicat agricole de Varacieux.

Le syndicat de Varacieux fondé tout récemment, le 1er janvier 1894, compte déjà 83 membres, c'est dire qu'il répond à un véritable besoin pour avoir autant d'adhérents dans une commune qui n'est pas des plus importantes. Le bureau est composé de quatre membres : un président, un vice-président, un trésorier, un secrétaire, ce sont tous quatre de braves agriculteurs, cultivant eux-mêmes leurs terres et chez lesquels le désir d'être utiles à leurs compatriotes a donné le moyen de conduire à bien une œuvre aussi délicate que la création d'un syndicat.

La cotisation de chaque membre est de 3 francs par an ; avec ces faibles ressources, ce syndicat a pu ouvrir à Varacieux un dépôt dans lequel ses adhérents trouvent la plupart des matières nécessaires à leur consommation telles que épicerie, graines, ciment, chaux, pâtes alimentaires etc... Les prix de ces matières ne sont majorés que de 3 à 4 % de la valeur de ces mêmes marchandises achetées en gros, le syndicat permet donc à ses membres de réaliser quelques économies sur leurs besoins quotidiens.

Le chiffre d'affaires est relativement élevé puisque du 1er janvier 1894 au 1er mai 1894 il a vendu 3,766 k. d'épicerie représentant une valeur de 1,116 fr. 35 et 36,105 k. de diverses autres marchandises (graines, plâtre, chaux, ciment) représentant une valeur de 970 fr. 05.

Ce syndicat n'a, pour ainsi dire, point fait venir d'engrais, mais il est probable que les agriculteurs de cette commune, guidés par leur président de syndicat, ne tarderont pas à donner plus d'extension à leur association en faisant venir des engrais chimiques afin de réaliser de nouveaux progrès.

Syndicat agricole du canton de Voiron.

Le syndicat agricole du canton de Voiron a été fondé le 25 octobre 1891, son existence et sa création ont eu pour but le soutien des intérêts agricoles et la suppression onéreuse des intermédiaires pour les fournitures de premier ordre et de première nécessité à tous ses membres.

En présence de la création des syndicats professionnels, les agriculteurs de la région ont compris l'impérieuse nécessité de se grouper pour la défense de leurs intérêts menacés, et des hommes de cœur, réunis au nombre de 42, ont dressé les statuts et en ont fait le dépôt à la mairie, conformément à la loi.

Cette création a, dès sa naissance, été considérée comme une œuvre de propagande politique et n'a dû compter, à ses débuts, que sur l'appui d'hommes dévoués, ses 42 membres fondateurs.

La Chambre syndicale s'est entourée de tous les renseignements dont elle avait besoin auprès de la Société d'Agriculture de Grenoble.

Le chiffre d'affaires de la première année a été de 9.000 francs. Il s'est élevé en 1893, à 23.000 francs, en 869 livraisons de 750.000 kilos représentant le chargement de 150 wagons de 5.000 kilos. Le chiffre de l'année en cours dépassera sûrement le chiffre de la deuxième année.

Le nombre actuel des syndiqués est de 294 membres. Le cours de greffage, organisé en 1893, ayant produit de bons résultats pratiques, la municipalité de Voiron nous prête son concours pour l'année 1894, afin que des diplômes soient distribués aux plus méritants d'entre les élèves.

Une comptabilité tenue par le secrétaire adjoint et vérifiée par trois membres, permet de donner connaissance aux assemblées générales de la situation financière du syndicat, qui prospère malgré ses faibles ressources, consistant seulement en une cotisation de 2 francs par an et par membre et une majoration de 1 0/0 sur les prix de ventes.

§ 5. — Syndicats du département de la Loire.

Syndicat agricole de Charlieu et Belmont et communes limitrophes.

Le syndicat agricole des cantons de Charlieu et Belmont et communes limitrophes, dont la création revient à l'initiative de M. Hoc, professeur spécial d'agriculture, en résidence à Charlieu, a été définitivement constitué le 20 novembre 1892.

Il comptait alors 44 membres. Aujourd'hui le nombre de ses syndiqués s'élève à 85.

D'abord affilié à l'Union des Syndicats des Agriculteurs de France, à dater du 12 janvier 1893, il s'est affilié à l'Union du Sud-Est des Syndicats agricoles, le 25 novembre 1893.

Trop peu important il a été obligé de renoncer au système des adjudications, sauf en ce qui concerne les bois américains et le sulfate de cuivre, dont les commandes atteignent des chiffres suffisamment élevés pour permettre d'acheter dans de bonnes conditions. Le total des commandes de boutures américaines, achetées cette année, s'est élevé à près de 400,000 m.

Les autres matières achetées lui sont procurées par l'intermédiaire du syndicat central ou du courtier de l'Union du Sud-Est.

Son fonctionnement est en grande partie assuré par M. Hoc, professeur d'agriculture, qui s'occupe du service de la correspondance, des achats et du contrôle.

Ce syndicat a dressé, pour ses différents achats, un cahier des charges que nous pensons utile de reproduire :

CAHIER DES CHARGES

Pour les fournitures d'engrais, sels, semences, plants américains, porte-greffes et matières diverses, à faire au Syndicat pendant la saison.

Article 1er. — Le   189 à heures du soir, il sera procédé, dans une des salles de la mairie de Charlieu, par devant les membres du Bureau du Syndicat, à l'adjudication au rabais, par voie de soumissions cachetées, de la fourniture des engrais, sels, semences, plants américains, ci-après désignés.

Art. 2. — Nul ne sera admis à soumissionner s'il n'est avantageusement connu pour sa moralité et ses moyens pécuniaires.

Art. 3. — Tout soumissionnaire doit s'engager à exécuter loyalement toutes les clauses et conditions du présent cahier des charges et des statuts du Syndicat dont il déclare avoir pris connaissance et notamment des articles 14, 25 et 26.

Art. 4. — Dans le cas où plusieurs soumissions renfermeraient les mêmes offres et présenteraient les mêmes garanties, un nouveau concours sera ouvert, mais entre les signataires de ces soumissions seulement.

Art. 5. — Les soumissions indéterminées et conditionnelles ou qui ne réaliseraient pas les conditions imposées par le cahier des charges seront considérées comme non avenues.

Art. 6. — Sur la demande du Bureau, même après l'adjudication, les soumissionnaires inconnus ou ne présentant pas de garanties suffisantes pourront être appelés à fournir une caution que le Bureau pourra accepter si la caution présentée lui paraît donner les garanties demandées.

Art. 7. — Le Bureau se réserve le droit, dans le cas où les rabais ne lui paraîtraient pas suffisants, de déclarer l'adjudication non avenue et de traiter de gré à gré.

Art. 8. — Le bureau du Syndicat remettra au fournisseur, le jour de la passation du marché, la liste des commandes arrivées à cette date ; le soumissionnaire s'engagera à fournir aux mêmes conditions toutes les commandes qui lui seront faites jusqu'au   inclus.

Art. 9. — L'adjudicataire ou sa caution élit domicile, pour l'effet et suite de l'adjudication, chez le secrétaire du bureau du Syndicat.

Art. 10. — Il s'engage à livrer les engrais, semences et matières diverses, à lui achetés franco de port et d'emballage, en sacs plombés et étiquetés, dans toutes gares des cantons de Charlieu et de Belmont et communes limitrophes. En dehors de ces limites, les frais de port sont à la charge du destinataire depuis la dernière gare du réseau comprise dans le périmètre préindiqué jusqu'à destination, cependant l'adjudicataire devra payer ces frais par avance et les reporter sur la facture du destinataire.

Le poids des substances livrées s'entend du poids net, défalcation faite du poids des emballages. Cependant pour les engrais déliquescents, le nitrate de soude par exemple, il sera tenu compte, au profit du vendeur, du fait de l'augmentation de poids des enveloppes pendant le transport et sous l'influence de l'humidité.

Art. 11. — Pour les commandes à livrer de suite, l'expédition des engrais et autres matières achetées devra avoir lieu dans les 15 jours qui suivront l'envoi de la commande au vendeur par le secrétaire du Syndicat, dont le registre-copie de lettres fera foi, en ce qui concerne cette date.

Pour les commandes dont la date de livraison aura été fixée par l'acheteur dans un délai plus long, l'expédition devra se faire dix jours au moins avant la date extrême indiquée.

Art. 12. — Tout retard dans l'envoi des engrais et autres matières donnera droit à une indemnité de un et demi pour cent de la valeur du produit, pour chaque jour de retard, au profit du destinataire.

Art. 13. — Les engrais simples ou mélangés seront faciles à semer et dans un état de siccité et de pulvérulence aussi parfait que possible.

Les sacs devront être neufs et solides. Il seront examinés très soigneusement à l'arrivée en gare, surtout au point de vue de leur solidité et une indemnité sera due pour tout sac arrivant en mauvais état ou ne présentant pas une résistance suffisante ; elle ne sera jamais moindre de 0. 50 par sac. La mauvaise qualité d'un nombre important d'enveloppes pourrait même entraîner le refus de la livraison entière. Les sacs devront porter, d'une manière très apparente, la désignation de l'engrais y renfermé ; ils devront être plombés.

Art. 14. — Le paiement au comptant, c'est-à-dire à 30 jours, donnera droit à un escompte de deux et demi pour cent et le paiement à trois mois à un escompte de un et demi pour cent ; il aura lieu à six mois sans escompte. Les acheteurs qui voudraient un délai de paiement dépassant ce dernier terme devront s'arranger avec le fournisseur directement.

L'adjudicataire devra soumettre toutes les factures au visa du président. Le jour même de la remise des marchandises en gare de départ, il devra avertir les membres du Bureau chargés de la réception aux différentes gares.

Art. 15. — L'échantillonnage est fait en gare d'arrivée en présence du représentant du fournisseur et du délégué du Syndicat en triple expédition. Les flacons sont scellés et étiquetés, l'un est remis à l'expéditeur, un autre est déposé à la Mairie et le troisième est remis au Syndicat. En cas d'absence du vendeur ou de son délégué, il est procédé à la prise d'échantillons en présence de témoins et, dans ce cas, l'échantillon destiné au vendeur lui sera envoyé à ses frais ou déposé dans un endroit par lui désigné.

Art. 16. — L'analyse sera faite aux laboratoires agronomiques départementaux de la Loire ou de Saône-et-Loire, aux frais du Syndicat. En cas de contestations sur les dosages ou de différences, le troisième échantillon sera analysé au laboratoire de la Société des Agriculteurs de France ou dans une station agronomique, au choix du Syndicat ; les résultats trouvés tranchent le différend sans appel, les frais de contre analyse seront à la charge de la partie qui l'aura réclamée.

Tous les engrais seront achetés aux 100 kilogrammes, avec un titre minimum garanti comme ci-après et non au degré.

Art. 17. — Tout manquant sur le titre minimum garanti ne dépassant pas un degré sera déduit selon sa valeur calculée au prix de l'unité. Au-delà de un degré, la réduction sera basée sur le double de la valeur du manquant. Les analyses de contrôle seront faites d'après les méthodes recommandées par le comité des stations agronomiques de France.

Le vendeur garantit, d'une manière absolue, la pureté, l'origine et le dosage des engrais livrés.

Art. 18. — L'adjudicataire garantit le pouvoir germinatif des semences et il s'engage à les livrer exemptes de mélanges de mauvaises graines.

Les essais de semences pourront être faits au laboratoire de la station d'essais de l'Institut National agronomique à Paris.

Art. 19. — L'adjudicataire garantira la fraîcheur et l'authenticité des plants américains, producteurs directs ou porte-greffes.

Les boutures livrées devront avoir 1 mètre de longueur et 6 millimètres au petit bout, elles devront, autant que possible, avoir été taillées sous l'œil d'en bas et sur l'œil d'en haut.

Les boutures qui, à leur arrivée en gare du destinataire, n'auront pas été reconnues comme étant d'une fraîcheur parfaite et d'une authenticité incontestable, seront refusées.

Art. 20. — Les adjudicataires auront le droit de refuser la livraison aux personnes qu'ils croiraient insolvables ; le refus de livrer doit être adressé au président du Syndicat dans un délai de 15 jours après la réception de la commande. Cette liberté laissée aux soumissionnaires est la conséquence de ce fait que le Syndicat n'entend assurer aucune responsabilité pécuniaire relativement à la solvabilité de ses membres.

Certifié conforme au cahier des charges adopté par le bureau du Syndicat dans sa séance du   189

Syndicat des Agriculteurs de France du département de la Loire.

Le Syndicat des Agriculteurs de France du département de la Loire vient d'accomplir sa septième année. C'est une des premières associations de ce genre fondées dans la région, en exécution de la loi du 21 mars 1884. Sa création est le fait du zèle et du dévouement des membres de la Société des Agriculteurs de France, formant le groupe de la Loire, présidé par M. le marquis de Poncins, membre de la Société Nationale d'Agriculture.

Les débuts ont été faciles. Dès le principe, des adhésions nombreuses sont venues se grouper autour de ce premier noyau, et le syndicat s'est développé ainsi avec rapidité, atteignant, au bout de la deuxième année, à peu de choses près, le nombre de sociétaires constaté au premier janvier dernier. Les admissions nouvelles comblent, et au-delà, chaque année, les vides causés par la mort ou par les défections. Les nouveaux membres, arrivant au moment où l'œuvre, après avoir franchi l'époque critique, se trouve en pleine prospérité, viennent au syndicat d'eux-mêmes et sans sollicitations. On peut dès lors compter sur leur fidélité et sur leur attachement.

L'administration du syndicat a envisagé l'institution sous son côté le plus élevé. Elle s'est attachée, et c'est là, sans contredit, le véritable rôle des syndicats, tracé par le législateur de 1884, elle s'est attachée principalement, disons-nous, à assurer la défense des droits professionnels et la sauvegarde des intérêts de l'agriculture de la Loire.

L'enseignement et la vulgarisation des notions, des principes, des méthodes susceptibles d'améliorer la situation de la culture et d'engendrer un progrès certain et durable auront toujours été et seront encore dans l'avenir l'objet de ses plus constantes préoccupations.

Peut-être l'administration du Syndicat des Agriculteurs de France du département de la Loire s'est-elle trop exclusivement cantonnée dans cette sphère d'action. Volontiers, de bons esprits lui reprochent d'avoir négligé la partie matérielle et commerciale. Ils auraient voulu voir le syndicat créer, un peu partout, des magasins, des dépôts d'engrais, de semences, de machines ou d'outils, et même des marchandises d'approvisionnement du ménage agricole.

L'administration avait de sérieuses raisons pour ne pas suivre cette orientation. Il s'agit ici d'un syndicat *départemental* dont les membres sont très inégalement répartis aux quatre coins de la région. Deux cantons, dans l'arrondissement de Montbrison, Feurs et Montbrison, ont plus de cent membres. Il en est de même, dans l'arrondissement de Roanne, des cantons de Charlieu et de Néronde. Mais, à côté, et spécialement dans l'arrondissement chef-lieu, il existe des cantons entiers où le syndicat compte peu ou même point d'adhérents.

La création de dépôts, de magasins à la portée des sociétaires aurait compliqué singulièrement l'affaire en donnant naissance à une nuée d'employés, comptables ou gardes-magasins, onéreux pour l'œuvre et insuffisamment occupés.

En dehors des renseignements sur le prix des marchandises fournis par le Bulletin de quinzaine, nos
adhérents nous interrogent quotidiennement et reçoivent du Bureau du syndicat toutes les indications
qu'ils peuvent souhaiter, avec offre de leur servir
d'intermédiaire pour leurs achats ou pour leurs ventes. Dans la moitié des cas, au moins, ils s'emparent
avec reconnaissance des indications données, des prix
fournis, et cherchent à les imposer à leurs fournisseurs, sans contrôle et sans garantie. Ils tiennent à ce
que leurs opérations restent secrètes et ils s'imagi-
nent bénéficier de la mince commission de un ou deux
pour cent, selon le cas, allouée par les vendeurs au
syndicat, comme compensation de ses frais de bureau,
de correspondance ou de publicité.

Si des magasins existaient, beaucoup ne manqueraient pas d'attendre l'encombrement des locaux du
syndicat, pour lui offrir de le débarrasser à un prix
de liquidation.

Si, à dessein, les fondateurs du syndicat ont laissé
quelque peu dans l'ombre le côté matériel ou commercial, tout en servant d'intermédiaires à leurs adhérents dans les conditions les plus avantageuses, ils
peuvent se rendre personnellement cette justice
d'avoir, au point de vue de la défense des intérêts
et des droits professionnels, consciencieusement accompli leur tâche.

La sollicitude du Bureau s'est étendue, sans distinction ni réserve, à toutes les cultures de la Loire.

A peine fondé, le Bureau du syndicat prenait en
mains, dans les marchés publics, la cause des éleveurs
et engraisseurs, victimes d'une fausse interprétation
de la loi, relativement à la responsabilité du vendeur,
en cas de saisies dans les abattoirs. De concert avec
les syndicats des éleveurs et emboucheurs du Charol-
lais, et secondés par la Société des Agriculteurs de
France, nous avons provoqué une sorte d'agitation,
un mouvement d'opinion qui n'a point été stérile.

Le Bureau a saisi de la question le Maire de Lyon,
la presse lyonnaise, le syndicat des Commissionnaires
en bestiaux de la Villette ; les revendications des inté-

ressés ont été portées au Parlement, avec la demande d'une indemnité pour les saisies dans les abattoirs, dans les mêmes conditions que pour les autres affections contagieuses, et elles paraissent devoir être accueillies favorablement par la nouvelle législature.

En attendant l'établissement d'une jurisprudence nette et décisive, et le vote, par le Parlement, d'une indemnité aux détenteurs de bestiaux saisis par des agents, opérant de la manière la plus autoritaire, sans contrôle et sans contradiction, et hors de la présence des intéressés, la corporation des commissionnaires en bestiaux a établi une sorte d'assurance mutuelle dans les grandes villes, et, moyennant une prime de cinquante centimes ou un franc, suivant le cas, les éleveurs et engraisseurs, nos collègues, se trouvent mis à l'abri de cette redoutable éventualité.

Nous faisons, d'ailleurs, instance auprès des pouvoirs publics pour obtenir l'usage fréquent, habituel, dans toutes les écuries dépendant de l'Etat ou des départements, de la tuberculine, comme pierre de touche, pour diagnostiquer la tuberculose des bovidés. Actuellement, les foires et autres réunions commerciales sont, au point de vue sanitaire, soumises, en vertu de la loi de 1881, à la surveillance de vétérinaires diplômés. C'est à eux de faire emploi de cette précieuse découverte, appelée à rendre très rares des saisies d'animaux, aujourd'hui aussi fréquentes qu'inattendues, et causes d'interminables procès, recevant des solutions différentes, suivant le milieu où elles se plaident.

Un syndicat départemental, dans une région où la culture des céréales joue un rôle prépondérant, devait faire, de la question du blé, l'objet de ses soins et de ses préoccupations les plus suivies. Dès le début, nos adhérents ont été mis au courant de ce sujet complexe, soumis à des nombreuses fluctuations et intéressant, pour ainsi dire, le monde entier. En parcourant, depuis sept ans, notre modeste Bulletin, on trouvera, sur la production du blé, sur la sélection des semences, sur les modes de cultures, sur les engrais, etc., quantité de notions, d'indications pratiques et populaires vulgarisées par notre publication.

Tous ceux qui ont bien voulu suivre nos travaux, quelles que soient leur instruction ou leurs aptitudes, connaissent la production moyenne de chaque partie de l'univers, le prix du fret pour conduire le blé en Europe, l'époque où chaque nation apporte sa récolte sur les marchés du monde entier.

Dès la première année de son existence, le syndicat est entré résolument en lutte pour obtenir le droit de cinq francs par cent kilogrammes de froment importés, et l'établissement d'un droit correspondant sur les autres céréales et leurs dérivés. L'événement a justifié son attitude.

A l'heure qu'il est, le syndicat a pris l'initiative de créer une salutaire et féconde agitation, en vue de provoquer le rehaussement des droits d'entrée sur les blés; le président de cette association a invité toutes les sociétés, tous les comices et syndicats agricoles de la Loire, y compris le syndicat des féculiers du centre de la France, à envoyer à Saint-Etienne des délégués. Ce Congrès des Agriculteurs de la Loire a eu sa première réunion le 20 novembre dernier. Les vœux de cette assemblée plénière ont été portés au Ministre de l'Agriculture, aux présidents du groupe agricole de la Chambre et du Sénat, par une délégation spéciale, conduite par le président du Syndicat des Agriculteurs de la Loire.

La culture de la pomme de terre dans la Loire est d'un intérêt majeur pour les propriétaires et les fermiers. Depuis l'existence du syndicat, d'importants progrès ont été réalisés et les conseils donnés, dans nos Bulletins, en vue de propager les bonnes méthodes, de vulgariser les espèces à grand rendement, n'ont certainement pas été sans effet sur ce mouvement en avant. Comme nous le disions plus haut, le syndicat des féculiers du centre s'est associé à nos efforts, en vue du relèvement des prix des céréales, parce que le projet contenait en même temps un article spécial destiné à défendre les féculiers de la Loire, débouché principal de nos récoltes de pommes de terre, contre l'invasion des maïs étrangers et la concurrence des fécules dites exotiques.

La reconstitution du vignoble de la Loire, détruit ou menacé par le phylloxéra, est une œuvre de longue haleine dont nous nous sommes préoccupés dès le début. Nos adhérents ont été mis au courant de tout ce qui s'est dit et fait en cette matière. Un des membres du Bureau a pris part aux divers congrès de viticulture et en a rendu compte dans le Bulletin. Grâce au bienveillant concours, dès le principe, de l'Union Beaujolaise et, par la suite, de la Coopérative agricole du Sud-Est, les membres du syndicat ont pu se procurer dans d'excellentes conditions d'authenticité, de fraîcheur et de maturité, des bois de greffages, porte greffes, contrôlés, inspectés, taillés et empaquetés, sous la surveillance des inspecteurs de ladite Coopérative.

L'œuvre de la reconstitution se poursuit avec un réel succès. Il y a espoir, si ce mouvement n'est pas entravé par des insuccès dans les plantations ou par la mévente, qu'avant la fin du siècle, la reconstitution du vignoble dans la Loire sera un fait absolument accompli.

L'administration du syndicat répond à toutes les consultations contentieuses qui lui sont faites. Elle s'offre même de trouver des arbitres et des juges pour trancher les difficultés survenant entre ses membres, en leur faisant signer au préalable une sorte de compromis.

L'étendue de la circonscription du syndicat et l'esprit peu processif des populations de la Loire rendent assez peu fréquent l'emploi de cette justice à bon marché, présentant autant de garanties de savoir et d'impartialité, que la juridiction officielle, et ne coutant à ceux appelés à en profiter absolument aucune dépense.

Le Bulletin du Syndicat des Agriculteurs de France du département de la Loire paraît le 1er et le 15 de chaque mois. Le Bulletin du 1er est l'œuvre exclusive des membres du syndicat, il a un caractère essentiellement local. Celui du 15 émane, au contraire, de l'Union du Sud-Est, à laquelle le syndicat est affilié. Il a en vue les intérêts des dix départements ressortissant de l'Union et sa publicité est excessivement étendue.

Le syndicat compte environ 1.000 membres, 150 sont titulaires, ils paient 10 francs de cotisation et, seuls, ils prennent part à l'administration. Les 850 autres sont dits associés, l'annuité pour eux est de 3 francs. Cette distinction, dans le principe, avait un double but : 1° Assurer l'existence matérielle de l'œuvre en mettant à sa disposition les ressources que les seuls membres associés auraient été impuissants à lui fournir ; 2° Couper court à toute velléité possible d'enlever, par un coup de vote, dans un but électoral ou mercantile, la direction du syndicat à ceux qui ont assumé la responsabilité de sa fondation et de sa mise en train.

Avec le produit des annonces, les remises sur les commandes et le montant des cotisations des titulaires et des associés, le budget du syndicat présente un actif de 4.000 francs environ. Les dépenses ordinaires sont quelque peu inférieures au montant des recettes. Le boni est destiné à des subventions pour les concours spéciaux, à la mise en dépôt d'instruments de précision, d'outils nouveaux ou de machines, répandus dans les sièges principaux, et destinés à servir gratuitement à tous les adhérents sans distinction.

Un magnifique almanach est envoyé gratuitement à chaque membre. Il contient, en dehors des articles et des illustrations particulières à ce genre de publication, des notions, des méthodes, des indications agricoles, particulièrement précieuses, dont les syndiqués apprécient l'importance et la valeur.

Enfin, toutes les fois qu'il se fait l'initiateur d'une institution spéciale, d'un mouvement d'opinion, comme il vient de le faire pour la cause du blé, notre syndicat en accepte tous les frais de convocation, de réunion et de publicité, et il complète ainsi, de la manière la plus large et la plus libérale, l'œuvre de défense professionnelle, qui est à la fois son but et sa raison d'être, et, qu'on nous permette de l'ajouter, aussi son honneur.

Syndicat agricole de Saint-Alban.

Le syndicat de Saint-Alban a d'abord été un simple syndicat antiphylloxérique fondé en 1886 et c'est seulement en 1892 que cette association, composée d'abord de 13 membres, a cru devoir étendre ses attributions et faire bénéficier ses adhérents des avantages de la loi du 21 mars 1884. De là est sorti le syndicat agricole et viticole actuel dont voici l'extrait de naissance :

« L'an mil huit cent quatre-vingt-douze et le quinze
« mars, les propriétaires dont les noms suivent, vou-
« lant bénéficier des dispositions de la loi du 21 mars
« 1884, se sont réunis à la mairie sous la présidence de
« M. Ch. Treille, président du syndicat antiphylloxéri-
« que, et ont décidé de s'organiser en association syn-
« dicale.

« Ils ont chargé, à cet effet, une commission provi-
« soire de dresser les statuts et de faire, en mairie,
« toutes formalités légales ».

Dans la séance du 29 janvier 1893, les membres du syndicat ont demandé l'affiliation à l'Union du Sud-Est, qui a été accordée.

Le syndicat étant communal et la commune de Saint-Alban n'étant pas très étendue, son rôle est assez modeste. Il s'est borné jusqu'ici à faire des achats en commun de semences, engrais, sulfate et autres matières. Bien souvent ses commandes ont été groupées avec celles du syndicat de Saint-André-d'Apchon, grâce à l'obligeance du président de ce syndicat, M. Ch. Thillier. Cette réunion des commandes a été l'origine d'un projet d'union syndicale à laquelle ses promoteurs ont essayé, infructueusement jusqu'ici, de donner plus d'extension en groupant les quatre syndicats de la région : Renaison, Saint-André-d'Apchon, Saint-Alban et Bully. Le syndicat de Renaison s'y est refusé jusqu'à présent mais, l'idée d'association étant appelée à faire du chemin, nous ne désespérons pas de voir bientôt et pour le plus grand avantage des intéressés, se former, sur le modèle de l'Union beaujolaise, l'Union des syndicats de la Côte roannaise.

Nous appelons cette création prochaine de tous nos
vœux et nous envoyons aux hommes dévoués qui en
ont pris l'initiative nos meilleurs souhaits de réussite
et de prospérité.

Syndicat agricole et viticole de Saint-André-d'Apchon

Le syndicat agricole a été institué en 1887. A la fin
de l'année 1886, il n'existait en France que 461 syndicats, dont aucun dans la Loire, si ce n'est celui des
« Agriculteurs de France du département de la Loire »
qui a son siège à Feurs. L'entreprise, pour nous,
paraissait quelque peu audacieuse. Néanmoins, réunis
au nombre de six viticulteurs déterminés, nous eûmes
l'idée de nous grouper pour lutter plus efficacement
contre les maladies cryptogamiques qui commençaient
alors à envahir nos vignobles.

Comme nous le pensions bien, le public traita notre
idée d'innovation chimérique ; la naissance de notre
petit syndicat fut accueillie dans la commune avec
une suprême indifférence, pour ne pas dire avec une
arrogante malveillance, et notre généreux projet n'entendit retentir partout autour de lui que l'écho de la
dérision.

Il eût été téméraire, pour nous, de tenter de dissiper l'ignorance locale et de vouloir réagir brusquement contre les absurdes préjugés qui existaient contre notre œuvre. Nous ne pouvions, en quelques jours,
dévoiler la faiblesse ou le ridicule des sophismes ou
des arguments qui se frayaient partout un libre passage. Peu sensibles à tous ces bruits, nous laissâmes
au temps le soin d'éclairer les esprits sur le véritable
but de notre syndicat. Avec beaucoup de difficultés,
nous obtînmes une autorisation régulière et nous com-
mençâmes dès lors nos achats en commun. Comme
nous l'espérions, le résultat de notre entreprise ne se
fit pas attendre : dès l'année suivante, une dizaine de
viticulteurs, que nos premières opérations commerciales avaient déjà convaincus mieux que ne l'eussent

fait de beaux discours, vinrent avec empressement se grouper autour de nous et augmenter ainsi le nombre des adhérents. Dès lors, nous pouvions, sans forfanterie ni prétention, avoir droit au titre légitime de « Syndicat agricole. » Depuis cette époque, notre œuvre a sensiblement progressé ; les viticulteurs ou vignerons ont enfin compris qu'ils avaient tout avantage à faire partie du syndicat et ainsi, chaque année, le nombre des adhérents a grossi au-delà de nos espérances, car au lieu de 6 membres que nous étions en 1887, nous pouvons maintenant compter 125 noms sur la liste des adhésions, et cela dans une commune de 1660 habitants, où la propriété est très morcelée et le territoire très limité.

Les statuts qui régissent notre syndicat sont des plus courts et des moins compliqués. Il était inutile, en effet, de nous encombrer d'articles longs et embrouillés, puisque nos opérations étaient des plus simples et des plus restreintes, nous contentant, les deux premières années, d'acheter en commun des sulfates de cuivre, des soufres et quelques engrais chimiques, seulement les plus usités. Depuis, avec les besoins nouveaux, nous avons un peu élargi le cercle de nos affaires, en comprenant d'autres produits agricoles et les plants américains, devenus nécessaires par la brusque apparition, dans nos vignobles, du phylloxéra. Jusqu'à ce jour notre syndicat ne s'est occupé uniquement que d'opérer des achats, laissant ainsi à ses adhérents le soin de vendre et d'écouler leurs récoltes. Il est vrai que, depuis la création de notre syndicat, l'idée de la vente par l'intermédiaire des associations a fait du chemin ; mais notre région paraissait, jusque-là, pouvoir s'en passer facilement. Pendant la période pénible de la reconstitution des vignobles du Midi et du Beaujolais, nos vignerons de la « Côte Roannaise » (c'est ainsi qu'on appelle le vignoble situé à l'ouest de Roanne) vivaient dans une ère de prospérité prodigieuse. Ils trouvaient facilement, sans aucun déplacement, à vendre leurs vins à des prix très élevés. Ils ne connaissaient pas les longs mois de l'attente, car au décuvage leurs celliers se dégarnissaient rapidement et leurs vins prenaient en majeure partie la route de Paris, Lyon ou Saint-Etienne ; aussi ne songeaient-ils point encore à la nécessité de confier à d'autres le soin d'écouler leurs récoltes. Malheureusement, cette année, les choses commencent à changer ici. La crise générale, qui sévit si fortement dans toute la France vinicole, n'a point épargné notre région, jusque-là si privilégiée. La mévente des vins existe chez nous comme dans les autres vignobles, et les débouchés, par suite du surcroît de production, deviennent difficiles à découvrir. On pourrait affirmer que les cours ont subi ici une diminution plus sensible que partout ailleurs, car, cette année, les vins qui eussent été vendus, il y a un an, 60 francs l'hectolitre, trouvent difficilement preneur à 35 francs. Aussi nos vignerons, dont les affaires étaient jadis si prospères, ne tarderont pas à se ressentir du malaise général, si leurs vins continuent à rester dans leurs caves ; heureux même ceux qui, après avoir épuisé leurs belles épargnes, ne seront pas obligés d'emprunter pour satisfaire aux besoins de la culture et de l'entretien de leurs vignes, et cela au moment où la reconstitution par les plants américains commence à s'imposer d'une manière impérieuse. Si cet état de choses devait persister longtemps, nous nous verrions sous peu dans l'obligation de créer un office pour la vente directe de nos vins.

Pour réussir dans cette nouvelle voie, nous n'aurions qu'à nous guider sur les syndicats du Beaujolais où cette vente est admirablement pratiquée. Pour compléter cet aperçu, nous ajouterons que la production totale des vignes de la Côte a été environ de 120.000 pièces, dont 16.000 pour la commune de Saint-André-d'Apchon.

Les ressources de notre syndicat sont des plus modestes et consistent uniquement dans la cotisation annuelle de 2 francs fournie par chaque membre. Sur cette somme sont prélevés tous les frais généraux, l'affiliation à l'Union, l'Almanach et le Bulletin spécial. Le reliquat tombe dans la réserve de la caisse et sert à couvrir les dépenses imprévues. Les commandes se font par écrit, sur un bulletin imprimé que le syndiqué doit remplir en le revêtant de sa signature et qu'il doit faire parvenir au bureau dans le délai indiqué ; faute de quoi, les commandes ne sont point prises en considération. Ce même bulletin tient lieu de quittance, lors de la distribution des marchandises. Pour être accessible à la petite culture, le syndicat accepte pour commandes de certains produits, des fractions inférieures à 50 kilog.

Lorsque les marchandises sont arrivées, les intéressés sont avisés de venir les retirer et ils en acquittent la facture en prenant livraison. Au début, il arrivait fréquemment que le délai indiqué était de beaucoup dépassé. Aussi, pour éviter l'inconvénient d'une distribution trop prolongée, le bureau a soumis à l'approbation de l'Assemblée générale de 1893 la proposition suivante : « Dans le cas où le syndiqué n'enlèverait pas « les marchandises commandées dans le délai indiqué, « et 48 heures après avis, il sera passible d'une amende « de 0 fr. 50 par jour de retard ; dans le cas de non « enlèvement des marchandises dans les huit jours, « il sera rayé d'office de la liste du syndicat et forcé « néanmoins de prendre livraison de sa commande et « de solder intégralement l'amende encourue ». Cette méthode d'opération nous dispense d'avoir un entrepôt ouvert toute l'année. Notre chiffre d'affaires (en achats) a sensiblement augmenté depuis 1887, et en 1893, il s'est élevé à la somme de 7.580 francs, pour un tonnage dépassant 20.000 kilos, en sulfate de cuivre et engrais chimiques seulement.

Syndicat agricole de Saint-Joseph.

Plusieurs essais de syndicat ayant été tentés, sans résultats appréciables, dans l'arrondissement de Saint-Etienne et le canton de Rive-de-Gier, un groupe d'agriculteurs de la petite commune de Saint-Joseph résolut de profiter de la loi de 1884 et de former un syndicat local. Le projet, bien accueilli, devint vite la réalité ; le 2 février 1890 le syndicat était formé avec vingt-deux adhérents. Depuis, ce chiffre a régulièrement grossi pour s'arrêter en 1893, à 54 membres, effectif qui, pour une commune de 700 habitants où tout le monde travaille par soi-même, est relativement élevé.

Les opérations du syndicat ont principalement porté sur les engrais chimiques dont la vente atteint une moyenne de 20.000 kilos par an; le chiffre des affaires, qui est en moyenne de 3.000 francs par an, arrive pour les quatre exercices à un total de 11.000 francs.

Si l'on veut bien considérer que, les syndiqués étant tous de petits propriétaires, nous opérons dans un cadre forcément restreint, on admettra que ces chiffres ont bien leur éloquence. Etant de petits paysans, nous sommes obligés de faire petit et d'aller doucement. Nos goûts sont modestes comme nos besoins, aussi avons-nous pu, jusqu'à aujourd'hui, faire fonctionner notre syndicat sans faire appel à nos adhérents, sans demander aucune cotisation.

Si modestes que soient les résultats obtenus, nous avons du moins fait ce que nous avons pu en attendant de faire mieux encore.

§ 6. — Syndicats du département du Rhône.

Syndicat agricole d'Amplepuis.

Le Syndicat du canton d'Amplepuis, fondé le 22 mai 1888, se compose de 18 membres.

Depuis sa fondation, son chiffre d'affaires a été d'environ cinq cents francs par an, excepté en 1893 où, par suite de la pénurie des fourrages, il a acheté pour plus de 3.000 fr. de matières destinées à l'alimentation du bétail.

Syndicat des agriculteurs d'Ampuis.

Fondé par le regretté M. Julien Gomot, vice-président de la Société de viticulture de Lyon, ce syndicat, qui compte aujourd'hui 150 membres environ, s'occupe, comme tous, de l'achat de toutes les matières nécessaires à l'exercice de la profession. L'un des premiers de la région, et précisément à cause de la spécialité de ses produits, ce syndicat a organisé la vente des légumes et des fruits primeurs sur le marché de Lyon, la vente des vins de Côte-Rôtie en France et à l'étranger. Il est regrettable que son fondateur, M. Gomot, ait été si tôt enlevé à son pays, car, homme de cœur actif et dévoué, il serait certainement arrivé à de brillants résultats. C'est, aujourd'hui, M. Leymain maire, qui est la tête du syndicat; nous aimons à croire qu'il saura mener à bien la lourde, mais honorable tâche qui lui a été confiée.

Syndicat agricole de Belleville-sur-Saône.

Le Syndicat agricole de Belleville-sur-Saône est l'un des plus anciens du département du Rhône, puisqu'il fut fondé le 23 décembre 1887, et que les statuts en furent déposés à la mairie de Saint-Lager, canton de Belleville, le 27 du même mois.

Origine. — Sans doute, il ne sera pas hors de propos de rappeler ici, avec quelques détails, en quelles circonstances ce syndicat fut créé, car, en outre que de ces circonstances l'on peut tirer d'utiles enseignements, pour établir la préférence qu'il y a lieu d'accorder aux syndicats cantonaux sur les syndicats départementaux, l'on y verra, pour ainsi dire, naître la première idée de nos grandes Unions du Sud-Est et de l'Union Beaujolaise. — C'est donc un point d'histoire dans le mouvement syndical de notre région.

Vers la fin de 1887, M. Gabriel de Saint-Victor, président du Comice agricole de Tarare, et qui fut, toute sa vie, si dévoué aux intérêts de l'agriculture, ayant été frappé des avantages que les cultivateurs devaient retirer de la nouvelle forme d'association autorisée par la loi du 21 mars 1884, résolut de doter notre département d'un syndicat agricole.

Dans la région du Sud-Est et jusque dans le Rhône, il y avait déjà, à cette époque, un mouvement marqué dans ce sens ; il est juste de citer les syndicats de Crest et de Die (Drôme), de Poligny (Jura), et plus tard de Saint-Genis-Laval (Rhône), comme étant tous plus anciens.

Dans son désir de faire le plus de bien possible, M. de Saint-Victor, sans s'arrêter à la circonscription du canton ou de l'arrondissement, limites fixées à ces diverses créations, crut pouvoir accorder la préférence à la forme départementale. — Il fit donc appel aux autres présidents de Comices, ses collègues, MM. de Chenelette et Chassaignon, s'adjoignit MM. Sonnery-Martin, de Saint-Charles, Joannard, A. Léger, etc., et tous ensemble décidèrent que l'on devait créer le Syndicat des Agriculteurs du Rhône.

Une tentative infructueuse de fondation d'un syndicat départemental, faite, peu auparavant, par les soins de M. P. Vincey, alors professeur d'agriculture du Rhône, aurait dû cependant éclairer les fondateurs sur la nécessité, au moins dans notre région lyonnaise, de ne pas étendre trop au loin une action directe, qui doit rester dans des limites plus restreintes pour être véritablement efficace. Pourtant, entrevoyant vaguement cette nécessité, l'on décida que le Syndicat des Agriculteurs du Rhône se composerait d'autant de sections qu'il comprenait de cantons ruraux, et qu'il fallait commencer par organiser ces sections.

En conséquence, il fut convenu que l'on inviterait quelques vrais amis de l'agriculture, dans chaque canton, à se constituer en Bureau, au nombre de dix au moins, et que M. A. Léger serait chargé de centraliser ces listes, après quoi l'on constituerait effectivement le syndicat dont, entre temps, les statuts avaient été déposés à la mairie de Lyon.

Or, il advint que, dans le canton de Belleville, l'un des agriculteurs invité à y former une section fut M. Emile Duport qui, depuis quelque temps déjà, songeait à organiser un tout petit syndicat, dit de « Brouilly », constitué entre les propriétaires des communes d'Odenas, de Saint-Lager et de Cercié, ainsi qu'il en avait exprimé l'idée dans une réunion privée du 7 octobre, soit deux mois avant.

Bien que personnellement convaincu des inconvénients d'une circonscription aussi étendue que celle du département, notre ami se mit à l'œuvre pour créer la section de Belleville et sa tâche lui étant rendue plus facile par suite du travail déjà ébauché pour le syndicat de Brouilly, il fut bientôt en mesure de porter sa liste à M. Léger ; il était le premier.

Après quelques semaines, il s'en fut de nouveau chez M. Léger, pour savoir si les autres cantons ruraux, au nombre de 26, avaient donné signe de vie et il apprit que trois seulement avaient pu constituer leur section, sans parler de Saint-Genis-Laval, qui avait déclaré qu'existant déjà de sa vie propre, il ne voyait pas pourquoi il irait se fondre dans une nouvelle association.

Nullement surpris de ce résultat négatif, mais découragé d'apprendre que le bureau directeur avait décidé de ne pas commencer à fonctionner avant que toutes les sections ne fussent constituées, désespérant de voir ce résultat atteint, au moins de longtemps, M. Duport convoquait chez lui, à Lyon, pour le 23 décembre, les membres de sa section et quelques propriétaires notables du canton de Belleville, afin de leur faire part de cette situation. En même temps, il fit demander à M. Gabriel de Saint-Victor, qu'il ne connaissait pas, une entrevue pour lui exposer combien, selon lui, il eût été préférable de constituer des syndicats cantonaux autonomes, quitte à les grouper plus tard en Union, mais que, du moins, puisqu'il en avait été décidé autrement, il importait de marcher de suite, sans attendre des retardataires qui ne rejoindraient peut-être jamais. Il était décidé à ajouter que s'il en était autrement, il pensait que la section de Belleville, devant les nécessités du moment, n'hésiterait pas à se mettre seule en marche.

Ce fut le 20 décembre, dans les bureaux de la *Gazette agricole du Sud-Est*, 16, quai de Retz à Lyon, que M. Duport, introduit par M. Albert Joannard, fut admis, non sans quelques difficultés, à exposer ce qui précède devant les membres du Bureau provisoire du Syndicat des Agriculteurs du Rhône; il le fit avec tant de chaleur, mais aussi avec une conviction si communicative que les assistants en furent profondément frappés. Après avoir énuméré tous les inconvénients inhérents aux grands syndicats départementaux, il fit nettement ressortir les avantages des syndicats cantonaux, puis mettant en lumière la situation actuelle faite aux cantons prêts par ceux qui ne l'étaient pas, il n'hésita pas à demander que l'on revînt sur la forme adoptée pour prendre l'autre, qui permettrait d'utiliser immédiatement toutes les bonnes volontés, ce qui n'empêcherait pas, ajoutait-il avec une sorte de prescience de l'avenir, de grouper ultérieurement toutes ces associations dans une Union.

Aussi, lorsqu'il eut fini de parler et que M. de Saint-Victor s'adressa à ses collègues pour leur demander leur avis, l'un d'eux lui répondit : « Après ce que nous venons d'entendre, nous n'avons plus qu'à nous dissoudre. » Tous furent du même avis et il fut fait ainsi. Le Syndicat départemental des Agriculteurs du Rhône était mort, mais les Unions du Beaujolais et du Sud-Est allaient en naître; qui pourrait dire que ce ne fut pas pour le plus grand bien du mouvement syndical dans notre région?

Mais revenons au syndicat agricole de Belleville qui, même dès avant sa fondation, a joué le rôle important que l'on vient de voir dans l'organisation de nos forces syndicales. Ce rôle, tout d'influence, il l'a maintes fois rempli depuis sa naissance jusqu'à ce jour, aussi son histoire, que nous allons écrire avec certains développements, n'en sera que plus instructive.

Fondation. — Après la réunion du 20 décembre, M. Duport, qui avait convoqué, pour le 23, les membres

de la section de Belleville, ne pouvait plus les prévenir utilement, la séance eut donc lieu au jour dit. A
deux heures après dîner, trente propriétaires du canton de Belleville, sur trente-trois convoqués, — fait remarquable, — se trouvèrent réunis au domicile de
M. Emile Duport, 5, quai d'Occident, à Lyon, pour
entendre les communications relatives à la section.
Lorsqu'on apprit que le Syndicat des Agriculteurs du
Rhône renonçait à se constituer, quatre sections ayant
seules pu se former, le désappointement fut grand,
tant on sentait la nécessité d'une association pour
grouper les forces éparpillées. Aussi, lorsqu'avant de
lever la séance, M. Duport demanda si l'on ne devait
pas créer le syndicat agricole de Belleville, ce fut à
l'unanimité qu'il fut décidé que, sans une heure de
retard, il y fallait procéder.

C'est pourquoi, aussitôt la première séance levée, il
en fut ouvert une seconde, sous la présidence de
M. Abel Sauzey, ancien président du Comice agricole
du Haut-Beaujolais, qui pria M. Duport d'exposer le
projet ainsi que ses motifs. Ainsi fut fait et, avant de
se séparer, les statuts ayant été votés, l'on fit choix
d'un Bureau provisoire, chargé de mettre en marche
l'organisme nouveau.

Statuts. — Le 27 décembre 1887, les statuts étaient
régulièrement déposés à la mairie de Saint-Lager.
Nous en donnons ici une copie, car, après plus de six
ans d'épreuves, ces statuts se sont toujours trouvés si
parfaitement adaptés aux circonstances, qu'il n'a pas
été nécessaire d'y changer une seule ligne.

TITRE I. — CONSTITUTION DU SYNDICAT.

Art. premier. — Il est formé, entre les soussignés et
ceux qui adhèreront aux présents statuts, un syndicat ou
association professionnelle qui sera régi par la loi du
21 mars 1884 et par les dispositions suivantes.

Art. 2. — Cette association prend le titre de *Syndicat
agricole de Belleville-sur-Saône*.

Art. 3. — Son siège est à la Croisée de Belleville-sur-
Saône. Sa durée est illimitée, ainsi que le nombre de ses
membres, et elle commence du jour du dépôt légal de ses
statuts. Ce dépôt, conformément à la loi, sera fait par

trois membres en triple exemplaire à la Mairie de Saint-Lager.

Art. 4. — Peuvent faire partie du syndicat :

1° Les propriétaires de fonds ruraux les faisant valoir par eux-mêmes ou par autrui.

2° Les fermiers, vignerons, régisseurs, horticulteurs, pépiniéristes, maraîchers, journaliers, fabricants d'instruments agricoles, et généralement toutes les personnes exerçant une profession connexe à l'agriculture.

3° Les membres des Sociétés agricoles ou Comices et toute personne ayant les qualités professionnelles prescrites par la loi de 1884.

Nul ne peut faire partie du syndicat, comme membre fondateur ou souscripteur, s'il n'a été présenté par deux membres et agréé par le bureau à la majorité des membres présents.

Art. 5. — L'association est composée de membres fondateurs, souscripteurs et ordinaires.

Les *Membres fondateurs* payeront, annuellement et d'avance, une souscription de 10 fr.

Les *Membres souscripteurs* payeront, annuellement et d'avance, une cotisation de 5 fr.

Les *Membres ordinaires* payeront 1 fr.

Les membres fondateurs ont le droit de se libérer de tous payements ultérieurs, par le versement d'une somme de 100 fr. une fois donnée.

Les femmes, remplissant la condition professionnelle exigée et aptes à contracter, peuvent faire partie du syndicat.

Les *Membres fondateurs et souscripteurs* prennent seuls part aux assemblées générales.

Art. 6. — Les membres du syndicat peuvent en tout temps remettre leur démission au Bureau.

L'exclusion peut être prononcée par le Bureau. La faillite, une condamnation entachant l'honorabilité, le défaut de paiement de la cotisation après une lettre de rappel sont des motifs d'exclusion.

L'exclusion pourra également être prononcée par le Bureau contre tout syndicataire qui aurait indûment fait profiter un tiers non syndicataire des avantages du syndicat.

Tout membre démissionnaire ou exclu doit sa cotisation pour l'année courante.

Art. 7. — Le syndicat agricole de Belleville-sur-Saône a pour but :

1° D'associer toutes les personnes, désignées à l'art. 4 des présents statuts, en usant des droits conférés par la loi du 21 mars 1884 ;

2° De centraliser les demandes d'achats de machines, engrais, insecticides, plants, semences, pailles, fourrages, bétail, etc., de manière à faire profiter ses membres des remises obtenues des fournisseurs en raison de l'importance des commandes ;

3° De favoriser la vente et l'écoulement des produits agricoles ;

4° De provoquer et favoriser les essais de culture, de semences, de plants, d'engrais, de machines et instruments perfectionnés et de tous autres moyens propres à améliorer la production, à faciliter le travail, réduire les prix de revient et augmenter les rendements. Pour cela, le syndicat publiera ou vulgarisera tous documents utiles aux agriculteurs, fera faire des conférences et pourra organiser des expositions, distribuer des primes ou récompenses.

Art. 8. — Le syndicat se constitue comme agence de renseignements et avec le but de devenir le mandataire des acheteurs ; mais il s'interdit toute opération entraînant une responsabilité pécuniaire ; il est donc formellement établi, par les présents statuts, que les membres du syndicat n'auront, en aucune occasion, le pouvoir d'engager pécuniairement la société. Par suite, ils ne contracteront, en vertu de leur gestion, aucune obligation personnelle ou solidaire, soit vis-à-vis des syndiqués, soit vis-à-vis des tiers.

Art. 9. — Chaque membre paiera ses achats et le port au comptant en prenant livraison, à moins de conventions personnelles avec les livreurs.

Chaque membre restera directement et exclusivement tenu de ses engagements envers les fournisseurs, sans aucune caution du syndicat.

Art. 10. — Le syndicat pourra décider en Assemblée générale, conformément à loi de 1884, la création d'une caisse de secours mutuels.

Art. 11. — Le syndicat pourra être uni, par décision de l'assemblée générale, au Syndicat central des Agriculteurs de France, au Syndicat agricole du département du Rhône ou à tout autre Syndicat ou Union de syndicats. Il entretiendra telles relations qui seront utiles avec les Comices du département.

Titre IV. — Administration du Syndicat.

Art. 12. — Le syndicat est administré et dirigé par un Bureau.

§ I. — *Bureau.*

Art. 13. — Le Bureau est composé d'un président, de deux vice-présidents, d'un secrétaire, d'un trésorier, d'un administrateur délégué et de trois administrateurs ordinaires.

11

Art. 14. — Le président fait les convocations, préside les séances, dirige les débats et les travaux de l'Association, ordonnance les dépenses, représente le syndicat en justice. Sa voix est prépondérante en cas de partage. En cas d'absence, le vice-président le plus âgé le remplace dans toutes ses attributions. Le secrétaire rédige les procès-verbaux des séances ; le trésorier reçoit les cotisations, encaisse les sommes versées pour les commandes, paie, sur le visa du président, tous les fournisseurs, établit la situation financière. L'administrateur délégué est chargé de la correspondance, de rassembler tous renseignements utiles, discuter les prix, etc.

Art. 15. — Le Bureau est élu, pour trois ans, par les membres fondateurs et souscripteurs, au scrutin uninominal et à la majorité absolue des suffrages exprimés. Le vote peut avoir lieu par correspondance. Les membres sortants sont rééligibles.

Lorsqu'un membre du Bureau est décédé ou démissionnaire, il est pourvu à son remplacement par les autres membres du Bureau jusqu'à la prochaine assemblée qui ratifie le choix ou nomme une autre personne dont les pouvoirs expireront, dans tous les cas, avec ceux de ses collègues membres du Bureau.

§ II. — *Assemblée Générale*.

Art. 16. — Une assemblée générale de tous les membres fondateurs et souscripteurs aura lieu chaque année en octobre. Elle pourra, en outre, être convoquée extraordinairement toutes les fois que le Bureau le jugera nécessaire.

Tout membre du syndicat, ayant droit d'assister à l'Assemblée générale, peut représenter quatre de ses collègues, pourvu qu'il soit porteur de leur procuration sur papier libre.

Les décisions sont prises à la majorité absolue des membres présents ou représentés.

Les convocations doivent être faites dix jours au moins avant la réunion et indiquer les questions à l'ordre du jour. Le président peut refuser de mettre aux voix toute question qui n'est pas à l'ordre du jour.

Toute question doit être formulée par écrit et adressée au président trois jours pleins avant l'Assemblée générale.

Toute discussion étrangère au but que poursuit le syndicat est formellement interdite.

Art. 17. — Les fonctions de président, de vice-président, secrétaire, trésorier, administrateurs sont gratuites. L'administrateur délégué et le trésorier peuvent recevoir une indemnité.

TITRE V. — PATRIMOINE ET PERSONNALITÉ DU SYNDICAT.

Art. 18. — Le patrimoine du syndicat est formé au moyen :

1° Des cotisations annuelles des membres fondateurs, souscripteurs et ordinaires :

2° Des prélèvements partiels, et aussi réduits que possible, exercés sur les remises concédées par les fournisseurs aux membres du syndicat ;

3° Des dons et legs qui peuvent lui être faits ;

4° Des subventions qui peuvent lui être accordées.

Il est administré par le Bureau qui peut choisir un ou plusieurs agents salariés.

Art. 19. — Le président agit au nom du syndicat et le représente dans tous les actes de la vie civile.

TITRE IV. — MODIFICATION DES STATUTS.

Art. 20. — Les présents statuts peuvent être révisés, modifiés ou complétés par l'Assemblée générale. Pour être valable, toute modification devra être approuvée par les deux tiers des membres présents, et elle ne pourra venir en discussion, devant l'Assemblée générale, qu'après délibération et avis motivé du Bureau.

Art. 21. — En cas de dissolution de l'Association, demandée ou motivée par le Bureau, l'Assemblée générale, réunie à cet effet, décidera à la même majorité l'emploi des fonds pouvant rester en caisse.

Art. 22. — Les présents statuts seront imprimés ; un exemplaire en sera remis à chaque Sociétaire et portera les indications de son nom, la date de son admission et la signature du Président, ce qui, en toute circonstance utile, lui servira à établir sa situation de membre du syndicat.

Lyon, le 23 décembre 1887.

Les demandes devront être adressées à

M. Emile DUPORT, *président*, à Saint-Lager (Rhône) ; à Lyon, quai d'Occident, 5 ;

M. Paul CHARVÉRIAT, *administrateur délégué*, à Quincié (Rhône) ; à Lyon, rue Victor-Hugo, 8 ;

M. JOMARD, *trésorier*, à Belleville-sur-Saône (Rhône).

Bulletin. — Voici donc le syndicat agricole de Belleville régulièrement constitué et pourvu de son état civil, voyons à présent quels ont été sa marche et ses services.

Le Bureau provisoire, dès sa première séance, reconnaissait que le meilleur moyen de faire connaître l'œuvre naissante était de se mettre immédiatement en mesure d'exécuter les ordres qui lui seraient confiés, notamment pour les achats de bois américains destinés au greffage, et que, de plus, il était indispensable d'avoir un bulletin mensuel permettant à l'administration du syndicat d'être en rapport avec ses adhérents.

Le 1er février, soit juste un mois après sa fondation, le syndicat agricole de Belleville publiait le premier numéro de son Bulletin et, en cela, cette association donnait la première, pour notre région, l'exemple de ces publications qui ont eu une si grande influence sur le rapide développement de nos syndicats agricocoles, que l'on peut dire que, sans elles, ils en seraient encore à la période de recrutement.

Combien il était modeste ce petit bulletin, composé d'une seule feuille, avec un tirage de cent exemplaires et pourtant combien grande a été l'hésitation du bureau provisoire avant d'en décider la dépense; le procès-verbal de la séance qui en fait foi est curieux à lire maintenant que ce bulletin, composé de vingt pages de texte et six d'annonces, enfermé dans une élégante couverture en couleur, est tiré à deux mille exemplaires et qu'il a servi de modèle aux bulletins de l'Union Beaujolaise et de l'Union du Sud-Est qui, eux, ont un tirage de 6.000 et de 15,000 exemplaires.

L'on verra, dans le chapitre consacré à l'Union Beaujolaise, par quelle ingénieuse combinaison chaque syndicat de cette Union a pu se procurer, à moins de frais, un bulletin spécial et du même modèle.

C'est, du reste, vers cette époque, février 1888, que les autres syndicats du Beaujolais se constituaient et, lorsqu'il fut question de les réunir, la possibilité de publier leurs bulletins en commun fut la première démonstration pratique des avantages de l'Union.

Le syndicat de Belleville, comme étant le plus ancien, eut naturellement à prendre l'initiative de ce très utile groupement mais ce n'est ici que le lieu de le rappeler. Presqu'en même temps, le syndicat de Belleville, qui était affilié dès le premier jour à l'Union des Syndicats des Agriculteurs de France, se trouvait parmi les neuf premiers fondateurs de l'Union du Sud-Est, qui ne devait primitivement grouper que les syndicats du Rhône.

1888. — Grâce au zèle de son bureau provisoire, la jeune association progressait rapidement, aussi les injustes attaques ne lui manquèrent pas ; les uns déclaraient qu'il s'agissait uniquement d'une association politique déguisée qui ne rendrait jamais le moindre service aux agriculteurs et s'attiraient les énergiques protestations du président, protestations dont les faits ont si complètement démontré la sincérité ; d'autres, plus bêtes ou plus méchants, jugeant les hommes à leur image, s'en allaient disant, dans les foires et les cafés, qu'à se donner autant de peine, il fallait que l'on gagnât gros.

Ces calomnies idiotes eurent peu de succès et, dès la première Assemblée générale, le 14 octobre 1889, il était constaté que l'association comptait déjà 376 membres bien décidés à s'entraider pour la défense de leurs intérêts professionnels.

Du compte rendu de cette Assemblée générale, il ressort que, même pendant ces premiers mois d'organisation, car ce ne fut qu'à cette séance que le bureau provisoire devint définitif à la suite d'une élection, il ressort, disons-nous, que l'on était entré, sans hésitations aucunes, dans la voie des services d'ordre pratique aussi bien que d'ordre social ; aussi n'est-ce pas sans raison que les organisateurs de ce syndicat se montrent fiers d'avoir su, pour ainsi dire, prévoir, dès le premier jour, le bel avenir social réservé aux syndicats agricoles.

Une revue rapide du procès-verbal de cette première assemblée générale permettra de s'en rendre compte.

Les achats divers, plants américains, engrais, sulfate de cuivre, raphia, machines, s'élevaient déjà au total de 28,671 fr. 65, chiffre assurément modeste et cependant bien surprenant pour un syndicat cantonal à peine fondé.

Les ventes ce problème, que la plupart des syndicats agricoles n'osent affronter qu'après plusieurs années, avaient déjà donné de sérieux résultats pour le placement des foins, des veaux et du beurre.

C'est même le cas de rappeler le règlement si simple de la beurrerie de Saint-Lager, car il peut servir dans les régions où il n'existe pas de fromageries ou de beurreries proprement dites. Cette organisation secondaire a rendu de réels services, tant que les prix du beurre ont été avilis et, lorsque les cours se sont relevés, elle a pu cesser de fonctionner sans difficultés, comme elle fonctionnerait de nouveau aisément, si les circonstances le demandaient.

RÈGLEMENT

Art. 1er. — Tout membre, même ordinaire, du syndicat agricole de Belleville, peut vendre à la beurrerie de Saint-Lager, quelle que soit la commune qu'il habite.

Art. 2. — Tout membre qui aurait vendu du beurre appartenant à une personne non syndiquée, sera immédiatement exclu.

Art. 3. — La beurrerie recevra le beurre au fur et à mesure de son arrivée, sans préférence, et seulement jusqu'à concurrence des demandes qu'elle aura.

Art. 4. — Le beurre doit être livré parfaitement frais et divisé en molettes d'une livre ; provisoirement, les fractions de livres ne sont pas acceptées.

Art. 5. — Le beurre est pesé en présence du vendeur et immédiatement payé au cours moyen du marché du jour.

Art. 6. — Le nombre des livres apportées est inscrit chaque fois sur un livret déposé au magasin de réception.

Art. 7. — Le premier marché de chaque mois, chaque vendeur reçoit sa part du bénéfice réalisé à la revente pendant le mois précédent, et cela proportionnellement au nombre de livres qu'il a apportées. Ce paiement est inscrit au livret.

En plus de ces services matériels, le syndicat avait organisé son Bulletin dont nous avons déjà parlé, il avait fait donner des conférences sur les meilleures méthodes de culture, il avait noué des relations amicales avec les autres syndicats agricoles de la région et il adressait, dès ce moment, des vœux aux pouvoirs publics parmi lesquels figure en première ligne celui qu'aucun traité de commerce avec l'Italie ne fût signé sans que les représentants de l'agriculture ne fussent consultés au même titre que ceux de l'industrie et du commerce.

C'était entrevoir et préparer le régime des tarifs de douane et la représentation agricole.

Le premier but a été atteint, le second le sera certainement.

Enfin, comprenant toute l'importance qu'il y a pour les agriculteurs à pouvoir se procurer des semences améliorées et des plants de vignes authentiques, le syndicat, malgré ses modestes ressources, n'hésitait pas à faire procéder à une distribution de blés de choix ainsi qu'à la création, bien plus coûteuse, de pépinières syndicales de plants américains, qui sont devenus, nous le dirons plus loin, une ressource importante pour le syndicat, ce qui lui permet d'envisager avec sécurité l'application, assurément modeste mais bien consolante, de l'assistance et de la prévoyance pour ses adhérents malheureux.

En effet, et comme nous l'avons dit, c'est surtout pour l'organisation, dès la première heure, de créations d'ordre social que le syndicat de Belleville mérite une mention toute spéciale et ici l'on ne peut mieux faire que de reproduire les exposés des motifs de ses principales institutions.

Exposé des motifs d'un projet d'aide mutuelle

C'est défendre la profession qu'employer nos ressources à aider le cultivateur momentanément dans le besoin.

C'est de la vraie fraternité et de l'intérêt général, que de permettre à notre association d'étendre ses services du côté de l'assistance mutuelle.

Il est constant que la plupart des sociétés de secours mutuels et des bureaux de bienfaisance dans un village, sont dirigés par des ouvriers d'états, serruriers, charpentiers, tailleurs, etc, ou débitants, épiciers, cafetiers, marchands, etc., qui sont, par leur état, disposés à négliger les intérêts des cultivateurs, contrairement à l'intention de la généralité des donateurs qui, le plus souvent, propriétaires et enfants du pays, ont eu, par leurs libéralités, plus particulièrement en vue les cultivateurs presque tous, depuis nombre d'années, leurs associés dans le rendement du sol local.

Sans nier l'utilité des services rendus par ces institutions, il peut paraître utile d'établir une assistance agricole professionnelle, pour contrebalancer certaines inégalités et offrir à l'avenir aux donateurs généreux de la grande famille agricole un moyen certain de voir leurs libéralités employées, suivant leurs intentions, en secours aux agriculteurs.

Nos ressources sont encore trop modestes pour qu'il puisse y avoir lieu d'établir une véritable caisse de secours mutuels, ce qui serait parfaitement notre droit ; cela pourra venir, cela viendra ; mais, pour le moment, bornons-nous à distribuer aux cultivateurs malades des secours temporaires pris sur la caisse générale.

La loi de 1884 a, dans sa prévoyance, permis aux syndicats ce genre provisoire d'assistance mutuelle ; à nous d'en user pour aider cette infortune subite et terrible, le chef de famille malade, la culture négligée, la récolte compromise, souvent perdue, faute de quelques journées faites à temps. Les autres sociétés d'assistance donnent les visites du médecin, les remèdes, donnons, nous, à notre associé indigent et malade quelques journées de travail ; souvent une petite somme employée ainsi à temps sauvera la récolte et, par suite, toute une famille de la misère.

Plus tard, si nos ressources augmentent, nous pourrons ajouter l'aide aux vieillards et ce nous sera une consolation à tous de penser que si notre terre du Beaujolais n'enrichit pas, en ce moment, celui qui la cultive, la vieillesse du cultivateur y est du moins à l'abri du besoin, grâce à notre fraternelle association.

En conséquence, je propose à l'Assemblée générale, au nom de la Commission spéciale, de voter le règlement dit « d'aide mutuelle ». (Voir ce règlement au chapitre II, à l'*Union Beaujolaise*.)

Exposé des motifs du Tribunal arbitral.

Je n'hésite pas à dire qu'un syndicat agricole est une association fraternelle dont le but est de rapprocher tous ceux qui vivent de la terre; il résulte de cette pensée qu'éviter, ou du moins diminuer les occasions de division entre les cultivateurs, ce serait aider puissamment au résultat cherché : une vraie fraternité. Souvent entre voisins, entre propriétaires et fermiers, entre maîtres et journaliers, dans les règlements entre propriétaires et vignerons, des difficultés surgissent qui font aller les uns et les autres devant le juge de paix, quand ce n'est pas devant le Tribunal.

Loin de moi la pensée de médire de la justice, mais nul ne me contredira si je dis qu'elle est lente et coûteuse. Ne vous paraît-il pas aussi que, dans les questions purement agricoles, les usages locaux ont une importance prédominante, qu'un juge de paix, arrivé souvent la veille de Lille ou de Bayonne, ne saurait ni connaître, ni apprécier. Faut-il rappeler qu'au Tribunal, il en est forcément de même, car à l'École de droit les usages locaux, qui changent souvent avec les cantons, n'y peuvent être étudiés, et pourtant, dans un différend agricole, c'est là seulement que réside la justice. En un mot, il est plus naturel d'en appeler à l'équité qu'à la loi.

J'ai dit que la justice était lente et coûteuse; or, de ces deux inconvénients, il résulte souvent des brouilles et même des haines qu'on eût évitées par un arbitrage et c'est pour faciliter ces arrangements que nous avons étudié un projet de Tribunal arbitral qui fournira à chacun de nous des arbitres tout désignés, ayant pour mission de donner rapidement leur jugement et de le donner gratuitement, ce qui ne gâte rien, car le plaideur battu qui, comme consolation, doit passer chez l'avocat et l'avoué pour payer les honoraires, sans oublier les copies de l'huissier, sera certes plus aigri que celui qui, jugé par ses pairs, n'aura pas à ajouter à la perte de son procès, la perte de sa bourse.

Dès cette première Assemblée de 1888, le syndicat de Belleville entrevoyait également la création d'une bibliothèque, qu'il ne devait posséder qu'en 1892, soit cinq ans plus tard, mais c'est la preuve qu'on y voyait déjà clairement la route à suivre. Il n'était pas jusqu'à la question des assurances, si à l'ordre du jour des préoccupations actuelles du monde agricole, qui n'y fît l'objet de vastes projets d'avenir qui se sont en partie réalisés par l'apport sans cesse plus considérable des risques ruraux aux Compagnies d'assurances mutuelles basées, comme les syndicats, sur le principe de l'Association : la Mutualité.

Après nous être étendu aussi longuement sur les premiers pas du syndicat agricole de Belleville, parce qu'il nous a semblé qu'ils comportaient plus d'un enseignement, nous passerons plus rapidement sur les années suivantes.

1889. — Ce fut en 1889 que s'ouvrit l'entrepôt du syndical, à Belleville, pour y procurer à ses membres tous les produits nécessaires à l'exercice de leur profession, car la direction n'avait pas été longue à reconnaître les graves et nombreux inconvénients des fournitures directes par les fournisseurs, ou les inconvénients encore plus graves des dépôts chez des négociants.

Les résultats furent concluants et, à l'Assemblée du 13 octobre 1889, le président, constatant que le nombre des adhérents s'était élevé, pendant l'exercice, de 376 à 654, pouvait prévoir le chiffre de mille, qui semblait alors un maximum lointain. Le tonnage des marchandises livrées avait atteint 188,000 kilog., d'une valeur de 67.000 fr. ; c'était plus que doubler sur les résultats de l'année précédente.

Enfin, le budget se soldait par un excédent de 600 fr., ce qui paraissait superbe, car l'on avait franchi les plus grandes difficultés du début, en faisant beaucoup avec très peu.

1890. — En 1890 et dès le début de l'année, le syndicat ouvrait un deuxième entrepôt à St-Georges, pour desservir non seulement cette belle commune, mais aussi les deux Saint-Etienne, Charentay et Odenas, centres viticoles importants, bien éloignés de Belleville. Cet entrepôt était ouvert le samedi, seulement dans la matinée, tandis que celui de Belleville n'était ouvert lui aussi que le mardi matin; une sage économie l'exigeait.

Ce fut le 12 octobre 1890 qu'eut lieu la troisième Assemblée générale, à Saint-Etienne–des-Oullières ; la première avait eu lieu à Saint-Lager et la seconde à Belleville, car, par une excellente habitude qui s'explique aisément, chaque année l'Assemblée générale, toujours suivie d'un grand banquet, a lieu dans une commune différente du canton.

A cette séance, il fut constaté que les adhérents effectifs étaient au nombre de 914 et il y fut décidé que les noms des membres défunts continueraient à figurer à perpétuité sur les registres des adhérents, comme un témoignage de pieux souvenir à leur mémoire.

Le chiffre des transactions s'était élevé à 71,395 fr.; enfin le solde en caisse atteignait fr. 1,439.40, en progrès continu.

Le rapport de la Commission des pépinières constatait une dépense totale, depuis leur création, de fr. 3,370.85 et concluait en exprimant l'espoir que ce serait un véritable placement de père de famille ; on verra combien cela était exact.

D'autre part, le syndicat, qui avait déjà émis, durant l'année, un vœu pour la suppression du principal de l'impôt foncier, émettait à nouveau des vœux pour obtenir des tarifs de douane suffisamment protecteurs et la représentation agricole. Enfin comprenant, dès ce moment, quel danger la falsification des produits agricoles était pour la production désormais prochaine du vin, l'assemblée votait à l'unanimité un vœu énergiquement motivé demandant la répression sévère des fraudes et altérations concernant la marchandise vendue.

1891. — L'Assemblée générale tenue le 18 octobre

1891, à Saint-Georges, permit de constater quels pas de géant faisait le syndicat de Belleville, puisque le nombre de ses adhérents était de 1,138 et que le président, rendant compte des travaux de l'année, y a pu dire, non sans raison, que, dans la lutte engagée pour l'obtention du nouveau tarif des douanes, ce petit syndicat avait donné l'exemple d'une sage compréhension des besoins généraux du pays, en prenant l'initiative de proposer le système de primes à la sériciculture, système qui a prévalu devant les Chambres, pour le plus grand bien de l'industrie lyonnaise et des éducateurs méridionaux, qui, aveuglés par leurs intérêts immédiats, ne songeaient, de part et d'autre, qu'à soutenir un combat fratricide.

Le rapport de l'administrateur délégué, cette année-là, constatait un nouvel accroissement des opérations dont le total s'élevait à 103,754 fr. 45 c. et il n'est pas sans intérêt d'observer que, dans ce total, figurait l'achat de plus de 320.000 mètres de boutures de bois américains destinés au greffage, boutures reconnues et reçues sur les lieux de production par des délégués envoyés aux frais du syndicat, afin d'en contrôler le bon état et surtout la parfaite authenticité.

La caisse se soldait par un excédent de 1,917 fr. 55 et le projet de budget indiquait un solde probable de 4,000 fr..

Aussi les élections au conseil d'administration, qui eurent lieu à cette Assemblée générale, confirmèrent dans leur mandat, si bien rempli, tous les administrateurs sortants ; enfin le banquet qui suivit marqua le caractère de « Fête du syndicat » que cette réunion annuelle prenait de plus en plus, grâce à l'assistance si cordiale de nombreux adhérents.

1892. — L'année 1892, comme ses devancières, ne fit qu'accroître la popularité toujours grandissante de l'association, qui comptait à l'Assemblée générale du 9 octobre, tenue à Charentay, 1,412 membres. A propos de cet accroissement inouï des membres adhérents, ce qui est peut-être le plus caractéristique, c'est le nombre excessivement restreint des démissions qui varient de 4 à 10 par an, chiffre insignifiant si l'on songe que presque toutes les démissions sont la conséquence de changement de domicile ou de profession.

A cette Assemblée générale, le rapport de l'administrateur constate l'achat de plus de 760.000 boutures de bois américains pour greffage, pouvant donner près de trois millions de greffes; il constate aussi que le total des opérations s'élève au chiffre de 135,000 fr. chiffre vraiment considérable pour un syndicat cantonal.

La caisse se solde, à cette date, par 3.214 fr. 15 et le projet de budget laisse espérer un excédent bien plus élevé.

C'est dans cette séance que fut discutée l'adhésion conditionnelle du syndicat agricole de Belleville à la Coopérative agricole du Sud-Est, qu'il était alors question de créer pour faciliter le fonctionnement des syndicats agricoles de la région. Il y fut fait, par M. Duport, un exposé lumineux du but, alors assez mal compris, de cette création dont la réussite ultérieure est venue démontrer la grande utilité.

Bibliothèque. — Avant la fin de cette même année 1892 la bibliothèque syndicale, entrevue dès la fondation, était enfin ouverte. Son règlement est celui adopté par les syndicats de l'Union Beaujolaise ; on en trouvera la teneur au chapitre relatif à cette Union.

Cependant le syndicat, sorti des difficultés de l'organisation, disposant de ressources chaque année plus importantes, il y avait lieu de chercher à réaliser au moins une partie du but d'assistance sociale que s'étaient proposé les fondateurs ; aussi voyons-nous le président parler de l'avenir, désormais prochain, où il sera possible de secourir, en les gardant au pays, quelques vieillards devenus indigents, ou de malheureux enfants orphelins; dans ce but, il préconise une nouvelle et dernière création pour l'utilisation des ressources, afin de les augmenter : une Caisse de Crédit agricole.

1893. — C'est le 14 octobre 1893, à l'Assemblée générale, tenue ce jour-là à Corcelles, que la Caisse de

Crédit est votée, en même temps que la nomination d'une Commission spéciale chargée d'étudier les meilleurs moyens d'exécution. — Dans cette même séance, après avoir constaté que le syndicat compte 1,704 adhérents et le parfait fonctionnement de tous les rouages, le président eut la satisfaction d'annoncer que l'encaisse. qui était de 5,056 fr. 35 c., atteindrait probablement, grâce au rendement des pépinières syndicales, le superbe total de 10,000 francs, à la clôture de l'exercice suivant.

En effet, le rapport de M. Beauregard, président de la Commission des pépinières, exprimait l'espoir d'un résultat satisfaisant, résultat qui a été largement dépassé, puisque le produit des pépinières a été supérieur, cette année, à 4,000 francs nets; c'était donc bien un placement de père de famille qu'avait fait l'administration du syndicat, placement dont le revenu va servir à des créations d'assistance, qui ne sont plus du domaine des rêves, comme certains le pensaient. Encore un pas et l'on en sera à la pratique.

Caisse d'épargne et de crédit. — Ce pas, c'est la création de la Caisse d'épargne et de crédit, qui doit aider à le franchir en assurant des ressources utiles aux travailleurs laborieux, par des avances prudentes, à un taux favorable, et une juste assistance à ceux que des charges trop lourdes ou des malheurs immérités auraient laissés sans ressources à l'heure de la vieillesse ou dès la prime jeunesse.

Ce projet de Caisse d'épargne et de crédit agricole diffère, par bien des points, des créations similaires et, à ce titre, nous recommandons la lecture de ses divers règlements à ceux qui voudraient fonder des caisses de ce type. La très grande simplicité des écritures et du fonctionnement nous semble particulièrement digne d'attention.

La Caisse d'épargne de Lyon a bien voulu promettre son concours, jusqu'à concurrence d'une somme de 12,000 francs, à un taux d'intérêt de faveur; il ne faut pourtant pas y voir une nécessité absolue d'une assistance analogue, en cas de fondation similaire, car,

avec le système de dépôts, il est plutôt à prévoir que
cet appui sera peu utilisé. S'il a été sollicité, c'est par
un excès de prudence, et aussi pour vaincre certaines
hésitations de la part des membres du Conseil d'administration du syndicat, qui redoutaient d'entreprendre une œuvre semblable sans avoir plus que toutes
les ressources jugées nécessaires pour la mener à
bonne fin.

On trouvera, autre part, dans le Chapitre II, ses statuts et son règlement, mais nous sommes heureux de
dire que ce projet est aujourd'hui une réalité; au
moment où paraîtront ces lignes, la Caisse d'épargne
et de crédit du syndicat agricole de Belleville sera
créée.

Puisse-t-elle être l'heureux couronnement de ce
petit syndicat agricole de Belleville, fondé le 23 décembre 1887 par trente-deux personnes, et qui compte
aujourd'hui près de deux mille membres. Par l'association, non seulement la production du sol a été
augmentée, non seulement les difficultés de la reconstitution du vignoble ont été vaincues, non seulement
les intérêts particuliers ont été défendus, et ceux-ci
sont précieux, parce que de leur réunion dépend la
grandeur de la patrie; mais il y a mieux, il y a plus,
par l'association ainsi comprise, l'état social du pays
aura été amélioré, grâce à l'entente de ces deux forces,
la propriété et le travail, que l'on cherche criminel-
lement à jeter l'une contre l'autre, alors qu'elles sont
sœurs.

*La propriété, c'est le travail d'hier ; le travail, c'est la
propriété de demain.*

Syndicat agricole et viticole
du Bois-d'Oingt.

Le syndicat agricole du Bois-d'Oingt, comme les
syndicats de l'Union Beaujolaise, est l'œuvre exclusive
de l'initiative privée. Il ne doit sa naissance qu'à l'élan
spontané de ses premiers membres, et son développe-

ment qu'à ses propres efforts et à l'appui bienveillant qu'il a trouvé auprès des syndicats voisins.

Il y aura bientôt six ans, c'était au commencement de février 1888. Dans une réunion tout intime, nous causions du mouvement syndical qui, en ce moment, remuait profondément notre région. Belleville, Beaujeu, Tarare, Saint-Genis-Laval avaient déjà leurs syndicats agricoles, Villefranche allait bientôt avoir le sien. Nous fûmes tous d'avis que, puisque les syndicats se multipliaient autour de nous, il fallait suivre le mouvement et organiser aussi un syndicat agricole au Bois-d'Oingt.

Dès le lendemain et les jours suivants, des démarches furent faites auprès de nos amis et connaissances du voisinage et, le 7 février, soixante-dix propriétaires-agriculteurs se réunissaient au Bois-d'Oingt, sous la présidence de M. le marquis de Chaponay. En peu de mots, M. le président expliqua le but de la réunion. Le projet de création d'un syndicat agricole fut adopté à l'unanimité et, séance tenante, on procéda au vote des statuts et à la nomination d'un Bureau définitif.

Le 9 février, les formalités exigées par la loi du 21 mars 1884 étaient remplies à la mairie du Bois-d'Oingt, le nouveau syndicat était constitué définitivement et légalement. Son enfantement avait duré moins de huit jours.

Dépourvu de capitaux et d'expérience, n'ayant encore ni entrepôt ni employé, le syndicat du Bois-d'Oingt ne pouvait pas arriver, dès sa première année, à un chiffre d'affaires bien important. Voulant néanmoins remplir son programme et rendre des services, il organisa des conférences sur la reconstitution des vignobles et sur la vinification, puis une excursion viticole aux vignobles reconstitués de l'Hérault. En même temps, il s'empressait d'entrer dans l'Union Beaujolaise et dans l'Union du Sud-Est des syndicats agricoles, c'est-à-dire dans deux groupes de syndicats qui venaient de s'organiser, l'un à Villefranche et l'autre à Lyon et qui devaient, dans la suite, lui devenir si utiles.

La première Assemblée générale annuelle du syndi-

cat eut lieu le 4 novembre 1888. A cette date, son
effectif était de 223 membres; son chiffre d'affaires
avait atteint seulement 8.000 francs et sa caisse était
toujours vide; mais, du moins, il avait payé tous ses
frais et ne devait rien à personne.

Si, au point de vue pratique, les résultats étaient
modestes, à d'autres points de vue ils étaient plus
importants. D'abord conférences et excursions viticoles avaient lieu au moment psychologique. Jusqu'en
1888, les viticulteurs du canton du Bois-d'Oingt étaient
très indécis. Les uns continuaient à planter des vignes
françaises, les autres se lançaient dans les producteurs
directs; quelques-uns même étaient complètement
découragés et restaient inactifs; un petit nombre seulement essayaient et souvent avec timidité la greffe
sur racines résistantes. Après 1888, le changement est
complet : les plantations de vignes françaises et de
producteurs directs diminuent brusquement pour
s'arrêter bientôt et, dans tout le canton, on se met avec
ensemble et avec ardeur à planter des vignes greffées.

Grâce à l'Union Beaujolaise, le syndicat du Bois-d'Oingt
avait pu, dès le mois de juin, servir à ses membres un
Bulletin mensuel. Ce Bulletin était, en effet, un organe
indispensable pour établir des rapports étroits et fré-
quents entre les syndiqués et le Bureau chargé du
fonctionnement du syndicat. Mais la question de dépenses menaçait d'en ajourner longtemps encore la
création. Une ingénieuse combinaison due au président de l'Union Beaujolaise et notre entente avec les
autres syndicats de cette Union permirent d'arriver au
but plus vite que nous ne l'espérions, en diminuant
notablement les frais.

Ce n'était là que le premier des services qu'allait
nous rendre l'Union Beaujolaise. Quant à l'Union du
Sud-Est, elle allait nous permettre dorénavant de grouper nos achats avec ceux des autres syndicats qui la
composent, c'est-à-dire d'acheter par quantités très
importantes et, par suite, d'obtenir des prix meilleurs.

L'Assemblée générale du 4 novembre 1888 apporta
aussi aux statuts, encore bien nouveaux, du syndicat
du Bois-d'Oingt, une modification importante. Pré-

12

voyant le cas où les syndiqués resteraient un petit nombre, et voulant assurer au syndicat des ressources suffisantes, l'Assemblée constitutive du 7 février avait fixé la cotisation annuelle au chiffre assez élevé de 5 francs. Mais, dès le premier exercice, les adhésions nouvelles avaient été assez nombreuses puisque le chiffre des syndiqués avait passé de 70 à 222. Les membres du Bureau pensèrent que les adhésions se multiplieraient beaucoup plus si la cotisation était abaissée. Sur leur proposition, l'Assemblée générale fixa à 3 francs seulement la cotisation annuelle et décida en même temps que les agriculteurs au service d'agriculteurs déjà syndiqués seraient admis avec une cotisation réduite à 1 franc. L'expérience allait pleinement justifier cette réduction que la caisse, à peu près vide du syndicat, pouvait faire regarder comme assez téméraire.

Plus calme que sa devancière, l'année 1889 fut uniquement consacrée à l'organisation intérieure du syndicat; il ne faut pas oublier que c'était l'année du boulangisme et des élections générales des députés et que, comme toute chose ici-bas, le syndicat avait ses ennemis. Ceux-ci affirmaient bruyamment que son rôle était plus électoral qu'agricole et que ses fondateurs avaient surtout des arrière-pensées politiques. En raison de ces accusations, le Bureau suspendit toute conférence et toute manifestation extérieure, en sorte que les élections se firent et l'année s'écoula sans qu'aucun fait d'ingérence politique ou électorale pût être reproché au syndicat.

Il fallait d'abord assurer le recouvrement des cotisations et la réception des ordres d'achat. On ne pouvait songer au recouvrement par la poste qui aurait blessé beaucoup de gens, ni à attendre des ordres spontanés qui, faute d'habitude, ne seraient pas venus. Cette double difficulté fut résolue grâce aux syndics communaux. Dans chaque commune, le syndic eut pour mission de percevoir les cotisations, d'en remettre les quittances et de concentrer les commandes de ses syndiqués.

Il fallait ensuite organiser la livraison et la répartition des marchandises entre les syndiqués. Ne pouvant faire les frais d'un entrepôt central ni d'un employé permanent, le Bureau traita avec divers camionneurs qui furent chargés à la fois du transport et de la livraison, moyennant une double rémunération comprise dans le prix payé par les syndiqués. La distribution des principales marchandises put ainsi se faire au Bois-d'Oingt, à Theizé et à Chessy, sans que le syndicat risquât de se trouver en perte.

A la suite d'une décision de l'Union Beaujolaise approuvant la publication d'un Almanach pour 1890, le Bureau du syndicat vota les fonds et prit les mesures nécessaires pour que chaque syndiqué reçût gratuitement son almanach avant le premier janvier.

Il eut également à s'occuper d'un projet de création de pépinière syndicale pour laquelle une offre gratuite de terrain lui était proposée. Le projet était assez séduisant, mais, n'ayant pas de capitaux, le syndicat était obligé d'emprunter toute la somme à laquelle se monteraient les frais d'installation et de culture de la pépinière jusqu'à la quatrième année. C'était assumer une responsabilité bien dangereuse, car, si assuré que soit le produit d'une pépinière, il est toujours un peu aléatoire. Un échec complet pouvait amener la disparition du syndicat; un échec partiel le laissait pour longtemps sous le coup d'une charge fort lourde. Aussi, après plusieurs discussions, le Bureau finit par décider l'ajournement du projet.

Enfin la question dont la solution demanda le plus de temps (elle occupa l'attention du Bureau pendant l'année entière), fut la création d'un marché aux vins à Villefranche. Dès 1888, le syndicat du Haut-Beaujolais créait, à Pontanevaux, un marché aux vins qui parut donner des résultats satisfaisants. Mais Pontanevaux était trop éloigné pour les viticulteurs du Bois-d'Oingt, et il nous fut demandé d'établir un marché semblable, dans un centre qui fût mieux à notre portée, c'est-à-dire à Villefranche. Cette proposition fut acceptée avec un certain enthousiasme par le syndicat du Bois-d'Oingt, mais assez froidement par le syndicat de Villefranche qui en pressentait mieux les difficultés.

Néanmoins l'accord se fit entre les deux syndicats pour l'organisation en commun d'un marché aux vins, qui s'ouvrit à Villefranche le 22 octobre 1889.

Le 10 novembre 1889, le syndicat du Bois-d'Oingt tenait sa seconde Assemblée générale annuelle. Le chiffre d'affaires, quoique en augmentation sensible, restait encore bien faible; il atteignait à peine 14.000 fr. Mais le nombre des adhérents avait plus que doublé puisqu'il dépassait 500 et enfin la caisse n'était plus vide, car la balance des comptes donnait un excédent de recettes de plus de 400 fr.

L'année 1890 fut marquée par deux événements, l'un heureux et l'autre regrettable : l'admission des agriculteurs de la région de l'Arbresle dans le syndicat du Bois-d'Oingt et l'échec du marché aux vins de Villefranche.

Le syndicat du Bois-d'Oingt comptait déjà beaucoup de membres dans les communes de Saint-Germain, Sarcey et Bully. L'exemple de ces communes, appartenant au canton de l'Arbresle, entraînait peu à peu les autres et, de toutes les parties de ce canton, arrivaient des adhésions nouvelles. Avant de les accepter, le Bureau du syndicat pensa qu'il ne pouvait s'adjoindre indirectement et sans bruit tout un canton voisin. Il demanda donc que les agriculteurs de la région de l'Arbresle fussent consultés dans une grande réunion publique où ils décideraient, en toute franchise et en toute liberté, s'ils voulaient faire partie du syndicat du Bois-d'Oingt, ou s'ils préféraient fonder un syndicat spécial. Cette réunion eut lieu le 27 avril, à l'Arbresle; le projet de fonder un syndicat spécial fut repoussé et l'afiliation au syndicat du Bois-d'Oingt acceptée à la presque unanimité.

Le marché aux vins de Villefranche eut un début assez brillant, mais les syndiqués se lassèrent trop vite d'apporter leurs échantillons. Ceux-ci devenant de plus en plus rares, on rendit d'abord le marché mensuel, d'hebdomadaire qu'il était, puis on le ferma provisoirement. Cette fermeture provisoire fut en somme un enterrement.

Cette institution répondait cependant à un besoin

réel, car le Beaujolais est assez mal organisé pour la vente de ses produits. On y pratique encore ce système rudimentaire où, selon l'année et les circonstances, c'est l'acheteur qui court après le producteur, ou le producteur après l'acheteur. Avec ce système, on vend le plus souvent très lentement et très mal.

Pourquoi, cependant, le marché aux vins de Villefranche n'a-t-il pas réussi? Pour deux causes, l'une accidentelle et l'autre générale. La cause accidentelle, c'est que la récolte de 1889, peu abondante, mais de qualité supérieure, s'est écoulée rapidement et à des prix élevés. Le marché aux vins a été ouvert l'année où on pouvait le mieux s'en passer. La cause générale, c'est qu'il n'était ni dans les mœurs, ni dans les habitudes des viticulteurs et des commerçants de la région. Aussi, malgré un enthousiasme apparent chez les premiers, les uns et les autres l'ont vu créer et tomber avec indifférence.

Installé dans des conditions très économiques, le marché aux vins disparut, sans apporter de troubles budgétaires aux syndicats qui l'avaient fondé. Il n'y eut que la déception morale d'avoir échoué. Le syndicat de Villefranche, qui n'y avait coopéré qu'à regret et pour faire plaisir au syndicat du Bois-d'Oingt, ne garda pas rancune à celui-ci de l'avoir entraîné à un échec. Quant au syndicat du Bois-d'Oingt, il se promit, un peu tard peut-être, de mettre, à l'avenir, moins de précipitation et plus de réflexion dans ses entreprises.

A l'Assemblée générale du 9 novembre 1890, le nombre des adhérents avait plus que doublé, il dépassait 1.000. L'encaisse montait à près de 800 fr., le chiffre d'affaires avait aussi progressé mais plus modestement, il atteignait à peine 20.000 fr. Le syndicat venait également de louer un petit appartement et de s'assurer le concours d'un employé, pendant deux demi-journées par semaine. C'était le commencement d'une organisation définitive. On pouvait dire que le syndicat était désormais dans ses meubles.

Avec l'année 1890 se termine la période d'enfance du syndicat du Bois-d'Oingt. Il avait encore rendu bien peu de services et cependant, le nombre de ses membres avait augmenté au-delà de toute espérance. Ce résultat était dû à l'enthousiasme qu'excitait alors l'idée syndicale elle-même. On entrait dans le syndicat bien plus par sympathie pour la cause qu'il représentait, qu'en raison des bénéfices pratiques qu'on pouvait en retirer. Avec l'année 1891, cette situation se modifia. Les adhésions devinrent un peu plus rares et surtout moins désintéressées, mais en revanche, les services rendus par le syndicat furent beaucoup plus étendus et beaucoup plus importants.

Le syndicat du Bois-d'Oingt doit aussi une partie de son développement à un bien vilain personnage, le mildiou. Ce qui le prouve, c'est que, en 1888, en 1889 et en 1890, les fournitures de sulfate de cuivre ont figuré pour plus des trois quarts dans l'ensemble des opérations. Il faut reconnaître que, bien entendu sans le vouloir, le mildiou a été, pour certains syndicats, un auxiliaire tout à fait opportun. Faisant son apparition au moment où ceux-ci se fondaient, il leur a fourni l'occasion de rendre immédiatement aux viticulteurs des services aussi urgents que précieux. C'est contre le mildiou que plusieurs syndicats, et notamment celui du Bois-d'Oingt, ont porté leurs premières armes ; c'est sur lui qu'ils ont gagné leurs premiers succès.

Abordons l'année 1891 par la fin, c'est-à-dire par l'Assemblée générale qui eut lieu le 15 novembre. Le chiffre d'affaires de l'exercice écoulé s'était élevé à 53,000 fr.; le nombre des syndiqués à 1,369; mais l'excédent des recettes était retombé au-dessous de 500 fr. Nous verrons, dans un instant, la raison de ce recul.

L'augmentation si importante du chiffre d'affaires obligeait le syndicat à louer des entrepôts et magasins et à s'assurer, pour l'année suivante, le concours d'un employé pendant plusieurs jours par semaine. C'était la conséquence de la création, à Villefranche, d'un Office commun aux syndicats de l'Union Beaujolaise.

Cet Office avait été organisé pendant l'hiver et fonctionna dès le printemps de 1891. Il consistait en un employé permanent auquel on assurait un traitement de 2,000 fr. ou 500 fr. par syndicat. Lorsque le projet en fut soumis au Bureau du syndicat du Bois-d'Oingt, celui-ci fut d'abord effrayé de la dépense et était tout disposé à le rejeter. On lui proposait une dépense ferme de 500 fr. par an, et, comme compensation, de simples espérances. Cependant le président de l'Union Beaujolaise ayant posé à cet égard la question de confiance, le syndicat du Bois-d'Oingt ne voulut pas lui refuser ce témoignage de sympathie et de reconnaissance. Du reste, toutes les craintes s'évanouirent bientôt. Dès sa première année, l'Office de Villefranche fit largement ses frais, et il est devenu depuis à la fois une source de profits, et un organe essentiel des syndicats beaujolais.

L'année 1891 fut encore marquée par la transformation du Bulletin qui laissa le format du journal pour prendre celui, plus commode et plus durable, de la brochure ; par une conférence à l'Arbresle sur l'emploi des engrais chimiques, et enfin par le renouvellement des membres du Bureau. Ceux-ci avaient été nommés pour quatre ans, le 7 février 1888, et leurs pouvoirs allaient bientôt expirer.

Par une nouvelle modification aux statuts, le nombre des membres du Bureau fut porté de 10 à 16, afin qu'il fût mieux en rapport avec le nombre des syndiqués. A la presque unanimité de 450 votants, tout l'ancien Bureau fut réélu avec six nouveaux titulaires.

Il reste maintenant à expliquer pourquoi le syndicat du Bois-d'Oingt, avec un chiffre d'affaires qui avait presque triplé, diminua sa réserve au lieu de l'accroître. Cette diminution fut la conséquence d'achats prévisionnels de sulfate de cuivre.

Au mois d'août 1890, les prix du sulfate de cuivre paraissaient avantageux et le syndicat du Bois-d'Oingt, avec les autres syndicats de l'Union Beaujolaise, acheta à cette date la plus grosse partie de son approvisionnement. Contre toute attente, il y eut une légère baisse au printemps, c'est-à-dire à l'époque des livrai-

sons. En somme on s'était trompé, tout en croyant
bien faire et, pour que les syndiqués n'eussent pas à
pâtir de cette erreur, on livra le sulfate de cuivre au
prix courant en laissant à la charge du syndicat les
transports, les frais d'entrepôt et les déchets résultant
du détail. Voilà comment les excédents des années
précédentes furent entamés.

Cet incident eut du moins l'avantage de mettre en
relief une grosse lacune de l'organisation de nos syndicats. Un syndicat agricole ne peut rendre de sérieux
services qu'en ayant ses entrepôts toujours garnis et
en faisant des achats prévisionnels ; mais tout achat
prévisionnel comporte des risques commerciaux
qu'un syndicat doit absolument éviter. Pour trancher
la difficulté, il faut qu'un syndicat ait à sa disposition un
organisme ayant une existence propre et dont le rôle
consistera précisément à faire ces achats prévisionnels et à endosser les risques qui en résultent. Cet organisme, on l'a cherché et trouvé dans la création d'une
Société Coopérative.

Cette création occupa le syndicat du Bois-d'Oingt et
tous les syndicats de l'Union du Sud-Est pendant plus
de dix-huit mois. On commença par l'examen d'un
projet grandiose, trop grandiose même, dû à la conception et à l'initiative de M. Rostland, directeur de la
Coopérative de la Charente-Inférieure. La Coopérative
de la Charente-Inférieure était déjà en pleine prospérité et faisait annuellement plus de quatre millions
d'affaires. Encouragé par ce succès, M. Rostland son-
gea à organiser une Coopérative non plus départementale, non plus même régionale, mais embrassant
le territoire français tout entier. C'est ce qu'il appela
la « Coopérative de France ».

Le projet de la « Coopérative » fut longuement
discuté et examiné sous toutes ses faces, soit par les
syndicats de l'Union du Sud-Est, soit par l'Union elle-
même. Mais tout ce travail allait devenir caduc par la
mort de M. Rostland, arrivée au commencement de
1892. Avec lui, la grande Coopérative de France avait
vécu.

Laissés à eux-mêmes, les syndicats de l'Union du Sud-

Est bornèrent leurs efforts à la création d'une Coopérative simplement régionale qui serait la Coopérative du Sud-Est. La rédaction des statuts, la fixation des modes de participation des syndicats, le recrutement des actionnaires, le choix du personnel demandèrent plusieurs mois et ce fut seulement au mois de janvier 1893, que la Coopérative agricole du Sud-Est fut définitivement fondée.

Le syndicat du Bois-d'Oingt avait occupé les loisirs que lui laissait la question de la Coopérative, par l'institution d'une *Commission de conseils et de conciliation*. Cette commission est composée à la fois de praticiens et de jurisconsultes, et son but est suffisamment expliqué par son titre même. Ce n'est peut-être pas une institution destinée à fonctionner bien souvent. Nous devons même souhaiter que les membres de la commission ne soient jamais surchargés de besogne. C'est du moins un moyen d'ajouter au syndicat du Bois-d'Oingt un élément convenant bien à son rôle et d'unir plus étroitement à lui un certain nombre de membres distingués du barreau de Lyon.

L'Assemblée générale de 1892 avait eu lieu le 16 octobre et on y constata que les progrès matériels du syndicat ne s'étaient point ralentis. Le chiffre d'affaires avait atteint 78,000 fr. et celui des adhérents 1,580. Quant à l'encaisse, elle dépassait 1,200 fr. ; la brèche faite l'année précédente était amplement réparée. Aussi, pour faciliter le service des ordres et des livraisons, le Bureau décida que le traitement de l'employé serait augmenté, et que celui-ci serait à la disposition des syndiqués tous les jours jusqu'à midi.

L'année 1893 commençait sous des auspices assez favorables. Le syndicat, mieux assis et possédant quelques ressources, était peut-être en mesure de résoudre la question d'une pépinière syndicale, déjà discutée et ajournée une première fois. Comme en 1889, le Bureau suivit la voie de la prudence en repoussant le projet qui lui était soumis. Ce refus se motivait par deux raisons, la première, c'est que l'établissement d'une pépinière exige des dépenses initiales assez fortes, qu'un syndicat ne peut se permettre sans danger qu'au-

tant qu'il est arrivé à un degré d'aisance que le syndi-
dicat du Bois-d'Oingt n'avait pas encore atteint. La seconde raison, c'est que le syndicat du Bois-d'Oingt,
ayant adhéré à la Coopérative du Sud-Est, devenait
débiteur envers elle d'une somme de 2 francs par
membre, afin de rendre tous les syndiqués coopérateurs. Grâce à la générosité de son président qui,
spontanément et gratuitement, fit l'avance du capital
nécessaire, le syndicat du Bois-d'Oingt désintéressa
immédiatement la Coopérative. Il n'en restait pas
moins à sa charge une dette qu'il fallait amortir
préalablement à toute nouvelle entreprise.

Délivré de la question de la Coopérative qui était
définitivement tranchée, de la question des pépinières
dans laquelle, non sans raison, il refusait de s'engager,
le syndicat du Bois-d'Oingt put terminer son organisation intérieure. En premier lieu, l'agent du syndicat
fut investi d'un rôle actif, en vertu duquel il acquit
désormais la direction réelle des entrepôts et des
livraisons de marchandises, sous le contrôle, bien
entendu, des membres du Bureau. Pour rendre le
contrôle plus complet et la marche des affaires plus
ferme et plus rapide, le courtier de l'Office de Villefranche fut en même temps investi du rôle de directeur
en chef de tous les agents des syndicats Beaujolais. Le service des marchandises était ainsi assuré d'un fonctionnement régulier et ne risquait plus d'être suspendu par
l'absence, la maladie ou le défaut de temps des membres du Bureau qui en étaient chargés.

En second lieu, le syndicat du Bois-d'Oingt, reconnaissant que les locaux qu'il occupait jusqu'ici étaient
insuffisants, s'assura le loyer d'un immeuble bien plus
vaste et pouvant satisfaire à tous les besoins et il
décidait en même temps que les bureaux seraient
ouverts aux syndiqués tous les jours du matin jusqu'au
soir. L'entrée en jouissance de cet immeuble et l'ouverture permanente des bureaux devaient commencer avec
la nouvelle année.

C'est par le résumé de l'Assemblée générale du
15 octobre 1893 que se terminera cette petite étude. Le
chiffre d'affaires, pour l'année 1893, arrivait à 111,000 fr.

le nombre des adhérents à 1,750 et l'encaisse à 2.362 fr. La marche ascendante du syndicat du Bois-d'Oingt ne se ralentissait point et les résultats étaient pleins d'encouragement pour l'avenir.

Nous laisserons le syndicat du Bois-d'Oingt sous la bonne impression de ce dernier bilan. Nous avons vu ses origines modestes, son développement obscur mais régulier, le voilà, au bout de six ans, grand et fort, capable de vivre longtemps s'il sait ménager ses ressources et continuer à rendre des services professionnels. Créé par des ruraux, sans rôle et sans ambition politiques, n'ayant rien d'administratif ni d'officiel, en butte à l'indifférence plutôt hostile des pouvoirs établis, le syndicat du Bois-d'Oingt paraissait condamné à une existence précaire. Il a cependant grandi, il a même prospéré, grâce à cette double règle de conduite : se maintenir avec fermeté sur le terrain agricole, rester étroitement uni avec les syndicats de l'Union Beaujolaise.

Syndicat du Comice agricole de Lyon.

Créé le 26 janvier 1886, ce syndicat est le doyen des associations du même genre dans le département du Rhône. C'est une annexe du Comice de Lyon, dont la circonscription comprend les cantons de Lyon (partie rurale), de Villeurbanne, de Limonest et de Neuville. Ayant l'une et l'autre même administration, même Bureau, les deux sociétés n'en font en réalité qu'une, et les adhérents du Comice sont de droit et sans frais membres du syndicat. C'est donc une moyenne de 1,800 à 2,000 adhérents que compte ce syndicat.

Comment, dans ces conditions, si favorables cependant à une organisation modèle, le syndicat du Comice de Lyon ne fonctionne-t-il pas? Faut-il l'attribuer au très grand nombre d'intermédiaires de toute sorte qui, membres du Comice, s'opposent à la constitution d'un syndicat véritable? Faut-il l'attribuer aux très grandes facilités que donnent ces intermédiaires à leurs collègues, dont ils sont les fournisseurs habituels?

Nous aimons mieux nous arrêter à cette seconde supposition, et nous ne pouvons que féliciter les commerçants lyonnais d'avoir compris leurs véritables intérêts en consentant spontanément, au profit de leurs collègues du Comice, des réductions variant de 10 à 20 0/0 et faites sur la simple présentation de la carte de membre titulaire du Comice.

Toutefois, nous croyons que le syndicat du Comice de Lyon aurait mieux à faire, et la solution qui nous semblerait la meilleure et la plus conforme à ses intérêts et à ceux de ses membres, serait la constitution de deux ou trois syndicats à circonscription limitée — un ou deux cantons au plus; — ces syndicats seraient distincts du Comice, auraient leur Bureau, leur caisse, leur administration respective, ils seraient les pupilles du Comice de Lyon, mais des pupilles indépendants. Déjà une première tentative de décentralisation a été faite, en 1891, par la création du syndicat de Limonest-Neuville, comprenant deux cantons, centres d'intérêts parfaitement identiques; pourquoi pareille création ne se ferait-elle pas à Villeurbanne? Les hommes de dévouement ne manquent pas dans le Comice de Lyon, et le succès rapide du syndicat de Limonest-Neuville n'est-il pas de bon augure?

Ce serait, en effet, une grosse et dangereuse erreur que de considérer les syndicats comme les ennemis des Comices et de croire qu'ils vont empiéter sur leurs attributions et les rendre inutiles. Mieux armés par la loi, moins platoniques, plus agissants, ils n'auront garde d'élever de conflit, d'ériger autel contre autel, d'attirer à eux les forces vives de l'agriculture en réduisant les vieux comices au rôle de rois fainéants. Les défenseurs des intérêts ruraux du Comice de Lyon sont trop intelligents pour tomber dans cet écueil; ils comprennent qu'il faut surtout s'appliquer à souder le présent au passé, marier les jeunes syndicats aux antiques associations, regarder les deux institutions comme attelées au même char et tirant dans le même sens. Mille moyens, un seul but.

Il faut à tout prix empêcher le conflit des attributions, l'antagonisme des directions, le choc des jalousies, toutes choses dont les agriculteurs feraient les frais. Pour les sociétés comme pour les individus, la meilleure politique est la politique de concordat.

Donc, Messieurs du Bureau du Comice de Lyon, un bon mouvement et en avant pour les agriculteurs !

Syndicat agricole et viticole du Haut-Beaujolais

Après la promulgation de la loi du 21 mars 1884, peu de personnes songèrent au parti que pourraient en tirer les agriculteurs et jusqu'en 1887 il n'en fut guère question dans le Beaujolais.

Mais, à ce moment, la misère était grande dans les campagnes, dans le vignoble surtout, où les malheureux propriétaires, qui commençaient péniblement à reconstituer leurs vignes ravagées par le phylloxéra, se demandaient si le mildiou n'allait pas détruire complètement le résultat de tant d'efforts et de si coûteux sacrifices. Que faire pour triompher de cette épreuve ?

Quelques membres du Comice du Haut-Beaujolais avaient bien été frappés des avantages que les agriculteurs pourraient retirer de cette loi de 1884 et poussaient à la création d'un syndicat. Mais comment se servir de cet instrument nouveau ? Comment l'organiser ?

On apprit bientôt qu'il était question de créer à Lyon un syndicat départemental, embrassant tous les cultivateurs du Rhône. Cela paraissait bien vaste pour réussir ; cependant M. le comte de Saint-Pol, au dévouement duquel on ne fait jamais en vain appel, sur la prière de quelques propriétaires des environs, se rendit à Lyon pour prendre part aux réunions qui eurent lieu à ce sujet.

Ces réunions n'aboutirent pas.

Il fallait suivre une autre voie et au lieu d'une vaste

association centrale se ramifiant ensuite dans chaque
canton, partir, au contraire, d'en bas, c'est-à-dire créer
des syndicats cantonaux, ou à peu près, se reliant
ensuite par des groupements, suivant la communauté
d'intérêt, par des Unions de syndicats.

La voie était trouvée.

C'est alors que l'on apprit à Beaujeu que M. Duport,
dont l'activité pleine d'initiative est toujours en avant,
venait de créer le syndicat de Belleville. Beaujeu
n'avait qu'à marcher sur les mêmes traces.

Une question se posa tout d'abord : le syndicat de
Belleville ne comprenait qu'un seul canton, le canton
de Belleville ; en serait-il de même à Beaujeu?

On crut bien faire d'adjoindre au canton de ce nom
ceux de Monsols et de Lamure.

Le canton de Monsols n'a pas d'autre débouché que
Beaujeu. Les cultivateurs de ce canton suivent les
foires et les marchés de Beaujeu, tous leurs approvisionnements se font dans cette ville ; il en est de
même pour le haut du canton de Lamure. Le comice
du Haut-Beaujolais voyait en foule à ses réunions les
cultivateurs intelligents de ces trois cantons ; pourquoi
se séparer ?

Cela rendrait peut-être la direction du syndicat un
peu plus difficile, mais, depuis longtemps, ils avaient
appris à se connaître et à s'apprécier, ils continueraient
à unir leurs efforts pour le bien commun.

On se mit donc à l'œuvre sans plus tarder.

Le 7 janvier 1888, treize propriétaires de ces trois
cantons se réunirent à Beaujeu et fondèrent le syndicat
du Haut-Beaujolais.

A la réunion suivante, le 6 février, ils étaient trente.
Quarante nouveaux membres se firent admettre à la
réunion du mois de mars ; à l'Assemblée générale du
mois d'octobre, le syndicat comptait 205 membres.

Pendant ce temps un syndicat se formait à Villefranche, un autre au Bois-d'Oingt.

Le Beaujolais tout entier se trouvait ainsi représenté
par quatre syndicats.

Ils avaient trop d'intérêts communs pour ne pas
constituer aussitôt l'Union Beaujolaise, puis vint

l'Union du Sud-Est et l'organisation fut complète.

Mais ce n'est pas tout que d'exister sur le papier, ce n'est même pas tout que d'avoir des adhérents, la raison d'être de toute chose, en ce bas monde, est d'être utile et c'est avant tout la raison d'être des syndicats.

Qu'a fait pour cela le syndicat du Haut-Beaujolais ?

Année 1888. — Cette première année est avant tout une année d'organisation.

D'accord avec les autres syndicats de l'Union Beaujolaise, il a un Bulletin mensuel par lequel le Bureau se met en contact avec tous les syndiqués, fait connaître les prix des marchandises, donne des conseils, propage les méthodes et les engrais qu'il croit utiles.

Reculant encore devant les frais qu'occasionnent les entrepôts, il établit chez des membres du syndicat trois dépôts de marchandises, engrais, insecticides, outils agricoles à Beaujeu, Saint-Vincent et Fleurie.

Non content de procurer à meilleur prix à ses syndiqués les choses nécessaires à la culture, le syndicat s'occupe de la vente de leurs produits. Un marché aux vins est créé à Pontanevaux où tout syndiqué peut porter son vin, où tout acheteur est admis.

Il semblait que cette institution dût réussir, le consommateur et le commerçant y eussent trouvé avantage aussi bien que le producteur, mais la routine abdique difficilement ses droits et l'essai dut, après deux ans de persévérance, être abandonné.

A la fin de 1888, la situation était celle-ci :

Membres : 205.

Recettes.....	1.241.38
Dépenses................................	413.18
Excédent...................	798.20

Année 1889. — Les affaires du syndicat prennent de suite de l'extension. La plus grande partie des communes ont déjà un syndic chargé de recueillir les commandes et de les transmettre au Bureau.

A la fin de cette année, la situation est :

Membres : 568.

Recettes............................ 24.927.08
Dépenses............................ 24.000.60
                                     ——————
         Excédent............... 926.48

Année 1890. — Le syndicat organise à Beaujeu un
concours pour le brevet supérieur de greffage. A ce
concours prirent part 252 concurrents, presque tous
diplômés des écoles communales de greffage; il en
vint de tous les départements limitrophes. Ce concours, remarquable déjà par le nombre des concurrents,le fut encore bien plus par l'habileté qu'ils mon-
trèrent; aussi le chiffre des brevets supérieurs délivrés
fut-il de 79. Deux médailles de vermeil, huit médailles
d'argent et onze de bronze furent, en outre, décernées
aux plus méritants. De tous les points de la France
viticole, on demanda des greffeurs munis de ce brevet
pour diriger des greffages.

A la fin de l'année, la situation était :

Membres : 740.

Recettes............................ 29.201.01
Dépenses............................ 28.001.53
                                     ——————
         Excédent............... 1.199.48

Année 1891. — Le marché aux vins de Pontanevaux
n'ayant pas donné les résultats espérés fut abandonné, mais, toujours préoccupé de la vente des vins
et persuadé qu'il y a possibilité de mettre en rapport
direct le producteur et le consommateur, à l'avantage
de l'un et de l'autre, le syndicat a, pour arriver à ce
but, tenté une autre voie et créé à Fleurie une agence
à cet effet. L'agent, M. Demôle, est chargé de susciter
les commandes, de les recevoir et de veiller à leur
exécution, tant dans l'intérêt du vendeur que de
l'acheteur; il doit goûter les vins, faire faire sous ses
yeux l'expédition et, par l'application sur le fût de la
marque du syndicat, donner à l'acheteur toute la
garantie désirable.

Les opérations du syndicat augmentent d'importance;

le dépôt de Beaujeu a été remplacé par un entrepôt ouvert d'abord les jours de marché seulement, puis enfin trois jours par semaine.

La situation à la fin de l'année était :

Membres : 869.

Recettes....	38.885.76
Dépenses.............................	37.215.82
Excédent................	1.669.94

Année 1892. — L'entrepôt de Beaujeu desservait les communes du canton de Beaujeu avoisinant cette ville, les syndiqués de la montagne qui y sont appelés par leurs affaires pouvaient aussi s'y approvisionner, mais les syndiqués des communes placées à l'Est, qui n'ont rien à faire au chef-lieu de canton, réclamaient aussi un entrepôt. Il n'eût pas été juste de leur refuser leur demande et le syndicat dut installer un deuxième entrepôt au Fief, sur la commune de Juliénas.

La situation à la fin de l'année était :

Membres : 1.005.

Recettes.........	35.579.76
Dépenses.............................	33.431.61
Excédent................	2.148.15

Année 1893. — Pour la première fois, le syndicat du Haut-Beaujolais prend part au concours de vins du Palais de l'Industrie et, en l'absence de récompenses officielles, la Société des Agriculteurs de France lui décerne une grande médaille de vermeil.

Persuadé qu'un des services qu'il devait rendre, le plus important peut-être qu'il pût rendre à ses syndiqués, était de faire comprendre, toucher du doigt même, tout le parti qu'ils pouvaient tirer des engrais chimiques judicieusement appliqués, le syndicat a, cette année, créé de nombreux champs d'expérience et de démonstration, soit pour les vignes, soit pour les prés et les céréales.

La sécheresse a malheureusement un peu contrarié les expériences dans les vignes. Mais toutes les autres, soit dans les prairies, soit dans les terres pour les céréales et pour les pommes de terre, ont été on ne peut plus concluantes, et comme il en a été fait dans les trois cantons, elles ont produit beaucoup d'impression sur les cultivateurs.

Toujours préoccupé de la vente des vins, le syndicat a profité de l'occasion qui lui était offerte par le concours général de Paris, 1894, pour rappeler aux Parisiens, qui les oubliaient, les vins du Beaujolais.

L'exposition de vins qu'il y a organisée était bien faite pour cela et les récompenses décernées à nos syndiqués rappelleront l'attention sur les vins du Haut-Beaujolais.

La situation à la fin de l'année était :

Membres : 1068

Recettes..............................	51.957 30
Dépenses.............................	51.225 65
Excédent..................	731 65

De tout cela que ressort-il ?

Quels sont les résultats obtenus par ces six années d'exercice ?

Il y en a de deux sortes :

Résultats généraux. — Ce fait qu'une grande partie des propriétaires et cultivateurs de tous les points de cette circonscription du Haut-Beaujolais s'unissent pour l'étude et la défense des intérêts généraux agricoles de leur pays est déjà, certes, un résultat. Les conséquences n'en sont pas à démontrer, elles sautent aux yeux.

Résultats particuliers. — Les marchandises, dont les hauts prix ont fait si prompte la réussite des syndicats du Beaujolais, ont immédiatement baissé en dehors des entrepôts syndicaux; de sorte que ceux-là même en profitent qui n'y contribuent en rien et souvent croient même de bon ton de les décrier.

Combien de fois n'a t'on pas vu, en effet, le sulfate de cuivre, le raphia qui se vendaient partout au même prix que dans les entrepôts du syndical, remonter subitement à des prix beaucoup plus élevés, aussitôt que ces marchandises venaient à manquer dans nos entrepôts ?

Un autre résultat, non moins important, c'est la diffusion des bonnes méthodes de culture. C'est l'emploi judicieux des engrais.

Tout cela n'est-il donc rien ?

Non certes. Mais ce n'est cependant là que le commencement Les mains ne sont pas encore assez exercées à se servir de cet instrument nouveau, et les esprits ne voient encore que trop vaguement tout le parti qu'on en peut tirer. A mesure que les syndiqués se rendront mieux compte des résultats qu'ils en peuvent obtenir et qu'ils en useront davantage, l'instrument lui-même se perfectionnera dans ses rouages et sera apte à rendre tous les services qu'on lui demandera.

Syndicat agricole de Limonest-Neuville.

Sa fondation date du 28 juin 1891.

L'objet du syndicat a été de mettre le producteur en relation directe avec le consommateur.

Nous comptions 290 membres au début; en 1893 : 375 membres; en 1893 : 500 membres.

Les recettes se répartissent ainsi : années 1891-1892 réunies : 3,792 fr. 10.

Les dépenses 1891-1892 réunies : 2,505 fr. 10.

Les réserves disponibles au 31 décembre 1893 : 1,286 fr. 20.

La cotisation annuelle est de 3 francs par membre et de 100 francs pour les membres fondateurs.

Le syndicat s'est affilié à l'Union des Syndicats réunis du Sud-Est et a participé à la fondation de la Coopérative.

Notre but principal tend au développement de tout ce qui a trait aux questions agricoles, viticoles et maraîchères.

Un Bulletin mensuel est envoyé et distribué à tous nos membres.

Nous avons constaté que le syndicat agricole de Limonest-Neuville a donné de bons résultats depuis l'époque de sa fondation ; néanmoins la connaissance générale des ressources qu'il peut procurer n'est pas assez répandue dans nos campagnes.

Syndicat des agriculteurs et viticulteurs de Saint-Genis-Laval

Le syndicat des agriculteurs et viticulteurs de la région de Saint-Genis-Laval a été créé à Oullins, le 3 juillet 1887, sur l'initiative de son président actuel, M. Guinand. Les agriculteurs sentaient vivement le besoin de s'unir pour la reconstitution des vignobles de la région, ruinés par le phylloxéra depuis 1874 et achevés par le rigoureux hiver de 1879-1880 ; reconstitution particulièrement difficile dans les coteaux pierreux et à sols variables de la vallée du Rhône, et, aujourd'hui encore, loin d'être achevée.

L'initiative des fondateurs s'était d'abord limitée au canton de Saint-Genis-Laval, région spécialement adonnée à la culture des fruits et de la vigne et plus particulièrement éprouvée par le fléau. Mais de nombreux habitants des cantons voisins de Givors et Mornant, attirés par les avantages de toute nature offerts par le syndicat, sollicitèrent leur admission, autorisée par les statuts (art. 3) mais ne conférant aucun droit de vote ou d'éligibilité.

Des syndics provisoires furent désignés dans quelques communes de ces deux cantons où le nombre des syndiqués était le plus considérable. Enfin, sur les demandes réitérées des deux cantons, réunis à celui de Saint-Genis-Laval par la connexité des cultures, l'identité des intérêts et ne formant avec lui qu'une seule et même région, l'Assemblée générale du syndicat décida d'annexer entièrement les deux cantons voisins et de modifier en conséquence le titre du syndicat qui porte actuellement le nom de *Syndicat des*

Agriculteurs et Viticulteurs de la région de Saint-Genis-Laval.

Ce groupement a eu pour avantage de fortifier le syndicat en élargissant sa base, en étendant les services qu'il peut rendre et en développant les relations entre les trois cantons. Il présente un intermédiaire intéressant entre le syndicat cantonal, si avantageux au point de vue du groupement de ses membres et de leur solidarité, et le syndicat d'arrondissement, beaucoup plus puissant mais peut être trop vaste.

En tous cas, il s'adapte très bien aux besoins de la région et sert, mieux que tout autre, ses intérêts.

Au 31 décembre 1893, le syndicat comprenait 950 membres.

Le siège social du syndicat est fixé à Sainte-Foy-les-Lyon. Le siège administratif est à Lyon, centre de la région, au local de l'Union du Sud-Est, 9, rue du Garet. C'est là que se réunissent la Chambre syndicale et le Bureau, dont nous allons examiner les attributions.

Le Bureau, composé comme l'indiquent les statuts et dirigé par le président, représente l'administration générale du syndicat.

Chaque commune a un syndic aidé ou suppléé par un ou plusieurs syndics adjoints dans les communes populeuses ou étendues. C'est le représentant de la commune dans le syndicat et en même temps du syndicat dans la commune.

Connaissant parfaitement les habitants de la commune, il recrute parmi eux les membres nouveaux, les présente à la Chambre syndicale et la renseigne sur les conditions d'admissibilité des candidats. Il transmet aussi à la Chambre syndicale les demandes de sa commune, les observations relatives au fonctionnement du syndicat et les améliorations proposées.

Après avoir discuté et voté dans la Chambre syndicale, il revient dans sa commune faire connaître, expliquer et appliquer les décisions prises, recueillir les cotisations, distribuer les almanachs et les publications diverses, enfin préparer les assemblées générales lorsqu'elles ont lieu dans sa commune.

Les syndics, dans cette double fonction, ont donc à remplir un rôle des plus importants: ils sont la cheville ouvrière du syndicat ; c'est de leur activité et de leur dévouement que dépend sa vie et son utile action.

La Chambre syndicale, composée du Bureau et des syndics ou syndics adjoints, se réunit régulièrement, le 1er samedi de chaque mois, au siège administratif, 9, rue du Garet. Chacun de ses membres reçoit, en temps utile, une convocation portant l'ordre du jour. Elle examine et accueille les demandes nouvelles, les démissions et radiations. Puis elle étudie successivement toutes les questions portées à son ordre du jour par le président ou proposées par l'un de ses membres. Elle prend toutes les déterminations importantes, arrête les comptes, présente les candidats aux fonctions électives, etc, en un mot, c'est l'élément délibératif du syndicat. Toutes ses décisions sont consignées dans un procès verbal, rédigé par le secrétaire.

C'est dans cette séance que les syndics directeurs des entrepôts opèrent les versements des recettes faites, remettent leurs comptes mensuels au trésorier et transmettent les commandes de leurs syndiqués et les demandes de leurs entrepôts au secrétaire rédacteur qui les fait exécuter, sous la direction du président.

A ces réunions fondamentales et statutaires, les syndics des cantons de Givors et Mornant peuvent plus difficilement être assidus, en raison de leur éloignement de Lyon. Aussi, à intervalles irréguliers et en se conformant aux convenances de tous, les syndics de ces divers cantons se réunissent au chef-lieu, sous la présidence du président ou de l'un des vice-présidents, reçoivent de lui toutes les communications relatives au fonctionnement général du syndicat, examinent la marche des entrepôts du canton et les modifications à y apporter, étudient enfin toutes les questions intéressant spécialement le canton.

Dans la plupart des communes, le syndic réunit chaque mois, dans un local déterminé et fixe, tous les syndiqués pour causer avec eux des affaires du syndicat, leur donner toutes les indications ou avis utiles, recueillir leurs commandes et leurs réclamations, recevoir les cotisations, etc. Ces réunions, tenues un des dimanches du mois, toujours le même dans chaque commune et indiqué par le Bulletin, contribuent grandement à l'action du syndicat en établissant un lien habituel et permanent entre la Chambre syndicale et tous les syndiqués.

Indépendamment de ces assemblées particulières, le syndicat tient, chaque année, une Assemblée générale en octobre ou en novembre, dans l'une des communes qui en font partie. Les assemblées avaient lieu autrefois chaque saison, mais l'accroissement du syndicat en étendue, obligeant les syndiqués à un déplacement assez considérable, il n'est plus tenu qu'une assemblée, afin de ne pas abuser trop souvent de leur temps et de leur dévouement au syndicat.

Dans ces réunions générales annoncées par le Bulletin et par des avis individuels, adressés à chaque syndiqué, il est procédé tout d'abord à l'administration du syndicat : approbation des comptes de l'exercice, vote du budget, élections conformément aux statuts. Dans un compte rendu, le secrétaire rend compte des travaux effectués durant l'année, et le rapport de l'inspecteur des vignes résume les observations principales de cette branche importante du fonctionnement syndical. Puis, une allocution du président expose à tous les membres la marche générale du syndicat, celle de l'Union du Sud-Est à laquelle il est affilié, et des Sociétés annexes, Union des producteurs et des consommateurs, coopérative, etc, enfin l'état de toutes les questions si importantes qui intéressent l'agriculture : traités de commerce, protection douanière, représentation de l'agriculture, tarifs de pénétration, etc.

Après cette première partie, intéressant plus particulièrement l'organisation intérieure du syndicat, vient l'accomplissement d'un de ses buts les plus importants, le perfectionnement de l'instruction agricole et la vulgarisation des progrès les plus récents de cette science. Des conférenciers, choisis parmi les professeurs d'agriculture et les agronomes les plus distingués de la région, ont bien voulu, depuis l'origine du syndicat, venir donner aux agriculteurs le secours de leur parole et de leur science. Ces conférences, adaptées aux besoins et aux cultures de la région, ont été les suivantes depuis la création du syndicat.

Saint-Genis-Laval. — 6 novembre 1888, M. V. Pulliat : Reconstitution des vignobles.

Brignais. — 5 février 1887, Dr Crolas : Conservation des vignes par le sulfure de carbone.

Irigny. — 29 avril 1888, M. Deville, directeur de l'Ecole d'agriculture d'Ecully : Le mildiou et les engrais.

Chaponost. — 19 août 1888. M. le Dr Grandclément : De la vinification.

Sainte-Foy. — 25 novembre 1888, M V. Pulliat : Taille de la vigne.

Soucieux-en-Jarrez. — 3 février 1889, M. Duport, président de l'Union Beaujolaise : Vignes greffées et pépinières.

Vourles. — 18 août 1889, M. Silvestre, secrétaire de la Société régionale de viticulture de Lyon : Sur la fête des Confréries des vignerons suisses à Vevey le 5 août 1889.

Pierre-Bénite. — 17 novembre 1889, M. Jossinet, courtier du Sud-Est : Sur les engrais appliqués à la culture maraîchère.

La Mulatière. — 23 février 1890, M. Louis Martin : Sur la représentation agricole.

Charly. — 18 mai 1890, M. Dumarest, maire d'Orliénas : Sur la replantation des vignobles.

Oullins. — 3 août 1890, M. de Fontgalland, président de l'Union des Syndicats de la Drôme : Sur l'apiculture.

Mornant. — 21 septembre 1890, docteur Grandclément : Sur la fabrication et la conservation des vins.

Brignais. — 22 février 1891, M. Cambon : Sur les engrais.

Chaponost. — 24 mai 1891, M. Gairal, président du Comité du contentieux de l'Union du Sud-Est : Sur l'impôt de la propriété bâtie.

Irigny. — 22 novembre 1892, M. Georges Martin, secrétaire du syndicat : Sur la production viticole.

Pierre-Bénite. — 29 mai 1893, M. Dutertre : Sur les insectes nuisibles à l'agriculture.

Mornant. — 15 octobre 1893, M. Pinay, professeur d'agriculture : Sur la reconstitution des vignobles.

Après la conférence, un banquet, auquel chaque syndiqué peut prendre part, moyennant une modeste cotisation, réunit les membres présents. Des toasts et des chansons joyeuses terminent cette fête annuelle de l'agriculture.

Les ressources principales du syndicat proviennent, en grande partie, de la cotisation annuelle, fixée uniformément à trois francs. A la différence de quelques syndicats, qui ont établi des cotisations variables, correspondant à des droits différents, les fondateurs du syndicat de Saint-Genis-Laval ont cru qu'il était préférable de n'établir aucune inégalité entre les membres de la famille agricole. Le taux peu élevé de cette cotisation la rend supportable par tous dans une région où la terre et le travail sont à haut prix ; et néanmoins, grâce à l'absolue gratuité qui préside à tous les services du syndicat, cette modeste annuité a suffi jusqu'à ce jour à équilibrer nos budgets et à procurer aux syndiqués les avantages matériels dont nous allons parler.

Voici le compte rendu financier de la dernière année :

Recettes.................... Fr.	3.976	10
Dépenses .... Fr.	2.548	20
Caisse au 1er octobre 1893... Fr.	1.427	90

Dès ses débuts, le syndicat de Saint-Genis-Laval n'a pas hésité à publier chaque mois un Bulletin contenant les notions les plus utiles à ses adhérents.

D'abord le compte rendu des séances du syndicat, des décisions prises, des élections, assemblées, etc.; les rapports y sont insérés, les conférences reproduites, chaque membre du syndicat peut donc sans peine se tenir au courant de tout ce qui intéresse l'association.

Une seconde partie non moins importante du Bulletin contient l'enseignement agricole : articles et comptes rendus fournis par les membres du syndicat eux-mêmes, ou choisis dans les meilleures revues agricoles. Ces enseignements, dégagés de toutes discussions trop scientifiques et parfois peu pratiques, présentent le grand avantage d'être donnés pour la région, par des hommes qui l'habitent et en connaissent le climat et les cultures.

Enfin le Bulletin comprend les offres et demandes du courtier de l'Union du Sud-Est, une tribune du travail pour les offres et demandes d'emploi et une revue commerciale contenant les mercuriales des denrées.

Le premier numéro de ce Bulletin a paru en novembre 1887. Jusqu'en 1891, il fut rédigé par les soins du syndicat de Saint-Genis-Laval, auquel il était spécialement affecté.

A cette époque, l'Union du Sud-Est créa un Bulletin général pour tous les syndicats adhérents Le syndicat de Saint-Genis-Laval se hâta d'y participer en se réservant un nombre de pages, variable suivant ses besoins, pour y insérer ses communications personnelles.

Sous cette forme, le Bulletin est remis gratuitement à tous les membres du syndicat.

Gratuitement aussi leur est distribué, chaque année, un exemplaire de l'Almanach de l'Union du Sud-Est.

Dès l'origine, le syndicat s'est préoccupé de l'importante question des achats en commun, avantage immédiat que les syndiqués savent fort bien reconnaître et qui augmente leur nombre.

Une commission des achats, présidée par M. Jaricot, de Vourles, n'a cessé de fonctionner, procurant à tous les adhérents une notable économie. Elle a toujours été en relations étroites et fructueuses avec le courtier agréé de l'Union du Sud-Est et, depuis sa formation, avec la Coopérative agricole.

Les commandes importantes sont adressées, par les fournisseurs, aux membres qui les ont faites, et qui en prennent livraison directement, sans aucun trans-

bordement intermédiaire. Mais ce mode de livraison
étant impraticable pour les petits agriculteurs, que le
syndicat a précisément pour but de favoriser, il a été
successivement créé trois entrepôts en des locaux modestes, mais convenablement situés, à Oullins, Givors
et Mornant, localités centrales desservant bien le territoire entier du syndicat.

L'entrepôt d'Oullins, dirigé par le trésorier, est ouvert
les jeudi et samedi, depuis le matin jusqu'à midi.
Celui de Givors, dirigé par le syndic de Grigny et le
syndic adjoint de Givors, est ouvert, les mercredi et
vendredi, de 7 heures à midi. L'entrepôt de Mornant,
dirigé par le syndic de Mornant, est ouvert le vendredi,
dès la matinée, jusqu'à midi. Tous ces jours et heures
correspondent aux marchés de la localité, afin que les
syndiqués puissent profiter de leur course au marché
pour s'approvisionner dans les entrepôts.

Ils y trouvent, moyennant un prix indiqué par le
Bulletin et rigoureusement payé comptant, les denrées
agricoles les plus usuelles : outils à main, engrais chimiques, platres, sulfates de cuivre, etc.

Pour tous autres objets dont le syndicat ne saurait
s'approvisionner à l'avance, s'interdisant rigoureusement toute opération commerciale, l'entrepositaire
reçoit les commandes des syndiqués et les transmet à
la Commission des achats qui veille à leur exécution.

Chaque entrepôt tient une comptabilité distincte et
fort simple. Elle consiste en un carnet de livraisons à
feuilles doubles, dont une partie, remplie à chaque livraison, est remise à la partie prenante, la seconde
feuille restant au carnet et servant de base à la comptabilité ; un livre d'entrepôt, registre d'entrées des
marchandises et de ventes relevées sur le carnet de
livraisons ; un livre de caisse, et des feuilles mensuelles d'inventaire de denrées. Toutes ces pièces sont remises au siège central, chaque mois, lors de la réunion
de la Chambre syndicale, qui les contrôle, établit la
comptabilité générale et veille à ce que chaque entrepôt soit toujours suffisamment pourvu des denrées
courantes.

Le premier en France, le syndicat de St-Genis-Laval a

organisé chez lui l'inspection des vignes, sur les bases
et règlements suivants :

En avril 1889, la Chambre syndicale décida de suivre
l'exemple donné par certaines contrées viticoles de la
Suisse où, depuis plus d'un siècle, existent des associations pour la bonne culture de la vigne ; leur cente-
naire a été célébré à Vevey, par des fêtes très intéressantes. Ces associations ou confréries font visiter, chaque année, les vignobles de leurs membres par des
inspecteurs qui suivent les cultures, les binages,
l'ébourgeonnement, la taille, les façons et donnent à chacun des points servant, tous les dix ou douze ans, à
établir un classement et à donner des prix ; les lauréats
deviennent inspecteurs à leur tour et reçoivent, en
cette qualité, un appointement très apprécié.

M. Guinand, après avoir reçu la visite de M. Vernet,
consul de la Confédération Suisse à Lyon, qui voulait
savoir ce qu'on avait fait dans notre région au sujet de
la replantation des vignes, recevait, au mois d'avril 1889,
M. Demierre, de Vevey, inspecteur viticole en Suisse,
qui lui remettait fort obligeamment les règlements,
feuilles de visite, carnet de vignerons, etc., des cantons
de Vevey, de Lausanne, de Nyons et de l'enclave de Cé-
ligny. Il expliquait à M. Guinand l'avantage considérable que retiraient les Suisses de ces visites régulières
et quels résultats magnifiques les vignerons et propriétaires en obtenaient. « Les vignes visitées, disait-
il, ne sont pas comparables à celles qui ne le sont pas,
et cette bonne réputation a une influence considérable
au point de vue de la vente des vins ».

S'inspirant de ces renseignements et des documents
fournis, la Chambre syndicale rédigea le règlement
suivant pour l'inspection des vignes :

RÈGLEMENT DE L'INSPECTION DES VIGNES

TITRE I. — BUT. — ORGANISATION

Art. 1. — Dans le but d'encourager et de perfectionner
la culture des vignes, de créer une bonne réputation aux
vignobles du canton et de procurer à tous, par ce moyen,
des avantages sérieux, il est organisé une inspection des
vignes parmi les propriétaire et vignerons du syndicat de

Saint-Genis-Laval qui adhéreront au présent règlement.

Art. 2. — Pour bénéficier des avantages de l'inspection, il faudra :

1° Faire partie du syndicat de Saint-Genis-Laval ;

2° Adresser au président, avant le 1er mars de chaque année, une demande sur feuille spéciale, que les syndiqués recevront, à cet effet, vers la fin février;

3° Posséder au moins dix ares de vignes d'un seul tènement ;

4° Payer un droit annuel d'inspection de 5 centimes par are, sans toutefois que ce droit puisse dépasser 20 francs.

Art. 3. — La Chambre syndicale nommera l'inspecteur qui pourra être choisi parmi les grands prix, ainsi qu'il sera expliqué dans l'article 14, fixera ses honoraires et recevra, en séance, la promesse qu'il fera, par écrit et sur l'honneur, de procéder à l'inspection et de faire son rapport avec vérité, bonne foi et sans acception de personnes, fera le dépouillement du registre d'inspection, procédera au classement, à la distribution des récompenses et veillera à tout ce qui pourra faire prospérer la bonne culture des vignes.

TITRE II. — INSPECTION

Art. 4. — Il sera fait, chaque année, au moins deux inspections, une au printemps et l'autre dans le courant de l'été, aux époques déterminées par la Chambre syndicale, autant que possible en avril et en août.

Art. 5. — La première aura lieu pour vérifier le remontage des terres, les fumures, la propreté du sol, le déchaussage, les provignages ou rebrochages, la taille, la première façon, les plantations, l'organisation et les soins donnés aux pépinières, la sélection des plants.

Art. 6. — La deuxième pour s'assurer si les vignes ont été bien relevées, rebinées, râclées, convenablement échalassées ou palissées, si l'ébourgeonnement a eu lieu, si le sevrage a été fait soit en pleine terre, soit en pépinière. La visite portera aussi sur l'organisation et la tenue des cuvages et celliers.

Art. 7. — L'inspection sera annoncée par les feuilles publiques à ce désignées et par lettres personnelles envoyées aux propriétaires, quarante-huit heures à l'avance.

Art. 8. — Les propriétaires et vignerons devront assister à cette visite ou s'y faire représenter.

Art. 9. — L'inspecteur sera accompagné par le syndic ou syndic adjoint de la commune. Ils pourront, en cas d'empêchement, se faire suppléer par un des syndicataires de la commune.

Art. 10. — L'inspecteur sera pourvu d'un carnet spécial où il inscrira les points et les observations.

Ce carnet sera visé, après la visite, par le syndic, ou le syndic adjoint ou le suppléant.

Art. 11. — Chacun des membres, dont les vignes seront

inspectées, recevra gratuitement un manuel de bonne culture
et tenue des vignes.

Art. 12. — Il sera distribué, chaque année, en Assemblée
générale, des primes et récompenses à ceux des propriétaires ou vignerons qui auront obtenu le nombre de points
suffisant.

Art. 13. — Le nombre des prix sera déterminé chaque
année par la Chambre syndicale.

Art. 14. — Il y aura deux sortes de prix :
Les prix annuels et les grands prix qui seront accordés
tous les cinq ans ; un diplôme sera donné aux grands prix.

Art 15. — Les prix devront porter sur l'ensemble du
domaine.

Art. 16. — Une vigne notée *mal* empêche d'avoir un prix,
lors même que les autres vignes seraient très bien notées.

Art. 17. — Un repas sera offert aux lauréats par les soins
de la Chambre syndicale. Ils y occuperont une place d'honneur ; tous les membres du syndicat seront admis à y souscrire.

Fait et délibéré à Sainte-Foy, par la Chambre syndicale,
le lundi de la Pentecôte, le 10 juin 1889.

Le président, GUINAND.

Après un examen sérieux de la question, la Chambre
syndicale a décidé qu'il fallait diviser les façons de
culture en deux grandes catégories :

I. — Les façons obligatoires et que tous doivent faire
chaque année, c'est-à-dire :

1º La taille ;

2º L'ébourgeonnement et le pincement ;

3e Le piochage et le binage ;

4º Le sulfatage et la fumure.

II. — Les façons quine sont pratiquées que par quelques-uns, comme le minage, le greffage, la pépinière,
la plantation, le rebrochage, le remontage des terres,
l'échalassement. Nous disons pratiquées seulement par
quelques-uns, car, en effet, dans les terrains plats le
remontage des terres est inutile ; lorsque tout est
planté, il n'y a plus besoin de miné, de pépinière, de
rebrochage, etc.

Chacune de ces catégories fait l'objet d'un concours
spécial.

La Chambre syndicale a également jugé utile de diviser les propriétés inspectées en trois divisions correspondant à leur étendue, afin de rendre les chances égales entre tous les concurrents.

3e Division comprenant les propriétaires possédant moins de 65 ares.

2e Division comprenant les propriétaires possédant plus de 65 ares et moins de 2 hectares.

1re Division comprenant les propriétaires possédant plus de 2 hectares.

Les notes vont de 0 à 12 ; mais, pour arriver à classer les concurrents avec plus de justice, il a été décidé qu'on donnerait une valeur différente aux diverses façons obligatoires et qu'on les classerait suivant leur importance.

La taille a été placée au premier rang, avec le coefficient 5.

L'ébourgeonnement et le pincement au deuxième rang, avec le coefficient 4.

Le piochage et le binage au troisième rang, avec le coefficient 3.

Le sulfatage et l'engrais au quatrième rang, avec le coefficient 2.

Toutes les autres façons non obligatoires au cinquième rang, avec le coefficient 1.

De la sorte, celui qui a la note 10 pour la taille obtient 50 points.

Celui qui a la note 10 pour l'ébourgeonnement obtient 40 points.

Celui qui a la note 10 pour le piochage obtient 30 points.

Celui qui a la note 10 pour le sulfatage obtient 20 points.

Celui qui a la note 10 pour les autres façons obtient 10 points.

L'inspection annuelle n'étant pas un concours, mais une simple constatation de l'état de la culture, la Chambre syndicale a décidé que tous ceux qui auraient la mention « très bien » auraient un premier prix ; que tous ceux qui auraient la mention « bien » seraient récompensés d'un deuxième prix ; que tous ceux qui auraient la mention « assez bien » auraient une mention.

Le Concours spécial comprend tous les syndiqués, quelle que soit l'étendue de leur propriété, et la Chambre syndicale a décidé qu'il ne serait délivré qu'un seul prix à ceux des concurrents ayant obtenu au moins la moyenne de dix points.

Le grand Concours aura lieu, conformément aux règlements, au bout de la cinquième année et sera organisé sur des bases différentes, les prix ne devant être donnés qu'au concours.

La Commission d'inspection a fonctionné régulièrement depuis quatre années. Elle a inspecté, en moyenne. 40 propriétaires possédant 80 hectares de vignes, divisés en 200 parcelles environ. Bien que ce temps, relativement court, ne puisse être considéré que comme un essai, elle a déjà rendu à la viticulture de grands services. « L'inspection des vignes, dit le dernier rapport de l'inspecteur, M Feraud, vigneron-chef de l'Ecole d'agriculture d'Ecully, a continué, en 1893, les excellents résultats qu'elle avait déjà produits les années précédentes. Qu'il nous soit permis de féliciter les propriétaires qui en ont usé. L'excellent état général dans lequel ils entretiennent leurs vignes, état attesté par les récompenses qu'ils ont méritées, manifeste assez l'utilité qu'ils en ont déjà retirée et qu'ils en retireront encore, car, en viticulture, il y a toujours des progrès à réaliser. L'année qui vient de s'écouler, si rigoureuse en froid et en chaleur, aura eu, du moins, le résultat de montrer quelle force de résistance une vigne vigoureuse et bien tenue peut présenter aux divers fléaux qui viennent l'assaillir ».

Syndicat agricole et viticole de Tarare

Comme les peuples heureux et comme les femmes honnêtes, notre syndicat n'a pas une longue histoire. Créé en 1888 par 40 membres qui payaient une cotitation de 4 fr. par an, il a essayé de détruire la routine, très ancrée dans l'esprit de nos cultivateurs. Il leur a prêché l'emploi du fumier à haute dose, des engrais chimiques, le changement des semences. Il a mieux fait; il leur a avancé, l'année dernière, 1.000 kilos de blés variés, passés au trieur Marot dont il a fait l'acquisition et qu'il leur prête moyennant une très faible rétribution.

N'ayant pas les moyens de faire, d'avance, de gros achats, il groupe, autant que possible, les commissions pour obtenir à meilleur marché les produits dont ses membres ont besoin.

Cette année seulement, le syndicat, composé actuellement de 105 membres, a loué un local où il peut entreposer quelques marchandises d'une vente courante et d'un prix n'outrepassant pas ses ressources, car son budget de recettes, en 1893, n'a été que de 620 fr. et celui des dépenses de 467 francs.

Ses réserves disponibles au 31 décembre sont de 784 fr. 90.

La plus grosse dépense consiste dans l'envoi du Bulletin et de l'Almanach de l'Union du Sud-Est; son chiffre d'affaires, pour 1893, a été de 4.500 fr.

Malgré l'état précaire de ses finances, il a réduit les cotisations à 3 francs et même, par exception, à 2 fr. pour les membres du Comice et de la Société d'horticulture.

Ayant en vue le développement de la culture intensive qui, dans sa région, pourrait rendre de signalés services, le syndicat de Tarare porte surtout ses efforts sur la propagation des engrais chimiques. Comme le disait récemment son premier et regretté président, Gabriel de Saint-Victor : « On se syndique dans un certain milieu pour voler les pauvres; nous nous syndiquons, nous autres, pour apporter à nos amis les agriculteurs tous les avantages que nous pouvons leur procurer. Le jour viendra où chacun saura où se trouve celui qui lui aura rendu service, aura défendu ses intérêts et se sera vraiment dévoué pour lui. »

Ce jour n'est pas arrivé encore pour les agriculteurs du canton de Tarare, mais nous espérons qu'il luira

14

bientôt ; les administrateurs du syndicat ne demandent
qu'à prodiguer leur dévouement et leurs conseils ; aux
intéressés à savoir en profiter. Ils n'ont qu'à y gagner.

Syndicat agricole de Thurins

Autrefois simple section du syndicat de Vaugneray,
le syndicat de Thurins s'est, depuis le 1er janvier 1892,
constitué en syndicat indépendant, ayant son Bureau,
son administration ; il a rompu toutes relations avec
son ancien allié. Il n'a pas eu à s'en repentir, puisque
aujourd'hui l'ancienne section est plus nombreuse,
plus importante que le syndicat lui-même dont elle
est sortie. Soixante au moment de la séparation, nous
sommes aujourd'hui soixante-six et, malgré que notre
syndicat soit seulement communal, nous comptons bien
ne pas nous arrêter là. Comprenant que c'est par les services matériels surtout que les syndicats peuvent attirer
l'agriculteur, notre syndicat a toujours eu à cœur de
passer ses ordres par le courtier de l'Union du Sud-Est,
c'est avec empressement qu'il a adhéré, dès sa formation, à la Coopérative agricole qui est aujourd'hui son
seul fournisseur. Grâce à sa proximité de Lyon, le
syndicat a pu, jusqu'à ce jour, se dispenser d'entrepôts, un commissionnaire allant régulièrement à
Lyon et amenant de la Coopérative, au fur et à mesure
des demandes, toutes les marchandises commandées.
C'est là évidemment une condition exceptionnelle
pour obtenir le maximum de résultats avec le minimum de frais généraux. Aussi le chiffre d'affaires
a-t-il augmenté de 1.000 francs depuis la Coopérative,
en passant de 6.152 francs qu'il était en 1892 à 7.212
francs en 1893.

C'est de bon augure pour l'avenir et le jour où
les agriculteurs de la commune, comprenant enfin
leurs intérêts, s'associeront à nous, sans distinction,
nous serons à même, grâce à notre organisation, de
rendre des services considérables à tous ceux qui
travaillent la terre et vivent de ses produits

Syndicat agricole de Vaugneray.

Fondé le 18 février 1888 ce syndicat a si souvent changé de Bureau qu'il lui a été impossible, jusque-là, de prendre l'importance qu'il peut avoir. D'autres syndicats se sont fondés à côté et nuiront certainement dans la suite à son développement.

Il serait, croyons-nous, de bonne politique, que ce syndicat prît l'initiative d'une fusion qui ne pourrait qu'être profitable aux syndicats et aux syndiqués.

Syndicat agricole de Villefranche-sur-Saône et d'Anse.

Le syndicat agricole de Villefranche et d'Anse est enfant du hasard, comme tous les syndicats agricoles.

Il a vu le jour dans une étude de notaire !!

En effet, pour ce qui a trait à son origine, tout le monde sait que lorsque, au Sénat français, il fut question de voter la loi de 1884 sur les syndicats professionnels, il était question, dans le projet de loi, de toutes les professions ; seule, celle de cultivateur avait été oubliée dans la nomenclature des nombreuses professions qui peuvent être exercées par les citoyens français. Pourquoi ? C'est peut-être parce que le cultivateur sait souffrir, se plaint rarement et mal, mais jamais ne se révolte.

Malgré cela, un sénateur bienveillant (que son nom soit à jamais béni parmi nous !) se réveilla, ou mieux se récria et demanda que la classe des cultivateurs fût, elle aussi, admise à bénéficier de cette loi, si libérale, si généreuse.

La chose passa et les cultivateurs furent admis à se syndiquer. C'est donc bien le pur hasard qui créa les syndicats agricoles.

Il vit le jour dans une étude de notaire. Comme tout bon ménage, son contrat, ses statuts, pour mieux dire, furent élaborés dans l'étude de Me Gormand, notaire à Villefranche, qui nous offrit généreusement son cabinet, nous prêta papier et plumes et se contenta, pour tous honoraires, de nos remerciements, qui lui ont été déjà maintes fois adressés; qu'il les reçoive de nouveau ici.

Les témoins étaient M. Terme, de regrettée mémoire, M. Antonin Guinand, président du syndicat agricole de Saint-Genis-Laval, et bon nombre de membres qui sont aujourd'hui à la tête de notre Bureau.

En effet, à l'instigation de M. Terme, ancien député de l'arrondissement de Villefranche, quatorze personnes se trouvaient réunies dans l'étude de Me Gormand, le 27 mars 1888.

Les communes de Denicé, Lacenas, Limas, Saint-Julien, Rivollet, Blacé, Villefranche et Arnas se trouvaient représentées par des cultivateurs, des propriétaires de ces communes. M. Terme expliquait son désir de voir se fonder, dans les cantons de Villefranche et d'Anse, un syndicat agricole semblable à celui qui fonctionnait dans le canton de Belleville depuis le 27 décembre 1887, sous l'habile et intelligente direction de M. Duport, son président.

M. Terme, provocateur de cette réunion, en prit naturellement la présidence, donna lecture de la loi de 1884, l'expliqua, en fit ressortir les avantages, et enfin proposa de nommer immédiatement un Bureau provisoire qui serait appelé à pourvoir à la fondation d'un syndicat agricole cantonal, groupant les deux cantons de Villefranche et d'Anse.

En conséquence, il demanda aux personnes présentes à la réunion de vouloir bien désigner celles d'entre elles qu'elles jugeraient aptes à composer ce bureau de cinq membres.

M. Pontbichet fut élu président.

Ce Bureau ne pouvait être qu'absolument provisoire, car le canton d'Anse que l'on voulait réunir à celui de Villefranche dans la formation du syndicat, ne se trouvait, pour ainsi dire, pas représenté à cette première réunion.

M. Pontbichet, en qualité de président, proposa de

faire appel aux cultivateurs et propriétaires du canton d'Anse et de les convier à une nouvelle réunion qui fut fixée au 9 avril 1888. D'ici là, les statuts seraient élaborés et on pourrait les discuter à cette seconde réunion projetée, dans laquelle on devrait compléter le Bureau qui venait d'être nommé en choisissant parmi les propriétaires et les cultivateurs du canton d'Anse : 1° Un vice-président ; 2° Deux administrateurs.

Cette motion ayant été adoptée, la seconde réunion fut fixée au 9 avril 1888.

La réunion du 9 avril formant l'Assemblée constitutive, eut lieu, comme précédemment, dans l'étude de Me Gormand.

Lorsque M. Terme ouvrit la séance, nous étions environ cinquante. Il expliqua aux nouveaux venus tout ce qui avait été fait le 27 mars et leur proposa d'élire parmi eux un vice-président et deux administrateurs.

M. Guinand, président du syndicat de Saint-Genis-Laval, avait bien voulu, sur l'invitation de M. Terme, venir à cette séance pour entendre la lecture des statuts qui allaient être soumis à l'approbation de l'Assemblée et nous faire profiter de son expérience en pareille matière, car, nous devons le reconnaître, tout cela était bien nouveau pour nous.

Le Bureau ayant été définitivement constitué, M. Pontbichet, président, donna lecture des statuts qui, après discussion approfondie, furent adoptés.

On fixa le prix des cotisations à la somme de 3 francs par an et par tête pour les membres ordinaires, et à celle de 50 francs, une fois versés, pour les membres dits fondateurs.

L'assemblée crut devoir remercier chaleureusement M. Guinand, pour les renseignements si précieux qu'il avait bien voulu donner.

Les statuts furent déposés, le 14 avril 1888, à la mairie de Villefranche, conformément à la loi. M. le maire de Villefranche donna récépissé des dits statuts ; le syndicat se trouvait donc légalement constitué ; il fixait son siège social, 44, rue de Thizy, où il recevait une bienveillante hospitalité dans les bureaux de M. Bernard, son trésorier.

Il fallait fonctionner et attester notre existence par des actes.

Pour nous mettre le plus rapidement et le plus efficacement possible en rapport avec les adhérents de la première heure, pour pouvoir recruter un plus grand nombre de membres, M. Guinand nous avait suggéré une idée fort pratique, celle de créer, dans chaque commune de nos deux cantons où nous avions des adhérents, un représentant de notre syndicat, que nous avons désigné sous le nom de syndic.

Ce syndic avait pour mission de se mettre en rapport avec tous les propriétaires-agriculteurs de sa commune, faisant partie de notre syndicat, de les tenir au courant de tout ce que nous pouvions faire pour eux et, d'autre part, de nous tenir, nous, membres du Bureau, en continuel rapport avec les membres de notre syndicat, de nous renseigner sur leurs besoins, de nous faire connaître leurs desiderata, et enfin de recruter de nouveaux adhérents, pour nous mettre à même de rendre de plus grands et de plus utiles services aux propriétaires et aux cultivateurs de notre cher Beaujolais, si cruellement éprouvé par le phylloxéra.

Les résultats ne se firent pas longtemps attendre, car, à l'Assemblée générale du 30 octobre 1888, les 50 membres, tant fondateurs que souscripteurs, du 14 avril, étaient portés à 393.

C'était là, nous l'avouons, un heureux résultat qui dépassait de beaucoup nos espérances.

Livrés à nous-mêmes, sans expérience, nous eûmes, tout d'abord, l'idée de nous affilier à la Société des Agriculteurs de France, dont faisaient partie plusieurs membres du Bureau. Nous sentions que, le cas échéant, nous trouverions, dans cette grande Société, composée d'hommes si éminents, aide et appui.

Au point de vue moral, cela pouvait nous paraître convenable, mais cette adhésion ne répondait pas suffisamment aux questions d'ordre matériel que nous allions avoir à traiter. Nous crûmes donc devoir nous affilier également à l'Union des Syndicats des Agriculteurs de France.

Ce groupement, dirigé par des hommes d'une incontestable valeur et d'un grand dévouement, pouvait nous faciliter nos achats, car, tous, nous comprenions qu'il fallait, coûte que coûte, nous hâter de rendre le plus de services tangibles possible à nos adhérents, afin d'affirmer notre existence et notre raison d'être.

Dès le 30 avril, le Bureau décidait d'acheter les sulfates de cuivre et, pour ce, provoquait des demandes de la part de nos adhérents.

Notre première opération en cette matière, si on la compare à celles du même genre qui furent faites les années suivantes, fut bien modeste, puisque nous ne livrâmes à nos membres que 9.872 kilos de sulfate de cuivre absolument pur, au prix de 60 fr. 50 les 100 kilos.

C'était déjà commencer à rendre un service, car il fallait combattre un nouvel ennemi, le mildiou, et le succès dans la lutte dépendait beaucoup de la bonne qualité de nos armes. Or, nous livrions aux cultivateurs, au prix de 60 fr. 50 les 100 kilos, des sulfates de cuivre parfaitement purs, que nous avions fait analyser, alors que le commerce demandait 70 et 75 francs de marchandises soi-disant semblables, mais qui, nous en avons acquis la certitude, n'étaient pas toujours d'une qualité irréprochable.

A cette même époque, le Bureau organisait un concours de pulvérisateurs, qui eut lieu, avec un plein succès, le 7 mai 1888, sur la place du Promenoir, à Villefranche.

Un jury fut nommé, chargé de distribuer les quelques récompenses dont nous pouvions disposer, de faire un rapport sur ses opérations, rapport qui, après avoir reçu la plus grande publicité, a été déposé aux archives.

Si, dans le Beaujolais, l'idée syndicale tendait à se faire jour, il ne faut pas croire que nous étions seuls à vouloir mettre à profit la loi si libérale de 1884 ; les propriétaires et les cultivateurs de la région dite du Sud-Est semblaient vouloir aussi entrer dans cette voie ; un peu partout, ils créaient des syndicats.

En gens avisés, ils s'aperçurent bientôt que leur isolement ne leur permettait pas de rendre aux agriculteurs tous les services qu'ils aspiraient à leur procurer. M. Gabriel de Saint-Victor, de regrettée mémoire, et quelques autres hommes au caractère généreux. eurent alors l'idée de grouper moralement tous ces syndicats isolés et de donner le jour à cette grande famille qui a nom : Union du Sud-Est.

Comme bien on pense, nous nous empressâmes d'entrer dans cette Union, car nous sentions bien que les hommes de haute valeur, qui se mettaient à la tête de ce généreux mouvement, ne pouvaient que nous aider puissamment dans l'accomplissement de notre tâche.

Nous ne nous étions pas trompés, car immédiatement nous vîmes venir à nous un homme, aujourd'hui le plus considérable de notre région. J'ai nommé M. Duport.

Avec lui, nous fondions l'Union Beaujolaise qui, à l'instar de l'Union du Sud-Est, groupait moralement les quatre syndicats agricoles fondés dans l'arrondissement de Villefranche depuis 1887, car M. Duport avait commencé par fonder celui de Belleville, et notre syndicat de Villefranche s'est évertué à profiter des leçons et des enseignements si féconds qu'il pouvait puiser chez son aîné.

A peine étions-nous entrés dans l'Union Beaujolaise. que nous fondions notre Bulletin mensuel et ce, grâce aux indications que nous donnait M. Duport, président de l'Union Beaujolaise.

A ce sujet, qu'il me soit permis de dire bien hautement ici que si notre syndicat de Villefranche a acquis l'importance réelle, le développement considérable auxquels il est arrivé aujourd'hui, il le doit en grande partie à ses relations avec l'Union Beaujolaise et son président.

Nos débuts dans la presse, en tant que Bulletin, furent des plus modestes, nos rédacteurs pleins de bonne volonté manquaient tout à fait d'expérience, et si, depuis, il a fait des progrès, si de simple feuille il est devenu brochure, c'est encore à l'Union Beaujolaise que nous le devons.

Voici donc notre syndicat formé, affilié à la Société des Agriculteurs de France, à l'Union du Sud-Est, à l'Union Beaujolaise.

En 1888, il crée une pépinière de porte-greffes.

Il fait un concours de pulvérisateurs.

Il acquiert, pour le compte de ses adhérents, sulfate de cuivre, sucres pour vendange, engrais chimiques, 112.000 m. de bois américains pour greffage et quelques autres articles nécessaires à l'agriculture, tels que fils de fer, ronces artificielles, etc.

Bientôt, malgré tout son dévouement, M. Bernard ne peut plus suffire aux exigences d'un travail toujours croissant, son bureau, mis si obligeamment à notre disposition, ne peut plus nous abriter et, dans la séance du 4 juin 1888, on décide que le syndicat s'installera dans un local spécial qu'il loue, rue de Thizy, 44, et qu'il prendra un employé pour faire face aux exigences du service.

Une assemblée générale de tous les membres du syndicat est tenue dans la salle Daguenet, à Villefranche ; près de 300 membres assistent à cette réunion. Ils peuvent constater que le Bureau de leur syndicat n'est pas resté inactif et qu'ils ont retiré de l'œuvre, créée par eux il y a à peine sept mois, de bons et profitables services.

L'année 1889 ne fut pas stérile, tant s'en faut. Lors de l'Assemblée générale en 1888, le syndicat se composait de 393 membres ; le 4 novembre 1889, lors de sa deuxième Assemblée générale, le syndicat de Villefranche en comptait 481.

Le chiffre d'affaires avait été également en progressant, les 9,872 kilos de sulfate de cuivre de 1888, s'étaient transformés en 15.000 kilos, puis en 35,000.

Les engrais chimiques figuraient pour un ensemble de 23,800 kilos.

Un marché aux vins a été également, la même année, créé à Villefranche, pour faire pendant à celui de Pontanevaux ; nous devons toutefois reconnaître que, malgré notre bon vouloir, cette création ne nous a pas procuré les résultats que nous en espérions.

1890 voit notre syndical prendre une nouvelle extension. Lors de notre Assemblée générale du 3 novembre,
nous comptons 540 membres.

Les affaires vont en se développant.

Les achats de sulfate de cuivre s'élèvent à 45,000 kilos.

Les achats de bois américains pour porte-greffes,
se sont élevés à 350,000 mètres.

Les engrais chimiques vont également en augmentant.

Les échalas, les charbons, les raphias font l'objet
de nombreuses transactions.

Enfin, en 1890, le bureau nommé en 1888, lors de sa
création, étant arrivé au terme de ses pouvoirs, il
est procédé aux élections, conformément à l'article 15
des statuts.

Le Bureau ancien se représente tout entier avec
deux nouveaux titulaires ; il est réélu à l'unanimité des
votants.

1891 voit se développer notre organisation syndicale ; les 540 membres de l'Assemblée générale du 3
novembre 1890, sont devenus 718.

Les affaires du syndical ont pris un tel développement, qu'il faut abandonner le modeste local de la
rue de Thizy, pour venir installer bureaux et entrepôts, 43, rue Victor-Hugo.

L'employé intermittent, qui avait succédé à M. Bernard, est devenu, lui aussi, complètement insuffisant.
Nous devons pourvoir à son remplacement et bientôt
même il faut adjoindre à ce nouvel agent plusieurs
collaborateurs.

Nos affaires ont pris une nouvelle extension.

Les 45 tonnes de sulfate de cuivre de 1890 sont devenues 58 tonnes.

Plants américains. — Les 150,000 mètres de bois
achetés l'année précédente sont devenus 500,000 mètres.

Engrais chimiques. — En 1890, nous fournissions à
nos membres pour 10,000 fr. d'engrais commerciaux,
en 1891, nous en livrons pour 25,000.

Echalas. — Nous acquérons environ 1 million d'échalas.

Les autres articles prennent également de l'extension.

L'Assemblée générale du 7 novembre 1892, a lieu, comme la précédente, dans la salle du Chalet.

Cette année encore constate un nouvel accroissement dans le nombre des membres qui est de 928 en augmentation de 210 sur l'exercice précédent.

Les affaires traitées sont également en grande augtation.

Sulfate de cuivre. — Les 58 tonnes de l'année précédente sont devenues 64 tonnes.

Plants américains. — En 1891 nous étions acheteurs de 500,000 mètres de bois américains, en 1892 nous en avons acquis 1,334,500.

Engrais chimiques.— Les 25,000 fr. de 1891, figurent pour 30,000 en 1892.

En un mot, pendant cet exercice notre chiffre d'affaires s'est élevé à la somme de 162,984 fr. 95 c.

L'exercice de 1893 donne des résultats plus satisfaisants encore.

Tous les chapitres augmentent et nous voyons notre chiffre d'affaires s'élever à 245,429 fr. 45 contre 162.984 fr. 65 c. en 1892, soit une augmentation de 82,444 fr. 60 c. Comme on peut le voir, depuis sa fondation, le syndicat agricole de Villefranche et d'Anse a toujours été se développant.

La raison en est fort simple. Les syndicats agricoles répondent à un besoin, et si les hommes qui veulent bien s'intéresser à ces captivantes questions, veulent bien exclure absolument toute idée politique, réservant leurs forces pour fouiller, creuser les idées économiques, ils y trouvent un vaste champ d'exploitation pour leur intelligence et de grandes consolations pour leur cœur.

Ils verront les syndicats agricoles se développer de plus en plus.

Il leur deviendra facile alors d'étudier de nouvelles questions qui permettront de répandre le bien-être parmi les populations si intéressantes des campagnes.

C'est là notre but, notre meilleure récompense sera de l'atteindre au plus tôt.

---

§ 7. — Syndicats du département de Saône-et-Loire.

Syndicat agricole et viticole de Mâcon.

C'est le 30 avril 1887, sur l'initiative du sympathique rédacteur en chef du *Journal de Saône-et-Loire*, M. Ch. Delon, que le syndicat agricole de Mâcon fut fondé par trente agriculteurs de l'arrondissement. Le même jour les statuts furent votés, le Bureau fut nommé et, en plaçant à leur tête M. de Benoist, maire de Grevilly, qui, le premier dans la région, s'était occupé de la reconstitution des vignobles par le greffage, les membres fondateurs assuraient d'avance le succès de la nouvelle création. Depuis sept ans, M. de Benoist a été l'âme et la vie du syndicat et, sans vouloir diminuer les mérites de ses collaborateurs, il est juste de reconnaître que c'est grâce à son dévouement de tous les instants que le syndicat a atteint aussi rapidement sa prospérité actuelle. Il faut féliciter les premiers organisateurs d'avoir si bien placé leur confiance ; les intérêts agricoles et viticoles de l'arrondissement de Mâcon sont entre bonnes mains.

C'est par un acte de conciliation que le syndicat entre dans la vie publique et, comme il est toujours dangereux de diviser les efforts qui tendent à un même but, il prend l'initiative de demander au Comité du syndicat agricole de l'arrondissement de Mâcon de fusionner avec lui et de ne former ainsi qu'une vaste association qui sera d'autant plus puissante qu'elle sera plus nombreuse et représentera tous les intérêts de l'arrondissement. Cette tentative eut plein succès, et, à la fin de 1887, le syndicat agricole et viticole de

Mâcon restait seul mandataire des agriculteurs et viticulteurs mâconnais.

C'est à ce moment et pour ses débuts que les progrès rapides des ravages causés par le phylloxéra dans les régions mâconnaise et bourguignonne pendant les deux dernières années, la destruction presque complète qui menaçait ces vignobles dans un avenir très prochain, la perspective des plantations nouvelles qui s'imposaient à bref délai, c'est à ce moment, disons-nous, que le syndicat résolut de s'affirmer par une grande entreprise : la réunion au chef-lieu de Saône-et-Loire d'un *Congrès national viticole*.

Au moment où toute la région allait être obligée d'entrer dans la voie d'une large reconstitution, il lui avait paru du plus haut intérêt de déterminer les conditions qui pourraient assurer la réussite de la régénération du vignoble. Mettre en lumière les résultats obtenus dans toutes les parties de la France ; fixer les principes à l'application desquels sont subordonnés les succès ; rechercher les causes des échecs isolés ; former enfin une grande synthèse des conquêtes de la science et de la pratique, en tirer les conclusions et faire profiter les vignerons mâconnais et bourguignons des expériences de ceux qui ont été envahis les premiers, leur éviter ainsi les tâtonnements et les chances de mécomptes, tel fut l'objectif des promoteurs du Congrès.

On sait quel succès eurent ces grandes assises viticoles qui se tinrent les 20, 21, 22 octobre et dans lesquelles, sous l'habile présidence de M. le marquis de Barbentane, toutes les sociétés du monde viticole vinrent apporter aux vignerons mâconnais l'espoir et la confiance. Jamais congrès n'avait attiré autant de monde et réuni un auditoire aussi soucieux d'entendre la bonne parole qu'apportaient, des divers points de la France, les spécialistes qui ont, les premiers, lutté contre le phylloxéra, soit par les insecticides, soit en reconstituant leurs vignobles par les vignes américaines résistantes. Comme l'écrivait, quelques jours après, M. V. Pulliat : « L'effet produit par ce Congrès fut immense. Nous avons eu l'occasion de causer, à diverses reprises, avec bien des viticulteurs venus des divers vignobles de France, et c'est bien là l'un des plus grands avantages de ces congrès viticoles. Tous déclaraient que ces réunions produisent le plus grand bien : « Elles éclairent, nous disaient-ils, la situation si grave et si difficile où se trouve aujourd'hui la viticulture, elles remontent le moral de ceux qui pourraient se laisser aller au découragement, elles font entrevoir de nouveaux horizons plus rassurants, signalent les écueils que l'on pourrait rencontrer, elles rédigent le programme de la viticulture nouvelle. C'est dans ces réunions que les viticulteurs peuvent s'entendre, échanger leurs manières de voir sur toutes les questions relatives à la production et à la vente des vins, formuler des vœux en faveur de la viticulture, s'élever contre les charges de toutes sortes qui les accablent ».

C'est le Congrès de 1887, ce sont les récompenses, les leçons et les encouragements prodigués par lui qui ont donné l'élan à la reconstitution du vignoble mâconnais, aujourd'hui presque achevée.

Ayant ainsi déterminé la régénération du vignoble mâconnais, le syndicat a dû, dans la suite, s'occuper de la vente du produit de ce vignoble, du vin.

La première tentative en ce sens fut la création d'un marché aux vins, création votée par l'Assemblée générale de 1888, sur le rapport suivant de M. Ch. Delon :

« A plusieurs reprises, la Chambre syndicale s'est occupée d'un projet qui, s'il était réalisé, donnerait à notre association une vie plus active encore et rendrait service à un grand nombre d'entre nous. Il s'agit d'un marché aux vins. Le cultivateur, qui a du blé ou des pommes de terre à vendre, les apporte au marché, il est assuré de trouver des acquéreurs à la Grenette et de vendre les produits à leurs prix, suivant les cours. De même, le consommateur qui veut acheter du blé ou des pommes de terre peut, en allant à la Grenette, se passer d'intermédiaire et ne pas payer ces produits au-dessus de la valeur à laquelle ils sont cotés. Il n'en est pas de même pour le vigneron. S'il a du vin à vendre, il est obligé d'attendre l'occasion chez lui et, lorsque cette occasion vient, il s'empresse de la saisir, souvent au détriment de ses intérêts. Lorsque le marchand ou le commissionnaire passent, le vigneron est obligé d'accepter le prix qu'ils offrent ou de garder son vin en cave. La plupart du temps, il cède au prix offert, parce qu'il a besoin d'argent et qu'il faut vivre. On voit, au contraire, des propriétaires garder en cave la récolte de plusieurs années, parce qu'ils n'ont pas trouvé d'acquéreurs. Et, d'autre part, l'embarras des consommateurs n'est pas moins grand. Un grand nombre d'entre eux, pour ne pas dire tous, au lieu de faire leur provision chez le marchand, préféreraient acheter directement leur vin chez le propriétaire ou le vigneron; ils paieraient moins cher, car il faut bien que le commerçant vive et retire son bénéfice, et ils seraient plus sûrs d'avoir un vin sans mélange ou sans coupage. Comment faire? Parmi les consommateurs, il en est bien quelques-uns qui ont des amis dans le vignoble et s'approvisionnent chez eux, c'est la petite exception. Les autres ne peuvent pas se mettre à la recherche d'un propriétaire ayant du vin à vendre, le goûter chez lui, ou écrire pour que l'on apporte un échantillon; tout cela, ce sont des dérangements, des frais, du temps perdu et l'on préfère aller chez le négociant.

« Il en serait autrement s'il y avait un marché aux vins à Mâcon; on irait à cette Vinette, comme on va à la Grenette. Producteurs et consommateurs y trouveraient chacun leur compte et nous atteindrions ainsi l'un des buts principaux de notre syndicat.

« Il y a une autre considération qui est peut-être plus importante encore.

« Aussitôt après la vendange, comment s'établissent les cours sur les vins? C'est un peu au hasard. On apprend, de façon plus ou moins sûre, que tel commissionnaire ou tel négociant a acheté une cave dans telle commune et qu'il a payé à raison de tant la pièce ou la feuillette. Les voisins se disent : « Nous pouvons vendre tel prix »; si l'on a vendu 120 fr. à Davayé, par exemple, les voisins de Prissé se diront : « Nous pouvons vendre 110 » — mais il n'y a pas de cours régulier, tout est basé sur des on-dit.

« Supposez, au contraire, le marché aux vins installé. Tous les propriétaires et vignerons associés au syndicat apportent, aussitôt après la récolte, des échantillons de leurs produits, avec des étiquettes indiquant la quantité à vendre et le prix demandé. Les négociants et les consommateurs particuliers arrivent, des affaires se traitent, des prix s'établissent, le syndicat publie dans son Bulletin les transactions faites et, d'après la moyenne des prix, établit les cours. Tout le monde est renseigné, tout le monde y trouve son compte.

« Les négociants, au lieu d'être obligés de courir les campagnes ou de s'en rapporter aux commissionnaires, peuvent rapidement faire leurs approvisionnements. Le propriétaire et le vigneron ne sont plus obligés de se morfondre en attendant la visite d'un acquéreur qui ne vient pas. Tels sont les divers avantages qu'offrirait l'installation d'un marché aux vins dans un centre comme Mâcon, où la simple annonce d'un marché se tenant régulièrement attirerait bientôt une affluence considérable de marchands. Bref, Messieurs, tous les membres de la Chambre syndicale s'appuyant, les uns sur les services que cette innovation rendrait aux producteurs et aux consommateurs, les autres sur les avantages que les négociants y trouveraient, ont conclu à la nécessité d'installer, dans les vastes magasins du syndicat de Mâcon, un marché aux vins.

« L'installation en sera facile ; nous disposons d'un très vaste local qu'il sera peu coûteux et aisé d'aménager pour cette destination. Des rayonnages seraient établis, avec des cases réservées à chaque propriétaire ou vigneron qui pourrait y placer un échantillon de son vin dans un de ces petits tonnelets que l'on peut se procurer à bon marché et qui le maintiennent en bon état. Sur chaque case serait fixé un écriteau indiquant la provenance, la quantité à vendre et le prix du vin. Ce marché serait ouvert tous les samedis pendant deux ou trois heures. Ce sont des questions de détail à régler. Nous avons la conviction qu'avant peu de temps il serait très fréquenté. Cependant, la Chambre syndicale a pensé qu'avant d'inaugurer ce marché, il convenait de faire appel au concours de tous nos associés et de profiter de l'Assemblée générale pour leur demander à quelle date l'inauguration pourrait avoir lieu.

« Pour que le succès soit assuré, il faudrait que, dès le premier jour, les apports de vins fussent nombreux. Nous demandons donc à tous ceux d'entre vous qui ont du vin à vendre, d'apporter des échantillons dès le premier jour du marché. Vous n'y manquerez pas, car tous les membres de notre syndicat comprendront quel grand service cette création rendra, par la suite, aux producteurs, aux négociants, aux consommateurs et, par conséquent, à la fortune de notre pays ».

L'ouverture du marché a eu lieu le 30 mars 1889.

Il se tient, tous les samedis, de 1 heure à 3 heures de l'après-midi, au siège social du Syndicat, dans un vaste local spécialement aménagé dans ce but.

Afin de donner toutes facilités aux vendeurs comme aux acheteurs, la Chambre syndicale a décidé qu'il ne serait perçu aucune taxe, malgré les frais relativement assez élevés que cette installation nouvelle entraîne pour le syndicat.

Les propriétaires de vins n'ont qu'une seule formalité à remplir, la suivante : ils apportent deux bouteilles d'échantillon de leur vin. Sur ces bouteilles sont indiquées : 1º les quantités à vendre ; 2º le nom et le domicile du propriétaire ; 3º la provenance du vin.

Les vins rouges sont répartis en trois catégories : 1º vins au-dessus de 150 fr. la pièce ; 2º vins au-dessous de 150 fr. la pièce, mais au-dessus de 100 francs ; 3º vins au-dessous de 100 fr. la pièce.

Les vins blancs sont répartis en trois catégories : 1º vins au-dessus de 100 fr. la feuillette ; 2º vins au-dessous de 100 fr. la feuillette ; 3º vins au-dessous de 60 fr. la feuillette.

Un certain nombre de cases sont affectées à chaque catégorie.

Le vendeur doit, en entrant, faire inscrire son nom

15

par l'un des secrétaires du syndicat, sur un registre spécial où sont mentionnés le domicile du propriétaire la provenance du vin et la quantité à vendre.

Les échantillons sont ensuite placés dans celles des cases affectées à leur catégorie et portant la lettre initiale du nom du vendeur.

Le marché étant absolument franc, les acheteurs et les vendeurs ne sont tenus à faire aucune déclaration des opérations faites et des prix consentis. Cependant, dans l'intérêt public, afin de renseigner aussi bien les négociants et les consommateurs que les propriétaires et les vignerons, il est demandé que ces déclarations soient faites afin que les cours puissent s'établir et que le marché puisse acquérir l'importance qu'il doit avoir.

En plus de ce marché aux vins qui n'a pas, il faut le dire, donné tous les résultats attendus, le syndicat organise, chaque année, de concert avec les sociétés viticoles du département, un grand Concours de vins à l'occasion duquel de nombreuses récompenses sont décernées et, résultat plus pratique, d'importantes transactions passées.

En 1893, la production du vin qui était descendue, en Mâconnais, à 40,000 hectos, en 1884, s'est subitement relevée à 500,000 hectos. Le syndicat a contribué largement à cette reconstitution en facilitant aux propriétaires et vignerons l'achat des plants et des boutures. Chaque année il a acheté et livré à ses associés, avec des réductions de prix considérables, de 800,000 à 1,000,000 de boutures; grâce à lui, les pépiniéristes de la région ont sensiblement diminué leurs prétentions.

En voyant leurs coteaux remplis de ceps luxuriants, vigoureux, chargés de grappes, les vignerons mâconnais se croyaient au bout de leurs peines. Ils ont éprouvé une cruelle déception. Leurs caves se sont bien garnies mais elles sont restées pleines; ce bon vin qu'ils avaient ramené par leurs laborieux efforts, par leurs héroïques sacrifices, ils ne peuvent pas le vendre.

Le syndicat, c'était son devoir, a entrepris de les aider à lutter contre ce nouveau fléau de la viticulture qui est venu donner un démenti formel au vieux proverbe : « Abondance de biens ne nuit jamais.» Une première exposition fut organisée à Mâcon, les 4 et 5 octobre 1893, mais elle ne donna pas les résultats qu'on était en droit d'en attendre. Les exposants étaient nombreux, les vins des diverses catégories étaient généralement bons, les appréciations du jury de dégustation ont été plutôt élogieuses, mais ce qui a manqué ce sont les acheteurs. On a bien signalé quelques négociants venus du dehors, plusieurs même faisaient partie du jury, mais aucun d'eux n'a profité de l'occasion pour traiter une affaire importante,

Ayant à cœur, avant tout, de rétablir la réputation du vin de Mâcon, le syndicat décide de s'adresser alors à la consommation parisienne en prenant part à l'exposition des vins du Concours général à Paris 1894. « Nous faisons appel, écrivait M. de Benoist dans le Bulletin de novembre, à tous nos adhérents pour qu'ils nous envoient, au plus tôt, deux bouteilles du meilleur vin qu'ils ont récolté cette année. Nous ne saurions trop leur recommander de prendre part à notre exposition, il y va de leur intérêt, de leur avenir. Nous allons entrer en lutte avec tous les vins de France, il importe que nous sortions victorieux de cette bataille ; une médaille collective obtenue à cet important concours, par le vin de Mâcon, peut contribuer, plus que tout autre moyen, à ramener à notre vignoble la faveur et la clientèle. »

A ses frais, sans demander aucun sacrifice à ses associés, le syndicat organise une exposition remarquable et justement remarquée qui vaut, à la collectivité, un Diplôme d'Honneur et, aux exposants, 34 médailles d'or, d'argent et de bronze. Pour mieux ramener l'attention sur les vins de Mâcon, pour les faire connaître tels qu'ils sont aux consommateurs, trop souvent trompés, le syndicat organisait, à Paris, à l'occasion du Concours, le banquet du vin de Mâcon. Il eut lieu chez Marguery, avec un certain retentissement, et la presse parisienne fit le plus grand éloge des vins excellents soumis à son appréciation. Ces diverses manifestations ne furent pas sans résultat, car les propriétaires et vignerons ont reçu, après l'Ex-

position et le banquet, d'assez nombreuses demandes ;
dans le seul canton de La Chapelle de Guinchay plus
de 2,500 pièces ont été vendues dans le cours de
février 1894.

Aussi, le syndicat, convaincu par le résultat de l'effet
heureux d'une publicité bien comprise, étudie, en ce
moment, de nouveaux moyens de ramener l'attention autour des vins de Màcon et d'en assurer la
vente.

Il a ainsi obtenu, par l'intermédiaire de M. Deton,
de plusieurs journaux parisiens, qu'ils affichent dans
leurs salles de dépêches où affluent, chaque jour, une
foule de curieux, une liste de propriétaires et vignerons ayant des vins à vendre, liste indiquant leurs
adresses et les prix auxquels ils céderaient leurs vins.

Il a ensuite, et c'est de ce côté surtout que son intervention peut être efficace, décidé de prendre part à
l'Exposition d'Anvers qui a lieu de mars à novembre 1894. On sait que, depuis bien longtemps, un
important courant d'affaires s'est établi entre le Mâconnais et surtout le Beaujolais d'une part, la Belgique
et la Hollande de l'autre. Par suite de certaines trans-
formations de nos vins, de la diminution de leur production, des difficultés de la reconstitution, ce mouvement s'est ralenti. Il s'agit de montrer aujourd'hui
que nous sommes en mesure de produire en abondance
ces vins autrefois si recherchés, pour reconquérir les
débouchés dont nous avons besoin ; l'Exposition
d'Anvers, où se réuniront en foule des négociants et
des consommateurs, va être pour cela une occasion
hors ligne que nous aurions tort de laisser échapper.

« Allons donc à Anvers, écrivait M. Deton, dans le
Bulletin d'avril, nous y cueillerons de nouveaux lauriers, et nous aurons fait, pour la vente de nos vins, la
meileure des propagandes. En notre temps de lutte
pour la vie, il faut savoir agir et se remuer. Les Bor-
delais ne manqueront pas d'exposer à Anvers, pourquoi leur laisser toujours le champ libre ? »

Reconstitution des vignobles mâconnais, écoulement des vins de Màcon, tel a été le premier et le plus
important objectif du syndicat, mais un rapide exa-

men de son organisation va nous montrer que son action ne s'en est pas tenue là.

Et d'abord, le syndicat fournit à ses associés toutes les marchandises dont ils ont besoin avec des réductions variant de 10 à 30 0/0; son mode de procéder est des plus simples, tous les achats étant faits par le président, sur simple lettre échangée avec les vendeurs. « Quand nous voulons passer des marchés, disait M. de Benoist à l'Assemblée générale de 1888, nous vous prions de vouloir bien nous donner approximativement la quantité de marchandises que vous désirez. Dans chaque commune, vous avez un membre correspondant auquel il vous est facile de transmettre ces renseignements et nous pourrions ainsi savoir promptement à quoi nous en tenir. Malheureusement, Messieurs, vous ne vous conformez pas à notre désir. Il s'ensuit que nous ne savons jamais le chiffre, même approximatif, qu'il vous faut soit de sulfate de cuivre, soit d'engrais, soit de vignes américaines. Nous sommes alors obligés de passer des marchés conditionnels et nous ne traitons jamais dans d'aussi bonnes conditions que nous le pourrions. Aidez-nous, je vous en prie, nous ne pouvons pas tout faire. C'est aux membres correspondants à nous transmettre ces renseignements dans le courant du mois de juillet ou d'août; nous vous en serons très reconnaissants et c'est vous qui en profiterez ».

Malgré cette indifférence, très fréquente dans les syndicats, le syndicat de Mâcon fait des transactions importantes qui atteignent annuellement de 160,000 à 200,000 francs Le chiffre d'affaires, pour le dernier exercice, a été exactement de 178,901 fr.

Comme un peu partout, on a accusé le syndicat de nuire au commerce local; son Bureau n'a rien répondu, il a préféré agir et toutes les fois qu'il n'y a pas eu des écarts trop grands entre les prix du commerce local et celui des autres fournisseurs, il a donné la préférence aux négociants de Mâcon.

Le Bulletin de seize pages, paraissant tous les mois, est adressé gratuitement à tous les associés; il les entretient de toutes les questions agricoles et viticoles qui les peuvent intéresser, leur fournit tous les renseignements utiles, et leur donne, par des annonces économiques, le moyen d'échanger leurs produits.

Tous ces avantages sont acquis par une cotisation annuelle de 2 fr. 50 pour les membres ordinaires, et de 10 fr. pour les membres fondateurs. L'effectif actuel est de 830 membres dont 150 fondateurs.

Les dépenses du syndicat sont aussi restreintes que possible : loyer 550 fr. par an pour un vaste magasin et deux grands bureaux ; le traitement d'un comptable qui vient deux heures par jour, soit 800 fr. ; les frais de publication, de correspondance, gratifications. environ 1.000 fr., soit en tout 2.500 fr. de dépenses. Les recettes, s'élevant à plus de 4.000 fr., le patrimoine social s'accroît chaque année, ce qui permettra d'augmenter encore à l'avenir les services rendus à la viticulture par l'établissement d'un Concours annuel. La réserve, lors de la dernière assemblée générale, était de 11.481 fr. 85.

Le syndicat est administré par le président, M. de Benoist, assisté de quatre vice-présidents, deux secrétaires, d'une commission de publication du Bulletin et d'une Chambre syndicale composée de 36 membres qui se réunit tous les mois. Pour faire partie du Bureau ou de la Chambre syndicale, il faut être membre fondateur. Tous les trois ans, la Chambre syndicale procède à l'élection du Bureau et pourvoit elle-même au remplacement lorsque des vacances se produisent. C'est à la Chambre syndicale qu'appartiennent tous les pouvoirs et toute la responsabilité de l'administration.

Les membres du syndicat se réunissent tous les ans, en décembre, pour entendre le compte rendu annuel des opérations et le résumé de la situation. Ils n'ont pas de vote à émettre ni de décisions à prendre. Ils se trouvent bien de cette gestion car, chaque année, ils décernent, par acclamation, des félicitations au président et à ses collaborateurs. Avec une organisation aussi parfaite, avec un Bureau aussi dévoué, le syndicat de Mâcon doit aujourd'hui chercher à grossir ses rangs, car plus ses adhérents seront nombreux, plus il fera du bien, plus il pourra aider à la lutte contre les fléaux qui ravagent les vignobles.

Espérons que chacun des associés aura à cœur d'amener au syndicat au moins un nouveau membre et de témoigner ainsi sa reconnaissance aux hommes dévoués et désintéressés qui ont pris l'initiative de cette heureuse institution.

En quelques mots bien sentis, M. Ch. Deton a résumé, lors d'une des dernières assemblées générales, les succès du syndicat et les raisons de ce succès ; nous ne saurions mieux finir qu'en les reproduisant :

« Nous avons entendu avec le plus grand intérêt et le plus vif plaisir le compte rendu que M. le président nous a présenté concernant la situation du syndicat. Cette situation est des plus prospères. Le nombre de nos co-associés s'est encore accru ; le petit trésor syndical, notre patrimoine commun, s'est augmenté et chacun de nous s'est déclaré satisfait des économies et des avantages qu'il a réalisés par l'entremise du syndicat.

« Cette prospérité, Messieurs, nous la devons à M. de Benoist, le président du syndicat, et aux membres du bureau, ses collaborateurs. Il est rare de trouver un dévouement aussi intelligent, aussi désintéressé, aussi persévérant que celui dont M. de Benoist fait preuve pour la défense de nos intérêts à tous, il n'est donc que juste de lui exprimer notre reconnaissance et je propose, avec la certitude que ma motion sera bien accueillie, que l'on insère au procès-verbal de cette Assemblée le témoignage de notre gratitude pour M. le président du syndicat et pour les membres du bureau, ses collaborateurs ».

Syndicat agricole du canton de Matour.

Le syndicat agricole du canton de Matour a été formé en novembre 1893. Les fondateurs, au nombre de 20, ont vu le syndicat progresser assez rapidement et atteindre le chiffre de 100 membres, lequel est dépassé actuellement.

Le syndicat du canton de Matour n'est pas exclusivement destiné à se recruter dans le canton même, une partie de ses membres appartient aux cantons de Tramayes et La Clayette.

Le Bureau du syndicat a été composé en totalité par les membres fondateurs; la Chambre syndicale de même. En principe, et bien que cette clause n'ait pas été portée aux statuts, chacune des communes ou des hameaux importants, situés dans la sphère d'action du syndicat, a un représentant membre de la Chambre syndicale, lequel est chargé de centraliser les demandes de sa région, de s'occuper des adhérents nouveaux et de donner tous les renseignements autour de lui. Les membres de la Chambre syndicale sont donc, par cela même, obligés d'être en relations constantes avec le Bureau, qui lui passe les commandes.

Le syndicat n'est pas assez nombreux pour passer, avec les grands fabricants, des marchés par adjudication. Obligé de satisfaire à des demandes très variées, soit d'engrais, soit d'autres denrées, il a dû, jusqu'à présent, solliciter des remises et se placer sous l'égide de l'Union du Sud-Est. Mais, ses ressources ayant un peu augmenté, à la dernière réunion de la Chambre syndicale, il a été décidé, à l'unanimité, la création d'un magasin-entrepôt à la gare de Trembly-Matour, et des pourparlers sont engagés pour la création de deux autres magasins aux gares de Dompierre-les-Ormes et de Trivy-Dompierre. L'établissement de ces magasins amènera de nombreux adhérents. La Coopérative du Sud-Est, qui a bien voulu admettre le syndicat parmi ses adhérents, alimentera ces divers magasins au fur et à mesure de leurs besoins. Les engrais, les chaux et les plâtres sont, pour le moment, les matières sur lesquelles se portent le plus les commandes.

Il n'a pas, jusqu'à présent, été question de création de société d'assurances mutuelles ou de caisse de secours, mais le président s'occupe de réunir les documents et renseignements nécessaires pour la formation d'une caisse de crédit agricole.

Syndicat agricole de Montcenis-le Creusot

Le 11 juin 1887, cinquante-cinq personnes, réunies dans une des salles de la mairie du Creusot, décidaient qu'un syndicat agricole serait fondé pour les deux cantons de Montcenis et du Creusot. Ce syndicat aurait pour but d'assurer aux adhérents le minimum de prix et le maximum de qualité dans l'achat des engrais, des semences, instruments et autres objets utiles à l'agriculture, ainsi que la défense des intérêts agricoles. Les statuts furent donc rédigés séance tenante, le bureau composé. M. Schneider, directeur des usines du Creusot, depuis député de la circonscription, était acclamé président d'honneur ; M. Gustave Douhéret était nommé président effectif.

Les usines du Creusot ayant, dès le premier jour, consenti, au profit exclusif des membres du syndicat, une réduction importante sur leurs phosphates métallurgiques, le syndicat a recruté hors région un certain nombre d'adhérents et par convention spéciale, quatre syndicats étrangers : les syndicats des Agriculteurs Charolais, d'Autun, de la Clayette, du Bois-d'Oingt ont pu, avec l'autorisation des usines du Creusot, faire profiter leurs adhérents d'une réduction annuelle de 10 0/0 en payant au syndicat de Montcenis une cotisation de 25 francs, représentant pour chacun le droit d'entrée de leurs membres. Dans ces conditions, le syndicat de Montcenis devait être un gros acheteur à servir; il semble intéressant de suivre, sur son chiffre d'affaires, la progression de vente des phosphates métallurgiques du Creusot :

Par son intermédiaire, les usines du Creusot ont vendu :

En 1887................. 29.500 kilogs.
1888................. 402.000 . —
1889................. 1.380.300 —
1890................. 1.577.200 — .
1891................. 2.084.180 —
1892................. 3.081.900 —
1893................. 3.191.000 —

Soit, pour l'ensemble de 7 années 11.746.080 kilogs.

Sur les 3.191.000 kilogs de l'année 1893, 2.276.000 kilogs ont été employés par les membres du syndicat et 915.000 kilogs par les quatre syndicats adhérents.

L'effectif du syndicat étant aujourd'hui d'environ 1.000 membres dont 205 habitent le canton et 800 hors région, les opérations se sont naturellement beaucoup multipliées et le bureau a dû s'adjoindre un employé chargé des écritures et qui aide, dans tous les détails de l'administration, le secrétaire délégué.

Jusqu'au premier janvier 1894, les ressources syndicales ont été modestes; elles se composaient exclusivement des cotisations et droits d'entrée, ce qui représentait un revenu annuel de 400 francs, à peine suffisant pour payer les frais de bureau et d'impression. Néanmoins, le Bureau a pu faire des économies et l'encaisse du syndicat se trouve aujourd'hui de 1,500 fr.

Depuis le 1er janvier, de nouvelles ressources sont venues s'ajouter au revenu annuel et, grâce à la générosité des usines du Creusot, qui ont décidé d'allouer au syndicat 0.50 par tonne de phosphate vendu, par son intermédiaire, aux membres hors cantons, la caisse verra sous peu doubler ses recettes et grossir sa réserve.

A côté des services d'ordre matériel, le syndicat n'a eu garde d'oublier les services professionnels et notre président a eu l'heureuse initiative de susciter dans l'assolement local des réformes qui étaient nécessaires. En effet, depuis quelques années, la fertilité de la terre dans la région diminuait sensiblement, on récoltait bien un peu de paille, mais presque plus de grain, ce qu'il fallait attribuer, croyons nous, à l'abus de la chaux, au manque d'engrais et à un assolement trop épuisant pour nos terres. Il était donc urgent de remédier à cet état de choses, de rendre à la terre sa fertilité, l'augmenter même. Il fallait, pour cela, restreindre la culture, augmenter les plantes fourragères et, par le fait, l'élevage du bétail et la production des engrais. Pour y arriver, notre syndicat a fait insérer dans les baux les conditions suivantes qui, si elles sont bien et intelligemment exécutées auront pour effet une grande

augmentation de rendement et une notable diminution du prix de revient.

Voici ces conditions :

« Le preneur devra planter, chaque année, 300 mètres
de haies vives, le long des chemins, le long des limites
du domaine, puis aux endroits qui lui seront indiqués,
pour clore les terres du domaine en dix parcelles à
peu près d'égale contenance.

« Il devra chauler, chaque année, à raison de cinquante hectolitres de chaux à l'hectare, un dixième
des terres du domaine, mettre dans ce dixième des
terres tout le fumier de la ferme, puis suivre l'assolement de dix ans ci-après indiqué :

Première année : Récolte sarclée ou étouffante.

Deuxième année : Seigle et froment, le seigle entrant
pour un quart.

Troisième année : Trèfle.

Quatrième année : Seigle et froment, le seigle entrant pour un quart.

Cinquième année : Après nivellement à faulx courante, et après avoir mis 2.000 kilogrammes de phosphate à l'hectare, avoine avec graine de foin de bonne
qualité et en quantité suffisante pour faire de suite
des prés.

Sixième et septième année : Ces prés temporaires devront être fauchés.

Huitième, neuvième et dixième année : Ils devront
être paturés.

Onzième année : Ces prés sont labourés, chaulés et
fumés, comme il est dit ci-dessus, puis on reprendra,
pour les cultiver, l'assolement de dix ans indiqué
plus haut.

« Le preneur devra, pendant chacune des cinq premières années de sa jouissance, semer en prés temporaires, comme il est dit ci-dessus, un dixième des
terres du domaine, après y avoir mis deux mille kilogrammes de phosphate par hectare, en commençant
par les terres les plus épuisées. Il fauchera ces prés,
les deux premières années, les fera pâturer les trois

suivantes, puis les fera rentrer dans l'assolement.

« Le preneur devra, chaque année, pendant toute la durée du bail, même la dernière, mettre des phosphates sur les vieux prés, en commençant par les endroits les plus humides, à raison de 2.000 kilogrammes de phosphate par hectare et de deux hectares par an. »

A deux reprises, les membres du Bureau ont vu leurs pouvoirs confirmés, gardant à leur tête l'homme de bien et de devoir que la mort leur a enlevé subitement le 17 novembre 1893. Gustave Douhéret avait fondé notre syndicat, il en était l'âme, et la mort l'a enlevé au moment où il allait enfin jouir du succès de son œuvre. Celle-ci, du moins, lui survivra, comme aussi survivra dans la mémoire de tous ses anciens collègues le souvenir de l'homme si bon, si généreux, qui fut de tout temps, lui aussi, leur affectueux conseiller.

Le 22 février 1894, l'Assemblée générale élisait président M. Boutillon et décidait la création d'une bibliothèque agricole à l'usage des membres du syndicat.

En même temps, le syndicat renouvelait ses vœux habituels et, comme ils résument les desiderata de toute notre région, nous croyons utile de les donner en finissant :

Chevaux. — Le gouvernement tient à ce que nous n'élevions dans notre région que des chevaux de cavalerie légère en ne nous donnant que les étalons propres à produire ces chevaux. Or les chevaux de cavalerie légère sont difficiles à élever, la moindre tare leur enlève une grande partie de leur valeur. De plus, les comités de remonte ne nous achètent qu'une très petite quantité de chevaux, deux ou trois chevaux pour cent; le surplus n'a aucune valeur commerciale, ne pouvant être utilisé que pour la selle ou pour le trait léger.

Le syndicat demande donc que les comités de remonte achètent plus de chevaux et que, dans chaque station, le gouvernement mette au moins un étalon étoffé, près de terre (*type Norfolk ou même percheron*) devant produire des chevaux excellents pour l'artillerie et pouvant être utilisés pour le trait par les particuliers, conservant ainsi leur valeur commerciale si les comités de remonte ne les achètent pas.

Si ce vœu n'était pas admis, les agriculteurs de notre région se verraient forcés d'abandonner l'élevage du cheval, ce qui, en temps de guerre, serait très nuisible à la France qui ne pourrait remonter chez elle sa cavalerie.

Droits réunis. — Les impôts indirects sont très onéreux à recouvrer, ils sont démoralisateurs et vexatoires.

Très onéreux : en effet, ils nécessitent un très grand nombre d'employés.

Démoralisateurs, en ce sens que les droits étant excessivement forts, chacun cherche à ne pas les payer, fraude le gouvernement et de là à frauder les particuliers, il n'y a qu'un pas.

Enfin vexatoires, car les employés entrent dans les maisons et fouillent partout pour constater la fraude.

Il nous semble qu'il serait facile de supprimer cet impôt sans aucune perte pour le gouvernement; ne pourrait-on pas constater ce que chaque débitant paie chaque année depuis dix ans à la régie, établir la moyenne et ajouter le montant de cette moyenne à la patente, le tout payable chez le percepteur et presque sans frais ?

Droits de succession. — Jusqu'à présent on a fait payer des droits sur l'actif des successions sans déduire les dettes ; de sorte que tel individu qui hérite d'une somme de trente mille francs de dettes, paie comme s'il recevait réellement les trente mille francs, tandis que, de fait, il ne reçoit rien.

Le syndicat demande donc que les droits de succession ne soient payés que sur l'actif de la succession, déduction faite du passif.

Vagabondage. — Le vagabondage est une plaie pour les campagnes. Des individus sans aveu entrent dans les fermes, surtout dans les maisons isolées ; s'ils n'y trouvent que des femmes ou des enfants ils les menacent et souvent mettent leurs menaces à exécution. La plus grande partie des incendies des campagnes n'ont pas d'autre cause.

Or toute commune peut nourrir ses pauvres et il n'y pas d'exemples qu'un individu restant dans la commune où il est né ait souffert de la faim.

Les préfets, chaque année, prennent des arrêtés contre le vagabondage, ces arrêtés ne sont jamais exécutés.

Le syndicat demande la suppression du vagabondage.

Représentation agricole. — Le commerce, l'industrie sont représentés par des chambres dont ils élisent eux-mêmes les membres. Ces chambres sont consultées sur toutes les questions qui intéressent le commerce ou l'industrie et défendent leurs intérêts. L'agriculture seule n'est pas représentée.

Le syndicat demande que l'agriculture soit représentée par des chambres dont les membres seront nommés par *tous les* agriculteurs, que le gouvernement devra consulter et sans l'avis desquelles il ne pourra prendre aucune mesure concernant l'agriculture.

§ 8. — Syndicat du département de la Savoie.

Syndicat des Agriculteurs de la Savoie.

La création d'un syndicat agricole a été décidée en automne 1885, dans une réunion du Comice agricole de Chambéry, sur la proposition de M. Marie-Girod, agent technique des hospices de cette ville. La sympathie et la confiance que ce jeune homme inspirait, par son

esprit d'initiative et par son dévouement depuis longtemps éprouvé, lui assurèrent immédiatement le concours de toutes les *notabilités agricoles* et des représentants officiels du pays ; il put aussi recueillir les
adhésions de nombreux cultivateurs, avec lesquels
ses fonctions de secrétaire du comice l'avaient mis en
rapport.

La première réunion générale des adhérents eut lieu
dans la salle des élections de l'Hôtel de Ville, le 23 janvier 1886 ; l'avis *de convocation* était signé par un
comité provisoire composé du président de la Société
centrale d'agriculture, du président du comice agricole
de Chambéry, du professeur départemental d'agriculture, de M. le baron d'Alexandry et de M. Marie-Girod,
secrétaire ; cinquante-huit membres étaient présents.
M. Pierre Tochon, président provisoire, déclara le syndicat *constitué et invita* l'assemblé à procéder aux
élections du bureau définitif.

M. Charles-Emmanuel Sylvoz, très aimé en Savoie,
fut acclamé directeur honoraire ; *on devait bien cette
marque de reconnaissance au vieillard modeste et
savant qui, pratiquant l'agriculture depuis un demi-
siècle avec une sage méthode et un grand succès,
donnait autour de lui un noble et utile exemple.* Personne, du reste, ne suivit avec plus de sollicitude les
débuts de notre association ; il achevait, avec sa quatre-
vingt-deuxième année, la *reconstitution de ses vignes*
détruites par le phylloxéra, quand la mort vint le frapper le 18 février 1892.

M. Pierre Tochon, notre éminent agronome, l'avait
précédé de quelques jours dans la tombe.

Le premier directeur élu du syndicat fut M. le baron
Perrier de la Bàthie ; mais, dès le 13 mars de la même
année, il crut devoir *résigner ses fonctions*, parce que
ses occupations, comme professeur départemental
d'agriculture, ne lui permettaient pas de consacrer
assez de temps à la nouvelle société.

Après l'élection du Bureau, qui fut composé d'un
directeur, de deux vice-directeurs, d'un secrétaire,
d'un sous-secrétaire, d'un trésorier et de six syndics,
M. Marie-Girod, confirmé dans la *charge laborieuse*

de secrétaire, qu'il avait généreusement acceptée, soumit à l'assemblée un projet de règlement préparé avec soin, qui reçut l'approbation générale.

Statuts. — Le règlement comprend trente-deux articles, dont plusieurs, sans doute, sont empruntés aux statuts des syndicats agricoles qui ont profité les premiers des avantages offerts par la loi du 21 mars 1884 et dont l'organisation a servi de modèle aux autres. Nous ne citerons que les deux premiers articles, parce qu'ils indiquent nettement, avec le titre pris par la Société, le but de sa création.

Art. 1er. — Il est institué, entre les agriculteurs du département de la Savoie, une association ayant pour objet la défense des intérêts agricoles et qui prend le titre de : *Syndicat des Agriculteurs du département de la Savoie.*

Art. 2. — Cette association a notamment pour but l'achat en commun de toutes les matières premières utiles à l'agriculteur, afin de les obtenir à meilleur marché. Elle se propose aussi de réprimer la fraude dans le commerce des engrais et de propager les bonnes méthodes de culture dans la région.

Les autres articles concernent les devoirs que le directeur, le secrétaire et le trésorier ont à remplir et fixent l'époque des assemblées générales. Ils réservent aux administrateurs le droit de passer des marchés à l'amiable, ou par adjudication, selon qu'ils le jugeront à propos, et leur donnent le droit d'écarter les fournisseurs qui n'auraient pas rempli loyalement leurs engagements ou qui auraient motivé des plaintes graves de la part d'autres syndicats.

Le règlement fixe à 2 francs la cotisation annuelle de tous les membres, il statue que toutes les fonctions des administrateurs élus sont gratuites.

Dans l'Assemblée générale du 5 janvier 1887, un nouveau directeur, M. le comte de Villeneuve, fut désigné, à la place du professeur d'agriculture démissionnaire, mais les vice-directeurs et les membres du Bureau furent réélus et la plupart sont encore aujourd'hui à leur poste de dévouement.

Si l'on peut considérer, avec quelque raison, comme

une cause du succès croissant de la Société, la confiance témoignée par les membres du syndicat à leurs administrateurs, à chaque nouvelle élection, on peut dire aussi que c'est là un témoignage irrécusable de l'union et de la paix qui ont toujours régné entre tous.

Organe périodique. — Notre secrétaire, qui avait des occupations professionnelles très absorbantes, fit agréer, au mois de juillet 1887, un successeur qu'il continua, du reste, à aider de son expérience et de ses conseils. Il resta membre très écouté du Bureau et donna, jusqu'au 29 décembre 1893, jour de sa mort, un concours inestimable à l'œuvre créée par lui, en dirigeant, avec un talent hors ligne, le Bulletin mensuel du syndicat. En 1886, il avait dû se borner à adresser un certain nombre de circulaires à ses collègues, pour leur faire connaître le prix des marchandises mises à leur disposition et leur donner quelques renseignements utiles; vers le mois de novembre, il exposa au conseil combien il serait avantageux d'avoir une feuille périodique, publiant les procès-verbaux des réunions du syndicat et des assemblées générales, donnant les conditions obtenues des fournisseurs, avertissant au moment opportun les vignerons pour les traitements contre les maladies cryptogamiques, etc, etc. Cette feuille, ouverte à toutes les communications, pouvant intéresser la culture, signalant les exemples donnés, les résultats acquis, était appelée à exciter, entre tous les syndiqués, une précieuse émulation et à établir entre eux un lien permanent et fraternel. Le Bureau se rendit facilement aux raisons exposées ci-dessus comme en témoigne l'extrait suivant du procès-verbal de la réunion.

Et l'unanimité des membres arrête :

« 1° Il sera créé, à partir du 1er janvier prochain (1887), « un organe officiel de l'association, ayant pour titre : « *Bulletin mensuel du Syndicat des Agriculteurs de la* « *Savoie.* Il sera imprimé provisoirement sur une « demi-feuille.

« 2° Le Comité de publication sera formé du Bureau « du syndicat; il n'y sera inséré que des travaux

16

« concernant l'agriculture, les circulaires et les délibé-
« rations du syndicat.

« 3º Il sera fait face à la dépense de cette publica-
« tion par un prélèvement de deux francs par cent francs
« sur le montant des affaires traitées par l'intermé-
« diaire du syndicat. »

La suite mentionne le prix de l'abonnement pour
les étrangers, le droit des syndiqués à un service gra-
truit. L'impression du bulletin a toujours été accordée
par adjudication à l'imprimeur de Chambéry offrant
les meilleures conditions. Le coût de cette impression
a été de 25 francs pour 350 exemplaires en 1887 ; en
1888, le numéro de huit pages avec couverture en couleur, pouvant être utilisée pour les annonces au profit
exclusif de l'adjudicataire, avec mise sous bandes,
timbres et adresses à la charge de l'imprimeur, a été
adjugé à raison de 25 francs les mille exemplaires.
En 1889, les conditions ont été, pour le numéro de
huit pages, de 30 francs les deux mille et pour le numéro de 16 pages de 50 francs les 2.000.

Nous avons toujours, depuis, obtenu des conditions
aussi avantageuses ; le Bulletin est tiré aujourd'hui à
2,500 exemplaires. Cet organe fait connaître jusqu'aux
extrémités de notre département l'œuvre syndicale ;
les articles qu'il publie, sur toutes les branches de
l'agriculture et sur les industries qui s'y rattachent,
sont lus avec fruit par nos paysans, qui acquièrent
ainsi peu à peu des notions scientifiques suffisantes
pour rendre leur culture plus rationnelle et plus rémunératrice. Souvent, pour permettre la publication
de travaux importants, le Bulletin a été imprimé sur
une feuille entière et même sur deux feuilles ; sa collection forme aujourd'hui deux beaux volumes de plus
de 600 pages, qui ont acquis dans le pays une certaine valeur bibliographique.

Dans sa chronique du 1er janvier 1891, M. Marie-Girod,
jetant un coup d'œil sur le chemin parcouru, depuis
six années, s'exprimait ainsi : « Il faut d'abord rendre
justice à nos cultivateurs, qui n'ont pas tardé à comprendre les avantages que leur offrait l'association
ils sont venus à nous dès le commencement et le

nombre des adhésions a augmenté rapidement, pour former à ce jour le nombre total de 1,700 membres, déduction faite des pertes.

« C'est beaucoup, mais c'est peu encore pour un département exclusivement agricole. Les cultivateurs appartenant aujourd'hui au syndicat peuvent être considérés — et sans flatterie — comme les plus intelligents, comme l'élite de notre population agricole. Ce sont eux qui donnent le bon exemple, c'est grâce à eux que les procédés de culture perfectionnés s'introduisent dans nos campagnes. Mais ils ont un autre devoir à remplir : c'est d'amener au syndicat le plus grand nombre possible de nouveaux membres pour les faire participer aux progrès et aux avantages de la mutualité. Dès 1886, le syndicat a introduit les engrais commerciaux dont l'emploi se propage rapidement.....
En 1887, on installait les bureaux du syndicat dans un local devenu bien vite trop étroit. L'année dernière, le siège de la Société fut transféré dans le local actuel, où on organisa successivement la bibliothèque, les collections de graines, d'engrais, de modèles d'instruments agricoles, le service de la vente sur échantillon de produits récoltés, etc.

« Le syndicat a propagé, en Savoie, les variétés de blé à grand rendement qui paraissent le mieux convenir à notre région, les espèces de pommes de terre les plus productives et les plus résistantes à la maladie, des graines fourragères de choix, les outils aratoires perfectionnés les plus propices à notre culture.

« Grâce au Bulletin, la lutte contre le mildiou a été entreprise partout avec succès, et nous avons pu indiquer et fournir aux vignerons les cépages américains qui, jusqu'à présent, paraissent le mieux s'adapter à nos terrains.

« Dans cette rapide récapitulation, nous ne devons pas oublier les avantages que retirent les sociétaires des nombreuses réunions où ils sont convoqués, pour voir fonctionner les instruments nouveaux, pour déguster les vins américains, pour apprendre à greffer, et des assemblées générales où la parole autorisée de M. le professeur d'agriculture et des membres du

Bureau leur prodigue les instructions et les conseils.
Chaque année a été marquée par des progrès de tout
genre. L'une des innovations, de laquelle nous attendons le plus de résultats, est la désignation de représentants ou correspondants du syndicat dans les
communes, chargés de faire connaître l'institution,
de recruter des adhérents, de percevoir les cotisations,
de grouper les commandes et de guider les cultivateurs de la localité dans la pratique des méthodes
nouvelles. Toutes les innovations se perfectionnent
par la pratique. »

En janvier 1892, notre chroniqueur se félicitait de
l'action morale produite dans le pays par notre
œuvre : « En se renfermant strictement, disait-il, dans
l'étude des questions professionnelles, en écartant
toute idée de politique, le syndicat a conquis la bienveillance de tous les hommes, sans distinction d'opinions, qui aiment notre vieux pays de Savoie et désirent sa prospérité. Il leur a permis, en les rapprochant,
de constater que le fossé qui les sépare est bien souvent peu large et la cordialité, qui règne dans toutes
nos réunions, témoigne de l'apaisement des esprits ».

On voit, par ces citations, vers quel but notre
regretté fondateur cherchait à diriger l'intelligence et
l'activité de ses nombreux amis ; il a usé de toute son
influence pour déterminer les jeunes gens qui per-
dent trop souvent leur temps et leurs forces dans la
vie oisive des villes, à habiter leurs terres et à devenir
des agriculteurs de progrès. Directeur agricole des
nombreuses propriétés appartenant à nos hospices,
M. Marie-Girod a joint la pratique à l'enseignement.
La marche rapide que suit en ce moment la reconstitution de notre vignoble est due, en grande partie, à
l'exemple qu'il a donné et aux beaux résultats qui ont
couronné ses efforts.

Progression du Syndicat. — Le développement de nos
syndicats est sans doute le résultat d'un besoin qu'a-
vaient depuis longtemps les cultivateurs de s'unir, de
s'entendre, de s'éclairer mutuellement, de se défendre

contre les prétentions d'une nuée d'intermédiaires
et d'exploiteurs sans vergogne, mais on sait, qu'ardents dans le travail et patients dans l'épreuve, ils
manquent d'initiative. La loi du 21 mars 1884 fût restée lettre morte pour eux, si des hommes, qu'on peut
appeler providentiels, n'étaient venus leur apprendre
le parti à en tirer et n'avaient pris à leur charge le
travail pénible et souvent ingrat qui accompagne toute
organisation à ses débuts.

Le Syndicat des Agriculteurs est redevable de son
succès au zèle de ses premiers administrateurs et
surtout aux rédacteurs de son intéressant Bulletin.
C'est dans ce dernier qu'on peut suivre, mois par
mois, l'accroissement du nombre de nos collègues.

Le 1er janvier 1886, le syndicat apparaissait avec une
cinquantaine de membres, recrutés dans l'état-major
agricole du pays, parmi ceux qui sont toujours prêts
à donner l'exemple et à soutenir les œuvres utiles.
Les uns entraînant les autres, nous étions 320 le
15 janvier 1887, 600 le 11 février 1888, 1,300 le 16 février 1889, 1,562 le 19 avril 1890; nous avons atteint le
chiffre de 2,000 à la fin de 1893 et aujourd'hui nous
sommes 2,200. Nous espérons que, chaque année à
venir, les vides causés par la mort et souvent aussi
par l'abandon irréfléchi de quelques collègues éloignés, seront comblés et que nous atteindrons un jour
le chiffre de 3,000.

Opérations du Syndicat. — Le chiffre des affaires de
notre syndicat n'est pas en proportion de l'importance
de son effectif, cela sera compris facilement par ceux
qui ont parcouru notre pays, remarqué l'extrême division de son sol et la pauvreté relative de ses cultivateurs. Il y a beaucoup de fermiers chez nous, travailleurs acharnés, qui vivent et élèvent des familles de
8 et 9 enfants sur 5 à 6 hectares de terre. Ils se sont
établis avec presque rien, quelques *napoléons* gagnés
dans le service ou donnés par leur famille ; en dehors
de leurs bestiaux et de leurs instruments aratoires,
leur capital d'exploitation est des plus réduits. Si ces
braves gens donnent assez volontiers les quarante

sous de cotisation, ils montrent moins d'empressement à acheter des engrais chimiques ou des outils
perfectionnés. Il faudra donc encore quelque temps
pour que le syndicat leur fasse d'importantes fournitures ; pour le moment, nous n'avons affaire qu'aux
débrouillards, aux intelligents.

Nous espérons réussir plus rapidement dans la montagne, il y a dans ces régions beaucoup de petits propriétaires aisés ; le jour où ils auront reconnu l'utilité des engrais chimiques pour les prairies, nous
devons nous attendre à des demandes très importantes. En effet, les engrais chimiques concentrés, permettant, sous un faible poids et un petit volume, de
fumer des surfaces assez étendues, s'imposent aux
agriculteurs de la Maurienne et de la Tarentaise qui
transportent leurs engrais à dos de mulet, dans leurs
prairies escarpées.

Outre les engrais, le syndicat fournit à ses membres
des vignes greffées, principalement de la Mondeuse
qui est le plant de nos coteaux, des échalas, des piquets de fer, de bois ou de ciment, des fils de fer pour
treillages, du sulfate de cuivre et des pulvérisateurs.
Les demandes de semences controlées, de Brabants
doubles, de houes et charrues vigneronnes, de trieurs
à grains etc., vont chaque année en augmentant.
Nous ne pouvons donner ici le détail des ventes faites
par l'intermédiaire du syndicat, mais seulement le
chiffre d'affaires de quelques années pour marquer le
progrès accompli.

Le total des fournitures de l'année 1886 a été
de..fr. 12.288 26
Celui de l'année 1887 de................. 42.427 75
Celui de l'année 1888 de................. 56.411 45
Celui de l'année 1891 de................. 102.860 »

En 1892 et en 1893, nos affaires ont diminué de quelques milliers de francs par la raison que le syndicat
n'a pas voulu passer des marchés importants pour les
sucres de vendange et pour les sulfates de cuivre ;
néanmoins nous avons livré l'année dernière pour

40,000 fr. de vignes greffées, pour près de 7,000 fr.
d'instruments agricoles et pour 29,000 fr. d'engrais chimiques, sans compter les scories et les plâtres.
L'année 1894 s'annonce comme très active, la quantité
d'engrais déjà livrée dépasse toutes les fournitures
précédentes.

Situation financière. — La situation financière de la
société est bonne sans être brillante, cela tient surtout
à la modicité de la cotisation annuelle. Ses administrateurs se sont, du reste, plus préoccupés de retenir
les adhérents par des procédés larges et généreux
que de créer un fonds de réserve. A propos d'un projet de crédit, notre président s'exprimait ainsi dans la
réunion générale de novembre passé : « Pénétrés de
cette pensée que notre société a surtout pour but
d'encourager l'initiative privée et non de la décourager par trop d'exigences ; que, s'il importe que nous
bouclions honorablement notre budget chaque année,
il est moins nécessaire de réaliser de forts bénéfices,
nous avons toujours fait preuve de la plus grande
patience à l'égard des retardaires et nous n'avons eu à
subir de leur part, depuis 8 ans, que des pertes insignifiantes ».

A la fin de l'année 1886, les recettes s'élevaient à
1.589 fr. 90 cent. et les dépenses à 2.725 fr. 75 cent.
Depuis, nos frais ont sensiblement augmenté, nous
avons à supporter, outre l'impression du Bulletin, le
loyer des bureaux et dépendances qui est d'environ
400 fr., les appointements du comptable qui s'élèvent
à 1.500 fr. et enfin, depuis six mois, ceux de l'ingénieur agronome qui remplit les fonctions de direc-
teur-administrateur, lesquels, limités actuellement à
1 600 fr., croîtront avec la prospérité de la société.

A la fin de 1892, les fonds sociaux s'élevaient à la
somme de 7.296 fr. 55 centimes, ils ont, depuis, augmenté dans de très faibles proportions.

Modifications apportées au règlement. — Depuis la fondation du syndicat, les statuts ont subi quelques
changements de peu d'importance : dans l'Assemblée

du 1er juillet 1891, il a été voté que le nombre des syndics serait porté à dix ; cela a permis d'introduire au Conseil des représentants de nos arrondissements les plus éloignés.

Le 11 janvier passé, il a été convenu à l'unanimité : 1° que le directeur et les vice-directeurs prendraient désormais la qualification de président et de vice-présidents, le titre de directeur étant accordé à l'administrateur rétribué ; 2° que les élections du Bureau auraient lieu à la réunion générale de l'été ; 3° que la cotisation annuelle serait réduite à 1 fr. pour les instituteurs et institutrices. Dans la même Assemblée de janvier 1894, l'essai d'un genre de crédit agricole, par l'intermédiaire du syndicat, a été voté à l'unanimité. Le projet de ce crédit, qui a reçu l'approbation de M. le Ministre de l'agriculture et celle de la Commission chargée de répartir les fonds alloués par l'Etat, pour venir en aide aux victimes de la sécheresse, moins nombreuses en Savoie qu'ailleurs, est ainsi conçu :

Art. 1. — Le Syndicat des agriculteurs de la Savoie se charge du crédit agricole dans le département, moyennant le versement de la somme de 32.000 francs, allouée à la Savoie, sur les cinq millions votés par le Parlement pour venir en aide aux victimes de la sécheresse.

Art. 2. — Tous les cultivateurs du département pourront bénéficier de l'organisation du crédit agricole, moyennant le versement d'un droit d'entrée de 2 fr. par an. Ils auront droit au service gratuit du Bulletin mensuel du syndicat, qui les renseignera sur l'emploi rationnel des engrais chimiques, des tourteaux et autres fourrages, sur le choix des semences et instruments aratoires.

Art. 3. — La somme ci-dessus de 32.000 francs sera employée en achat de rente 3 0/0 perpétuel, dont les titres seront déposés à la Banque de France, contre l'ouverture d'un crédit en compte courant.

Art. 4. — Les délais pour le paiement seront de 3, 6 ou 12 mois. Les termes à 3 mois seront sur simple facture, majorés de l'intérêt. Pour les délais au-delà de trois mois, le débiteur souscrira un billet à ordre comprenant capital et intérêts avec la signature d'une caution. Ce billet pourra être négocié.

Art. 5. — Tous les billets ou factures seront payables au siège du syndicat.

Art. 6. — L'intérêt à payer par les détenteurs sera de 4 %;

ce taux pourra être modifié, chaque année, selon les résultats des opérations.

Art. 7. — Le Bureau du syndicat pourra exclure, du bénéfice de ces avances, les cultivateurs dont la solvabilité ne serait pas suffisamment établie ; il sera seul juge en la matière.

Art. 8. — Lorsque les fonds, dont disposera le syndicat, seront engagés dans les opérations en cours, sous la réserve d'un fonds de réserve suffisant, les avances seront suspendues provisoirement.

Art. 9. — La valeur des prêts ne pourra excéder la somme de 500 francs pour chaque emprunteur.

Art. 10. — Les prêts seront faits personnellement aux cultivateurs, à qui il sera interdit, sous peine d'exclusion, de revendre les marchandises comme de les acheter pour autrui.

Il ressort de ce projet que les prêts, consentis par le syndicat à ses membres et à tous les autres cultivateurs de la région, consisteront en matières agricoles, fourrages, engrais, semences, etc.

Dans le cas où nos administrateurs viendraient plus tard à juger que l'exercice de ce crédit complique par trop leurs opérations, ils seraient toujours à temps de provoquer la fondation d'une société qui s'en occuperait d'une manière spéciale et à laquelle ils remettraient les capitaux à eux confiés. Que le crédit ait lieu par le syndicat ou par une caisse indépendante, son influence sera toujours très grande sur l'activité de nos affaires. Beaucoup de cultivateurs timorés, voyant qu'on leur accorde des délais pour payer leurs dettes, se décideront à s'assurer de belles récoltes, par l'adjonction des engrais complémentaires à leur fumier de ferme.

Les pages qui précèdent nous semblent prouver que le Syndicat des Agriculteurs de la Savoie a répondu aux espérances qu'on pouvait attendre de lui et qu'il est appelé à rendre des services de plus en plus importants.

Accueilli depuis le mois de mars 1894 dans la grande famille de l'Union du Sud-Est, il participera dorénavant au mouvement économique de ce groupe important, qui ne peut qu'augmenter encore son influence et sa prospérité.

§ 9. — Syndicat du département de la Haute-Savoie.

Syndicat agricole de la Haute-Savoie.

En mars 1886, une réunion d'agriculteurs de la Haute-Savoie, désireux de profiter de la loi du 21 mars 1884, décida la création d'un syndicat agricole.

Ce syndicat devait être destiné à grouper les intérêts isolés, à servir d'intermédiaire désintéressé entre les producteurs et les consommateurs, à faire bénéficier ses associés de toutes les remises qu'il obtiendrait, ne prélevant qu'une somme minime pour couvrir ses frais de fonctionnement.

Le syndicat offrirait ses services à ses associés, sans gêner leur indépendance.

Dans l'étude des statuts de leur association, les membres du syndicat projeté sont partis du principe qu'un syndicat professionnel agricole est une union de personnes s'associant pour exercer plus fructueusement et plus facilement leur profession, le grand propriétaire venant en aide au petit cultivateur et recevant en échange son concours.

Chaque sociétaire doit voir son action dans l'association, réglée sur l'importance de sa consommation, de sa production. Mais l'intérêt, le plus minime en lui-même, est souvent très grand pour le cultivateur qu'il concerne ; il faut donc que les intérêts du plus petit comme du plus grand soient complètement sauvegardés.

En résumé, le principe sur lequel reposerait l'association serait celui-ci :

« Union de la grande, de la moyenne et de la petite culture pour la défense commune de leurs intérêts, sous réserve, en faveur de chacune, d'un droit de sauvegarde personnelle ».

Pour essayer d'atteindre ce but, l'association serait

divisée en trois groupes de sociétaires : les membres fondateurs, qui paieraient une cotisation annuelle de 18 fr.; les membres titulaires, dont la cotisation serait de 6 francs, et les membres associés dont la cotisation serait annuellement de 1 fr.

(Dans les assemblées générales qui ont suivi la fondation du syndicat, ces chiffres ont été changés pour les titulaires qui paient 5 fr. et les associés qui paient 2 fr. par année.)

Liberté serait laissée à chaque postulant de choisir le groupe dans lequel il voudrait entrer, et tout sociétaire resterait constamment libre de changer de groupe. Ces catégories ne seraient pas fermées, elles seraient, au contraire, toujours ouvertes à des admissions nouvelles comme aux changements de groupes réclamés par les sociétaires. La liberté serait assurée, dans chaque groupe, par le mode de votation qui constituerait un droit de veto laissé à chaque catégorie de sociétaires. Les membres fondateurs, créateurs du syndicat, auraient le droit de dissolution.

Après avoir pris les résolutions dont les principes résumés se trouvent ci-dessus, l'assemblée nomma un comité provisoire de six membres, chargés d'élaborer des statuts, de recueillir des souscriptions et, le cas échéant, de remplir les fonctions d'administrateurs provisoires jusqu'à la constitution définitive du syndicat et la nomination de la Chambre syndicale.

Ce comité accepta la charge qui lui était confiée et nomma président M. le vicomte B. de Boigne, lauréat de la prime d'honneur de la Haute-Savoie en 1884, agriculteur distingué autant que modeste et travailleur, qui s'occupa, avec beaucoup de dévouement, de la création de la société projetée, aidé par cinq agriculteurs désignés avec lui.

En avril 1888, les statuts furent déposés à la mairie de Ballaisan, près Douvaine, par l'administration provisoire et le syndicat, dont le siège social était provisoirement chez le président, commença à fonctionner.

Le 12 octobre 1888, eut lieu, à La Roche-sur-Foron, une assemblée générale où tous les membres souscripteurs, à cette date, furent convoqués.

Cette assemblée approuva définitivement les statuts du syndicat et nomma la Chambre syndicale qui, se réunissant immédiatement, nomma son bureau.

M. le vicomte de Boigne ayant déclaré personnellement qu'il ne lui était pas possible d'accepter les fonctions de président définitif, M. le comte de Chevron-Villette, conseiller général, propriétaire à Giez, près Faverges, fut élu président de la Société, fonction qu'il occupe en ce moment, ayant été réélu à l'unanimité en 1891.

A l'Assemblée générale qui constituait définitivement le syndicat, le chiffre des adhésions était de ¯98 et le chiffre des affaires faites était, pour quatre mois (du 15 avril au 15 octobre 1888), de 15,050 francs, comme l'indique un rapport de gestion présenté par un ingénieur agronome chargé de la direction des affaires. Quelques mois après, la direction fut confiée à M. G. de Saint-Bon, propriétaire-agriculteur à Veigy et le siège social du syndicat transporté à Annecy, chef-lieu du département. D'après le compte-rendu présenté à l'Assemblée générale de 1889, le nombre des adhérents avait presque doublé et était de 1,505 et celui des affaires à peu près quadruplé. Peu de temps après, on adjoignait au directeur un ingénieur agronome et de nombreuses conférences étaient données dans diverses parties du département et produisaient d'excellents résultats à tous les points de vue agricoles.

Depuis cette brusque extension, produite en 1889, le nombre des sociétaires a augmenté continuellement chaque année, mais d'une façon assez lente pour les raisons expliquées plus bas. Le chiffre des affaires a augmenté aussi d'une façon constante, sauf pendant cette dernière année où la sécheresse et la mauvaise récolte ont vivement éprouvé le département :

De 88,630 fr. en 1889, il est arrivé successivement à 121,471 fr. en 1890, à 102,811 fr. en 1891, à 102,495 fr. en 1892, pour retomber, grâce à la sécheresse, à 86,702 fr. en 1893.

Les raisons qui rendent plus spécialement lent l'accroissement du chiffre des adhérents et des affaires du syndicat agricole de la Haute-Savoie sont de deux sortes.

D'abord, la coexistence d'un syndicat officiel, largement subventionné, ensuite la configuration du département et sa situation spéciale au point de vue douanier (près de trois arrondissements sont zône franche), deux circonstances qui rendent une association agricole plus difficile à exister que partout ailleurs.

La différence des cultures pratiquées, depuis la vigne jusqu'aux pâturages alpestres, font aussi que les agriculteurs n'ont pas les mêmes besoins, ils peuvent difficilement s'unir pour des achats.

La montagne demande seulement des farines et quelques denrées de grosse épicerie et des engrais chimiques en très petite quantité, aussi, depuis l'existence du syndicat qui a fait baisser le prix des farines d'environ 5 fr. par balle de première qualité, les montagnards n'ayant plus d'intérêts immédiats et palpables et ne comprenant pas, pour la plupart, qu'ils doivent ce résultat à la Société et qu'il s'évanouirait bientôt si elle disparaissait, se retirent en grand nombre. Par contre, les régions de plaine adhèrent toujours en plus grand nombre et arrivent, malgré les défections dont il est question, toute défalcation faite à la dernière Assemblée (9 novembre 1893) à compenser et même à augmenter le nombre des membres de l'association.

En 1893, le syndicat a obtenu une médaille d'argent, grand modèle, au Concours régional d'Annecy. Cette même année, il avait cherché à organiser le crédit agricole mais, vu certaines difficultés et aussi à cause de la loi spéciale qui doit être votée au Parlement, la chose est restée en suspens pour le moment.

Le syndicat vient de faire inscrire tous ses membres à la Coopérative agricole du Sud-Est et compte installer prochainement des entrepôts et faire vendre, dans toute la France, les produits de ses membres, produits qui sont trop peu connus de nos nationaux et dont le débouché ordinaire, en Suisse, est aujourd'hui fermé par les guerres de tarifs.

Depuis sa fondation, il s'est affilié à l'Union des Syn-

dicats des Agriculteurs de France et à l'Union du Sud-
Est, avec lesquelles il concourra dans la mesure de sa
force à travailler pour la prospérité de l'agriculture
française.

En résumé, le Syndicat Agricole de la Haute-Savoie
a, on peut le dire sans crainte d'être démenti, développé les connaissances agricoles et commerciales et
l'esprit de solidarité de ses membres. Il a fait ainsi
œuvre utile au pays et il continuera, de son mieux, à
l'avenir, à poursuivre la tâche qu'il s'est tracée.

TITRE SECOND

L'Association au deuxième degré. Les Unions locales.

CHAPITRE II

L'UNION BEAUJOLAISE DES SYNDICATS AGRICOLES

L'un des premiers convertis par la loi de 1884, l'un des premiers organisés, le Beaujolais enfantait, coup sur coup, dans les trois premiers mois de l'année 1888, qua‑ tre syndicats cantonaux, embrassant la totalité de sa circonscription. Les promoteurs de cette quadruple naissance avaient bien eu un instant l'idée de créer un syndicat d'arrondissement; ils furent vite dissua‑ dés, d'abord parce que l'arrondissement de Villefran‑ che, comprenant plus que le Beaujolais, ne répondait pas exactement à ce que l'on voulait former, ensuite et surtout, parce que si toutes les formes sont bonnes, à condition qu'elles abritent quelques hommes de cœur et de dévouement, il était déjà incontestable que la vraie forme syndicale était le syndicat cantonal.

Moins fort peut-être que les associations plus nom‑ breuses et plus étendues, le Syndicat cantonal a du moins cet avantage, inappréciable à nos yeux, d'être exclusivement composé de gens de même terroir, ayant des intérêts identiques, des connaissances communes, ayant entre eux cette solidarité étroite de goûts et d'intérêts sans laquelle il ne saurait exister ni union ni amitié. Méfiants par nature, nous aimons bien, nous autres paysans, connaître ceux que nous chargeons de nos intérêts et si nous ne pouvons, à notre guise, les voir, les consulter, souvent même les disputer, nous ne sommes que très médiocrement satisfaits ; nous ne le sommes pas du tout si la société dans laquelle nous entrons place à sa tête des inconnus que nous n'avons jamais vus.

C'est assez dire que le canton est, pour nous, la meilleure unité de circonscription, car, dans le syndicat cantonal, tous les agriculteurs se connaissent, se rencontrent à chaque instant, peuvent apprécier réciproquement leur valeur personnelle, la situation de leurs affaires, ont enfin des besoins identiques auxquels il est possible de trouver une satisfaction commune, toutes conditions excellentes pour faire naître ce sentiment de solidarité qui est la base de toute corporation.

Le syndicat cantonal ainsi compris, ainsi constitué, est quelque chose ; le bienfait de l'association se manifeste dès le premier échelon. Si parfaite que soit son organisation, si dévoués que soient ses administrateurs, le syndicat cantonal n'est cependant qu'un syndicat qui vit à l'écart, se faisant humble et petit parce qu'il a conscience de sa faiblesse, se dissimulant pour échapper aux attaques intéressées des malveillants ; il lui manque, pour devenir une association qui marche en pleine route et en pleine lumière, sans forfanterie, mais sans crainte, sachant répondre, par la franchise même de son allure, aux calomnies et aux dénonciations, il lui manque, disons nous : l'Union, c'est-à-dire la Force.

Les syndicats du Beaujolais l'avaient compris ainsi et lorsque ayant trouvé leur formule et organisé leurs moyens d'action, ils purent fonctionner avec plus de spontanéité en s'adaptant aux nécessités locales, une aspiration nouvelle se révéla parmi eux et les poussa à organiser un groupement plus étroit destiné à accroître leur importance dans la sphère même où ils gravitaient. Ce groupement avait pour raison d'être l'étroite communauté d'intérêts des syndicats qui le devaient composer. Ces syndicats ont, en effet, un centre commun : Villefranche ; ils ont la même culture dominante, la vigne : ils ont, par conséquent, les mêmes produits, les mêmes idées, les mêmes besoins. Non contents de jeter les bases de l'Union du Sud-Est, dont ils furent les premiers fondateurs, et à laquelle ils assignaient un rôle plus général, régional plutôt que local, rôle que nous étudierons plus loin, les quatre syndicats frères reconnurent la nécessité d'une union toute locale, dont l'influence se manifesterait sur place, et qui aurait pour objet la recherche de progrès spéciaux, la représentation d'intérêts communs, qui offrirait enfin aux associations plus de facilités pour s'entr'aider, se faire bénéficier mutuellement des fruits de leur expérience, traiter avantageusement leurs affaires professionnelles, se sentir les coudes en un mot.

Aussitôt entrevue, la fondation de l'Union devint un fait accompli et, sur l'initiative de M. Em. Duport, président du syndicat de Belleville, les quatre syndicats de Belleville, le Bois-d'Oingt, Haut-Beaujolais, Villefranche créaient, le 30 mai 1888, l'Union Beaujolaise à Villefranche-sur-Saône. Grâce à l'entente qui existait dès cette création entre les syndicats unis, jamais naissance ne fut moins laborieuse et pourtant, comme Minerve, dont il faut lui attribuer la sagesse, l'Union est venue au monde armée de toutes pièces, car les syndicats en devant faire partie et devant seuls la composer à l'avenir, l'ont formée d'eux-mêmes. L'état civil de cette naissance a été établi par une déclaration régulière faite, le 1er juin suivant, à la mairie de Villefranche. Il y a exactement six ans que l'Union est fondée.

Peut être, à la suite de l'étude que nous allons faire de ces six premières années, nos lecteurs trouveront-ils que le nouveau-né a été un enfant prodige? Ce sera

17

pour nous tous qui avons été ses fondateurs et ses tuteurs, pour celui surtout qui fut son père et son éducateur, la meilleure récompense du passé, le plus stimulant encouragement pour l'avenir.

Pour la rendre claire et méthodique, nous diviserons cette monographie sommaire de l'Union en trois points principaux :

1° Services matériels ;
2° Services professionnels :
3° Services économiques.

I. — Services Matériels.

C'est une banalité de répéter que l'origine des syndicats agricoles comme aussi leurs succès si rapides auprès des agriculteurs sont dûs, en très grande partie, à l'intérêt matériel que ceux-ci y ont vu et trouvé. Cela n'a rien d'étonnant, les ruraux sont des gens pratiques avant tout, ils ont raison de dire : *primo vivere, deinde philosophari.*

Première raison d'être du syndicat, les services matériels à rendre devaient être aussi le premier objectif de l'Union Beaujolaise ; elle n'a eu garde de se dérober et si, dans les ventes des produits de ses membres, elle n'a obtenu que d'incomplets résultats, elle a, du moins, pour les achats, réussi au-delà de toute espérance.

ACHATS.

Il ne peut être nié que plus une commande est importante et plus aussi le fournisseur peut consentir un prix réduit, il est non moins constant que les adjudications stimulent le commerce et permettent d'obtenir les conditions les plus avantageuses.

En groupant dans une seule adjudication tous les ordres de même nature réunis par chaque syndicat. ce double résultat était certain ; on diminuait ainsi, dans de notables proportions, les frais nécessités par les adjudications partielles, on allégeait surtout le travail des administrateurs délégués, on arrivait enfin à ce résultat capital, nécessaire pour la réussite de toute adjudication : la réunion des ordres à date fixe.

Ce résultat s'obtiendra d'autant mieux qu'une adjudication est au bout, que la règle est générale dans la région et que les administrateurs délégués peuvent refuser les ordres des retardataires.

Les groupements pour les expéditions, de difficiles ou impossibles qu'ils étaient, se font rapidement et sans peine, la surveillance des qualités est également plus facile et moins coûteuse en cas d'analyses ou de difficultés ; enfin, l'adjudication commune fait disparaître ce qu'il pourrait y avoir de fâcheux dans le cas où les achats d'un syndicat seraient, à un moment donné, plus avantageux que ceux de son voisin, ce qui est possible et même certain.

Établis dans la même région, tendant au même but, les syndicats de l'Union Beaujolaise devaient éviter toute apparence et toutes chances de désunion ; c'est pourquoi, avec beaucoup de raison, ils ont adopté, pendant les premières années, la pratique des adjudications communes, pour lesquelles ils avaient établi le règlement suivant :

Art. 1er. — Les syndicats unis, convaincus que l'économie et la sécurité dans les achats se doivent obtenir par le groupement, s'engagent à faire passer, par les adjudications de l'Union, tous les ordres réunis en temps utile.

Art. 2. — Chaque année l'assemblée générale de l'Union décidera quels sont les articles soumis à l'adjudication ; elle fixera en même temps l'époque approximative de ces adjudications.

Art. 3. — Les ordres, dans chaque syndicat, devront être remis quinze jours avant l'adjudication.

Les ordres ainsi réunis seront transmis sans délai par les administrateurs délégués de chaque syndicat à l'administrateur délégué de l'Union.

Art. 4. — Les adjudications devront avoir lieu quinze jours avant les époques d'envoi, mais elles pourront être fixées plus tôt.

Art. 5. — Les syndicats, sous leur responsabilité individuelle, pourront, en le déclarant au cahier des charges, demander, en prévison d'ordres ultérieurs, des quantités supérieures aux ordres réunis au moment de l'adjudication.

Art. 6. — Les adjudications auront lieu par pli cacheté adressé au siège social. — Le bureau, au jour fixé, tranchera l'adjudication en faveur des fournisseurs paraissant présenter le plus de garanties, sans que le prix le plus bas entraîne de droit sa décision.

Art. 7. — L'administrateur délégué de l'Union, de concert avec les autres administrateurs, dressera pour chaque nature d'adjudication, un cahier des charges qui restera déposé au siège social de l'Union et aux sièges sociaux des syndicats unis. Ce cahier des charges pourra servir pour plusieurs adjudications successives de même nature et pour plusieurs fois.

Art 8. — L'administrateur délégué de l'Union fera toute la publicité nécessaire qui sera payée sur la caisse de l'Union.

Art. 9 — Le cahier des charges comportera toujours, pour toutes les adjudications, les clauses suivantes:

Les livraisons seront faites directement aux syndicats unis qui, achetant pour le compte de leurs membres, resteront individuellement chargés d'envoyer le détail des expéditions et d'en surveiller l'exécution, comme c'est directement qu'ils en régleront le montant aux adjudicataires.

Toutes difficultés de ports, retards, règlements, etc., sauf celles concernant la qualité des marchandises livrées et leurs prix, seront réglées de syndicat à fournisseur. L'Union se réserve de veiller à l'exécution de l'adjudication en ce qui concerne la qualité et le prix.

Art. 10.— Les frais d'analyse ou de justice pouvant résulter de la surveillance de qualité et de prix seront payés par la caisse de l'Union.

Ce système d'adjudications, si bien réglé qu'il ait été, ne pouvait être que provisoire, en raison surtout de l'impossibilité où se trouvaient les syndicats unis de recueillir, à l'avance et en temps utile, les ordres de leurs membres. Beaucoup de syndiqués — n'est-ce pas la majorité — ne se font pas une idée exacte de ce qu'est un syndicat agricole. Il en est qui prennent le syndicat pour un grand détaillant dont le magasin doit toujours être fourni de toutes les matières nécessaires à l'agriculture et chez qui l'on n'a qu'à se présenter pour être immédiatement servi. Cette conception est tout à fait fausse : loin d'être un détaillant, le syndicat ne peut devenir ni vendeur ni acheteur, il sert seulement d'intermédiaire entre les syndiqués et les fournisseurs, recevant les demandes des uns et les offres des autres.

Pour profiter des avantages de l'adjudication, il eût donc fallu vaincre la routine invétérée de ceux qui en devaient bénéficier et réussir à obtenir d'eux des ordres prévisionnels.

C'était trop demander; l'Union jugea plus simple de changer de méthode et d'installer un courtier. Le 16 décembre 1890, la nouvelle organisation devenait définitive par la nomination de M. Janot comme courtier agréé des Syndicats de l'Union Beaujolaise.

Comment fonctionne l'office des syndicats beaujolais, comment opère son courtier? Il nous semble utile de le détailler ici, au moins sommairement.

Chacun des syndicats unis a à sa tête un agent spécialement chargé de la partie commerciale et des entrepôts. C'est lui seul qui est chargé de recevoir les ordres et de livrer les marchandises commandées par les membres de l'association. Le bureau étant là pour représenter les intérêts de tous, il n'intervient jamais qu'en cas de contestations entre le syndicat et ses fournisseurs, ou entre le syndicat et ses acheteurs. Dans chaque syndicat, l'administrateur délégué a tout pouvoir du bureau pour surveiller l'agent commercial, ses livres et ses opérations.

Au dessus des quatre agents spéciaux, se trouve immédiatement le courtier de l'Union qui, lui, reçoit chaque jour les commandes de ses subordonnés, les classe, les exécute, groupant ses ordres pour les achats, obtenant ainsi des réductions importantes sur les prix des marchandises. Le courtier n'est, en réalité, que l'exécuteur des commandes, les expéditions étant toujours faites au syndicat lui-même, et les traites payées directement par le syndicat.

Par la situation des marchandises en entrepôt, qui lui est régulièrement envoyée tous les 15 jours par les agents de chaque syndicat, le courtier, toujours au courant des besoins, veille, sous la direction de l'Administrateur délégué, à ce que les entrepôts soient toujours pourvus des marchandises les plus usuelles, les plus nécessaires. C'est donc le double rôle d'acheteur et d'approvisionneur que remplit le courtier des syndicats beaujolais.

Les affaires réunies des quatre syndicats ayant atteint, en 1893, le chiffre très respectable de 600,000 fr.,

on conçoit bien que le courtier puisse déjà obtenir de
sérieuses concessions du commerce; il opère cependant
rarement seul et, le plus souvent, c'est en les joignant
à ceux, beaucoup plus importants, du courtier des syndicats du Sud-Est, qu'il exécute les ordres qui lui ont
été passés. Personne ne s'en plaint, syndicats et courtiers y trouvant leur bénéfice.

Il y a lieu, cependant, de faire une réserve en ce qui
touche l'achat des plants américains, achat que le courtier des syndicats beaujolais pratique seul et de la
manière suivante :

Chaque année, deux ou trois délégués, experts en la
matière, sont désignés par chacun des syndicats unis ;
sous la conduite du courtier, qui a préalablement
passé des marchés provisoires avec ses vendeurs, ils
visitent, courant août-septembre, les pépinières achetées, et ratifient le marché, après cette visite sur feuilles, si les bois leur paraissent remplir les conditions
requises. Dans chacune des pépinières visitées, tous
les pieds non authentiques sont contremarqués et
laissés à part, au moment de la taille. Celle-ci n'a lieu
qu'en leur présence et c'est généralement en décembre
que les délégués partent à nouveau pour surveiller la
taille des pépinières qu'ils ont visitées et reconnues et
assister au triage et à la mise en paquets. Tous les bois
sont à nouveau soigneusement reconnus avant leur
mise en paquets et les paquets sont à leur tour pourvus d'une étiquette donnant le nom des cépages, les
noms et adresses du vendeur et le nom du délégué.
Ainsi faits, les paquets sont placés en wagon sous la
surveillance du délégué qui le cadenasse lui-même et
en envoie la clef à l'agent du syndicat destinataire.

Mais, dira-t-on, les délégués, ainsi envoyés à de grandes distances, doivent coûter beaucoup et les plants
ainsi achetés revenir fort cher? Oui s'il s'agissait de
quelques milliers de boutures, mais lorsque ces frais
sont répartis sur des millions de boutures, ils se rédui-
sent à très peu de chose et n'ont jamais jusqu'ici dépassé trois francs le mille, restant souvent bien au-
dessous de ce chiffre. Pourquoi ne pas ajouter que,
même avec les frais de délégués, les prix du courtier

ont toujours été de 25 % inférieurs à ceux du commerce local ?

Grâce à ces mesures, rigoureusement suivies, les syndicats de l'Union ont pu livrer à leurs membres, depuis 1891, près de 10,000,000 de mètres de bois de greffage, sans que jamais aucune réclamation sérieuse leur soit parvenue. Si l'on veut bien considérer que ces 10,000,000 de mètres ont pu faire 40,000,000 de greffes, dont la moitié, au bas mot, a pu être plantée, avec toutes garanties de pureté et d'authenticité, on reconnaîtra quel service immense l'Union a rendu aux vignerons du Beaujolais dans la reconstitution de leurs vignobles.

C'est donc avec raison que les syndicats de l'Union Beaujolaise ont créé un office et installé un courtier et si, au début, ils ont hésité devant la dépense qu'allait nécessiter cette organisation, ils ne sauraient trop se féliciter de s'être rendus aux sages raisonnements de leur président, M. E. Duport, et d'être entrés avec lui dans la voie si féconde qu'il leur a si heureusement ouverte et au cours de laquelle ils ont trouvé la solution du problème difficile : *Acheter bon et bon marché.*

VENTES

L'agriculteur étant surtout un producteur et demandant, pour être consommateur, d'écouler facilement ses produits, il était naturel que l'Union fît quelques tentatives en ce sens et essayât, elle aussi, d'obtenir quelques résultats. Possédant à sa tête une pléiade d'hommes dévoués ayant la foi dans l'œuvre syndicale, l'Union était bien placée pour réussir ; le succès, cependant, a refusé de répondre aux espérances et, comme bien d'autres, les syndicats beaujolais, si avancés qu'ils soient au point de vue professionnel, en sont encore à chercher la véritable formule de la vente des produits agricoles.

Les essais faits méritent cependant d'être consignés, au moins dans leurs lignes les plus générales.

Nous ne parlerons pas, bien entendu, des ventes faites chaque année par le courtier et portant sur quelques produits spéciaux tels que fourrages, greffes, semences, et nous nous arrêterons seulement à la récolte principale, pour ne pas dire unique, du Beaujolais : le vin.

La loi de 1884 donnant aux syndicats le moyen de faire ce qu'une personne seule ne pourrait tenter sans grande chance de succès, le devoir et le but d'un syndicat devant être de rendre service à ses membres, il convenait, dans une région viticole aussi importante que la nôtre, d'ouvrir des marchés aux vins où vendeurs et acquéreurs trouveraient leur profit.

Pour mener à bien semblable entreprise, il fallait :

Pour les vendeurs : des emplacements vastes au centre de la région et d'un accès facile.

Pour les acquéreurs : l'assurance, avant tout, de ne trouver sur les marchés que des vins de la région garantis naturels.

Villefranche, pour le Bas-Beaujolais, Pontanevaux, pour le Haut-Beaujolais, étaient tout désignés pour devenir les deux centres cherchés; leurs marchés aux vins s'ouvraient à Pontanevaux le 15 octobre 1888, à Villefranche le 21 octobre 1889.

L'un et l'autre étaient soumis au réglement suivant :

L'entrée du marché sera gratuite pour tous les membres des syndicats de l'Union Beaujolaise.

Ne seront admis que les vins récoltés sur le territoire du département du Rhône et présentés par le propriétaire ou le vigneron.

Ne seront admis que les vins provenant de la fermentation du jus de raisins, sans addition de sucre ; les vins dits de 2e cuvée, de raisins secs, etc, etc, en seront formellement exclus. Les vins procédés, c'est à dire dont le moût est additionné de sucre, sont aussi provisoirement exclus.

Le propriétaire vendeur devra, en entrant au marché, être muni de deux échantillons de grandeur convenable, qu'il remettra à l'employé de service, lequel après avoir reconnu le bon état du dit échantillon, inscrira sur un registre spécial : le nom du propriétaire, son domicile, la provenance, la quantité à vendre et le prix demandé. Ces divers renseignements seront signés séance tenante par le déposant qui devra préalablement mettre sur les bouteilles des étiquettes portant ces mêmes renseignements. Aussitôt après l'inscription, un numéro d'ordre sera mis sur les échantillons, dont l'un sera à la disposition des dégustateurs et l'autre réservé pour la garantie de l'acheteur.

Nul échantillon ne sera soumis à la dégustation qu'après ces formalité bien remplies.

Dans le cas où il serait reconnu que l'échantillon présenté ne se trouverait pas dans les conditions exigées pour être soumis à la dégustation, ce dernier serait immédiatement retiré et le nom du propriétaire pourrait être affiché dans la salle, puis son exclusion prononcée par une Commission composée des présidents des syndicats, à la majorité des voix.

Le marché aux vins sera ouvert le lundi à Villefranche, le jeudi à Pontanevaux, de une heure à quatre heures. Aussitôt après la fermeture, le relevé des vins restant à vendre sera fait ; cette liste, abstraction faite des noms des propriétaires, contiendra les mêmes renseignements que ceux portés sur les échantillons et il lui sera donné toute la publicité possible.

Le relevé des ventes figurera chaque mois dans les Bulletins des syndicats unis.

Ramener à nous le commerce, rapprocher le producteur de l'acheteur et faciliter les transactions pour le plus grand profit de l'un et de l'autre, tel a été le but réel de la création de nos marchés aux vins. C'est donc grandement à tort que certains — intéressés à cela probablement — y ont vu une arme de guerre dirigée contre le commerce.

Le commerce a besoin d'acheter, l'agriculture a besoin de vendre ; au lieu de se combattre, ne vaut-il pas mieux s'entendre et, pour cela, n'est-il pas utile d'avoir des locaux et des réunions périodiques où l'on soit sûr de se rencontrer ? L'existence d'un marché aux vins est avantageuse pour le viticulteur qui aura plus de facilité à se défaire de ses récoltes en venant les offrir à jours fixes, au centre du pays qu'il habite, dans une ville d'un accès facile et où toutes ses affaires l'appellent fréquemment. Cette création est plus avantageuse encore pour le négociant, le marchand de vin, le restaurateur, le débitant qui seront à même de pouvoir se renseigner de suite, sans frais et sans déplacement inutiles, sur le vin d'une région tout entière et avec une garantie complète de provenance et d'authenticité.

Malgré leurs avantages, malgré les garanties offertes à l'acheteur, malgré les efforts des organisateurs, les deux marchés aux vins de Pontanevaux et Villefranche, l'un après trois ans, l'autre après deux ans d'une existence

pénible et difficile, ont dû fermer leurs portes devant
l'indifférence des acheteurs et, faut-il le dire, devant
la négligence des vendeurs. Au moment où nous écrivons, le marché de Pontanevaux rouvre ses portes ;
réussira-t-il mieux que la première fois, nous le
souhaitons sans oser l'espérer.

C'est sur ces tentatives infructueuses qu'est restée
l'Union Beaujolaise, non pas qu'elle ait perdu tout
espoir de réussir tôt ou tard, mais parce qu'elle ne croit
pas que l'heure du succès soit encore venue. Si, depuis
la fermeture de ses marchés, l'Union n'a rien fait elle-
même, il est juste toutefois de faire mention d'un essai
entrepris, sous son patronage, par l'un des syndicats
unis : le syndicat du Haut-Beaujolais.

Persuadé qu'il y a possibilité de rapprocher producteur et acheteur à l'avantage de l'un et de l'autre,
trompé dans sa première attente par l'insuccès du
marché de Pontanevaux, M. le comte de Saint-Pol, président du syndicat du Haut-Beaujolais, résolut, en 1891,
de tenter la vente directe en supprimant les intermédiaires. A cet effet, il créait un office à Fleurie ; un
agent intéressé était mis à sa tête et recevait mission
de susciter les commandes, de les recevoir, de veiller
à leur exécution tant dans l'intérêt du vendeur que de
l'acheteur, de goûter les vins, de faire faire, sous ses
yeux, soutirage et expédition, après avoir préalablement imprimé sur le fût la marque du syndicat constituant en l'espèce le certificat d'origine.

C'est évidemment donner à l'acheteur toute garantie.
Mais le comprendra-t-il bien, et si des résultats sont
possibles pour les vins fins, sont-ils aussi certains
pour les vins ordinaires? Nous ne le croyons pas et si
l'on veut faire quelque chose, c'est du côté des sociétés
coopératives de consommation que l'effort doit être
tenté. « Ce serait, comme le dit fort justement M. le
comte de Rocquigny, le premier pas fait vers la suppression des intermédiaires parasites — nous ne disons
pas de tout intermédiaire, car il y en a d'utiles, dans
le commerce des vins plus qu'ailleurs — l'aurore d'une
entente générale entre le consommateur et le producteur, afin de les aboucher directement de manière à

rendre pour le premier la vie moins onéreuse, pour le second la vente plus rémunératrice; ce serait en même temps la plus sûre façon d'empêcher les tromperies et les falsifications qui nuisent à l'acheteur et ont pour le producteur cette conséquence si grave de ruiner la réputation de ses produits... »

Déjà une première entrevue entre syndicats et coopératives a été heureusement ménagée à Paris, au moment du concours général de 1894; espérons que les relations entamées s'affirmeront par des transactions et qu'un résultat sera promptement obtenu.

Le Congrès des Syndicats Agricoles et le Congrès des Sociétés Coopératives qui se doivent tenir l'un et l'autre, à Lyon, fin août, sont tout désignés pour rechercher les moyens de rendre effective cette entente entre producteurs et consommateurs.

Quoiqu'il arrive, les syndicats viticoles ne doivent pas perdre de vue que leur grand consommateur doit être longtemps encore le commerce de gros; c'est donc à le ramener à eux, à lui faire perdre l'habitude d'aller en Espagne ou en Italie que leurs efforts doivent tendre. Plus que jamais la viticulture a besoin du commerce honnête; plus qu'à toute autre époque elle ne peut le combattre sans aller à l'encontre de son véritable intérêt.

En attendant, de pouvoir constater une heureuse solution, mentionnons la brillante participation de l'Union Beaujolaise au Concours des vins du Palais de l'Industrie, de 1894, et félicitons-la du diplôme d'honneur, si mérité et si bien placé, qu'elle y a obtenu.

Nous en avons fini avec les services matériels rendus à ses membres par l'Union Beaujolaise. S'ils sont encore peu appréciables dans les ventes, ils sont, du moins, considérables dans les achats; pour les uns et les autres, elle est en bonne voie. Bien acheter et bien vendre, c'est la première raison d'être des syndicats et l'Union Beaujolaise n'aurait garde d'oublier ce double rôle; son passé nous est garant qu'elle le saura remplir.

II. — Services Professionnels

Dans l'esprit du législateur, la loi de 1884 n'avait pas seulement pour but de créer des associations d'intérêts devant procurer aux agriculteurs des avantages matériels, elle devait encore et surtout favoriser le développement du progrès agricole et contribuer par là au relèvement si nécessaire de l'agriculture nationale. Cette mission, les syndicats du Beaujolais l'ont généreusement comprise, habilement menée à bien; nous allons voir par quels moyens ils y sont arrivés.

Ces moyens sont au nombre de trois :

1º *L'Enseignement agricole général* ;
2º *L'Enseignement professionnel technique* ;
3º *L'Organisation d'institutions d'assistance et de secours.*

1º Enseignement agricole général

Bulletin. — L'idée génératrice de l'Union Beaujolaise fut la création d'un Bulletin commun. Enfants d'un même sol, ayant mêmes souffrances, mêmes intérêts, mêmes besoins, nous devions tout naturellement nous rapprocher pour la défense commune. Un Bulletin était tout indiqué pour devenir ce trait d'union et établir, entre les syndicats réunis, ces rapports d'amitié et de solidarité qui, s'affirmant de plus en plus et de jour en jour, ont fait et feront longtemps la force de l'Union.

Venus au monde sans dot et sans rentes, trop jeunes pour avoir fait fortune, les syndicats du Beaujolais, par économie autant que par intérêt, adoptèrent, dès l'origine, le principe d'un Bulletin commun. Ce Bulletin naissait presque en même temps que l'Union : le 1er juin 1888. De cette époque jusqu'au 1er janvier 1891, le Bulletin de l'Union eut la forme du journal quotidien, 4 pages in-folio.

Ayant un double but et devant à la fois défendre les

intérêts de chaque syndicat et ceux des syndicats réunis, il fut scindé en deux parties : l'une commune aux quatre syndicats, l'autre spéciale à chacun d'eux. Les quatre premières pages furent spéciales, les douze autres furent communes. Chaque syndicat avait le droit de composer, comme bon lui semblait, les quatre pages de son Bulletin qui, du reste, portait exclusivement son titre. Les frais étant communs, la dépense était répartie, chaque trimestre, au prorata du tirage; il en était de même du produit des annonces. Pour la rédaction de la partie commune, l'Union avait établi un roulement trimestriel entre les syndicats qui, à tour de rôle, étaient ainsi chargés de sa rédaction et de sa composition. Ce Bulletin coûtait peu, il donnait également peu et l'Union grandissant en même temps que les syndicats, nous prîmes l'initiative, en novembre 1890, d'un changement de format. Nous eûmes bien quelque peine à entraîner nos collègues de l'Union qui, plus prudents et plus positifs, craignaient tous un supplément considérable de dépenses, plus de difficultés aussi dans la composition, mais la réforme était si utile, notre projet si tentant que la victoire resta du côté des moins sages. L'avenir devait nous prouver qu'il est encore vrai que *audaces fortuna juvat* et que l'Union avait bien fait de suivre le plus jeune de ses membres.

Chargé exclusivement de la rédaction du nouveau Bulletin, depuis sa transformation, nous sommes bien à même d'en apprécier les résultats ; ils sont tellement satisfaisants que nous n'hésitons pas à les publier. Le Bulletin des syndicats unis se compose actuellement de 20 pages de texte, grand in-8º: 4 pages sont restées spéciales à chaque syndicat qui les remplit à sa guise et sous sa responsabilité, 16 sont communes, rédigées par nous et soumises chaque mois, avant impression, à l'approbation du Bureau de l'Union. En dehors de ces 20 pages de texte, le Bulletin comprend 16 pages de couleur dont 12 d'annonces et 4 de couverture. Les 2 premières pages de couverture sont réservées à l'entête du Bulletin, à la composition du Bureau et de la Chambre syndi-

cale, les deux autres à des annonces : il y a donc en
tout 14 pages d'annonces. Comme résultats financiers,
voici exactement ceux qu'a donné l'exercice 1893 :
pour un tirage à 6,000 exemplaires d'un Bulletin de
20 pages de texte dont 4 spéciales, changées pour
chaque syndicat, plus 12 pages d'annonces et 4
de couverture, le prix d'impression a été, pour 12
mois de 3,744 francs et le produit des annonces de 1,680
francs : soit en réalité une dépense totale de 2,064 fr.

Ce sont là des résultats qui ont bien leur valeur et
nous ne croyons pas qu'aujourd'hui l'Union puisse regretter d'avoir amélioré son Bulletin, beaucoup plus
en rapport que le précédent avec l'importance toujours
croissante de ses quatre syndicats. Reflet de l'Union, le
Bulletin est désormais à sa hauteur ; l'un et l'autre ont
grand air, bonne venue, on voit qu'ils vivent à la campagne et que, malgré leur croissance rapide; ils ne connaissent pas cette maladie moderne, si terrible : l'ané-
mie. Aux syndicats moins heureux nous recommandons ce remède infaillible : progrès et dévouement.

Almanach. — Pour compléter l'enseignement théorique donné par le Bulletin, l'Union ne pouvait manquer
d'utiliser ce merveilleux instrument de propagande
agricole qui s'appelle l'Almanach. Gai et bon enfant.
mêlant toujours l'utile à l'agréable, l'almanach est un
livre toujours apprécié dans nos campagnes; le distribuer gratuitement ne pouvait qu'être goûté de
ceux qui en profiteraient. La première année, 1891,
l'Union s'entendit avec l'administration d'une publica-
cation locale, qu'elle fit sienne par ses articles et son
inspiration : mais ce n'était qu'un essai, car, au double
point de vue économique et syndical, il y avait mieux
à faire. Elle ne tergiversa pas longtemps, car, en 1892,
elle avait son almanach propre, fait par elle et pour
elle, et qui, tiré à 5,000 exemplaires, avait été assez
habilement conduit pour ne rien coûter ni aux caisses
syndicales, ni aux syndiqués. La publicité seule en
avait fait les frais.

Depuis, l'Union, plus généreuse que la fourmi, a mis

son enfant en nourrice chez l'Union du Sud-Est; nous verrons plus loin que, pour être devenu citadin, il n'en est pas moins resté, comme les enfants des vignerons bourguignons, gros, joufflu et bien portant.

2° Enseignement professionnel technique.

A côté de l'enseignement agricole général donné par le Bulletin et l'Almanach, l'Union a placé l'enseignement professionnel, et en favorisant la reconstitution des vignobles beaujolais, en développant la lutte contre les maladies cryptogamiques, en provoquant l'emploi raisonné des engrais chimiques, elle a rendu au pays un service considérable que personne ne saurait contester.

L'un des premiers atteints par le phylloxéra, l'un des plus rapidement ravagés, en raison de la nature même de son sol, le Beaujolais avait peu fait encore pour sa reconstitution quand naquit l'Union Beaujolaise. Ce n'était pas cependant sans que la Société régionale de viticulture de Lyon et son distingué secrétaire général d'alors, M. V. Pulliat, n'aient fait tous leurs efforts pour l'entraîner dans la voie des cépages américains, mais les grands propriétaires seuls avaient suivi, les vignerons et les petits propriétaires restant incrédules. L'Union avait donc un rôle à remplir : rôle double, puisqu'il s'agissait non seulement de répandre la culture des vignes américaines, mais encore de bien déterminer quelle nature de cépage il fallait planter.

Procédant par méthode, elle débute par des conférences faites au siège de chaque syndicat et dans lesquelles elle fait insister sur la nécessité de garder les vieux cépages par le greffage, dans lesquelles aussi elle s'élève avec une sage énergie contre la tendresse, alors si manifeste, qu'on affichait un peu partout à l'égard des producteurs directs. Partout ses conférenciers démontrent l'importance d'une reconstitution rapide, la nécessité d'opérer cette reconstitution avec ce vieux et bon Gamay, qui, en faisant la qualité et la réputation des vins beaujolais, a été, par là même, l'orgueil et la fortune du pays. Comme suite à cet enseignement théorique, l'Union organisait, en 1888, aux vignobles

de l'Hérault, une importante excursion, dont M. De-
mours, administrateur délégué du syndicat du Bois-
d'Oingt, et nous-même prenions la direction. Cette
visite de huit jours aux plus importants domaines
reconstitués du Languedoc, ouvrit les yeux aux derniers incrédules, inspira à tous nos compagnons de
voyage la ferme conviction que les vignes américaines,
seules, pouvaient réparer le désastre immense causé
par l'invasion phylloxérique. Les résultats constatés
étaient si frappants qu'ils se transmirent vite de bouche en bouche et, pour la première fois peut-être,
dans le Bas-Beaujolais surtout, on prit la chose réellement au sérieux. Mais comme il ne s'agissait pas
seulement de dire qu'il fallait planter des vignes américaines, et qu'il fallait encore faciliter le choix et
l'achat des porte-greffes, l'Union organisait, la même
année, son service de délégués, dont nous avons vu
plus haut tous les heureux effets, et créait, dans ses
syndicats, des pépinières de porte-greffes dont elle
établissait ainsi le règlement :

Art. 1er. — Tout terrain, offert pour servir de pépinière
syndicale de porte-greffes, doit être l'objet d'une convention sous seing privé entre le cessionnaire et le président
qui reçoit.

Art. 2. — Nulle offre ne peut être acceptée, si la cession du
terrain n'a pas une durée de dix ans. La cession peut être
gratuite ou moyennant une redevance annuelle d'un dixième
du bois produit. A l'expiration, comme en cas de dissolution
du syndicat avant le terme de dix ans du traité, le terrain
est rendu dans l'état où il sera, complanté d'américains,
sans indemnité d'aucune part.

Art. 3. — Dans chaque syndicat, une Commission de trois
membres nommés par le Bureau, est chargée de l'administration des pépinières syndicales.

Art. 4. — Les frais de minage, achat de bois, cultures en
général, grèvent seuls le prix des bois, que la Commission
fixe annuellement sans bénéfice aucun. Les frais des deux
premières années seront supportés, en totalité, par les bois
et les racinés vendus pendant les cinq premières années.
Ceux vendus pendant les cinq dernières ne supporteront
plus que les frais de culture annuelle.

Art. 5. — Pendant les deux premières années, les intervalles entre la plantation, pour profiter du minage, pourront
être utilisés à l'enracinement de boutures qui seront ensuite vendues aux syndiqués au prix coûtant.

Art. 6. — Les demandes de bois ne pourront être faites

que par des syndiqués ne vendant ni bois ni greffes. Elles
devront être remises à la Commission spéciale avant le
1er février de chaque année.

Art. 7. — Tout ce qui n'a pas été prévu au présent règlement sera réglé par la Commission spéciale.

L'essor était donné, il s'agissait de le régler pour le
plus grand bien du pays en donnant aux intéressés les
moyens d'aller droit et vite au but entrevu. Ce fut la
raison d'être de l'enquête sur les porte-greffes entreprise par l'Union dans l'été de 1890 et terminée le 4 août
de la même année, en séance publique à Villefranche.
Cette enquête était d'autant plus nécessaire et opportune que des plaintes reproduites par la presse spéciale
s'étaient faites plus nombreuses pendant l'hiver 1889,
jetant le doute et l'inquiétude parmi ceux d'entre nos
syndiqués qui s'occupaient de la reconstitution de
leurs vignes par les vieux porte-greffes, il importait donc que les faits avancés pussent être contrôlés sans parti pris et avec toutes les garanties
que donne l'expérience acquise. Soixante-quinze
grands propriétaires, répartis sur 40 communes, ayant
répondu au questionnaire de l'Union, il fut possible d'arriver à cette conclusion précise « que les
vieux porte-greffes les plus anciennement et les plus
employés en Beaujolais, tels que : Viallas, Riparias à
larges feuilles, Solonis, Yorks et Rupestris à larges feuilles, très sélectionnés et très adaptés au sol, permettent
de poursuivre courageusement la reconstitution de
nos vignobles. Il est possible, probable même, que,
par l'hybridation, on trouvera des porte-greffes
supérieurs, mais il est prudent d'attendre que ces nouveaux venus aient reçu la seule consécration certaine,
celle du temps. »

Entre temps, au printemps de la même année 1890,
l'Union organisait, à Beaujeu, un concours de greffage
entre tous les élèves diplômés des écoles de greffage,
habitant les cantons de sa circonscription. C'était la
mise en pratique de l'enseignement qu'elle avait si
soigneusement répandu, le commencement de son
œuvre de propagande. Elle avait successivement appris
et montré sur place à ses adhérents ce que valaient les

vignes américaines, elle leur avait donné ensuite les moyens de reconnaître et d'acheter celles qu'elle leur conseillait, elle terminait en leur montrant comment s'opéraient le greffage et la plantation ; l'œuvre a été complète, elle a donné les meilleurs résultats ; l'état très avancé de la reconstitution en Beaujolais en est la meilleure preuve.

Le Beaujolais était à peine maître du phylloxéra, qu'un nouvel ennemi s'abattait sur son vignoble, menaçant, si l'on n'y prenait garde, de lui faire autant de mal que le premier. Venu, lui aussi, d'Amérique, le mildiou trouva, heureusement pour nous, dès son arrivée en France, un adversaire redoutable : le sulfate de cuivre. Grâce aux syndicats, ce produit conquit assez vite droit de cité dans nos campagnes, et c'est là le cas de répéter « que si nos syndicats ont porté leurs premières armes contre le mildiou, c'est aussi contre lui qu'ils ont gagné leurs premières victoires ».

Il ne s'agissait pas cependant de fournir seulement à nos syndiqués le remède, il fallait encore leur donner l'instrument, d'où la raison d'être du concours de pulvérisateurs tenu à Belleville le 19 mai 1889. Notre région étant la plus riche en constructeurs spéciaux, on comprend quel intérêt pouvait avoir ce concours entre les Gobet, les Vermorel, les Pelletier, les Perrin, les Plissonnier, dont les noms et les machines sont aujourd'hui connus de tout le monde viticole. Oser prendre part à un concours pareil, n'était-ce pas déjà un véritable brevet d'excellence ? Comme bien on pense, les visiteurs furent nombreux, les achats plus nombreux encore ; le concours porta ses fruits, non seulement dans la région, mais encore dans la France entière, grâce à la publicité de notre Bulletin.

Reste la question des engrais chimiques sur laquelle l'Union, par son Bulletin et par ses conférences, n'a cessé, depuis sa fondation, d'appeler l'attention de ses membres. De toutes les branches du travail national, l'agriculture est, sans conteste, celle qui a progressé le moins vite et le moins sûrement ; aussi pendant que sa sœur aînée, l'industrie, touchait, par le perfectionnement de son outillage et de ses produits, aux hautes cîmes du progrès, l'agriculture, jusqu'en 1884, s'est traînée dans les ornières de la routine. Depuis les syndicats, la situation s'est nettement modifiée, et l'emploi des engrais entrant avec eux dans la pratique courante, nous voyons peu à peu l'agriculture prendre son essort et devenir résolûment progressiste. Elle sortira de la routine en perfectionnant ses modes de culture et diminuant ses frais de main-d'œuvre, afin de produire beaucoup et dépenser peu. Progressiste, elle le sera aussi le jour où, ayant augmenté ses rendements d'une façon notable par l'emploi judicieux des engrais chimiques, elle arrivera à produire assez pour vendre bon marché.

C'était le rôle de l'Union Beaujolaise de faire entrer dans cette voie l'agriculture locale ; nous croyons qu'elle l'a bien rempli son rôle et, qui mieux est, qu'elle a obtenu de sérieux résultats.

3° Organisation d'Institutions d'Assistance.

Récemment et avec cet à-propos dont il est coutumier, le président de l'Union Beaujolaise, M. Emile Duport écrivait : « Sur les fondations de la loi du 21 mars 1884, l'association a bâti un solide rez-de-chaussée avec les syndicats agricoles ; il reste à construire le premier étage qui sera la coopération le deuxième qui sera le crédit, le troisième qui sera l'assistance, puis pour toiture à cette belle maison, nous aurons tout naturellement une meilleure entente sociale »

Les syndicats beaujolais, nous l'avons vu, sont un rez-de-chaussée solide, en bonnes pierres de taille, nous allons voir comment l'Union, avec son architecte M. Duport, a bâti ses trois étages supérieurs.

La Coopération est à peine née en France et déjà elle s'impose non seulement par l'exemple de ses succès rapides chez les peuples voisins, mais parce qu'elle est une conséquence logique du progrès, une nécessité inéluctable de la lutte pour l'existence.

Essayerons-nous de définir l'esprit de la coopération ? La formule « Tous pour un, un pour tous », nous semble sinon parfaite du moins suggestive. Oui, coopérer c'est bien, en apparence, travailler pour les autres, mais, en fait, c'est surtout travailler pour soi. C'est un côté égoïste, mais bien dans notre nature actuelle, heureusement qu'il en peut sortir et qu'il en sortira de grandes choses.

Les syndicats agricoles ne peuvent que difficilement nous fournir les produits nécessaires à nos cultures et plus difficilement encore nous aider à vendre ceux que nous avons fait produire à la terre. Leur rôle se borne à cela, rôle déjà si compliqué pour eux que nombreux sont ceux qui ne réussissent pas à le remplir.

Aussi bien, la tâche est difficile, non pas seulement parce qu'il y faut des aptitudes spéciales, mais parce que la loi qui les régit, en leur interdisant tout bénéfice à la vente, les laisse par suite exposés sans compensation aux pertes possibles. Nous savons bien qu'en principe les syndicats ne devraient acheter que sur ordres, en réalité c'est presque impraticable; au surplus, une telle prudence ne suffirait même pas à les protéger contre les défaillances ; mais il y a mieux, il est fort rare que le petit cultivateur, celui qui est cependant le plus intéressant, sache ou puisse faire des commandes en prévision. C'est sans doute fâcheux, mais cela est. Or, avec une société coopérative achetant pour tous, le champ est plus étendu, les risques plus répartis et, par suite, les services rendus plus sûrs et plus grands.

Les syndicats recevront de la Coopérative, en consignation, les produits nécessaires à leurs membres et lui consigneront, en retour, ceux qu'on leur confiera pour la vente ; ils n'auront ainsi qu'à être des intermédiaires gratuits et sans péril, apportant à la profession un puissant moyen de défense économique, soit pour la production, soit pour la réalisation.

La Coopérative agricole du Sud-Est, créée grâce au concours des syndicats Beaujolais, sera donc le premier étage de l'Union Beaujolaise ; nous verrons plus loin comment il est aménagé et pourquoi sa construction a été entreprise par l'Union du Sud-Est, plutôt que par l'Union Beaujolaise.

Celle-ci se trouve donc déjà à la tête d'un rez-de-chaussée et d'un premier étage, elle risquerait d'y être encore trop à l'étroit, si elle n'y ajoutait pas un deuxième étage, le *Crédit agricole*.

Le Crédit, on a déjà beaucoup écrit sur ce grave projet, trop peut-être, car plus on discute, moins il semble prêt d'être réalisé et cependant, en le bâtissant au-dessus des syndicats et des coopératives, il compléterait fort bien l'édifice. Ce serait plus vite fait qu'on ne le croit, cela donnerait du jour et surtout de la place pour abriter tous ceux que nous n'avons pu loger convenablement dans le rez-de-chaussée du syndicat et pour lesquels le premier étage de la Coopérative serait encore insuffisant, car ils n'en peuvent pas payer la location.

C'est une banalité, en effet, de constater que l'agriculture a besoin de crédit, de même que le commerce et l'industrie, et ce serait même mal connaître les agriculteurs que de ne pas avouer que le capital d'exploitation est généralement insuffisant pour permettre au cultivateur de tirer le meilleur parti de sa terre et de réaliser les opérations avantageuses dont le progrès lui a enseigné la convenance et que la concurrence lui impose. Désignés, dès leur création, comme les instruments naturels de ce crédit, les syndicats agricoles n'ont pas, jusqu'à présent, répondu avec beaucoup d'empressement à l'appel qui leur était fait et si, aujourd'hui, les syndicats de l'Union Beaujolaise envisagent comme possible la création, dans leur sein, d'une caisse de crédit mutuel, c'est parce que, grâce à la haute intervention d'un des plus distingués députés du Rhône, M. Ed. Aynard, président de la Chambre de commerce de Lyon, la Caisse d'Épargne de Lyon a bien voulu leur faire des propositions avantageuses dont ils pourraient profiter eux et leurs membres. Pour le moment, seul des quatre, le syndicat de Belleville a tenté l'expérience que, suivant la réussite, les trois autres s'empresseront ou non de continuer.

Voici comment la caisse de crédit a été organisée :

La Société est civile, anonyme, de forme coopérative, à capital et personnes variables.

Elle a pour unique objet de faciliter aux membres du syn-

dicat agricole de Belleville-sur-Saône, porteurs de parts ou
non, l'usage du crédit et de les encourager à l'épargne,
dans le but d'améliorer leur situation morale et matérielle.

Le capital social est primitivement de dix mille francs
divisé en cent parts de cent francs, dont cinquante parts
sont souscrites par le syndicat agricole de Belleville-sur-
Saône, et cinquante par les membres du syndicat.

Les statuts, très étudiés, et le règlement non moins prudent, ont été adoptés provisoirement par la Commission, en
attendant que l'Assemblée constitutive leur donne une consécration définitive.

Des principales dispositions des statuts il résulte :

Que l'intérêt servi aux porteurs de parts ne doit pas dépasser 4 0/0.

Que ceux-ci ne peuvent verser que le dixième des parts
par eux souscrites, soit dix francs par cent francs.

Que les fonctions d'administrateur sont gratuites et que
les porteurs d'une seule part peuvent assister aux assemblées générales ou faire partie du Conseil.

Du règlement il résulte :

Que l'intérêt servi aux déposants est actuellement de 2 ou
2 1/2 0/0 sans jamais dépasser celui servi à ses déposants
par la Caisse d'épargne de Villefranche et que l'intérêt
demandé aux emprunteurs n'est que de 4 0/0, *sans autres
frais*.

Que les dépôts ne sont reçus que jusqu'à concurrence du
capital souscrit et jusqu'à 1,000 francs au plus par déposant;
que les prêts peuvent être consentis jusqu'à 500 francs sur
simple signature ou jusqu'à 1,000 francs avec une caution,
ou même pour davantage, mais alors contre remise d'un
gage, et dans ce cas seulement, jusqu'à concurrence de la
moitié de la valeur de ce gage.

Que le système de comptabilité a été très simplifié et
présente cependant des garanties complètes.

Enfin et c'est là le point capital, nul porteur de part *n'est
engagé pour plus que la valeur de la part qu'il a sous-
crite*; or, comme il a paru préférable de répartir les cinquante parts restantes entre le plus grand nombre de
souscripteurs, pour bien montrer le but social de l'œuvre,
il a été décidé que, provisoirement, nulle souscription à plus
d'une part de cent francs ne serait acceptée et que tous les
membres du syndicat, qu'ils soient fondateurs, souscripteurs ou ordinaires, seraient admis à souscrire.

Ajoutons que la Caisse d'épargne de Lyon avance douze
mille francs à 2 0/0.

Cette caisse étant la première du genre créée en
France, il nous paraît indispensable de résumer les
principaux articles de son règlement.

Comité d'Escompte. — Le Comité d'Escompte a pour
mission de veiller au fonctionnement régulier de la Société,

dans l'intervalle des séances du conseil, notamment pour autoriser ou refuser les prêts, fixer le taux d'intérêt à servir aux déposants; il statue valablement, quel que soit le nombre des membres présents.

Il se réunit obligatoirement tous les troisièmes mardis du mois au siège social et aussi souvent que les intérêts qui lui sont confiés lui sembleront l'exiger.

Les membres du Comité d'Escompte, agissant dans les limites des statuts, ne peuvent encourir aucune responsabilité.

Les décisions du Comité d'Escompte resteront secrètes et ne pourront être communiquées qu'au conseil d'administration réuni en séance.

Pour se renseigner sur la valeur des emprunteurs ou de leurs cautions, les membres du Comité d'Escompte pourront utiliser les correspondants communaux du syndicat ou tous autres intermédiaires qu'ils jugeront utiles, sans jamais perdre de vue que la discrétion la plus rigoureuse est l'une des conditions essentielles de leur mandat; dans ce but, ils ne seront pas tenus d'indiquer au registre de leurs délibérations, l'origine des renseignements obtenus ni les motifs de leurs décisions.

Prêts. — Les prêts ne sont accordés qu'en vue d'achats professionnels déclarés ou constatés.

Ils sont consentis contre simple signature avec ou sans caution ou contre remise de garanties.

Dans un cas comme dans l'autre, l'emprunteur doit signer sur un registre à souche un billet à ordre de la somme correspondante payable à l'échéance dans les bureaux de la société.

La durée actuelle des prêts est fixée à six mois.

Les échéances sont fixées aux 10, 20, 30 de chaque mois, chaque mois étant pris pour une unité entière d'un douzième, sans qu'il soit tenu compte du nombre réel de jours.

Les prêts ne seront consentis que par fractions indivisibles de cent francs.

Le montant des prêts, faits en même temps à une seule personne sur sa simple signature, ne pourra pas dépasser 500 francs. Toutefois ce maximum pourra s'élever jusqu'à mille francs si l'emprunteur fournit une caution solidairement responsable avec lui pour la totalité de la somme avancée.

Par une exception unique à la règle précédente, le syndicat agricole de Belleville pourra emprunter, sur la seule signature de son président, jusqu'à six mille francs pour le service des entrepôts.

Le montant des prêts contre gages n'est pas soumis à un maximum mais la somme prêtée ne pourra jamais dépasser moitié de la valeur du gage constatée dans la délibération ayant autorisé le prêt.

Toute demande de prêt ou de renouvellement devra parvenir au siège de la Société quinze jours pleins avant la date fixée pour sa réalisation.

Le Comité d'Escompte décide si la demande est acceptable, et l'intéressé est avisé de la décision par lettre fermée.

Tout billet qui ne sera pas payé à son échéance sera protesté et le remboursement de son montant, augmenté des frais, sera poursuivi par tous moyens utiles.

Lorsqu'un renouvellement aura été accordé pour tout ou partie, le débiteur devra se présenter le jour de l'échéance pour payer partie et signer de nouveaux billets pour le surplus si la prolongation n'a été accordée que partiellement, ou pour signer de nouveaux billets pour la totalité, si le renouvellement total a été accordé. Dans le cas où il ne se présenterait pas au jour, il ne serait plus tenu aucun compte de sa demande de renouvellement, même acceptée, et le billet échu serait protesté dans les formes ordinaires.

Dépôts. — Les membres du syndicat sont seuls admis à faire des dépôts dans la caisse de la Société aux conditions stipulées par le Conseil d'administration.

Les dépôts sont faits pour une durée de un an au moins à trois ans au plus, par fractions indivisibles de cent francs avec un maximum de mille francs au nom du même déposant; ils sont constatés par la remise d'un reçu détaché d'un carnet à souche indiquant la somme et la date du remboursement ; ce reçu est signé de l'un des administrateurs et de l'employé en fonctions, les échéances sont fixées aux 10, 20 et fin de mois comme pour les prêts. Les dépôts ne pourront jamais être supérieurs au capital de la Société.

Le Comité d'Escompte peut fermer les guichets à la réception des dépôts par simple décision provisoire en attendant la décision du Conseil d'administration.

Le Conseil d'administration peut décider le remboursement anticipé des dépôts mais seulement dans le cas de liquidation.

Intérêts. — Pour les prêts, le taux de l'intérêt est fixé tous les trois mois par le Conseil d'administration, mais le Comité d'escompte reste libre de le modifier provisoirement, pendant l'intervalle, si la nécessité lui en paraît démontrée. Le plus ordinairement, un écart de 2 0/0 sera conservé entre le taux de l'intérêt servi aux déposants et celui demandé aux emprunteurs, afin d'assurer le paiement des frais généraux et de constituer le plus promptement possible un fonds de réserve. Ce taux est actuellement fixé à 4 0/0 l'an.

Par une exception unique, le syndicat ne paiera que 1 0/0 au-dessus du taux des dépôts pour toutes les sommes empruntées à la caisse pour le service des entrepôts.

Pour les dépôts, le taux de l'intérêt sera fixé comme pour les prêts, par décision du Conseil d'administration, mais il ne devra jamais dépasser le taux d'intérêt servi par la caisse d'épargne de Villefranche. Il est actuellement fixé à 2 0/0 pour un an et 2 1/2 jusqu'à 3 ans.

Pour les frais, l'intérêt est payable d'avance, et pour la totalité il est retenu sur la somme, et mention en est faite au talon.

Pour les dépôts, le paiement de l'intérêt est remis au déposant en même temps que le reçu, et mention en est faite au talon.

Autrefois, le cultivateur probe et travailleur trouvait dans nos campagnes, sur sa simple parole, tout l'argent nécessaire ; puis les émissions de valeurs qui se sont produites ont coûté gros aux bourses villageoises ; on en est, croyons-nous, heureusement revenu, mais alors la peur des mauvais placements a fait affluer les dépôts dans les Caisses d'épargne où ils cessent de produire ; aussi était-il vraiment sage de faire revenir cet argent dans nos campagnes. Un jour — souhaitons qu'il ne soit pas trop éloigné — les caisses rurales pourront recevoir directement nos économies pour les employer sous nos yeux ; ce sera le meilleur moyen de résister au socialisme, le seul moyen peut-être d'opérer la réconciliation, si désirée, du capital et du travail.

Reste enfin le troisième étage, le plus hospitalier de tous, mais aussi le plus coûteux à construire : celui qui doit donner asile à l'assistance et à la prévoyance. Jeunes encore dans cette voie, pour laquelle il faut avant tout de grosses ressources, les syndicats de l'Union auront cependant réussi à meubler trois pièces de cet étage ; nous allons ensemble les parcourir, voyant ce qui a été fait, ce qui peut rester à faire.

En entrant, nous trouvons d'abord la *Bibliothèque syndicale*, non pas de ces bibliothèques princières aussi riches par la quantité que par la valeur des ouvrages qu'elles renferment ; nous n'avons chez nous que quelques rayons de sapin blanc et une ou deux centaines de volumes. N'y cherchez pas ces belles reliures avec fers qui font l'ornement des bibliothèques particulières, les livres qui sont là s'adressent à l'intelligence, non aux yeux. Voyez-vous dans une vitrine, et sous clef, ces nombreux copie-lettres ? Ils résument le travail du président, du secrétaire, de l'administrateur délégué, ils représentent l'histoire de l'Association dont cette caisse de fer, qui est là tout près, renferme les archives.

Voulez-vous maintenant le règlement de cette bibliothèque? Il est là sur les murs, lisez-le avec nous :

RÈGLEMENT DE LA BIBLIOTHÈQUE DU SYNDICAT DE...

Art. 1er. — Une bibliothèque est créée dans les bureaux du syndicat.

Art. 2. — Cette bibliothèque est placée sous la surveillance d'un bibliothécaire nommé par le conseil d'administration.

Art. 3. — Le bibliothécaire est chargé de présenter la liste des principaux ouvrages à acquérir et, de concert avec le Conseil d'administration, il décide chaque fois quels sont ceux dont il est possible de faire l'acquisition. Il dresse le catalogue de tous les ouvrages contenus dans la bibliothèque, il les fait immatriculer et marquer du sceau du syndicat. Tous les ans, il fait un inventaire de la bibliothèque. Il veille enfin à la stricte observation du règlement.

Art. 4. — Tous les membres du syndicat ont le droit, soit d'emprunter gratuitement des ouvrages à la bibliothèque, soit de les consulter sur place. Pourtant, certains ouvrages ne pourront pas être emportés ; ces ouvrages seront mentionnés dans le dernier article du règlement.

Art. 5. — On ne peut emprunter à la bibliothèque plus d'un ouvrage à la fois.

Art. 6. — Chaque ouvrage ne peut être gardé plus de quinze jours à domicile. Toute nouvelle période de quinze jours recommencée entraîne l'obligation de payer un droit de 0 fr. 50 par ouvrage.

Art. 7. — L'employé du syndicat tient un registre spécial sur lequel sont consignés les noms et adresse de l'emprunteur, avec le numéro matricule, le titre des ouvrages, l'indication de leur bon ou mauvais état, le jour de leur mise en mains.

Art. 8. — L'employé mentionne sur ledit registre les détériorations qui sont le fait de l'emprunteur, et le bibliothécaire, de concert avec le Conseil d'administration, fixe le montant de l'indemnité à payer. Cette indemnité ou amende est consacrée à l'entretien de la bibliothèque.

Art. 9. — Tout volume perdu entraîne pour l'emprunteur l'obligation de payer le prix de ce volume.

Art. 10. — Jusqu'à nouvel ordre, la bibliothèque sera ouverte en même temps que les bureau. — Une grande table, avec tout ce qui est nécessaire à la correspondance, est mise à la disposition des membres du syndicat fréquentant la bibliothèque. Ils trouveront également sur cette table des revues et journaux périodiques.

Art. 11. — L'employé du syndicat est entièrement à la

disposition de toute personne désireuse d'obtenir quelque renseignement agricole.

Art. 12. — Ne peuvent être emportés :

1° Les revues et journaux périodiques ;

2° Les grands dictionnaires d'agriculture ou autres;

3° Les ouvrages volumineux ou de prix et généralement tous ceux désignés ultérieurement et dont la liste sera affichée dans la salle de lecture.

Et maintenant, laissons les membres du syndicat à leur lecture et passons dans la salle du Conseil, en même temps salle du *Tribunal arbitral.* Salle sévère, dépourvue de tout luxe et de toute décoration ; une table en sapin, recouverte du tapis vert traditionnel, deux douzaines de chaises et c'est tout. C'est là qu'ont lieu les réunions mensuelles du Bureau et du Conseil ; c'est là aussi que se réunit, ou doit se réunir— c'est si peu souvent — le Comité de contentieux du syndicat. Mais, nous direz-vous, à quoi bon mêler la procédure et les articles du code aux affaires du syndicat? Écoutez plutôt M. de Rocquigny : « Une des plus utiles attributions des syndicats agricoles consiste à maintenir la concorde entre leurs membres, en conciliant et en réglant les différends qui peuvent les diviser au sujet de leurs intérêts professionnels. Prévenir les procès qui appauvrissent les cultivateurs et perpétuent les rancunes dans les villages, donner des avis et consultations pour éclairer les syndiqués sur leurs droits et leurs devoirs, même à l'égard des tiers, c'est l'application du patronage professionnel que le syndicat exerce sur tous les adhérents dans leur intérêt commun. N'existant que par eux et pour eux, le syndicat leur doit tous les services et c'est surtout en matière contentieuse qu'il peut efficacement les aider de ses lumières et de son impartialité ; c'est une des formes de l'assistance mutuelle ». Nous n'avons rien à ajouter aux paroles de l'éminent économiste, sinon les règlements qui régissent, dans les syndicats de l'Union, la conciliation et l'arbitrage.

RÈGLEMENT DE LA COMMISSION DE CONSEILS ET DE CONCILIATION

Art. 1. — La Commission de conseils et de conciliation, instituée par le syndicat agricole de..... aura pour objet :

de répondre aux questions qui pourront lui être adressées par les membres du syndicat, sur toutes les difficultés nées et sur celles qu'ils pourraient craindre de voir naître, au sujet de leurs intérêts agricoles ou fonciers.

Art. 2. — Les membres de cette Commission seront choisis par le Bureau du syndicat.

Art. 3. — La Commission se composera de membres élus ; le nombre n'en sera pas limité. Elle nommera son président et son secrétaire, qui seront rééligibles. Elle sera seule juge de la date des convocations et enfin de toutes les mesures à prendre pour affirmer son but et son utilité.

Art. 4. — Les fonctions des membres de la Commission seront gratuites. Il ne pourra être alloué que des frais de déplacement, qui seront mis à la charge de qui il appartiendra.

Art. 5. — Toute demande de consultation sera adressée au Bureau du syndicat, qui la transmettra à la Commission de conseils et de conciliation.

Art. 6. — Le président de cette Commission, saisi de la demande, chargera de la réponse à fournir celui de ses membres qu'il jugera le plus apte à en instruire l'objet.

Art. 7. — L'avis demandé sera fourni par écrit et transmis le plus tôt possible au président de la Commission.

Art. 8. — Cet avis sera porté à la connaissance de l'intéressé, par le rapporteur ou par un membre du syndicat que le président aurait chargé de ce soin ou même par ce dernier.

Art. 9. — Si un ou plusieurs membres de la Commission sont appelés à s'occuper d'un litige, ils éviteront d'exprimer leur opinion ; s'ils n'entrevoient pas la possibilité d'amener un accord et après avoir épuisé tous les moyens de conciliation, ils devront proposer l'arbitrage comme moyen de régler le différend ; s'il est accepté, ils l'organiseront.

Art. 10. — La Commission aidera le Bureau du syndicat dans la solution de toutes les questions légales ou litigieuses et son président assistera à toutes les réunions de ce Bureau.

Art. 11. — Elle dressera un règlement pour tous les détails relatifs à son fonctionnement et elle pourra toujours en tout temps le changer et le modifier, selon les circonstances.

Si, comme le fait entrevoir l'article 9, la commission de conciliation ne peut arriver à mettre d'accord les parties, et que celles-ci acceptent l'arbitrage, l'affaire pendante est portée devant le tribunal arbitral dont l'organisation est ainsi réglée :

RÈGLEMENT DU TRIBUNAL ARBITRAL

Art. 1er. — Le Bureau de chaque syndicat, à la majorité de ses membres, nomme pour trois ans un conseil de cinq membres, dont deux sont choisis parmi les syndiqués anciens magistrats, avocats et avoués, ceux-ci même en service, et les trois autres parmi les syndiqués propriétaires ou cultivateurs sans profession.

Art. 2. — Ce conseil, qui prendra le nom de tribunal arbitral, élit son président, dont la voix est prépondérante en cas de partage, trois membres au moins devant être présents pour donner des avis ou rendre des jugements.

Art. 3. — Le tribunal reste seul juge du lieu de ses réunions qu'il tiendra, soit dans le canton, soit à Lyon, des dates de convocations, de l'utilité d'entendre les parties, de visiter les lieux, d'appeler les témoins et, en un mot, de prendre toutes les mesures utiles pour éclairer son opinion.

Art. 4. — Dans les questions professionnelles seulement, les services gratuits du tribunal arbitral peuvent être demandés, soit à titre consultatif comme avis, soit à titre définitif comme jugement.

Art. 5. — A titre consultatif, les syndiqués seuls peuvent, par l'entremise du président de leur syndicat, s'adresser au tribunal arbitral.

Art. 6. — A titre définitif, les syndiqués, en cas de difficultés entre eux, peuvent s'en remettre à la décision du tribunal arbitral demandée par l'intermédiaire du président de leur syndicat et, s'ils appartiennent à deux syndicats, ils peuvent choisir la juridiction de l'un ou de l'autre. De même, dans le cas d'un différend entre un syndiqué et une personne non syndiquée, le tribunal arbitral peut être appelé à juger les faits. Dans ces différents cas, les parties doivent auparavant déclarer et signer, sur un registre spécial, qu'elles acceptent le jugement à intervenir.

Art. 7. — Tout avis doit être donné, tout jugement doit être rendu dans le délai d'un mois à compter de la demande remise au président.

Art. 8. — Tout syndiqué qui, après avoir demandé la juridiction du tribunal arbitral, refuserait d'accepter le jugement, sera rayé du nombre des associés et le jugement sera inséré au Bulletin suivant. Si le jugement n'est pas accepté par une personne non syndiquée ayant préalablement déclaré accepter la juridiction syndicale, publication sera donnée au Bulletin de cet engagement et de sa violation.

Art. 9. — En cas que le syndicat soit consulté sur une question professionnelle, c'est le conseil arbitral qui formulera la réponse.

Art. 10. — Les frais pouvant résulter de ce service judi-

ciaire, dont tous les emplois sont gratuits, seront supportés
par la caisse du syndicat.

Nous devons à la vérité de reconnaître que si la
commission des conseils est appelée quelquefois à donner des avis, le tribunal arbitral n'est que peu utilisé.

Souhaitons qu'il en soit ainsi longtemps encore, et
que la concorde règne partout, mais comme il ne nous
semble pas que ce rêve soit réalisable, souhaitons plutôt que nos syndiqués apprennent à se servir de cette
justice gratuite et vraiment juste que nous mettons à
leur disposition.

Et comme l'attente serait un peu longue, passons de
suite dans la troisième et dernière salle meublée : la
salle de l'*assistance*. Celle-là, il faut bien le reconnaître, n'est que très imparfaitement meublée, on voit que
les syndicats ont peu fait jusqu'à ce jour et cela, faute
de ressources, faute de capitaux. C'est là, cependant,
que tendent tous leurs efforts, car, M. de Rocquigny a
bien raison de le dire, il y a, au fond de nos villages,
une population nombreuse qui réclame surtout
l'assistance afin d'être prémunie contre la misère, les
infirmités et les maladies qui rendent son sort si précaire.

L'organisation d'une assistance efficace au profit des
plus humbles familles rurales, des travailleurs de la
terre qui usent leurs forces dans les rudes labeurs de
la production agricole, doit donc être le but suprême
des efforts des syndicats agricoles.

Dès l'origine, les syndicats de l'Union Beaujolaise ont
fait quelque chose : dès 1888, ils ont organisé chez
eux le placement des ouvriers sans travail et l'aide
mutuelle.

Donner du travail à ceux qui en manquent, placer le
vigneron qui, pour des raisons personnelles, veut
changer de travail, n'est-ce pas souvent prévenir l'assistance, avec elle la misère ? Grâce à la publicité du
Bulletin qui ne donne jamais de noms, grâce aux relations qu'ils ont avec les syndicats voisins, les syndicats de l'Union ont pu placer déjà des centaines d'ouvriers, des centaines de familles ; jamais il n'y a eu

d'émeutes contre leurs bureaux de placement, car, toujours et en tout, leurs services sont gratuits, leur intervention désintéressée.

Quant à l'assistance, c'est sous forme d'aide mutuelle qu'elle existe, c'est sous forme de secours en nature qu'elle est pratiquée. Ses statuts diront mieux que nous le but et le fonctionnement de l'aide mutuelle.

RÈGLEMENT DE L'AIDE MUTUELLE.

Article 1er. — L'aide mutuelle n'est ni une aumône ni un droit, mais un secours temporaire et facultatif donné à un associé dans le besoin par ses co-associés.

Art. 2. — L'*aide* sera fournie uniquement sous la forme de journées de travail destinées à remettre en état suffisant les cultures du syndiqué auquel on l'accorde.

Art. 3. — L'ensemble des syndiqués contribuera, sans distinction de commune, à l'aide donnée, car le coût des journées faites sera prélevé sur la caisse générale.

Art. 4. — Provisoirement, et jusqu'à nouvelle décision de l'Assemblée générale, l'aide mutuelle ne s'appliquera qu'aux cas de maladie.

Art. 5. — Tout membre du syndicat peut profiter de *l'aide mutuelle*, s'il est dans les conditions requises :

1°. — Travaillant de ses mains sa propriété ou celle d'autrui, par vigneronnage ou fermage ;

2°. — Malade depuis une semaine au moins, ou même depuis moins de temps, si l'incapacité de travail résulte d'un accident.

3°. — Dans l'impossibilité de payer un journalier.

Art. 6. — Les membres correspondants dans chaque commune, après avoir pris l'avis du plus âgé et du plus jeune des syndiqués habitant la commune, sont autorisés à faire exécuter immédiatement par un journalier de leur choix les travaux nécessaires, jusqu'à concurrence de six journées, dont le coût ne devra, dans aucun cas, dépasser vingt francs.

En cas de parenté avec le syndiqué demandant l'aide, le membre correspondant, ou le plus âgé ou le plus jeune des syndiqués doivent se faire remplacer le premier par un membre du bureau, les autres par ceux des syndiqués que leur âge désigne.

Art. 7. — Les correspondants, chaque fois que l'aide aura été accordée, devront fournir, dans la huitaine, un court rapport au président, qui ordonnancera un bon sur la caisse du Syndicat.

Art. 8. — Si une aide de plus de six journées était nécessaire, de même si, dans l'année, une aide nouvelle au même syndicataire paraissait opportune, la demande en devrait

être adressée, au préalable, par le même correspondant,
au Bureau, qui seul pourrait l'autoriser.

Art. 9. — Quand, dans la même commune, l'aide aura été
accordée trois fois dans l'année, l'avis préalable du président sera indispensable, avant l'exécution de nouvelles
journées d'aide.

Art. 10. — Appel est adressé à toutes personnes en situation de le faire, pour alimenter la caisse par dons ou par
legs, afin que l'aide puisse être fournie chaque fois qu'elle
sera nécessaire. Toutes dispositions spéciales, accompa-
gnant les dons ou legs, seront scrupuleusement observées.

Ce n'est là, nous le reconnaissons, que le commencement de notre œuvre de fraternité; quand et comment la poursuivrons-nous? Bientôt, nous l'espérons,
car le jour où nous pourrons assurer au paysan
infirme ou malheureux le pain de ses vieux jours et
la mort tranquille à l'ombre de ce vieux clocher près
duquel il a toujours vécu, ce jour-là nous serons bien
près d'atteindre le but final. C'est, du reste, un devoir
pour nous et, de même qu'il appartient aux favorisés
de la fortune de secourir les pauvres de toutes les
professions, de même aussi il nous appartient, à nous
que le sol favorise, de tendre la main à ceux qui,
moins bien partagés, n'en ont pas moins passé toute
leur vie à travailler et à arroser de leurs sueurs cette
même terre restée si ingrate pour eux.

Ah! nous le disions récemment à nos collègues, le
jour où nous payerons ainsi notre dette à la terre sera
un beau jour pour nos syndicats beaujolais, et si, par
des lois humanitaires, nos députés veulent bien, eux
aussi, pratiquer la politique « du pauvre homme », ce
sera vraiment le cas de dire : Tout va bien, dans nos
syndicats.

III. — Services économiques.

Nous aurons fini l'étude du rôle de l'Union Beaujolaise, quand nous aurons parlé de la ligne de conduite
qu'elle a suivie sur le terrain économique, quand nous
aurons vu comment elle a compris le § 4 de l'article 10
de ses statuts.

Ainsi que l'écrivait, en 1889, dans le *Journal de*

l'Agriculture, M. F. Bernard : Les syndicats sont bien plus compétents pour défendre les intérêts collectifs de leurs membres, que les Chambres consultatives d'agriculture, qui n'ont à peu près jamais fonctionné ; on ne saurait donc méconnaître l'importance des vœux qu'ils peuvent émettre au sujet des questions économiques qui les intéressent. L'action collective est, on le sait, incomparablement plus puissante que l'action individuelle, et M. Deusy, l'un des plus actifs propagateurs de l'idée syndicale, s'appuyait fort justement sur ce point, lorsqu'il disait, au début de sa campagne de 1884 : *Nous sommes le nombre, nous serons la force !* Ce n'est pas que les décisions des Syndicats, pas plus, du reste, que celles des Chambres de commerce, qui sont cependant recrutées à l'élection et légalement organisées, puissent obliger le gouvernement, mais un courant d'opinion reposant sur des intérêts respectables, sur des bases solides, quand il est propagé par des collectivités, ne tarde pas à s'imposer à l'attention publique et l'on en arrive toujours à forcer les gouvernants à en tenir compte, à obtenir satisfaction le plus souvent.

Suivons donc pas à pas l'Union Beaujolaise, en enregistrant ses vœux ; nous ne les donnerons pas *in extenso*, la plupart, pour ne pas dire tous, devant se retrouver avec l'Union du Sud-Est.

1888. — Préoccupée des négociations engagées entre la France et l'Italie, redoutant les effets désastreux qu'aurait, pour les vins du Beaujolais, le renouvellement du traité, l'Union adresse au ministre du Commerce *un vœu contre le renouvellement du traité avec l'Italie.*

A la même époque, elle appelle l'attention des pouvoirs publics sur l'injuste répartition de l'impôt qui grève les assurances-incendie, répartition si injuste que l'humble maison du cultivateur paie jusqu'à 10 fois plus que l'immeuble luxueux du rentier citadin. Elle demande, en conséquence, qu'à l'avenir *l'impôt soit prélevé sur le capital assuré et non sur le montant de la prime.*

En décembre, sur les menaces *d'un traité avec la Grèce*, le président de l'Union envoie une protestation indignée à M. Turrel, député de l'Aude, chargé de défendre à la tribune les intérêts de la viticulture. « Avec M. Guyot, écrit-il, nous désirons que les malheureux puissent boire de la piquette au lieu d'eau pure, mais nous ne voulons pas que l'on puisse vendre de la boisson de raisins secs pour du vin naturel ayant acquitté toutes les charges de notre système actuel de régie. Nous demandons l'égalité, rien que l'égalité, ceci obtenu et le vin de raisins secs ne se vendant que sous ce nom, nous ne redoutons aucune concurrence, fût-elle étrangère ». On se souvient que, par 11 voix de majorité, le traité fut repoussé, mais nous l'avions échappé belle !

1889. — L'Union commence l'année par une lettre adressée au Ministre de la guerre et demandant que *des congés d'un mois soient accordés aux fils de vignerons à l'époque des greffages*. Rejetée une première fois, cette demande fut prise en considération l'année suivante et depuis, des congés sont accordés chaque année au printemps à tous les militaires ayant leur diplôme de greffeur. L'Union a, la première, plaidé la cause des vignerons, il est juste de signaler ici son intervention et les résultats obtenus.

Le 29 décembre, l'Union émet un vœu — renouvelé depuis chaque année et toujours avec le même insuccès ! — sur la *représentation de l'agriculture* par des Chambres élues sur le même modèle et avec les mêmes attributions que les Chambres de commerce.

1890. — Le 24 février, le bureau de l'Union transmet aux ministres compétents un vœu en faveur du *relèvement des droits sur les raisins secs*, droits qui devront être l'équivalent par 100 kil. de ceux acquittés en France pour la production de trois hectolitres de vin.

En juillet, les syndicats unis prennent l'initiative d'une pétition pour demander :

1o Des droits de douane suffisamment compensateurs ;

2o La réforme de l'impôt foncier ;

3° La répression de la fraude sur les produits agricoles fabriqués ou falsifiés :

4° La représentation agricole.

Présentée au moment où commençait l'agitation qui allait, pendant un an, précéder les réformes douanières, cette pétition arrivait bien à son heure : c'était le moment, pour les agriculteurs, de faire entendre hautement la voix de la justice et de la raison ; c'était le salut de la viticulture que le Beaujolais demandait.

Au mois d'octobre, à l'occasion de son Assemblée générale, l'Union renouvelle ses vœux habituels et, s'associant à la campagne si énergiquement menée par le *Syndicat économique agricole* contre l'impôt foncier, demande la *suppression du principal de cet impôt.*

1891. — Suivant de près les discussions de la commission des douanes, ne perdant jamais de vue les intérêts de ses membres, l'Union n'a rien négligé, pendant cette année de transition, pour obtenir de nos députés la juste application de droits compensateurs à la frontière.

Courant février, sur l'annonce que la commission des douanes, cédant aux exigences des Chambres de commerce, va peut-être sacrifier quelques produits agricoles, l'Union adresse à M. Méline une énergique protestation contenant l'intention formelle des viticulteurs beaujolais *d'obtenir une équitable protection en face des produits étrangers.*

Fin novembre, l'Union s'unit à l'Union des Syndicats des Agriculteurs de France pour réclamer à nouveau la suppression du principal de l'impôt foncier.

1892. — La réforme douanière étant, depuis le 1er février, un fait accompli, l'Union s'inquiète, au mois d'août, de certaines menées des viticulteurs espagnols qui, ne pouvant plus entrer leurs vins, veulent forcer la porte pour leurs vendanges alcoolisées et, s'associant au Syndicat des Viticulteurs de France, elle demande que *les raisins de vendange* soient soumis d'abord au droit de douane de 8 fr. par 100 kilos, ensuite au droit ordinaire sur l'alcool.

Plus tard, à son Assemblée générale d'octobre, l'Union vote une protestation motivée contre *le projet de convention avec la Suisse*, convention qui menaçait d'être la fissure par laquelle se préparait à passer toute l'armée libre échangiste et que, grâce à la ténacité du groupe agricole, le Parlement a eu la sagesse de repousser. Plus que tout autre, la Suisse mérite notre amitié, mais puisqu'il est convenu que notre tarif minimum est à l'usage exclusif des nations amies, pourquoi ne l'avoir pas pris pour base de l'arrangement intervenu? C'est une faute grave de la part des négociateurs, les deux pays aujourd'hui en subissent les conséquences.

Le même jour, et à la suite d'une conférence remarquable de M. Milcent, l'Union émet le vœu qu'une loi *sur le crédit agricole* soit au plus vite élaborée et adoptée.

1893. — Profitant de l'admission des vins au Concours général agricole, admission encore toute platonique, puisqu'aucune récompense n'en était la sanction, l'Union adresse, courant février, au Ministre de l'Agriculture un vœu tendant à ce qu'à l'avenir le concours ait lieu non seulement sur les vins de l'année, mais aussi sur ceux des années précédentes et que des récompenses soient décernées dans toutes les catégories.

Courant août, après entente avec l'Union du Sud-Est, l'Union beaujolaise soumet à tous les candidats députés *le programme agricole* qu'elles ont arrêté ensemble et publie, dans les journaux de la localité, les noms de ceux qui l'ont accepté. Limitée au seul terrain économique, l'intervention de l'Union était toute naturelle; c'était son droit et son devoir de prendre ainsi publiquement en mains les intérêts de ses 5.000 adhérents.

Enfin — et c'est là son dernier vœu l'Union proteste énergiquement *contre l'homologation du tarif de 28 fr.* la tonne, demandé en faveur des vins étrangers ou provenant de points extrêmes, par les Compagnies de chemins de fer.

En résumé, dans toute sa conduite économique, l'Union a montré qu'elle savait défendre les intérêts professionels dont elle a la garde et cela sans se laisser jamais détourner par aucune préoccupation étrangère.

Arrivé à la fin de cette monographie de l'Union beaujolaise, il nous sera bien permis de dire avec son président M. E. Duport : « Hier nous n'étions rien, demain nous serons tout; car nous saurons rester agriculteurs et patriotes ». Nos syndicats, sûrement, doivent défendre les intérêts spéciaux de notre région, de notre profession; mais faire cela c'est assurer en même temps la grandeur du pays : on commence à le comprendre.

Aussi le jour approche, croyons-nous, où nos syndicats compteront autant de membres qu'il y a d'agriculteurs en Beaujolais.

CHAPITRE III

——

L'UNION DES SYNDICATS DE LA DROME

Les agriculteurs de la Drôme avaient mis un empressement remarquable à user de la loi du 21 mars 1884. Dès le 1er septembre de cette année, un syndicat était fondé à Die (c'est, par la date de sa naissance, le cinquième de toute la France) et, trois ans après, une douzaine de syndicats couvraient le département tout entier. Ils étaient tous communaux ou cantonaux, tous à circonscription restreinte.

Les syndicats à circonscription restreinte offrent un grand avantage moral. Très rapprochés des agriculteurs, ils pénètrent mieux et plus vite dans les masses de la population, ils ont avec elle des relations d'affaires plus intimes et une communion d'idées plus étroite. Mais ils présentent aussi un inconvénient assez grave, au point de vue pratique: leur clientèle est trop faible pour leur permettre de passer de gros marchés et ils ne rendent pas des services matériels aussi importants que les syndicats à circonscription plus étendue.

Pour obvier à ces inconvénients, les syndicats de la Drôme ont, de bonne heure, songé à former entre eux une Union, conformément à l'article 5 de la loi du

21 mars 1884 et, le 9 juillet 1887, M. de Fontgalland, président du syndicat de Die et promoteur du projet, adressait à ses collègues de la Drôme une convocation, dans laquelle il faisait ressortir l'intérêt immédiat que présentait cette organisation. « Cette réunion, écrivait-il, a pour but d'étudier les moyens d'organiser, conformément à la loi du 21 mars 1884, l'Union des syndicats de la Drôme. Cette Union aura pour objet général de servir aux syndicats unis de centre de relations et de leur procurer les moyens et renseignements nécessaires pour les faire profiter de marchés avantageux en groupant les commandes. Elle recueillera et communiquera aux syndicats unis toutes les indications propres à les éclairer sur la situation respective des récoltes, sur les offres et les demandes et guidera ainsi les sociétaires dans leurs opérations et marchés ».

C'était, en deux mots, le but de l'Union. Les intéressés le comprirent, puisque, fondée le 17 juillet suivant, l'Union était légalement constituée le 27 du même mois par le dépôt des statuts à la mairie de Valence.

Nous venons de le voir, l'objet de l'Union peut ainsi se résumer :

1o Défendre les intérêts économiques et agricoles des syndicats unis ;

2o Arriver, par le groupement des ordres, à des achats aussi avantageux que possible des denrées nécessaires à l'agriculture ;

3o Aider à l'écoulement des produits agricoles ;

4o Favoriser la création de nouveaux syndicats ;

5o Donner des avis et des conseils sur les questions professionnelles aux syndicats unis ou à leurs membres.

Comment est administrée l'Union ? Par une Chambre syndicale de six membres qui, pour la rapidité des affaires, nomme dans son sein un bureau de trois membres, auquel elle délègue tout ou partie de ses pouvoirs. Le Bureau est, en quelque sorte, la commission permanente de l'Union : la Chambre syndicale est nommée par l'Assemblée générale qui se réunit tous les

ans et qui statue sur toutes les questions importantes.
Différant, en cela, de l'Union Beaujolaise, l'Union de
la Drôme n'est pas une union fermée ; fondée par neuf
syndicats, elle en comprend aujourd'hui vingt-quatre,
et tous les syndicats qui se créeront dans l'avenir, sur
le territoire de la Drôme, pourront y être admis.

Par son objet et par son administration, l'Union de
a Drôme ressemble à toutes les autres ; elle a cependant, dans son allure, une physionomie tout à fait ori-
ginale qu'elle doit à la direction ferme et énergique de
son très distingué président.

M. de Fontgalland a su, en effet, faire accepter par
tous les syndicats placés sous ses ordres une discipline
presque militaire ; il a su acquérir sur tous une autorité incontestée, qui est obéie avec une ponctualité et
une exactitude remarquables. Ainsi, les syndicats unis
n'ont pas eu besoin d'installer de courtier commun
pour le groupement des ordres et l'exécution des marchés. C'est le président de l'Union qui, toutes les fois que
besoin est, se fait donner directement par les présidents des syndicats le total des ordres pour chaque catégorie de marchandises. C'est le président qui, par
des circulaires fréquentes et détaillées, tient chaque
syndicat au courant des prix et le renseigne sur les
conditions des marchés. Enfin, c'est le président de
l'Union, qui, soit par adjudication avec cahier des charges, soit par des traités amiables, conclut les achats
ou du moins les a conclus jusqu'à ce jour.

Toute l'histoire de l'Union se trouve dans ces circulaires du président ; avec elles, point n'est besoin de
réunions mensuelles, point n'est besoin de Bulletins ;
le chef de file pense et agit pour tous et pour tout. Il est
donc intéressant de les étudier attentivement, et ce sera
la meilleure monographie de l'Union de la Drôme que
les résumer rapidement.

Pour plus de clarté, nous suivrons les divers articles
du programme de l'Union, voyant sur chacun d'eux
ce qu'elle a fait et comment elle l'a fait.

I. — Défendre les intérêts économiques et agricoles des Syndicats unis.

Une opinion erronée, bien faite pour arrêter la marche ascendante des syndicats et leur développement régulier, consiste à assigner pour but presque unique à leur activité, à leur sphère d'action, les opérations qui procurent à leurs membres des avantages purement commerciaux; à tel point que la plupart des syndicataires, oubliant le rôle que ces sociétés sont appelées à jouer dans le pays, au point de vue général des intérêts économiques et professionnels, s'habituent trop à considérer les bénéfices particuliers, matériels et tangibles comme le dernier mot de l'œuvre des syndicats.

Sans doute, ces avantages que les syndicataires trouvent dans les achats en commun d'engrais, de semences sélectionnées, d'instruments aratoires, etc., sont assez considérables pour fixer l'attention du public agricole, mais ces sociétés ne rempliraient qu'une partie de leur tâche, et la moins importante, si là devait se borner leur horizon.

Il appartient aux présidents des syndicats de faire envisager aux membres qui les composent l'importance d'une action énergique et collective dans les questions économiques qui intéressent le monde agricole. Les syndicats doivent avoir pour programme la défense des intérêts économiques et professionnels et, dans la revendication des droits de l'agriculture, aucun syndicataire, nous disons plus, aucun agriculteur ne doit se désintéresser de cette grande cause qu'il a mission de défendre.

« La vie publique de l'agriculture, disait, dans son cours d'économie rurale, l'éminent agronome Lecouteux, ce n'est pas seulement une plus grande activité collective, ce n'est pas seulement l'affirmation du progrès au village, ce n'est pas seulement l'union aux champs, c'est l'agriculture prenant possession de tous les grands centres, dans la capitale même du pays, partout enfin où le nombre fait autorité et pèse sur les pouvoirs publics. On dit souvent que les absents ont tort, presque toute l'histoire de l'agriculture méconnue est là. »

Ce langage est une réponse à ceux qui bornent le rôle des syndicats à des affaires d'intérêt d'un ordre privé. Avec Lecouteux, le débat s'élargit : la vie publique de l'agriculture, c'est la vie même des syndicats. Qui pourrait s'y tromper ? De là, la nécessité pour tout syndicataire d'être l'apôtre de l'idée syndicale si bien définie par l'illustre professeur.

La cause agricole ne sera triomphante et, par suite, la prospérité de l'agriculture ne renaîtra que si la grande majorité des agriculteurs, ralliés aux syndicats, usent de la puissance que leur confère le nombre pour changer le régime économique qui les opprime et les ruine, pour obtenir, des pouvoirs publics, une représentation réelle de leurs intérêts, un allègement à leurs charges trop lourdes.

Dès le premier jour, l'Union de la Drôme l'avait compris et elle n'a jamais failli, depuis, à cette partie essentielle de ses devoirs et de son programme.

Mais, avant de détailler son intervention auprès des pouvoirs publics, il importe de rappeler ici avec quelle violence l'Union et les Syndicats de la Drôme ont été attaqués et dénoncés aux ministres compétents. Dans les premiers jours de 1888, la Chambre de commerce de Valence, se faisant le porte-parole des négociants du pays, adressait au ministre du Commerce une longue pétition demandant que les syndicats soient soumis à la patente et que leurs présidents soient sérieusement surveillés. Le 11 mai de la même année, M. Pierre Legrand, alors ministre du Commerce et de l'Industrie, faisait à M. Maurice Faure, député de la Drôme, la réponse suivante :

« Vous avez bien voulu appeler mon attention sur une pétition par laquelle un groupe nombreux de commerçants du département de la Drôme signale le tort que leur causent certaines opérations auxquelles se livrent les syndicats agricoles de la région, comprenant un grand nombre de sociétaires hostiles aux institutions républicaines.

« Les pétitionnaires ont exprimé le désir de voir ces associations soumises aux charges commerciales ordinaires. Leur pétition est appuyée par un vœu de la Chambre de commerce de Valence.

« Deux questions sont donc soulevées par votre lettre et par les correspondants dont vous avez bien voulu me transmettre les plaintes : 1º les tendances politiques d'un groupe professionnel dissimulant son action à l'abri de la loi du 21 mars 1884 ; 2º les opérations commerciales entreprises par le même groupe de syndicats au détriment des commerçants patentés.

« Sur le premier point, l'attention de mon administration avait déjà été éveillée par M. le Préfet de la Drôme et, à la suite de ces communications, j'avais eu l'occasion d'examiner avec mes collègues de l'Intérieur et de la Justice, quels seraient les cas où l'intervention du gouvernement pourrait paraître justifiée contre des syndicats dont les membres ne se contenteraient pas d'user librement de la loi, droit qui appartient à tous les citoyens, mais couvriraient d'un prétexte professionnel une véritable propagande politique que la loi du 21 mars n'a ni prévue ni autorisée. A ce point de vue, Monsieur le Député et cher Collègue, vous n'avez pu douter un seul instant de la vigilance et de la sollicitude du gouvernement.

« Mais il ne vous échappera pas que c'est surtout à raison de la concurrence faite par les associations dont il s'agit au commerce de la région, que ces sociétés ont suscité, de la part des pétitionnaires, la protestation sur laquelle vous avez bien voulu appeler mon attention. « Les soussignés, disent les négociants de la Drôme, viennent vous prier, M. le Ministre, de prendre telles décisions que vous jugerez convenables pour rendre les charges commerciales égales pour tous ».

« Il semble que, par ces mots, les commerçants patentés, signataires de la pétition, aient entendu faire allusion à l'imposition de la patente. Leur réclamation, en effet, soulevait une question d'application de la loi sur les patentes. Aussi mon département s'est-il em-

pressé de consulter à cet égard M. le Ministre des
Finances.

« Un point devait tout d'abord appeler l'attention de
mon collègue et celle de mon administration : il s'agissait de déterminer exactement si les syndicats signalés,
quand ils font pour leurs membres certaines acquisitions au commerce, se livrent, dans le sens juridique
du mot, à une opération commerciale.

« Nous n'avons pas pensé qu'il en fût ainsi en principe. Aux termes de l'article 632 du code du commerce,
la loi répute acte de commerce tout achat de denrées
et marchandises pour les revendre, soit en nature,
soit après les avoir travaillées et mises en œuvre.
Pour constituer l'acte de commerce spécifié par la loi,
il faut donc non-seulement qu'il y ait eu achat et que
les choses achetées soient des denrées ou marchandises,
il faut encore que l'achat soit fait avec l'intention de
revendre. Tous les auteurs de la jurisprudence s'accordent à reconnaître que celui qui achète pour consommer ne fait pas un acte de commerce, l'intention d'une
revente avantageuse étant indispensable pour impri-
mer à l'achat le caractère commercial.

« Or, il paraît établi que les diverses associations,
qui ont motivé les réclamations parvenues à mon
administration, se sont bornées à créer des offices pour
l'achat de matières premières ou de machines utiles à
l'agriculture, de manière à les obtenir à meilleur marché et de meilleure qualité, au profit de leurs membres ;
que ces associations sont administrées gratuitement
et n'ont retiré aucun bénéfice de leur entremise, faisant
simplement profiter les sociétaires de tous les avantages résultant du mode d'achat, et que si parfois elles
ont majoré, dans une faible mesure, le prix d'acquisition des produits, rien ne permet d'affirmer que
cette majoration ait eu d'autre but que de les couvrir
de leurs frais de gestion. Elles auraient agi, par conséquent, d'une manière désintéressée.

« Ces considérations ont déterminé M. le Ministre
des Finances à ne pas assujettir les syndicats agricoles
dont il s'agit à l'impôt de la patente.

« Mais vous ne vous dissimulerez pas, Monsieur le

Député et cher Collègue, que les considérations sus
énoncées s'appliquent à la théorie, à la question de
droit, et que toute autre pourrait être la réponse de
l'administration en présence de certaines questions de
fait et de diverses applications abusives des facilités
accordées aux syndicats professionnels par la loi de
1884.

« S'il était établi, par exemple, que telle ou telle association ne s'est pas bornée à faire profiter ses seuls
adhérents des avantages réalisés par le syndicat, qu'elle
en a étendu le bénéfice à des personnes étrangères à
la société, ou que ses membres ont pris l'habitude de
vendre tout ou partie des produits acquis à leur profit
par leur syndicat à des particuliers étrangers à l'association, que le syndicat, en un mot, ou ses membres
se sont livrés à des actes commerciaux bien définis, il
est évident que les associations signalées pourraient être
mises en demeure de se renfermer dans la limite des attributions qui leur sont assignées par le législateur de 1884.

« Ce double et rapide examen des questions soumises
par vous à mon appréciation vous permettra de reconnaître, Monsieur le Député et cher Collègue, dans
quelle mesure il est possible à mon administration de
s'associer au vœu que vous avez bien voulu me transmettre au nom des négociants de la Drôme.

« Vous pouvez être assuré que, si des faits de la
nature de ceux sur lesquels j'appelle votre attention
m'étaient signalés, avec des éléments d'information
suffisants, je m'empresserais de les faire examiner et
de donner à chaque affaire la solution spéciale que
paraîtraient devoir comporter le respect de la loi du
21 mars 1884, aussi bien que le souci légitime des intérêts des commerçants dont vous vous faites l'organe.

« Agréez, Monsieur le Député et cher Collègue, etc.

« *Le Ministre du Commerce,*

« Pierre LEGRAND. »

En communiquant cette réponse à ses présidents,
M. de Fontgalland ajoutait : « Lorsque nous avons pris
connaissance de la lettre du Ministre, nous avons été

heureux de voir consacrer à nouveau la légalité de nos opérations syndicales. Nous n'ignorions pas que la Chambre de commerce de Valence avait pris une délibération, au mois de mars dernier, pour demander au Ministre de soumettre les syndicats à la patente. Nous savions, d'autre source sûre, que les syndicats étaient surveillés et dénoncés, comme des associations politiques, par certains personnages qui passent leur temps à les calomnier lâchement, sans pouvoir apporter une preuve quelconque à l'appui de leurs divers mensonges.

« Forts de notre bon droit et de la justice de notre cause, nous avions gardé le silence. Nous sommes bien vengés aujourd'hui, et mieux que nous n'aurions pu l'espérer, par la lettre du Ministre du Commerce. Ah ! nos adversaires doivent être satisfaits du résultat de la campagne qu'ils ont organisée contre nous à l'instigation de M. Maurice Faure. Ils sont battus sur tous les points.

«Ils ont provoqué le triomphe des syndicats, en obligeant le Ministre du commerce à écrire la lettre ci-dessus, qui coupe court à toutes les attaques et à toutes les récriminations dont les syndicats ont sans cesse été l'objet. Cette lettre nous permettra, quant à nous, de continuer d'étendre et de perfectionner notre association en nous maintenant, comme par le passé, strictement dans les termes de la loi et des instructions données par l'administration.

«Agir, agir sans cesse, donner l'exemple, encourager l'initiative de l'agriculteur, marcher sagement, progressivement, ne pas mêler l'ivraie de la politique au froment de l'agriculture, se cantonner sur le terrain purement agricole et économique : voilà notre programme».

Nous n'avons rien à ajouter à cette réponse si ferme et si digne du président et nous passons de suite à l'œuvre économique de l'Union.

C'est par une pétition en faveur du relèvement du prix des cocons qu'elle débute dans les premiers jours de 1888. D'un commun accord, le syndicat des sériciculteurs de France et l'Union de la Drôme envoient à tous les syndicats unis une circulaire dans laquelle nous

relevons le passage suivant : « En présence de l'abandon, par le cultivateur, d'une des industries agricoles
les plus florissantes autrefois dans l'histoire de la
France : l'élevage des vers à soie, en voyant surtout se
poursuivre sur une vaste échelle l'abattage du mûrier,
qui rend le mal chaque année plus irréparable, nous
avons pensé qu'un grand effort pouvait et devait être
tenté pour empêcher cette industrie de disparaître
entièrement.

« Le seul remède est le relèvement du prix des
cocons au-dessus de 4 francs le kilog, étant bien reconnu
qu'au-dessous de ce chiffre le cultivateur délaisse
l'élevage des vers à soie. Le moyen d'arriver à ce relèvement serait un droit mis à l'entrée des soies et cocons
étrangers.

« Nous ne nous sommes pas dissimulés que ce droit de
douane avait déjà été demandé par des Sociétés d'a-
griculture et des Chambres de commerce, et que tous
ces efforts étaient venus se briser contre la résistance
de la fabrique lyonnaise, mais nous avons pensé que
là où des tentatives isolées n'avaient pu aboutir, une
réclamation générale de tous les intéressés aurait
les plus grandes chances de succès. Notre intention
est donc de fournir à tous les éducateurs de vers à soie
et à tous ceux qui exercent une profession connexe,
une occasion de faire connaître leurs revendications
par un pétitionnement général. Tous signeront avec
empressement, nous n'en doutons pas, et, devant une
manifestation aussi imposante, il sera impossible de
ne pas tenir compte des vœux des sériciculteurs ».

Une pétition était jointe à cette circulaire, elle fut en
peu de temps recouverte de milliers de signatures,
grâce à la cohésion des syndicats unis, grâce aussi à
l'activité déployée par leurs Bureaux

C'était là, du reste, un simple prélude à la lutte qu'allait
ouvrir la réforme douanière entre la sériciculture et la
fabrique lyonnaise. On sait quel en fut le résultat ; il
est juste toutefois de constater que, s'il a été négatif
pour le producteur, l'Union a, du moins, fait tout son
possible pour qu'il fût autre. La circulaire qui suit en
est la meilleure preuve.

« Die, le 16 novembre 1890.

« Messieurs les présidents des Syndicats de la
      Drôme.

« En parcourant le projet de tarif général des douanes, présenté aux Chambres par le Gouvernement,
vous avez dû être frappés de l'exagération des droits
sur les cocons et la soie ouvrée, alors que la grège
est complètement exempte.

« L'honorable M. Béranger, sénateur, président du
Syndicat général des sériciculteurs, dont vous connaissez le dévouement sans bornes à notre cause, et
qui mène avec tant d'ardeur la campagne contre ceux
qui voudraient opprimer la sériciculture, m'a demandé
de vous faire connaître la situation qui nous est faite.

« Les prix extraordinaires que le Gouvernement
propose, et qui sont le double plus élevés que ceux
que nous avons toujours demandés, laisseraient supposer que nos adversaires espèrent un vote négatif
des Chambres, outrées par une semblable exagération,
et nous resterions, comme jadis, désarmés contre la
concurrence étrangère. En laissant entrer en franchise
la soie grège, c'est comme, dit M. Béranger, si, pour
protéger les vins, on s'avisait de les affranchir de
tout droit de douane, pour frapper la vendange seule.

« Il s'agit donc de protester et de faire connaître
aux Chambres que nous maintenons les chiffres de
nos demandes antérieures. Dans ce but, il faut que
toutes les Sociétés agricoles de la région, et surtout
les syndicats, qui sont les représentants directs des
agriculteurs et de la sériciculture, s'empressent de
protester.

« Vous trouverez plus loin la copie de la protestation de la Société d'agriculture d'Alais, qui résume
très bien nos désirs et nos pensées à tous. C'est un
modèle que vous devrez modifier, tout en conservant
le sens exact, afin que nos protestations n'aient pas
l'air d'être uniformes. Elles auront ainsi d'autant plus
de valeur pour M. Béranger, qui se propose de grouper toutes les protestations des départements du Midi,
pour les présenter au Gouvernement.

« Vous devrez donc réunir vos comités dans le plus bref délai, pour délibérer à ce sujet. Il faudra que la copie de la délibération soit faite sur papier timbré, avec le titre de votre syndicat et vous voudrez bien me l'adresser au plus tôt.

« Je compte que tous nos syndicats répondront, sans aucune exception, à l'appel de M. Béranger. Nous prouverons ainsi, une fois de plus, l'utilité de notre Union qui compte 23 syndicats et plus de 6,000 sociétaires. C'est une force considérable qu'il est de notre devoir de mettre en avant dans une circonstance aussi importante.

« Alais, le 3 novembre 1890.

« Extrait du procès-verbal de la séance du 3 no-
« vembre 1890. — Président, M. L. Chabaud.

« M. Laurent de l'Arbousset a la parole sur le nou-
« veau projet de tarif général des douanes. — Il pro-
« pose à la réunion de voter la protestation suivante,
« sous forme de lettre adressée à Monsieur le Ministre
« de l'Agriculture.

« Cette proposition, vivement appuyée par M. le
« président, est adoptée à l'unanimité par la réunion.

« En voici le texte :

« Les membres de la Société d'agriculture d'Alais,
« réunis dans leur assemblée générale de novembre,
« après avoir pris connaissance du projet de tarif
« général des douanes présenté par le Gouvernement,
« en ce qui touche les cocons, les soies grèges et les
« soies ouvrées.

« Protestent énergiquement contre le projet sus-
« énoncé, proposant d'imposer un droit de 1 franc par
« kilog. sur le cocon frais, de 3 francs sur le cocon
« sec, et de 3 francs par kilog. sur les soies ouvrées,
« tout en laissant entrer les soies grèges en franchise.

« Les sériciculteurs et agriculteurs des Cévennes ne
« sont pas dupes de ce droit proposé sur les cocons
« étrangers, qu'ils savent d'avance nul et non avenu,
« par l'admission en franchise de la soie grège, pro-
« duit direct du cocon.

« Le projet présenté par le Gouvernement n'a qu'un
« but : favoriser les intérêts de la riche et puissante

20

« fabrique de soieries, en sacrifiant, plus encore
« que par le passé (les grèges d'Italie étant actuelle-
« ment taxées à 1 fr. par kilog.), les intérêts des séri-
« ciculteurs et des filateurs déjà si compromis.

« Le prix du cocon étant toujours réglé par le prix
« de la grège, il est clair que le droit sur les cocons,
« de quelque qualité qu'il soient, est absolument illu-
« soire, dès l'instant que les grèges étrangères, pro-
« duites avec une main-d'œuvre à vil prix, pourront
« entrer en toute franchise sur nos marchés.

« L'impôt sur les soies ouvrées ne nous intéresse
« en aucune façon, puisqu'il est destiné à faire tra-
« vailler le moulinage avec des grèges étrangères,
« nous ne le repoussons pas cependant.

« Par ces motifs, les soussignés protestent de toute
« leur énergie contre l'adoption d'un tel projet de loi
« qui serait la ruine de toute la région séricicole de la
« France, et demandent une fois de plus que les droits
« appliqués au nouveau tarif général soient ceux ré-
« clamés, depuis longtemps déjà, par le syndicat
« général de la sériciculture de France, le comité pour
« la défense de la sériciculture, les Conseils généraux
« des départements intéressés et une foule de Sociétés
« agricoles.

« Ces droits sont :

« Cocons frais........   0 f. 50 par kilog.
« Cocons secs........   1 50   —
« Soies grèges........   7 »   —
« Soies ouvrées.......   10 »   —

« Confiants dans votre justice, les soussignés ont
« l'honneur d'être, Monsieur le Ministre, vos très
« humbles, très obéissants et très respectueux servi-
« teurs.

                « Pour copie conforme :

                        « LE PRÉSIDENT ».

Comme en 1888, c'est grâce à l'Union de la Drôme
que la pétition réussit, c'est elle qui recueille le plus
d'adhésions, lui apporte le concours le plus efficace.
En juin 1889, représentée par son président, l'Union

prend part aux travaux de l'Union des Syndicats, à Paris, et adhère au programme agricole adressé, dans la suite, à tous les candidats à la députation, et qui, en quelques mots, résumait tous ses desiderata :

I. — *Protection de l'agriculture contre la concurrence étrangère.* — Suppression du régime des traités de commerce. — Dénonciation des traités de commerce à échéance en 1892. — Révision du tarif général des douanes. — Taxe de 15 0/0 en moyenne imposée à tous les produits agricoles étrangers similaires de produits français. — Maintien du droit sur les blés. — Droit de 10 francs par hectolitre sur les vins étrangers. — Droit à établir sur les raisins secs équivalant au droit sur les vins étrangers.

II. — *Réduire les charges fiscales qui pèsent sur les agriculteurs.* — Ramener ces charges fiscales au niveau de celles qui sont imposées aux autres catégories de contribuables.

III. — *Tarifs de transports sur les chemins de fer.* — Réductions concernant le transport des engrais, des machines, de l'outillage et des produits agricoles, poursuivies de concert avec les Compagnies de chemins de fer. — Révision des tarifs dits de pénétration par les représentants de l'agriculture introduits en nombre suffisant dans la Commission supérieure des tarifs de chemin de fer.

IV. — *Mesures diverses.* — Exécution loyale de la loi du 21 mars 1884, concernant les syndicats agricoles. — Facilités concédées aux syndicats pour la création de sociétés coopératives, de Caisses d'assurances, de retraites, de secours mutuels, etc. — Maintien de la législation fiscale sur les sucres. — Répression du vagabondage et de la mendicité par l'exécution des lois et règlements existants. — Organisation de l'Assistance publique dans les campagnes. Rédaction des cahiers des charges relatifs aux adjudications de l'État et des administrations publiques modifiée de manière à ce que la fourniture des produits agricoles soit réservée aux cultivateurs français.

Plus tard, au fur et à mesure que le Parlement discute le nouveau tarif des douanes entré en vigueur au mois de février 1892, l'Union s'associe aux vœux unanimes des agriculteurs français et demande une équitable protection pour l'agriculture et ses produits.

En ce qui touche la représentation agricole et le crédit agricole, elle s'associe aux vœux émis annuellement par l'Union du Sud-Est, avec laquelle elle a toujours marché la main dans la main.

Son histoire économique pouvant s'identifier avec celle de l'Union du Sud-Est, il n'y a pas lieu d'insister davantage sur ce côté général de son intervention. Toutefois, il importe de signaler certains caractères spéciaux de son ingérence sur le terrain économique.

En 1889 et 1892, l'Union prend officieusement part aux travaux des Etats de Romans, se cantonnant, bien entendu, dans la section agricole, dont le président de l'Union était le président effectif.

En avril 1892, l'Union, sur l'instigation de son président, aide, officieusement toujours, le sympathique professeur d'agriculture de la Drôme, M. Bréhéret, dans son travail considérable sur l'enquête agricole de 1892. Une circulaire du 11 avril, adressée par M. de Fontgalland à tous les présidents, nous indique la nature exacte de cette intervention : « Vous devez savoir, leur dit-il, que M. Bréhéret, professeur d'agriculture, a envoyé aux principaux agriculteurs du département un questionnaire relatif à une grande enquête agricole que le gouvernement fait dans toute la France. Les questions sont très nombreuses et semblent s'appliquer seulement à tout ce qui peut intéresser les agriculteurs. Je crois qu'il est de notre devoir de répondre sur certaines questions, en nous plaçant au même point de vue, afin que le rapport général sur le département contienne toutes les observations semblables qui seront produites de divers côtés sur la même question. Sur la question : Quelles sont les causes de l'augmentation ou de la diminution de la valeur des terres (page 2, question 4), on doit répondre : Que les causes principales qui ont amené la dépréciation de la propriété sont : 1º les impôts de toute nature ; 2º l'éloignement des capitaux de la terre ; 3º le dépeuplement des campagnes qui a renchéri le prix de la main-d'œuvre ; 4º le service militaire obligatoire, tel qu'il est organisé, en attirant les jeunes gens à la ville dont ils prennent les habitudes et où ils veulent rester ».

En août 1893, à l'unanimité des syndicats unis, l'Union décide qu'en l'absence de toute représentation officielle de l'agriculture, c'est à elle qu'incombe la mission de défendre les intérêts des paysans de la Drôme et elle envoie à l'approbation de tous les candidats aux élections législatives le programme agricole suivant :

1º Maintien intégral du tarif des douanes;

2º Réduction des charges fiscales qui pèsent sur l'agriculture, en attribuant à cette dernière les économies qui pourront être réalisées sur le budget: suppression du principal de l'impôt foncier sur les propriétés rurales non bâties au moyen de la conversion du 4 1/2 0/0 ;

3º Abrogation des dispositions législatives qui entravent la création des Sociétés coopératives, des Caisses agricoles d'assurances, de retraite, de secours mutuels, etc., et qui s'opposent à la libre organisation de l'assistance dans les campagnes;

4º Maintien des facilités accordées, par la loi du 21 mars 1884, aux syndicats professionnels qui se conforment aux prescriptions de cette loi;

5º Protection de la petite culture contre le vol, la mendicité et le vagabondage ;

6º Consultation obligatoire des syndicats agricoles, dans toutes les questions intéressant l'agriculture, en attendant le vote d'une loi sur la représentation agricole.

C'est la meilleure conclusion de l'œuvre économique des syndicats de la Drôme. En six articles, elle résume parfaitement leur intervention successive dans la défense des intérêts économiques de leurs membres.

II. — L'Union a pour but d'arriver, par le groupement des ordres, à opérer des achats aussi avantageux que possible, des denrées nécessaires à l'agriculteur.

Nous l'avons déjà dit, l'Union de la Drôme n'a pas de courtier, son président centralisant à lui seul renseignements et commandes, transmettant les uns, exécutant les autres. C'est le plus souvent par adjudication qu'il procède, en présence des autres présidents, réunis à Valence. C'est toujours, à prix et à qualités égales, aux maisons de confiance en relation déjà avec l'Union, que le Président, d'accord avec ses collègues, donne la préférence

Et d'abord, il faut le dire tout de suite, les syndicats de la Drôme sont remarquables de cohésion et de discipline ; chaque saison, tous leurs présidents s'engagent moralement à exécuter les marchés passés en leur nom, et à ne s'adresser à d'autres fournisseurs que pour les produits non compris dans les diverses adjudications. A deux exceptions près, jamais aucun des syndicats unis n'a forfait à son engagement, et quand les défections se sont produites, M. de Fontgalland les a immédiatement signalées à ses présidents. Écoutons plutôt ce qu'il leur écrit, lors de la première, en octobre 1888 :

« J'ai appris que l'un de nos syndicats avait acheté du superphosphate ailleurs que chez notre fournisseur. Le prix qui lui a été fait par ce concurrent de la maison adjudicataire était plus avantageux de 0,01 ou 0,02 c., et son secrétaire n'a pas hésité à donner un ordre d'achat. Je regrette profondément cette infraction à nos conventions, qui nous expose à de justes réclamations et à une demande de dommages-intérêts de la part de la maison X...

« Souvent un concurrent évincé cherche à faire rompre un marché, ou à donner des regrets en proposant des prix sur lesquels il perd. J'ai reçu quelquefois des offres de ce genre et vous aussi, sans doute, mais je ne les ai jamais écoutées, car l'engagement signé

avec le fournisseur est synallagmatique. S'il n'en était
pas ainsi, il serait bien inutile de passer des marchés.
Si notre fournisseur de sucre, par exemple, avait imité
en sens inverse le syndicat auquel je fais allusion, sous
prétexte que le sucre a haussé de 5 francs par 100 kilogs
depuis le jour où j'ai eu l'heureuse inspiration de lui
faire signer son engagement, dans quelle situation
nous serions-nous trouvés?

« Qu'il soit donc bien entendu que les syndicats ne
doivent pas s'adresser à d'autres fournisseurs qu'à
ceux de l'Union, pour tous les produits désignés spécialement dans les contrats passés par le président. »

Il est incontestable que la cohésion est la base de la
force et de la solidarité, et qu'une Union de syndicats
ne peut avoir, près de ses fournisseurs, de véritable
influence qu'autant que les syndicats qui la composent
lui sont invariablement fidèles.

On comprend qu'il nous est impossible de suivre,
pas à pas, et circulaire par circulaire, la marche des
opérations de l'Union, ce serait nous égarer trop loin,
ce serait lasser l'attention bienveillante de ceux qui,
nous lisant, veulent surtout des résultats.

Pour dire beaucoup en peu de mots, nous résume-
rons les affaires de l'Union en donnant le cahier des
charges des adjudications d'engrais et le chiffre annuel
des opérations de l'Union. Ce sera suffisant pour montrer, et au delà, les résultats auxquels, par la direction
énergique et ferme du président, les syndicats unis
sont arrivés.

*Cahier des charges de l'adjudication des engrais et ma-
tières premières à fournir à l'Union des Syndicats des
Agriculteurs de la Drôme du................... 189..
au....................189 .*

Die, le................. 189 .

Les marchés pour la fourniture des engrais et des matières fertilisantes passés par le Président de l'Union pour
le compte des syndicats, dont tous les membres sont solidaires proportionnellement au montant de leurs souscriptions annuelles, devront être faits aux conditions suivantes :

Les soumissions seront remises au président de l'Union,
M. DE FONTGALLAND, propriétaire à Die.

Les engrais et les matières premières seront livrés au choix de chaque syndicat, en *port dû* ou bien *franco, pour n'importe quelles quantités, dans toutes les gares de la Drôme*, dans un délai de quinze jours après la réception de la commande.

Le prix des engrais sera calculé sur celui de l'unité des agents de fertilité entrant dans leur composition. A cet effet, les soumissionnaires devront indiquer dans leur soumission le prix auquel ils entendent livrer le kilogramme d'azote, de potasse et le degré d'acide phosphorique.

Les engrais seront fabriqués, pour n'importe quelles quantités, selon la formule indiquée par chaque syndicat. Ils devront être dans un état pulvérulent parfait, et ne contenir que 10 0/0 d'eau au maximum. Ils seront facturés, sur analyse à l'état normal, et d'après les bases suivantes :

ENGRAIS FABRIQUÉS	L'UNITÉ			
	Franco		Port dû	
	FR.	C.	FR.	C.
Azote organique (sang, viande).				
Azote ammoniacal.............				
Azote nitrique				
Acide phosphorique, soluble dans le citrate d'ammoniaque alcalin et à froid				
Potasse { Sulfate de potasse...				
Chlorure de potassium				

L'acide phosphorique insoluble ne sera facturé ni dans les superphosphates, ni dans les engrais fabriqués.

TOURTEAUX PULVÉRISÉS	L'UNITÉ			
	Franco		Port dû	
	FR.	C.	FR.	C.
Sésame (indiquer s'il est sulfuré) azote......... 0/0.........				
Colza.... azote.... 0/0.........				
Maïs.... azote.... 0/0.........				

MATIÈRES PREMIÈRES

La liste des matières premières comprend à peu près toutes celles que les sociétaires peuvent désirer.

Chaque maison peut soumissionner exclusivement pour la spécialité dont elle s'occupe.

Il pourra y avoir plusieurs marchés.

Les matières premières seront facturées sur analyse à l'état normal, d'après les bases suivantes :

	L'UNITÉ			
	Franco		Port dù	
	FR.	C.	FR.	C.
Corne torréfiée 12 à 14 0/0				
Corne en poudre finement moulue non torréfiée..................				
Viande desséchée 10 à 11 0/0..				
Sang desséché moulu 11 à 12 0/0				
Sulfate d'ammoniaque 20/21 0/0				
Nitrate de soude 15/16 0/0......				
Superphosphate riche 13/15 0/0.				
Superphosphate (blanc.......				
d'os 13/14 0/0..... (noir.........				
Phosphate précipité............				
Phosphate fossile 50 0/0........				
Plâtre phosphaté..............				
Sulfate de potasse 48/50 0/0.....				
Chlorure de potassium 47/50 0/0				

Tous les prix seront établis emballage compris.

Les factures et les traites seront faites au nom du président du syndicat qui aura adressé la commande ; elles seront payables au domicile indiqué, après l'acceptation du président : à vue avec 2 0/0 d'escompte, à 30 jours avec 1 0/0 d'escompte, ou bien à 90 jours sans escompte, au choix de chaque syndicat.

Le président de chaque syndicat aura le droit de faire peser, aux frais du vendeur, les marchandises à leur arrivée en gare, toutes les fois qu'il le jugera nécessaire.

Les échantillons destinés à l'analyse seront prélevés par le président ou son délégué, à l'arrivée des engrais dans la gare ou dans le magasin du syndicat, en présence de deux témoins. Le vendeur pourra se faire représenter à cette opération. Dans ce cas, il devra faire connaître d'avance au Président le nom de son fondé de pouvoirs.

Trois échantillons seront prélevés sur chaque wagon d'engrais, semences, etc., etc. L'un d'eux sera envoyé au chimiste chargé de l'analyse, l'autre sera conservé comme témoin par le président, et enfin on adressera le troisième au vendeur, s'il en a exprimé le désir.

Les analyses seront faites au laboratoire de la Société des Agriculteurs de France, à Paris, 336, rue Saint-Honoré.

Les frais d'analyses seront à la charge du vendeur pour toute livraison de 5,000 kil.

Dans le cas où le dosage ne serait pas conforme au dosage garanti, le vendeur subirait une diminution de prix égale à la valeur commerciale du manquant. Si le manquant était de plus d'un quart, le syndicat acheteur pourra exiger en outre des dommages et intérêts.

Chaque sac devra être porteur d'une étiquette indiquant le nom de l'engrais ou de la matière première et son dosage.

Il est interdit au fournisseur de livrer, dans le département de la Drôme, les engrais et les matières premières à des agriculteurs isolés ou groupés ensemble, aux mêmes prix que ceux qu'il fait à l'Union des syndicats.

La différence des prix devra être au minimum de fr. 0,40 0/0 en sus, à peine pour le fournisseur de subir un rabais de 15 0/0 sur toutes les livraisons qu'il aura faites aux syndicats unis, pendant la durée de son marché.

Les syndicats se réservent le droit de fournir à leurs membres toutes les matières utiles à l'agriculture non comprises dans l'énumération ci-dessus.

Les syndicats qui adhèreront a l'Union jouiront des mêmes prix et conditions pour tous les produits.

Le Président de l'Union : A. DE FONTGALLAND.

SOUMISSION

Le soussigné déclare accepter le présent cahier des charges et soumissionner aux prix qu'il a indiqués ci-dessus.

Pour les semences, il n'y a pas de cahier des charges proprement dit, le président se réserve seulement le droit de faire analyser les envois par la station d'essais de semences de Paris.

Le chiffre annuel des opérations a été :

1887-1888	Kil. 2.049.790	Fr. 298.325
1888-1889	2.616.117	398.390
1889-1890	2.504.580	341.493
1890-1891	3.800.000	458.000
1891-1892	3.754.364	446.506

Dans ces totaux les engrais chimiques phosphatés entrent bien pour les deux tiers, puisque, dans les quatre premiers mois de 1893, la consommation de superphosphate a été de 1,312.000 kil. Du 1er juillet 1893 au 31 mars 1894 les syndicats de la Drôme ont acheté 2,500.000 kil. de superphosphate.

Cette énorme consommation de phosphate par les agriculteurs de la Drôme est vraiment remarquable et mérite d'être mise en relief. Les engrais phosphatés sont, en effet, ceux qui conviennent le mieux à tous les sols et à toutes les cultures ; leur abus même n'est pas à redouter, car ce que les récoltes ne consomment pas n'est pas perdu, il constitue au contraire dans le sol une précieuse réserve pour l'avenir, enfin, ils améliorent à la fois la quantité et la qualité du produit. Ce sont là des vérités que les agriculteurs de la Drôme ont bien vite saisies; sur ce point, comme sur beaucoup d'autres, ils donnent aux agriculteurs voisins un exemple que ceux-ci feront bien de méditer et de suivre.

En résumé, les syndicats de l'Union de la Drôme sont les véritables régulateurs du marché des engrais dans leur département; les fabricants attendent avec impatience que l'Union ait donné son adjudication et, dès que les prix sont connus, ils basent les leurs sur ceux des syndicats afin de vendre à peu près aux mêmes conditions, de telle sorte que tous les agriculteurs, qu'ils soient syndiqués ou non, profitent de la baisse de prix obtenue par les syndicats. C'est un résultat magnifique qui fait ressortir, d'une façon éclatante, la puissance de l'association.

Que les agriculteurs ne se laissent donc plus tromper par les marchands qui disent que les syndicats sont inutiles et qu'ils vendraient aussi bon marché s'ils n'existaient pas. Si les syndicats disparaissaient, on verrait bien vite les prix remonter et l'agriculteur n'aurait plus les garanties que lui offre le syndicat. Il faut donc être fidèle au syndicat, lui amener de nouveaux adhérents, afin d'augmenter sa force et sa puissance. Il n'est pas d'agriculteur intelligent qui ne reconnaisse aujourd'hui les services considérables rendus par les syndicats de la Drôme, pas un qui n'ait à cœur de soutenir l'association dont il fait partie et dont la devise « Union et Confiance » a jusqu'ici produit de si heureux résultats ».

La première consultée sur l'opportunité de la création, à Lyon, d'une coopérative régionale devant remplacer la Coopérative de France, mort-née par suite du décès subit de M. Rostand son fondateur, l'Union de la Drôme fut aussi la première à promettre son concours aux promoteurs de la nouvelle organisation, la première aussi à leur apporter son adhésion, son appui financier et moral; aujourd'hui dix-neuf syndicats, sur vingt-quatre, sont coopérateurs.

Cette adhésion n'a pas été seulement platonique et la Coopérative est aujourd'hui le fournisseur exclusif d'engrais des syndicats unis. Les syndicats n'ont pas eu lieu de se plaindre, car en outre que la Coopérative les a soustraits cet hiver à la coalition des fabricants d'engrais, jamais l'Union de la Drôme, du propre avis de son président, n'avait reçu depuis dix ans des engrais à dosage aussi élevé.

« Si sur certains produits, écrivait récemment son président, M. de Fontgalland, la Coopérative donne des prix relativement élevés, il est bon de ne pas oublier que tous les prix comportent un bénéfice à répartir entre les coopérateurs à la fin de l'exercice : de telle sorte que le trop perçu est restitué au syndicat acheteur ou à ses sociétaires. Ce bénéfice viendra donc diminuer le prix de vente. Pour ses débuts, la Coopérative agricole a été heureuse, grâce au travail et au dévouement de nos amis et j'ajouterai, malgré les critiques de quelques syndicats et de nos adversaires. Tous les frais d'organisation et de constitution sont aujourd'hui amortis par les bénéfices des premiers mois. En ce moment, les frais généraux mensuels sont largement couverts et, comme le dit notre ami Duport, si Dieu veut, il y aura, dès le 30 juin 1894, un résultat qui causera aux rares infidèles de la Coopérative de cruelles déceptions ».

Aujourd'hui, comme au début, les syndicats de la Drôme sont les plus fermes soutiens de la Coopérative du Sud-Est, ils n'auront pas, croyons-nous, à regretter leur confiance.

III. — L'Union a pour but d'aider à l'écoulement des produits agricoles.

Au point de vue de la vente des produits agricoles, l'Union de la Drôme a obtenu des résultats importants. C'est elle, en effet, qui approvisionne en partie les boucheries de l'Union des producteurs et consommateurs de Lyon ; ce sont ses foins, ses pailles, ses luzernes qui ont aidé, cette année, les régions viticoles à combler les vides de la production fourragère et à atténuer, dans une large mesure, les terribles effets de la sécheresse.

Les résultats ne sont peut-être pas encore ce qu'ils peuvent être, car il y a là une éducation à faire, et de même que les syndiqués doivent s'entendre pour bien acheter, de même aussi ils doivent se grouper pour bien vendre leurs produits.

Avec un peu de bonne volonté, avec le dévouement zélé de leurs Bureaux, les syndicats de la Drôme arriveront facilement à écouler les produits de leurs membres et à réaliser ainsi l'un des points les plus délicats de leur programme professionnel.

IV. — L'Union a pour but de favoriser la création de syndicats agricoles.

Fondée par les 9 syndicats d'*Allex*, *Bourg-de-Péage*, *Clérieux*, *Crest*, *Die*, *Montvendre*, *Nyons*, *Romans*, *Taulignan*, l'Union de la Drôme a successivement ajouté à ses fondateurs les syndicats de *Châteaudouble*, *Claveyson* *Livron*, *Grignan*, *Montélimar*, *Les Tourettes*, *Pierrelatte*, *Roynac*, *Buis-les-Baronies*, *Savasse*, *Grand-Serre*, *Châteauneuf-de-Galaure*, *Tain*, *Suze-la-Rousse*, *Saint-Paul-Trois-Châteaux*. Cette augmentation considérable du nombre de syndicats, concordant avec l'accroissement d'effectif de ceux-ci, prouve que les efforts n'ont pas été inutiles et c'est là, nous en sommes certain, une douce satisfaction qui permet aux fondateurs de l'Union de supporter les calomnies, les injures dont on les abreuve si généreusement.

Le soleil brille pour tous, le champ est immense, les syndicats de l'Union n'en cultivent qu'une parcelle, il y a du travail pour tous ceux qui les critiquent. Qu'ils fondent des syndicats et qu'ils les dirigent suivant des principes agricoles différents, si ceux suivis jusque-là ne leur conviennent pas.

A l'œuvre on connaîtra l'ouvrier.

V. — L'Union a pour but de donner des conseils et des avis sur les questions professionnelles aux syndicats unis ou à leurs membres.

L'Union de la Drôme n'a pas, comme beaucoup d'autres, de Bulletin propre; un grand nombre de syndicats unis ont un Bulletin particulier, les autres — c'est la majorité — ont abonné en bloc tous leurs membres au Bulletin de l'Union du Sud-Est. Comme l'Union beaujolaise, et avant elle, elle a eu toutefois son Almanach qui, pendant deux ans, a paru plein d'utiles renseignements et s'est ensuite, comme celui de l'Union beaujolaise, fondu, depuis 1892, dans l'Almanach de l'Union du Sud-Est, commun aujourd'hui à tous les syndicats.

Ainsi privé de ces deux organes par lesquels une Union arrive si facilement à se tenir en communion constante d'idées avec ses membres, il était naturel que le président profitât, pour y suppléer, du seul lien qui l'unît aux syndicats unis. C'est donc par ses circulaires que M. de Fontgalland transmet les avis et les conseils de l'Union, c'est par elles qu'il tient constamment syndicats et présidents au courant des questions professionnelles.

Il ne nous est pas possible, malheureusement, d'entrer ici dans le détail des conseils donnés, qu'il nous suffise seulement de dire que la collection des circulaires du président de l'Union de la Drôme, est le meilleur guide du directeur de syndicat. Traitant toutes les questions avec autant de clarté que de justesse, le président de l'Union a cherché à être utile; il y a réussi. Peu d'hommes assurément consentiraient à s'astreindre à une telle sujétion, peu d'hommes surtout auraient eu assez d'énergie pour se maintenir quand même à ce poste périlleux dont le titulaire ne reçoit souvent que calomnies et reproches.

M. de Fontgalland, Dieu merci! a le tempérament du vrai chevalier, les difficultés et les ennuis le stimulent au lieu de le décourager et si d'aucuns se demandent comment il a pu réussir, qu'il nous soit permis de rappeler une récente réponse de M. de Fontgalland lui-même à un de ses amis : « Tenez vous-même la barre très ferme, veillez au grain et votre barque syndicale voguera avec succès vers le port ».

Voilà l'œuvre des syndicats dans la Drôme, écrivait-il un jour, voilà ce qu'ils ont fait grâce à l'Union. Il nous semble que si on remonte de dix ans en arrière, il nous est permis de dire que les syndicats ont opéré dans ce pays une véritable révolution. Qui aurait dit, lors des premières tentatives basées sur cette loi du 21 mars 1884 faite, non pour les agriculteurs, mais pour les ouvriers des villes, qu'ils en tireraient un aussi grand profit ?

« Cette loi sur les syndicats professionnels, on se repent aujourd'hui de l'avoir faite, disait, en 1888, à M. de Fontgalland, un sénateur de la région, et si elle était à refaire, soyez bien convaincu que le mot agricole, ajouté par hasard à l'article 5, n'y figurerait plus ».

Et pourquoi donc ? Est-ce que dans la France entière l'agriculture n'a pas senti passer comme un souffle de liberté ? De tous côtés ne constatons-nous pas que, grâce aux syndicats agricoles, l'espoir renaît au cœur des paysans ? Ah voilà, c'est que ces syndicats ne font pas de politique, mais simplement leurs affaires, et qu'ils tiennent soigneusement à l'écart ces brandons de discorde que l'on agite beaucoup trop dans certains milieux.

Partout où les syndicats ont été fondés et patronnés officiellement au début dans des vues politiques, ils sont vite tombés. Ceux qui réussissent se livrent uniquement aux occupations professionnelles pour lesquelles ils ont été institués; ils ne font, comme ceux de la Drôme, que de l'agriculture et de l'agriculture pratique, ainsi que l'a reconnu, dans sa lettre du 11 mars 1888, le ministre du Commerce.

Avec un porte-drapeau comme M. de Fontgalland, la victoire des syndicats de la Drôme est assurée. L'union fait la force et le passé des syndicats répond de leur avenir.

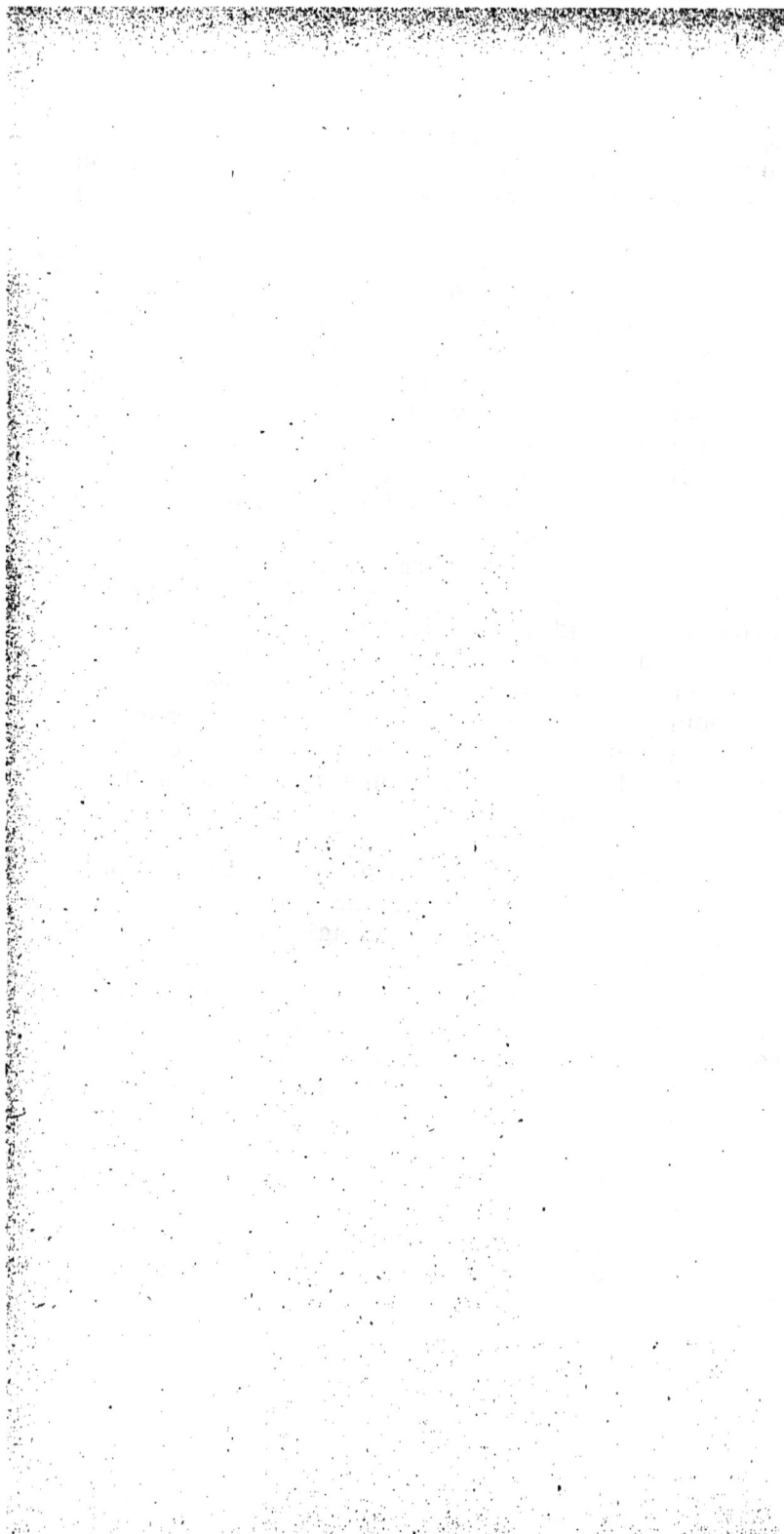

TITRE TROISIEME

L'Union régionale

CHAPITRE IV

L'UNION DU SUD-EST. — SON ORIGINE, SON HISTOIRE, SON ROLE ÉCONOMIQUE

C'est à la suite d'un essai de syndicat départemental resté infructueux, malgré le zèle et l'intelligente activité déployés par son fondateur, M. Paul Vincey, que des syndicats cantonaux se créant un peu partout dans le Rhône, on sentit la nécessité de grouper ces forces éparses, ces bons vouloirs individuels et de réunir en un régiment bien discipliné ces compagnies, par le fait, un peu volantes (1). La première idée de ceux qui se trouvaient à la tête de ce mouvement de concentration avait été de s'en tenir au département et, si nous avons bonne mémoire, dans la première réunion, tout officieuse du reste, tenue chez l'un d'eux, il s'agissait

---

(1) On trouvera dans l'Historique du Syndicat de Belleville des détails inédits à ce sujet.

simplement au début, de la constitution, entre les syndicats du Rhône, d'une union départementale. Pendant que l'on travaillait au groupement reconnu nécessaire, on pressait les organisateurs d'élargir le cadre de leur action ; des agriculteurs habitant les départements voisins, faisaient valoir les avantages qu'ils pouvaient retirer d'une organisation lyonnaise, ce grand centre vers lequel converge une région formant à elle seule comme une petite France. En effet dans les dix départements qu'elle comprend, on peut affirmer que l'on trouve toutes les productions qui font de notre chère patrie le premier pays agricole du monde. Les vins des côtes du Rhône, ceux du Beaujolais et du Mâconnais, le bétail élevé dans les prairies du Charolais et de la Loire, les blés de semence provenant de nos grandes altitudes, huiles, foins, pailles, beurres, fromages, bois, etc., tout cela, en effet, se trouve dans la région lyonnaise.

Tous ces arguments, d'autant plus irrésistibles que leurs auteurs étaient plus persuasifs et plus sympathiques, eurent bien vite raison des premières résistances, et nul aujourd'hui, parmi les tout premiers fondateurs de l'Union du Sud-Est, ne songe à regretter de les avoir bienveillamment écoutés.

Cette question préjudicielle résolue, la première séance constitutive eut lieu le 15 mai 1888, sous la présidence de M. A. Guinand, président du syndicat de Saint-Genis-Laval, au siège de la « Vinicole Lyonnaise », rue du Garet, 9, Lyon. Onze syndicats seulement étaient représentés :

RHÔNE. — *Belleville, Haut-Beaujolais, le Bois d'Oingt, Villefranche et Anse, Saint-Genis-Laval, Ampuis, Tarare, Vaugneray.*

AIN. — *Belligneux.*

ISÈRE. — *Saint-Marcellin, Saint-Symphorien d'Ozon.*

Dès ce premier contact, nous sentons que, derrière l'idée, il y a des apôtres énergiques et convaincus, des hommes qui veulent réussir. Dès ce jour, nous entrevoyons la mission importante de cette association des syndicats et nous comprenons bien, avec le distingué promoteur de l'Union, M. Emile Duport, que pour accomplir cette mission vis-à-vis de l'agriculture, nous trouverons aisément, parmi les membres de cette union syndicale, les connaissances les plus étendues réunies à un dévouement sans limite. C'est, du reste, la condition primordiale de tout succès et l'influence du groupement grandira d'autant plus que nous serons plus nombreux et surtout plus unis pour protéger notre existence syndicale et pour faire entendre plus efficacement notre voix dans les grands conseils de l'État.

L'Union du Sud-Est était donc fondée, ses statuts étaient discutés et établis séance tenante, en même temps qu'un bureau provisoire était nommé, avec pleins pouvoirs, pour faire toutes les formalités de publication et de dépôt nécessaires. Les statuts votés à cette réunion constitutive ayant été modifiés par l'Assemblée générale du 15 octobre, nous ne les donnerons qu'à ce moment, nous contentant actuellement de rappeler les noms des membres du premier bureau provisoire :

Président: M. Gabriel de SAINT-VICTOR, ancien député, lauréat de la prime d'honneur, président du Syndicat de Tarare.

Vice-président : M. Emile DUPORT, président du Syndicat de Belleville.

Secrétaire-trésorier : M. Charles DE BÉLAIR, membre du Syndicat de Saint-Symphorien-d'Ozon.

Assesseur : M. Antonin GUINAND, président du Syndicat de Saint-Genis-Laval.

Assesseur : M. André GAIRAL, vice-président du Syndicat de Saint-Symphorien-d'Ozon.

Malgré ses absences prolongées, malgré ses occupations multiples qui l'éloignaient souvent de Lyon et de l'Union du Sud-Est, M. de Saint-Victor était bien le premier président indiqué ; abstraction faite des mérites personnels et des services rendus, il était bien l'homme désigné pour éviter tout conflit et écarter toute susceptibilité de la part de l'Union des Syndicats des Agricul teurs de France qui, la première, a groupé toutes les forces vives de l'agriculture, qui nous a rendu et nous rendra encore tant d'inappréciables services.

Il y avait là, en effet, une considération de premier ordre et nous verrons, par la suite, que les rapports entre les deux Unions furent toujours non seulement empreints de la plus grande cordialité, mais qu'ils eurent encore assez d'effets utiles pour amener, sans peine et sans tiraillement, la création de toutes ces Unions régionales qui sont nées un peu partout et qui, aujourd'hui, selon l'heureuse expression de M. de Rocquigny, figurent assez bien les maîtresses branches d'un grand chêne dont les syndicats seraient les rameaux touffus et dont l'Union des Syndicats des Agriculteurs de France formerait le tronc puissant.

Bien que provisoires, les uns et les autres, les statuts et les noms des administrateurs de l'Union furent déposés, en conformité de l'article 4 de la loi du 21 mars 1884, à la mairie de Lyon, le 31 mai 1888 : un récépissé constatant ce dépôt fut délivré au président ; l'Union était légalement constituée.

Cette naissance fut aussitôt annoncée, par lettre du président, à tous les présidents de syndicat des dix départements appelés à bénéficier de l'Union ; un exemplaire des statuts y était joint. Les cartes de félicitations, sous forme d'adhésions, ne tardèrent pas à affluer ; l'Union de la Drôme, tout entière, demandait à assister au baptême en réclamant d'urgence une visite explicative des deux pères créateurs. Par décision en date du 29 juillet, le Bureau donnait pleine délégation à MM. Duport et Guinand de représenter l'Union à l'Assemblée de Valence et, pour éviter toute confusion, son président définissait ainsi la mission qu'il leur confiait :

« Les syndicats adhérents peuvent rester fermement attachés à l'Union des Syndicats des Agriculteurs de France, sans avoir à craindre, de la part de l'Union du Sud-Est, une tendance séparatiste, sans avoir à redouter un conflit d'intérêts. La haute compétence de l'Union des Syndicats de Paris, son influence qui lui reste entière pour représenter les intérêts nationaux, laissent

libre une intervention de l'Union du Sud-Est spécialisée
et restreinte aux dix départements de notre région.
Limitée à ces dix départements, notre association ne
fait pas double emploi avec l'Union de Paris. Elle a
formé une branche auxiliaire et une alliée sûre. Lyon,
cette grande étape placée entre le Nord et le Midi,
offre, par son agglomération et par sa position géographique, un débouché immense aux produits divers des
départements compris dans l'Union. Mais il n'échappera à personne que l'installation et le fonctionnement
régulier des différents services de cette association des
syndicats de la région — bureau de renseignements,
office d'achats et de ventes, Bulletin spécial, comité
de contentieux, laboratoire d'analyses, etc., etc. — exigent une direction méthodique et raisonnée. C'est au
développement successif des divers services que
nous devons tendre par une marche progressive, sans
précipitation comme sans arrêt. Nous parviendrons à
ces résultats par le concours de tous, et quant aux
membres qui ont eu la généreuse initiative de créer
l'Union du Sud-Est et qui l'auront menée à bien, ils mé-
riteront des parts de fondateurs dans la reconnaissance
et dans les remerciements des syndicats adhérents. »

C'est pour remplir cette mission que les deux délégués de l'Union du Sud-Est arrivaient à Valence, le
5 août, et assistaient, le lendemain, à l'assemblée générale annuelle de l'Union de la Drôme, tenue sous la
présidence de M. de Fontgalland, l'un des premiers
et des plus sympathiques promoteurs de l'idée syndicale dans notre région.

C'est une banalité vraiment de dire que MM. Duport
et Guinand remplirent, à la satisfaction de tous, leur
rôle de délégués ; mais il est bon toutefois, pour ceux
de nos lecteurs qui ne les connaissent qu'imparfaitement, de rappeler, à cette place, en quels termes ils
firent part à nos amis de la naissance de l'Union :

« L'Union du Sud-Est, dirent-ils, n'est point créée en
hostilité avec l'Union de Paris. Elle est faite dans le
même esprit. Mais, aussi bien qu'un général d'armée ne
commande pas directement aux simples soldats, aussi
bien l'Union de Paris ne peut-elle efficacement s'oc-

cuper des intérêts particuliers de chacun des syndicats de canton. Du reste, les intérêts du nord de la France peuvent être quelquefois différents de ceux du midi ; les enquêtes faites pour les traités de commerce en donnent une preuve palpable et il est important qu'ils ne soient pas confondus dans la masse générale. Quelle puissance plus grande n'aura-t-on pas, lorsque les grandes Unions syndicales, comme celles du Sud-Est, du Midi, du Sud-Ouest, du Centre, etc., viendront formuler leurs doléances ! La centralisation à outrance, qu'on a combattu autrefois, ne doit pas de nouveau apparaître dans cette circonstance. Déjà plusieurs syndicats l'ont compris et demandent un point de communication moins éloigné que Paris, plus visible, en un mot, un centre régional pour leurs achats et pour leurs ventes

« C'est pour répondre à ces desiderata, c'est pour empêcher cette désunion et cet éparpillement des forces locales qui menacent de se faire jour que nous sommes envoyés aujourd'hui, comme délégués de l'Union du Sud-Est, afin d'élever le cri de ralliement et de vous dire, à vous, syndicats du département de la Drôme : venez étudier avec nous, à Lyon, ces questions multiples qui regardent plus spécialement notre région. Groupons nos efforts, comme vous l'avez si bien fait entre vous pour la Drôme. Echangeons d'abord nos idées pour arriver ensuite à échanger nos produits. Nous marcherons d'accord avec Paris. Nous servirons entre lui et les syndicats dissidents de trait d'union permanent. Nous lui conserverons intacts et en rangs serrés les membres de notre phalange, tout en gardant notre indépendance et notre liberté d'action.

« Nous voulons faire nos affaires dans la région du Sud-Est et nous les ferons utilement et pratiquement sans user notre activité en empiètements stériles. Notre intérêt seul saurait nous interdire toute attitude hostile à l'Union de Paris, si nos sympathies pour ce groupe central et si la haute personnalité de notre président de l'Union du Sud-Est n'étaient pas là pour servir de meilleure garantie de la droiture et de la netteté de nos intentions ».

Ces déclarations si nettes et si précises eurent pour résultat l'adhésion de tous les syndicats présents; c'était, pour ceux qui y avaient contribué, pour M. de Font-galland aussi bien que pour les fondateurs de l'Union, un encouragement précieux, un premier succès qui devait avoir, dans la suite, de nombreuses répétitions.

C'est sous ces heureux auspices qu'eut lieu la pre-mière Assemblée générale, assemblée réellement cons-titutive, appelée à fonder l'Union du Sud-Est, à lui donner une existence définitive et un fonctionnement régulier.

Cette assemblée, qui dura deux jours, eut lieu au siège social, rue du Garet, 9, à Lyon, les 15 et 16 octo-bre 1888; comme à celles qui l'ont suivie, on fit peu de bruit et beaucoup de besogne.

Ce premier congrès que M. Robert de la Sizeranne a si heureusement dépeint, était imposant; dans une petite rue étroite, au fond d'une vieille maison, ils arrivaient un à un, les délégués, ces ouvriers de la terre, silencieux, résolus, les uns en blouse bleue, d'autres en redingote; certains d'entre eux pénétrant pour la première fois dans une grande ville et se laissant guider au milieu de cette civilisation inconnue, mais tous ayant vague-ment conscience qu'ils inauguraient une force nouvelle dans la nation. Qu'est-ce donc que cette chose qui naît? C'est l'immense armée des ruraux qui entre en ligne, voilà tout.

Cette armée, c'est le commandant provisoire, tout à l'heure définitif, qui l'invite et lui montre son drapeau et sa devise : « Le sol, c'est la Patrie! » Orateur aimable, M. Gabriel de Saint-Victor était l'incarnation du *vir bonus dicendi peritus*; gentilhomme dans l'âme, il était avant tout homme de droit, homme de devoir; avec lui pas d'équivoques, pas de compromissions. C'est sous ce jour qu'il se montra, dès la première fois, aux syndicats qui le plaçaient à leur tête et c'est avec plaisir que toutes les mains calleuses ou gantées de leurs délégués se tendirent vers lui pour sceller, dans une fraternelle étreinte, l'union intime qui allait désormais exister entre eux. Son discours de bienvenue fut ce qu'il devait être, précis et conciliant, sobre de promesses, plein d'espérance. Pourquoi sommes-nous là? « Pour créer

dans notre région une agitation salutaire qui réveille
les torpeurs locales, ce qui nous sera facile parce que
nous serons plus rapprochés et que notre action sera
plus immédiate et plus fréquente aussi. Nous voulons
faciliter et multiplier des réunions pratiques d'où
pourront sortir des fondations utiles à l'agriculture
régionale, lesquelles seront nées de l'Union du Sud-Est,
si je puis m'exprimer ainsi, sans qu'elle y prenne ensuite
aucune part. Je n'ai pas besoin d'ajouter que la politique sera toujours rigoureusement interdite dans nos
réunions, nous avons assez à faire en nous occupant
d'économie agricole et en unissant nos vœux, comme
nos justes doléances, à ceux que présente chaque année
la Société des Agriculteurs de France, sous le haut patronage de laquelle nous resterons toujours, car tous, nous
sommes ses enfants, pour ne pas dire ses fondateurs.
Voici quel a été notre rêve, voici ce que nous voulons, ce que nous espérons obtenir. Si vous nous
approuvez, si vous unissez vos efforts, nous marcherons résolûment, la main dans la main et nous arriverons à faire quelque chose, je n'en veux pas douter ».

L'approbation ne se fit pas attendre et 27 syndicats
nouveaux demandaient leur admission immédiate.
L'Union se trouvait donc à ce moment composée de
38 syndicats :

Onze fondateurs :

Rhône	Syndicat agricole	de Tarare.
»	—	de Belleville.
»	—	du Bois d'Oingt.
»	—	du Haut-Beaujolais.
»	—	de Villefranche et Anse.
»	—	de St-Genis-Laval.
»	—	d'Ampuis.
»	—	de Vaugneray.
Ain	—	de Belligneux.
Isère	—	de Saint-Marcellin.
»	—	de St-Symphorien-d'Ozon.

Vingt-sept nouveaux :

Rhône	Syndicat agricole	d'Amplepuis.
Ain	—	de Loyes.

Ain	Syndicat agricole de Trévoux.
Ardèche	— de St-André-Lachamp.
»	— d'Aubenas.
Drôme	— d'Alixan.
»	— d'Allex.
»	— de Buis-les-Baronnies.
»	— de Châteaudouble.
»	— de Claveyson.
»	— de Clérieux.
»	— de Crest.
»	— de Die.
»	— de Grignan.
»	— de Livron.
»	— de Montélimar.
»	— de Montvendre.
»	— de Nyons.
»	— de Pierrelatte.
»	— de Romans.
»	— de Roynac.
»	— de Taulignan.
»	— des Tourettes.
Saône-et-Loire.	— de Montcenis et le Creusot.
Haute-Savoie	— de la Haute-Savoie.

Ainsi constituée par les délégués des 38 syndicats affiliés, l'Assemblée discute immédiatement les statuts de l'Union et, après quelques modifications aux premiers règlements, les arrête ainsi qu'il suit :

Titre I. — Constitution de l'Union.

Art. 1er. — Conformément à la loi du 21 mars 1884, il est formé, entre les syndicats agricoles qui adhèreront aux présents statuts, une Union qui sera régie par cette loi et par les dispositions ci-après :

Art. 2. — Cette association est dénommée *Union du Sud-Est des Syndicats agricoles.*

Art. 3. — Son siège est établi à Lyon, 9, rue du Garet.

Sa durée est illimitée. Elle commencera du jour de la déclaration légale de sa formation.

Art. 4. — Elle sollicitera le bénéfice de l'art. 5 des statuts de la Société des Agriculteurs de France qui donne le droit à toutes les associations agricoles de se faire représenter dans cette société par des délégués.

TITRE II. — COMPOSITION DE L'UNION.

Art. 5. — Peuvent faire partie de l'Union tous les syndicats régulièrement constitués d'après la loi du 21 mars 1884, ayant leur siège social dans un des départements suivants : Savoie, Haute-Savoie, Drôme, Isère, Ain, Saône-et-Loire, Loire, Rhône, Ardèche, Haute-Loire.

Art. 6. — Pour être admis dans l'Union, les syndicats postulants devront adresser au président de l'Union : 1° Un exemplaire de leurs statuts, avec copie du récépissé de dépôt à la mairie ; 2° une demande écrite signée du président; 3° une copie certifiée par le président, soit de la délibération, soit de l'article des statuts ou du règlement qui aura autorisé la dite demande.

Ces pièces seront soumises au Bureau de l'Union qui, après leur examen, demandera dans le délai d'un mois aux présidents des syndicats unis de se prononcer sur l'admission. Le vote se fera par correspondance, sans explications, deux refus entraîneront de droit l'ajournement.

Art. 7. — Tout syndicat adhérent peut se retirer à tout instant de l'Union. A cet effet, son président adresse à celui de l'Union une déclaration par lettre chargée, accompagnée de la copie du procès-verbal de la délibération qui a autorisé la démission, et il lui en est accusé réception. Le syndicat démissionnaire perd tout droit au patrimoine de l'Union.

Art. 8. — Le défaut de paiement de la cotisation après trois lettres de rappel, le manquement aux engagements envers l'Union ou envers des tiers, ou tous autres motifs, peuvent donner lieu à l'exclusion, laquelle est prononcée par le Bureau, à la majorité des membres qui le composent.

TITRE III. — OBJET DE L'UNION.

Art. 9. — L'Union a pour objet général le concert des syndicats unis pour l'étude et la défense des intérêts économiques agricoles.

Art. 10. — Elle se propose notamment :

1° De servir aux syndicats unis de centre permanent de relations, de leur procurer les moyens et renseignements nécessaires pour les faire profiter de marchés avantageux, de réductions de transports, etc ,

2° D'encourager la création de nouveaux syndicats et d'en faciliter les débuts.

3° De recueillir et communiquer aux syndicats unis toutes les indications, venant soit de l'intérieur soit de l'étranger, qui seraient propres à les éclairer sur la situation respective des récoltes, sur les offres et demandes, et à guider ainsi les syndicats et leurs membres dans leurs opérations, marchés, etc..

4° De faciliter la défense des intérêts agricoles auprès des pouvoirs publics par la centralisation et la transmission de vœux et de pétitions.

5° De leur donner des avis et conseils en toutes matières contentieuses ou techniques sur lesquels les syndicats unis jugeraient utile de la consulter, soit dans l'intérêt propre des syndicats, soit dans l'intérêt particulier de leurs membres.

6° De leur faciliter les analyses de terre, engrais et autres matières à faire exécuter sous le contrôle de l'Union.

TITRE IV. — ADMINISTRATION DE L'UNION

Art. 11. — L'Union est administrée par un bureau composé de douze membres : un président, trois vice-présidents, six assesseurs, un secrétaire général et un trésorier.

Art. 12. — Les membres du Bureau doivent faire partie de l'un des syndicats unis. Ils sont élus par l'Assemblée générale de l'Union.

En cas de vacance, le Bureau se complète provisoirement, par un vote à la majorité de ses membres, en attendant la décision de la plus prochaine Assemblée générale.

Art. 13. — Les membres du Bureau sont élus pour trois ans, ils sont rééligibles. Le Bureau est renouvelé chaque année par tiers et par rang d'ancienneté. Les deux premières séries sortantes sont désignées par le sort.

Art. 14. — Les fonctions du Bureau sont absolument gratuites.

Art. 15. — Le Bureau se réunit sur la convocation de son président. Il délibère valablement si trois de ses membres sont présents.

Art 16. — Il fait procéder au vote sur l'admission des syndicats, ainsi qu'il est dit à l'article 6, et prononce les exclusions conformément à l'article 8.

Art, 17. — Il prend toutes décisions et mesures sur toutes les matières qui se rattachent à l'objet de l'Union, à ses intérêts et à ceux des syndicats unis. Il prépare les travaux, propositions, vœux, pétitions et ordres du jour à soumettre aux Assemblées générales.

Chaque année, il présente à l'Assemblée générale un rapport sur l'ensemble des opérations de l'Union.

Ses pouvoirs ne sont limités que par la loi du 21 mars 1884 et par les présents statuts. Pour tout ce qui n'est pas prévu il fait des règlements qu'il peut réviser.

Art. 18. — L'Assemblée générale se compose de tous les présidents, de deux membres par bureau et deux délégués, en tout cinq membres par syndicat uni.

Les syndicats qui n'auraient point de membre présent à l'Assemblée, pourraient s'y faire représenter par un membre d'un autre syndicat uni, pourvu d'un pouvoir régulier sur papier libre et étant lui-même membre de l'Assemblée, sans cependant que ce membre puisse représenter plus de cinq syndicats.

Dans le vote à intervenir, les présidents ou leurs représentants seuls auront le droit de vote, les délégués n'ayant que voix consultative.

Les présidents de syndicat comprenant plus de mille adhérents auront une voix de plus par mille ou fraction de mille.

Art. 19. — L'Assemblée générale ordinaire se réunira une fois par an, au siège social. Les convocations seront faites par lettres adressées aux présidents, au moins quinze jours d'avance, et indiqueront les questions à l'ordre du jour. Toute résolution, émanant de l'initiative d'un membre de l'Assemblée générale, doit être préalablement soumise à l'examen du Bureau, qui décide s'il y a lieu de la soumettre à l'Assemblée générale.

L'Assemblée générale peut délibérer valablement lorsque le quart des syndicats est représenté, sans qu'il soit tenu compte du nombre de membres représentant chaque syndicat.

Les vœux émis par cette Assemblée générale seront remis à la Société des Agriculteurs de France par les délégués nommés à cet effet, conformément à l'article 4 des présents statuts.

Art. 20. — Le Bureau peut décider la réunion d'une Assemblée générale extraordinaire. Le délai de convocation peut être réduit à cinq jours.

Art. 21. — Les élections des membres du Bureau se peuvent faire par correspondance et à la majorité des votes exprimés.

Les autres décisions des Assemblées générales sont prises à la majorité des membres présents. En cas de partage, la voix du président est prépondérante.

TITRE V. — PATRIMOINE DE L'UNION.

Art. 22. — Le patrimoine de l'Union est formé au moyen:
1º Des cotisations annuelles des syndicats adhérents ;
2º Des subventions qui peuvent lui être accordées;
3º Des dons qui peuvent lui être faits.

Il est administré par le Bureau, qui peut choisir un agent salarié.

Art. 23. — La cotisation annuelle par chaque syndicat est fixée à 0 fr. 10 par membre, mais avec un minimum de 5 fr. Le maximum de la cotisation sera de 25 fr. pour les syndicats cantonaux et d'arrondissement et de 50 fr. pour les syndicats de département.

TITRE VI. — DISPOSITIONS GÉNÉRALES.

Art. 24. — Tout membre d'un syndicat adhérent à l'Union participe aux avantages résultant de l'ensemble des services rendus par l'Union.

Art. 25. — Chaque syndicat adhérent conserve son autonomie et sa complète indépendance. Il peut, par suite, adhérer à une ou plusieurs Unions. Il n'est pas responsable des
actes de gestion et d'administration de l'Union.

Trois créations sont ensuite discutées et décidées :
1º Un office central permanent d'achats et de ventes
au service des syndicats unis;
2º Un bulletin d'offres et demandes;
3º Un comité de contentieux.

Nous étudierons plus loin, chacune avec les détails
qu'elle comporte, ces trois créations; donc, inutile
d'en parler maintenant. Contentons-nous pour l'instant de signaler les deux vœux émis par la réunion :
1º L'Union du Sud-Est, réunie en Assemblée générale,
émet le vœu que les traités de commerce, notamment
avec l'Italie, ne soient pas renouvelés et qu'au cas où
ils le seraient, l'agriculture soit représentée aux
négociations par un nombre de délégués égal à celui
du commerce;
2º L'Union du Sud-Est des syndicats agricoles, réunie en assemblée générale, émet le vœu que l'impôt de
10 0/0 qui grève les assurances contre l'incendie soit
désormais calculé, non sur les primes, mais sur le
capital assuré, ce qui est le seul moyen de répartir
équitablement cette charge qui, par suite de l'élévation des primes sur les risques ruraux, grève ceux-ci
beaucoup plus que les risques urbains.
Nous terminons le compte-rendu de cette première
Assemblée par la composition du Bureau définitif élu à
l'unanimité des membres présents :

Président : Gabriel DE SAINT-VICTOR, ancien député,
lauréat de la Prime d'honneur du Rhône, président du
Syndicat de Tarare.

Vice-président : Antonin GUINAND, président du Syndicat de Saint-Genis-Laval.

Vice-président : Emile DUPORT, président de l'Union
Beaujolaise et du Syndicat de Belleville.

Vice-président : Anatole DE FONTGALLAND, président
de l'Union de la Drôme et du Syndicat de Die.

Secrétaire général : Charles DE BÉLAIR, membre du Syndicat de Saint-Symphorien-d'Ozon.

Trésorier : Ernest RICHARD, secrétaire du Syndicat de Belleville.

Assesseur : DE MONICAULT, vice-président de la Société des Agriculteurs de France, président du Syndicat agricole de Trévoux.

Assesseur : DE GAILHARD-BANCEL, président des Syndicats de Crest et d'Allex.

Assesseur : François DONAT, assesseur du Syndicat de Saint-Symphorien-d'Ozon.

Assesseur : Comte DE SAINT-POL, président du Syndicat du Haut-Beaujolais.

Assesseur : Vicomte DE BOIGNE, président du Syndicat de la Haute-Savoie.

Assesseur : Comte DE VILLETTE, vice-président du Syndicat de la Haute-Savoie.

Le dépôt des statuts et des noms des membres du Bureau ayant été effectué, ainsi que le constate le récépissé, le 24 octobre 1888, à la mairie de Lyon, c'est de ce jour qu'en réalité commence la vie légale de l'Union du Sud-Est. Nous allons suivre pas à pas son éducation, laissant pour des chapitres spéciaux, où elles seront traitées en détail, toutes les organisations qu'elle engendre. La vie de l'Union est, dès ce jour, tellement active, tellement remplie, que c'est, à notre sens, le seul moyen d'arriver à une monographie à la fois claire et complète.

Année 1889.

C'est par l'admission du Syndicat des Agriculteurs charolais, présidé par M. de Billy, que l'année 1889 débute (10 janvier), suivie de très près par l'affiliation du Syndicat des Agriculteurs de France de la Loire, présidé par M. le marquis de Poncins, votée le 25 janvier suivant. A cette dernière date, le Bureau charge l'un des siens, tout désigné pour la bien remplir, de la mission de représenter l'Union à l'Assemblée générale de la Société des Agriculteurs de France et à la réunion annuelle des comices et syndicats qui la doit précéder.

M. de Monicault reçoit, comme mandat, d'appuyer auprès des pouvoirs publics les desiderata de l'Union résumés en ces termes :

1º Assurer, en France, aux produits nationaux un traitement égal à celui des produits étrangers en frappant ceux-ci, à leur entrée en France, d'un droit équivalent à la somme des impôts que supportent les produits similaires français et en abolissant tous les tarifs dits de pénétration qui ne sont autre chose que des privilèges au profit de l'étranger ;

2º Demander aux Ministères compétents que les adjudications de l'armée et de la marine soient exclusivement réservées aux producteurs français ;

3º Renouveler auprès des pouvoirs publics les deux vœux émis par l'assemblée du 15 octobre dernier.

Inutile d'ajouter que le distingué délégué de l'Union a usé de toute son autorité et de toute son influence pour faire accepter ces vœux par la Société des Agriculteurs de France qui, les faisant siens, les a fait triompher, en partie tout au moins. Si faible qu'ait pu être, dans ce résultat, la part de l'Union, il est bon de la consigner ici, en remerciant M. de Monicault d'avoir été son interprète autorisé.

Le 19 mars, les deux syndicats de Bourg-Saint-Andéol (Ardèche) et du Grand-Lemps (Isère) sont admis à l'unanimité des 27 votants.

Le 6 mars, nouvelle affiliation du syndicat de Bourg (Ain) et du syndicat de Grand-Serre (Drôme), admis l'un et l'autre par 25 voix sur 25 votants.

Le 7 juin, dépouillement du vote sur l'admission du syndicat agricole de Bresse ; à l'unanimité des 25 votants, son affiliation à l'Union est votée.

Le 10 août, admission du Syndicat des Éleveurs et Emboucheurs charolais, à la majorité de 22 voix sur 23 votants.

C'est donc avec un total de 46 syndicats adhérents que l'Union quitte son local provisoire pour se mettre dans ses meubles, toujours rue du Garet, 9, mais dans une maison distincte qu'elle occupera plus tard en totalité. A peine installée, elle convoque ses adhérents à sa deuxième assemblée générale, qu'elle tient le 14 novembre 1889.

Trente-cinq syndicats sur quarante-six sont présents ou représentés ; gage indéniable de la solidarité étroite existant entre elles, MM. Saint-Marc-Girardin et Sainte-Claire-Deville sont venus apporter à l'Union du Sud-Est les souhaits et les vœux de prospérité de sa sœur aînée : l'Union des syndicats des Agriculteurs de France. On sent, du reste, qu'il y a, de part et d'autre, la même envie de s'entendre et, dans son discours d'ouverture, M. de Saint-Victor se félicite de l'union intime, absolue, qui règne entre l'Union du Sud-Est et l'Union des Syndicats. L'une et l'autre travaillent dans l'intérêt de l'agriculteur français, lequel ne se préoccupe pas de savoir qui remplit ses ordres, qui facilite ses ventes, parce qu'en matière de syndicat agricole il ne saurait y avoir ni maisons rivales, ni intérêts opposés. « Nous avons cru, ajoute M. de Saint-Victor, favoriser ceux de notre vaste région, et nous avons dit déjà ce qui avait nécessité, à nos yeux, la création de l'Union du Sud-Est. Aujourd'hui, et après un an d'expériences, nous avons la certitude que nous ne nous trompions pas alors et nous croyons que nous irons en grandissant, ce qui signifie que nous rendrons à l'agriculture régionale plus éclairée, sachant mieux profiter de nous, tous les services que nous pourrons ». C'est sur ces paroles bien encourageantes que M. le président ouvre la séance en donnant successivement la parole à M. Ernest Richard, trésorier, à M. Guinand, vice-président, rapporteur de la Commission du Bulletin, à M. Emile Duport, vice-président, rapporteur de la Commission des boucheries. Nous reparlerons, en leur temps, de ces deux derniers rapports ; quant à l'exposé financier de M. Richard, qu'en dire, sinon qu'il prouve que si, dans bien des cas, l'argent est le nerf de la guerre, le dévouement est quelquefois le nerf du succès. Comment expliquer autrement qu'avec un budget de recettes de 745 fr. 60, l'Union ait pu, en une année, s'installer

chez elle, créer un office, un Bulletin, un comité de
contentieux et avoir encore, en fin d'exercice, un
excédent de recettes de 291 fr. 60 ! Et dire qu'il se trouve
encore des gens assez naïfs ou d'assez mauvaise foi
pour accuser les syndicats d'être les meilleurs banquiers de leurs administrateurs !

Les rapports étant lus et discutés, les conclusions
approuvées, l'assemblée procède au renouvellement
partiel de son Bureau (art. 13 des statuts).

Par acclamation, les membres sortants : MM. de Saint-
Victor, de Bélair, Richard, comte de Boigne, sont réélus ; M. de Gailhard-Bancel, démissionnaire en raison
de ses occupations multiples, est remplacé par M. le
commandant Cullet, président du syndicat de Bourg-
de-Péage.

Avant de se séparer, la réunion n'a garde d'oublier
que la défense des intérêts économiques fait partie du
triple rôle de l'Union et c'est à l'unanimité qu'elle émet
les quatre vœux suivants :

L'Union du Sud-Est des Syndicats agricoles, réunie
en Assemblée générale, émet le vœu :

1º Qu'une loi intervienne pour faire incomber à
l'acheteur, c'est-à-dire au dernier détenteur, la responsabilité des animaux saisis ;

2º Que le sulfate de cuivre soit assimilé aux engrais
pour les transports par chemins de fer ;

3º Que toutes les petites gares de la Compagnie
P.-L.-M., ayant un quai d'embarquement, soient ouvertes aux bestiaux trois fois par semaine ;

4º Que la représentation agricole par des Chambres
d'agriculture, soit constituée dans le plus bref délai.

M. le président reçoit mission de faire parvenir ces
vœux, par l'intermédiaire de la Société des Agriculteurs
de France aux Ministres compétents et à M. le Directeur
de la Compagnie P.-L.-M. A titre de proposition addi-
tionnelle, M. Emile Duport fait adopter la motion
suivante :

« L'Assemblée, reconnaissant l'utilité de provoquer
un mouvement de l'opinion en faveur de la création
des Chambres d'agriculture, invite les membres des
syndicats à assister à la réunion ouverte, organisée

22

pour le 15 décembre par le Comice de Lyon, et dans laquelle on entendra sur ce sujet M. Kergall, président du Syndicat économique agricole.

« L'Union du Sud-Est cherchera, par tous les moyens en son pouvoir, à provoquer l'attention des pouvoirs publics en faveur de la même question ».

M. de Saint-Victor lève la séance en adressant de chaleureux remerciements aux délégués des syndicats, les invitant à faire connaître autour d'eux les œuvres créées par l'Union du Sud-Est et les services considérables rendus par elle aux agriculteurs.

L'assemblée générale close, nous entrons dans la deuxième année de l'Union, nous quittons la période de création pour entrer dans la période d'organisation. L'enfant grandit tellement vite que nous avons peine à le reconnaître et chacun, au début de cette année, se demande si sa rapide croissance ne l'épuisera pas. Rassurons-nous de suite, ses nourrices sont bonnes, plus elles donnent, plus elles veulent donner ! Faisons comme le nourrisson et marchons vite pour ne pas nous engourdir.

Le 30 novembre, le Bureau reçoit comme nouveaux adhérents : le Syndicat des agriculteurs de la Bièvre (Isère) et le Syndicat agricole de Chomérac (Ardèche) admis l'un et l'autre par 24 voix sur 24 votants.

Le 15 décembre a lieu la conférence organisée par le Comice agricole de Lyon et annoncée à l'Assemblée générale de l'Union. Le Comice agricole de Lyon étant affilié à l'Union du Sud-Est, et celle-ci ayant contribué à l'éclat de la réunion, il nous semble impossible de la passer sous silence, étant donné surtout le rôle qu'y a joué l'un des vice-présidents de l'Union, M. Emile Duport. C'est lui, en effet, qui y traita la question de la représentation de l'agriculture, M. Kergall ayant soutenu, avec la haute compétence qu'on lui connaît, son projet de suppression du principal de l'impôt foncier. C'était au lendemain de la formation de ce fameux groupe agricole qui nous a soutenus avec tant d'énergie et de succès, au moment de la discussion des tarifs de douane et dans lequel tous les députés s'intéressant aux classes rurales se sont réunis, comprenant enfin

que, pour cette défense comme pour l'autre, toutes
nuances politiques devaient s'effacer. Dans sa conférence, l'énergique président du Syndicat économique
se félicite du concours qu'il a rencontré à la Chambre
et attribue ce réveil, qu'il remarque dans l'opinion, à
l'action salutaire des syndicats agricoles qui ont secoué
bien des torpeurs et fait naître cette force de premier
ordre qu'il appelle la « Démocratie Rurale ». L'éloquent orateur n'oublie qu'une chose, c'est la part très
grande qui lui revient dans ces résultats dûs, à n'en
pas douter, à cette énergie, à cet ardent dévouement
qu'il n'a jamais marchandé ni à son pays ni aux
paysans. Peu d'hommes, dans ces dernières années,
ont autant contribué que lui à la défense des campagnes et puisque, à l'encontre de tant d'autres, il ne
sait pas s'en vanter, qu'il nous permette ici de l'en féliciter et de l'en remercier au nom de la démocratie
rurale du Sud-Est.

De la conférence de M. Duport, il nous est bien difficile, sans l'amoindrir, d'en donner un résumé, et comme
nous aurons plus loin à relater ses idées sur la question,
qu'il nous suffise pour l'instant de consigner sa péroraison : « Messieurs, il ne s'agit pas de vaines com-
pétitions et lorsqu'il faudra discuter avec l'étranger les
conditions d'un traité de commerce, nos représentants,
quels qu'ils soient, les leurs comme les nôtres, se rappelant qu'au-dessus de la profession il y a la patrie,
sauront imposer les sacrifices nécessaires à la prospérité
et à la grandeur du pays.

« Et maintenant, M. Kergall, vous serez demain au
milieu de vos collègues du groupe agricole. Eh
bien ! dites-leur qu'à Lyon nous approuvons hautement
le noble exemple de concorde qu'ils ont donné car, sur
le terrain de la défense agricole, nous avons toujours
été et nous serons toujours unis pour appuyer leurs
efforts. Le cœur bat plus vite, il bat mieux lorsque,
dédaigneux des entraves de la politique, l'on peut dépenser largement son intelligence et son dévouement,
sans qu'il soit besoin d'une nouvelle guerre pour
voir ses services acceptés.

« Dites-leur que nous voulons énergiquement cette

représentation agricole, que nous les chargeons de nous l'obtenir.

« Nous la voulons parce qu'elle est de toute justice et de toute égalité, mais nous la voulons plus encore, parce que défendre l'agriculture c'est défendre le sol, c'est enrichir le pays pour les heures de détresse, c'est lui former des défenseurs pour les heures de danger.

« Dites-le et, avec l'aide de Dieu, le concours de tous, nous aurons enfin cette représentation véritable. Qui donc oserait nous la refuser? N'est-ce pas pour la Patrie? »

Nous aurons à revenir sur le rôle important joué par l'Union dans cette question, non encore résolue, de la représentation professionnelle, mais nous étions bien aise de donner, à cette place, la péroraison si éloquente et si pleine de cœur du porte-parole de l'Union du Sud-Est.

L'année 1889 se termine par l'entrée au Conseil de l'Union des Syndicats des Agriculteurs de France de MM. Gabriel de Saint-Victor, président et A. Guinand, vice-président. C'est donc dès maintenant l'accord parfait entre les deux Unions.

Année 1890.

Le 19 avril 1890, après dépouillement du vote des présidents donnant 31 oui sur 31 votants, le Bureau prononce l'admission du syndicat de Savasse (Drôme) et du syndicat de Nantua (Ain).

Le 13 juin, par 32 voix sur 32 votants, le syndicat agricole et viticole de Mâcon est admis dans l'Union; le 24 du même mois, M. de Benoist, président de ce syndicat est nommé, provisoirement et sauf ratification par l'Assemblée, membre du Bureau, en remplacement de M. de Boigne, démissionnaire.

Le 7 juillet, l'Union s'occupe d'une très intéressante communication faite par M. de Benoist, au sujet des dommages permanents causés aux prairies des bords de la Saône par l'infiltration des eaux, infiltration qui ne tardera pas à convertir ces prairies en marais, pour ie plus grand préjudice de tous les propriétaires riverains. A la suite d'une enquête très sérieuse, faite sur place, M. de Benoist a acquis la certitude que l'infiltration des eaux provenait uniquement des travaux exécutés par l'administration des Ponts et Chaussées, travaux qui ont élevé le niveau de la Saône contrairement aux réglements sur le régime des eaux.

Cet état de choses, qui menace de s'empirer, a ému les populations riveraines. Le syndicat de Mâcon a été saisi de ces plaintes et a voté une protestation précisant les griefs des propriétaires riverains de la Saône. M. de Benoist demande à l'Union, dont l'influence peut beaucoup pour défendre les intérêts agricoles de la région, d'appuyer cette protestation et de la faire parvenir à qui de droit.

Le Bureau se rallie complètement à la proposition de M. de Benoist et charge son secrétaire général de faire parvenir ladite pétition au ministre compétent, par l'intermédiaire du président de la Société des Agriculteurs de France.

Quelques jours après, c'est à dire fin septembre, l'Union prend l'initiative de rappeler aux corps élus les desiderata des agriculteurs et, après l'avoir fait signer par les 52 syndicats unis, représentant environ 25.000 membres, elle envoie la pétition suivante à M. le marquis de Dampierre, en le priant de la transmettre à M. Méline, président de la Commission des douanes :

PÉTITION DES AGRICULTEURS

Pour demander :

1º Des droits de douane suffisamment protecteurs ;
2º La réforme de l'impôt foncier ;
3º La répression de la fraude sur les produits agricoles falsifiés ou fabriqués ;
4º La représentation agricole.

Messieurs les sénateurs,
Messieurs les députés,

Nous soussignés, tous cultivateurs, fermiers, vignerons et propriétaires,

Considérant que l'agriculture française traverse une crise terrible dont les tristes effets se répercutent sur la fortune publique ;

Qu'il est de toute nécessité, si l'on veut assurer le pain des travailleurs de la terre, de frapper les produits agricoles étrangers entrant en France de droits correspondants aux lourdes charges que les agriculteurs ne peuvent plus supporter ;

Considérant que la propriété non bâtie paie, en France, un impôt plus lourd que dans aucune contrée d'Europe, impôt qui est deux fois plus élevé que celui de la propriété urbaine et trois fois plus que celui de la propriété mobilière ;

Qu'il importe de réformer l'impôt foncier pour établir l'égalité des charges ;

Considérant que la santé publique et les intérêts agricoles sont gravement compromis par la vente des produits alimentaires falsifiés ou fabriqués ;

Qu'une répression sévère et efficace s'impose ;

Considérant qu'il est profondément injuste que la classe la plus nombreuse soit sans une représentation sérieuse pour défendre ses intérêts professionnels ;

Que des Chambres d'agriculture doivent être établies sur les mêmes bases que les Chambres de commerce ;

Nous demandons à Messieurs les Sénateurs, à Messieurs les Députés :

1º De frapper, à leur entrée en France, les produits agricoles étrangers de droits de douane suffisants pour rétablir l'égalité des charges entre ces produits et les produits français ;

2º De réformer l'impôt foncier sur des bases équitables ;

3º D'organiser la surveillance active et la répression sévère contre les falsifications de denrées alimentaires ;

4º De créer des Chambres d'agriculture sur les mêmes bases que les Chambres de commerce.

Nous ne passerons pas à la troisième Assemblée générale, sans nous arrêter à la réunion du Bureau de l'Union du 28 octobre, qui nous semble, à un double point de vue, digne d'une mention particulière.

C'est, en effet, au cours de cette réunion que le Bureau décida d'inviter à son Assemblée générale MM. Flourens, Deusy, de Lorgeril et Kergall, en les priant de vouloir bien venir traiter, dans une réunion publique, « du régime douanier et des véritables intérêts de la classe ouvrière ; des rapports entre l'agriculture, le commerce et l'industrie ; du dégrèvement de l'impôt foncier ». Pleins pouvoirs sont donnés à MM. Guinand, de Bélair et Richard pour organiser la réunion et la rendre aussi publique et aussi solennelle que possible. C'était là le seul vrai moyen de mettre à son vrai point et sous son véritable jour la question des droits de douane, en montrant les rapports communs qui existent entre l'agriculture, le commerce et l'industrie, en cherchant à établir entre ces trois intérêts une espèce de consortium loyal, au lieu de prolonger une lutte dommageable à tous. Nul n'était mieux à même que l'Union du Sud-Est d'en prendre l'initiative et si, dans la suite, la région lyonnaise a pu bénéficier de cette entente, il est juste de signaler ici la part importante qui lui revient dans ce magnifique résultat.

Le second point que nous relèverons dans cette même réunion de Bureau, c'est que les premiers organisateurs de l'Exposition de Lyon — alors qu'encore on la pensait faire en 1892 — avaient fait appel au concours de l'Union, qui avait chargé trois de ses membres de se mettre en rapport avec le Comité directeur et avait envoyé officiellement son adhésion. Depuis que le projet a pris corps et que l'Exposition de 1894 est devenue un fait possible — accompli à l'heure où nous écrivons — plus de nouvelles, plus de demandes de participation. Ce n'est pas ici le lieu de rechercher le pourquoi de cette exclusion systématique, nous tenions seulement à rappeler les faits, pour qu'on n'ignore pas les raisons qui ont pu décider l'Union à se borner à une simple Exposition collective, dans le groupe d'Economie sociale, qui, lui, a sollicité sa participation, offrant à ses envois la plus aimable et la plus large hospitalité.

A signaler enfin, à cette même date, l'affiliation du Syndicat de Châbons (Isère), admis par 25 voix sur 25 votants.

Nous arrivons ainsi à la troisième Assemblée générale, qui s'ouvre au siège social le 22 novembre; 30 syndicats sur 52 sont présents ou représentés.

Dans un de ces discours-revue, qui sont restés le modèle de la netteté et de l'élégance, M. Gabriel de Saint-Victor résume rapidement — à l'Union du Sud-Est on ne perd jamais de temps, ce jour-là moins encore que les autres — toutes les questions à l'ordre du jour; en deux mots, il les met au point, facilitant ainsi le travail des rapporteurs et éclairant, avant la lettre, la religion des auditeurs.

Et d'abord, à propos du budget : « Nous restons dans l'esprit de notre fondation en tenant modestement notre place, réduisant au strict nécessaire le nombre de nos employés, dont le zèle et le dévouement à l'œuvre entreprise ne laissent rien à désirer. Nous croyons bon de persévérer dans cette voie et de prouver ainsi aux agriculteurs des autres régions, qui suivront bientôt notre exemple, que l'on peut faire bien, beaucoup et à bon marché, sans vastes bureaux et sans un luxe d'agents souvent inutiles. Nos dépenses sont insignifiantes et ce n'est certainement pas la question financière qui pourra arrêter ceux qui se proposent, dans un avenir prochain nous l'espérons, de fonder de nouvelles provinces agricoles ». Traitant ensuite la question des rapports entre les syndicats et l'Office, il appelle l'attention sur les petits syndicats, sur les faibles que l'Union doit particulièrement protéger. Il ne quitte pas l'Office sans affirmer encore une fois les rapports intimes qui règnent entre l'Union des Syndicats de Paris et l'Union du Sud-Est. « Leurs Offices, ajoute-t-il, doivent travailler uniquement dans l'intérêt des agriculteurs en dehors de tout esprit de rivalité, n'ayant qu'un seul but, celui de procurer au meilleur marché possible des marchandises de la meilleure qualité, car nous savons tous qu'il y a des marchandises de toutes les qualités, et, par conséquent, de tous les prix ».

Avant de terminer, il remercie, au nom de l'Union,

les amis de l'agriculture, les conférenciers du lendemain, qui n'ont pas hésité à entreprendre un voyage
parfois bien long pour nous apporter le puissant
concours de leur présence au milieu de nous et témoigner ainsi de l'intérêt qu'ils portent à notre œuvre.

L'Assemblée continue, sur ces paroles de bienvenue,
par les rapports de M. Richard, trésorier, de M. Duport,
sur les boucheries et l'office, de M. Guinand, sur le
Bulletin, de MM. Gairal et Ducurtyl, au nom du contentieux.

Sur le premier, nous ne pouvons que répéter nos
appréciations antérieures, en y ajoutant toutefois nos
très sincères félicitations pour ceux qui, avec un budget
de 1,096 fr. ont pu faire si beau et si bon. Pour les rapports spéciaux nous les retrouverons plus loin, chacun
à leur place, nous ne nous y arrêtons donc pas, arrivant de suite à la discussion d'une proposition intéressant toutes les Unions et tranchée dans cette même
assemblée.

Depuis la fondation de l'Union du Sud-Est, un certain
nombre de syndicats — parmi lesquels nous trouvons le
Syndicat de Montpellier, le Syndicat des Agriculteurs
du Puy-de-Dôme, le Syndicat de Lons-le-Saulnier —
ayant leurs sièges sociaux en dehors des limites fixées
par l'article 5, titre II des statuts, frappés des services
que, malgré leur éloignement, ils pouvaient retirer de
leur affiliation, avaient demandé leur admission. Par
déférence pour les syndicats intéressés, et sauf ratification par l'Assemblée générale, le Bureau avait cru
pouvoir leur donner provisoirement, et moyennant le
paiement d'une cotisation, l'autorisation d'user des services du courtier et de profiter des bénéfices de l'Union.
A la veille d'une solution nette, une commission spéciale,
nommée par le Bureau, fut chargée d'étudier la question
et de présenter un rapport qu'elle confia à l'un des
siens, M. Emile Duport. Comme, au fond, il y a là une
question générale de principe pour toutes les Unions,
il nous semble utile de consigner à cette place les
considérations qui ont motivé la décision finale.

Il est certain que, pour les syndicats même situés en
dehors de la région, il pourrait y avoir un intérêt

agricole sérieux à faire partie de l'Union et qu'au reste
ces adhésions procureraient à celle-ci des avantages
importants en augmentant ses ressources et ses forces.
D'autre part, il est non moins certain que la pensée
qui a fait insérer dans les statuts la limitation de la
circonscription est une pensée sage ; l'Union, en effet,
doit être régionale, d'abord, parce que d'autres Unions
régionales se créeront à côté d'elle, ensuite parce que,
si elle n'avait pas de limites, que pourrait-elle être
sinon une rivale de l'Union des Syndicats des Agriculteurs de France ?

La question étant ainsi posée sous son double jour,
quelle solution le rapporteur va-t-il proposer ?

En fait, ces Syndicats que désirent-ils? Recevoir nos
avis d'abord, user de nos services ensuite et c'est tout ;
leur éloignement ne leur permet pas de prendre part
régulièrement à nos travaux et le plus souvent, sur les
questions économiques, leurs intérêts seraient différents des nôtres.

Au fond, que voulons-nous ? Etre utiles à ces syndicats en attendant la création d'Unions régionales pouvant les englober et nous voulons le faire sans nuire
à notre unité, à notre propre unité, sans nous imposer
des charges, sans modifier nos statuts. Est-ce possible ? Nous le croyons. Pour cela il suffit d'investir le
Bureau du pouvoir de donner à ces syndicats et à
tous ceux qui pourraient en faire plus tard la demande,
l'autorisation d'user de nos services à titre d'associés
et non plus d'affiliés.

Ils ne seront pas soumis à l'admission, ils ne feront
donc pas partie de l'Union du Sud-Est, par suite, ils
ne prendront pas part à nos délibérations, ils ne vote-
ront pas dans nos conseils, en un mot notre unité
régionale, qui est fondamentale, restera entière.

Ils devront payer les mêmes cotisations que s'ils
faisaient partie de l'Union, et ils ne le trouveront pas
excessif, puisque, en recevant nos avis et en utilisant
notre courtier, ils jouiront précisément du genre de
services qu'ils désirent de nous; au surplus, les dépenses ne sauraient les en empêcher. Faut-il citer le fait
d'un de ces syndicats qui a passé à votre courtier, il y a

quelques jours, un ordre de 30,000 kilogs de sulfate de cuivre à 55 fr. 25. L'ordre a été exécuté à la parité de 53 fr. 25, ce qui économisait à ce syndicat une somme égale à dix années de la cotisation qu'il aurait à nous payer.

Loin de nous imposer une charge, ce serait alimenter notre caisse.

Enfin, puisqu'ils ne feront pas partie de l'Union, il n'y a plus lieu désormais de modifier nos statuts.

Toutes ces considérations étant acceptées par l'unanimité des membres présents, l'assemblée décide, conformément aux conclusions du rapporteur :

1o Qu'il n'y a pas lieu de modifier l'article 5, titre II, des statuts ;

2o Que les syndicats agricoles, ayant leur siège en dehors de la circonscription régionale de l'Union du Sud-Est, peuvent être autorisés, provisoirement, sur leur demande écrite et après décision du Bureau, à user des services de l'Union, sans en faire partie, mais à la condition de payer les cotisations de leur classe.

Cette troisième Assemblée générale se termine par le renouvellement partiel du Bureau et les vœux.

Les membres désignés par le sort pour faire partie de la deuxième série renouvelable sont :

MM. le Comte de SAINT-POL, de FONTGALLAND, le Comte de VILLETTE, DONAT.

Tous sont réélus par acclamation et, par acclamation aussi, M. de Benoist, nommé le 24 juin membre du Bureau en remplacement de M. de Boigne, est maintenu dans les fonctions que le Bureau lui avait provisoirement attribuées.

VOEUX

L'Union du Sud-Est émet ensuite les vœux suivants :

I. *Sociétés coopératives.* — Que le Parlement ne restreigne pas la liberté dont jouissent les sociétés coopératives, en vertu du titre III de la loi sur les sociétés, du 29 juillet 1867 — et spécialement dans le cas où il adop-

terait le projet de loi sur les sociétés coopératives,
voté en seconde lecture par la Chambre des députés le
7 juin 1889, — et qu'il y introduise les modifications
suivantes :

1º Que la forme de société coopérative puisse être
adoptée par toute société qui voudra se soumettre à la
législation spéciale établie par la loi, ainsi que le permettait la loi de 1867, et que les bénéfices de cette législa-
lation privilégiée ne soient pas réservés aux seules
associations de crédit, de production, de consommation, mais encore à toutes celles dont les progrès de
l'idée coopérative feraient sentir l'utilité ;

2º Que les sociétés coopératives ne soient pas obligées
d'adopter exclusivement la forme anonyme, ainsi que
le leur impose l'article 19 du nouveau projet, mais
qu'elles puissent continuer, comme sous l'empire de la
loi de 1867, d'adopter la forme de la société en com-
mandite ou en nom collectif qui a rendu de si grands
services aux Associations coopératives allemandes et
italiennes.

II. — *Le Crédit agricole.* — Que la législation ne
compromette pas l'existence ou la prospérité des syndicats agricoles en les chargeant de la mission de faire
des opérations de crédit agricole dont doivent se
charger des associations agricoles distinctes, auxquelles les syndicats sont, du reste, disposés à donner tout
leur concours.

III. — *Société des Agriculteurs de France.* — Que la
Société des Agriculteurs de France, dont les présidents
des syndicats présents à la réunion font tous partie,
ne distribue plus à l'avenir des prix à l'occasion des
concours régionaux et qu'elle institue, au contraire, des
concours, des congrès ou toutes autres réunions utiles
à l'agriculture dans les départements où ne se tien-
draient pas les concours officiels : concours de fau-
cheuses, faneuses, moissonneuses, batteuses, etc.,
concours de labourage, de hersage etc., concours
d'animaux reproducteurs, de vaches laitières, etc.

L'Assemblée estime que la société acquerrait une plus grande notoriété en agissant ainsi par elle-même ; qu'elle recruterait, partout où elle tiendrait des concours, dirigerait des congrès, un nombre plus considérable d'adhérents.

Ici se termine l'Assemblée générale proprement dite de l'Union, mais nous ne saurions oublier qu'elle a eu un lendemain brillant et que la réunion imposante tenue, le dimanche 20 novembre, au Palais de la Bourse, en a été la conclusion, puisqu'elle avait été organisée par l'Union et qu'elle avait lieu sous son patronage.

Nous pouvons bien ajouter qu'elle en a été l'heureuse conclusion, puisqu'en somme c'est elle qui a consommé l'alliance de l'agriculture et du haut commerce, alliance rendue nécessaire au moment de la discussion des tarifs douaniers, et grâce à laquelle, si notre mémoire est bonne, Lyon a pu sauvegarder les intérêts si précieux du commerce des soies.

Cette manifestation du 20 novembre mérite donc, en raison surtout du rôle qu'elle a pu jouer, plus qu'une mention, c'est pourquoi nous nous nous y arrêterons quelques instants.

Présidée par M. Gabriel de Saint-Victor, la réunion entend d'abord M. Flourens, ancien ministre, député des Hautes-Alpes, chargé, de concert avec M. de Lorgeril, son collègue à la Chambre, de parler du régime douanier et des véritables intérêts de la classe ouvrière. « Je ne viens pas, dit l'habile orateur, vous recommander la modération, je ne viens pas vous recommander la conciliation et les transactions nécessaires ; aux représentants de populations aussi foncièrement honnêtes que celles du Sud-Est, de tels conseils seraient superflus, je viens seulement vous demander sur quel terrain et dans quelles conditions vous allez opérer la conciliation et la transaction. Dans cette ville de Lyon, il n'est pas nécessaire de prendre la défense de cette grande industrie de la soie ; il n'est pas nécessaire de dire qu'il ne peut rien être fait qui lui soit préjudiciable, qui porte atteinte à la situation prépondérante qu'elle s'est acquise dans le monde et qui

constitue, non seulement une grande force économique
pour notre pays, mais aussi une splendeur artistique,
une gloire nationale. D'autre part l'agriculture tient
son sort entre ses mains. Les traités de commerce
vont expirer, ils ont vécu ; la France est redevenue
maîtresse de son régime économique et douanier,
c'est à l'agriculture de décider quel usage il convient
de faire de cette liberté. Oui, Messieurs, je puis le dire,
dans ce moment les pouvoirs publics, le pays, le
monde agricole, industriel, commercial et financier,
dans nos frontières et hors de nos frontières, ont les
regards fixés, non sans anxiété, sur les résolutions que
l'agriculture française va prendre, sur l'étendue des
revendications qu'elle va formuler. Si elle ne profite
pas de l'occasion, son avenir sera pour longtemps
compromis ; si elle en abuse, elle retournera contre
elle l'opinion publique qui lui est favorable actuellement et sa victoire ne sera pas de longue durée. En
débattant ces graves questions, ce n'est pas à des patriotes comme vous que j'ai besoin de rappeler que
nous ne devons pas perdre un seul instant de vue que,
sur le terrain économique comme sur le terrain
militaire, c'est en face de l'étranger que nous sommes placés et que, par conséquent, tous les Français,
sans distinction d'opinions comme sans distinction
de régions, doivent marcher unis, la main dans la
main ».

C'est à cette union de toutes les forces de la démocratie rurale que le second orateur, M. de Lorgeril, fait
appel : « Nous ne sommes pas Paris, nous ne sommes
pas une région, nous sommes la France entière et
c'est cette solidarité d'intérêts dont je me félicite de
vous apporter l'irrécusable témoignage. Eh bien!
Messieurs, nous savons tous que, du Nord au Midi, de
l'Est à l'Ouest, nos industries agricoles sont variées et
cette variété, je le reconnais facilement, peut certes
occasionner de nombreuses divergences d'intérêts.
Mais qui osera prétendre que ces divergences sont
incompatibles avec l'Union de tous les agriculteurs?
N'avons-nous pas tous des droits identiques à la bienveillance et à la vigilance des pouvoirs publics? N'y a-t-il

donc pas de place, au tarif général, pour tous nos produits? Et pourquoi susciter, par ailleurs, un antagonisme fratricide entre l'industrie et l'agriculture ? Vous, ouvriers de la ville, que ferez-vous de vos frères, les ouvriers de la terre, lorsque l'inégalité des charges les aura ruinés? Que deviendront ces 25 millions d'agriculteurs, lorsque leur métier ne les nourrira plus? Chaque métier, dit le proverbe, doit nourrir son homme, mais si, un jour, l'agriculteur ruiné déserte ses sillons et emigre à la ville, ce n'est plus pour faire vivre l'ouvrier, mais pour lui faire, au contraire, concurrence et le supplanter. Donc, l'union s'impose, la mutualité se commande, la solidarité existe entre tous les travailleurs, qu'ils appartiennent aux industries des villes ou bien aux industries des campagnes. Cette solidarité s'impose *à fortiori* aux membres de la famille agricole entre eux ».

C'est qu'en effet, comme le développe après M. de Lorgeril et très éloquemment, le président du syndicat économique agricole, le vaillant M. Kergall, la force est dans le peuple, dans la démocratie rurale, surtout « La force rurale, en effet, procède de populations laborieuses, patientes, sages, réfractaires aux utopies et aux excitations malsaines et qui ne réclament que leur place au soleil et la paix du travail. Avec la démocratie rurale, par la démocratie rurale, la force, pour la première fois depuis la création du monde, cessera d'être mise au service de la guerre et de la ruine, pour entrer au service de la paix et du travail créateur. La force rurale, toujours dirigée, toujours contenue, est plus grande que toute autre, parce que c'est dans l'homme de la terre que se trouve la plus grande somme de virilité. Le rural est l'enfant de la terre et c'est au contact journalier de sa mère qu'il retrempe sa vigueur, répare et augmente ses forces. C'est chez lui qu'on trouve les reins puissants et les bras robustes, au figuré comme au propre, pour travailler au relèvement de la patrie, laquelle n'est faible que des divisions de ses enfants ».

Au reste, l'heure des ruraux est bien venue, et, dans un discours aussi éloquent que spirituel, l'un de leurs plus vénérés défenseurs, M. Deusy, plaide chaleureusement la cause de l'éternelle sacrifiée : l'agriculture. « Nous autres ruraux, s'écrie-t-il, nous sommes la force et le droit, puisque nous sommes la majorité. D'où vient donc le mal dont souffre l'agriculture ? De ce qu'il nous manque quelque chose : l'égalité dans nos moyens de défense contre la production étrangère. Autrefois, il y avait des classes privilégiées dans la nation ; aujourd'hui, le privilégié ce n'est plus le Français, c'est l'étranger. Cette inégalité vis-à-vis de l'étranger a surtout sa source dans les charges énormes qui pèsent en France sur la population rurale. Si l'on compare, en effet, le chiffre d'impôts fournis par le commerce, l'industrie, l'agriculture, on voit que l'agriculture donne à l'État 33 0/0 de son revenu. Ce n'est pas tout, l'inégalité existe encore relativement à la représentation.

« Alors que le commerce et l'industrie ont des Chambres qui leur permettent d'avoir voix au chapitre, de formuler leurs revendications, on laisse l'agriculture de côté ; on dispose d'elle sans la consulter ou bien on fait un semblant d'enquête. Si, pourtant, l'agriculture a une représentation, j'allais l'oublier : c'est le Conseil supérieur composé de 96 membres ; hâtons-nous d'ajouter que sur ces 96 membres, il y a 18 agriculteurs ! C'est ce qu'on peut appeler une bonne représentation ! Nous ne saurions toutefois nous en contenter, car aujourd'hui nous comptons et nous ne sommes plus une quantité négligeable. L'adhésion s'est faite des Vosges aux Pyrénées, sans distinction de partis ; depuis cinq ans, partout nos cœurs ont battu à l'unisson. Les premiers succès remportés par les syndicats ne sauraient nous suffire ; nous voulons triompher complètement et nous triompherons, soyez-en certains, par l'union et la modération. Comment y arriver ?

« En réclamant tout d'abord, et avant tout, la représentation à laquelle nous avons droit, puisque nous sommes le nombre. Nous voulons compter pour quelque chose dans les conseils du gouvernement. Nous voulons, en un mot, des Chambres représentatives de l'agriculture, élues avec tous les pouvoirs qui appartiennent aujourd'hui aux Chambres de commerce.

« En résumé, représentation effective de l'agriculture, égalité devant l'impôt et devant les tarifs de chemins de fer. A ces conditions, union intime du Midi au Nord, relèvement de la France et retour à sa grandeur et à sa prospérité passées. »

Comme sanction à tous ces discours et pour marquer d'une pierre blanche cette réunion, son président, M. Gabriel de Saint-Victor, propose, au nom de l'Union, les deux vœux suivants :

PREMIER VOEU

Les négociants, agriculteurs et ouvriers, réunis en séance publique dans la grande salle de la Bourse, à Lyon, le 23 novembre 1890,

Convaincus que le commerce, l'industrie et l'agriculture ont des intérêts absolument solidaires; que, dès lors, il importe de protéger, sous toutes ses formes, le travail national, notamment en assurant l'approvisionnement complet de notre grande industrie lyonnaise des soieries, sans, pour cela, refuser aux producteurs de soie du Midi, une équitable protection.

Invitent le gouvernement :

1° A ne conclure aucun traité de commerce et à appliquer à toutes les nations un tarif général de douanes unique, calculé pour compenser les charges et suffire aux besoins de toutes les professions ;

2° A laisser entrer en franchise les cocons, soies grèges et ouvrées de toute provenance et à prélever, sur le montant des droits payés à leur entrée en France par les autres produits agricoles, la somme nécessaire pour pouvoir donner à toutes les branches de l'industrie séricicole, dans le Midi, une juste compensation sous la forme de primes à la production.

DEUXIÈME VOEU

Les auditeurs des conférences agricoles de Lyon, réunis en séance publique dans la grande salle de la Bourse, le dimanche 23 novembre 1890,

23

Considérant que l'égalité est la base du droit social en France,

Demandent :

1° Qu'il soit donné à l'agriculture, dans le plus bref délai possible, une représentation professionnelle égale à celle du commerce, par la création de Chambres d'agriculture constituées et élues comme les Chambres de commerce;

2° Que les charges de l'impôt soient réparties aussi également que possible entre toutes les professions, en commençant par la suppression totale du principal de l'impôt foncier;

3° Que, désormais, le ministre ne puisse plus homologuer de tarifs de chemins de fer accordant à des produits étrangers des prix de transport plus avantageux que ceux appliqués aux produits français similaires, transportés sur les mêmes rails, aux mêmes distances et que, dans le cas où, pour favoriser le transit sur nos rails des produits étrangers, il serait accordé des tarifs réduits, les mêmes avantages soient toujours acquis aux produits français similaires destinés à l'exportation.

Ces vœux adoptés à l'unanimité, M. Gabriel de Saint-Victor se fait, en termes choisis, l'interprète de l'Assemblée en remerciant MM. Flourens, Deusy, de Lorgeril et Kergall de l'appui éloquent qu'ils ont bien voulu donner à la célébration de l'union de l'agriculture et du commerce. Il a la ferme confiance que ces efforts communs seront couronnés de succès et qu'en fin de compte la victoire nous restera.

Cette espérance n'a pas été déçue, puisque l'année 1892 nous a doté, les uns et les autres, d'un tarif de douanes à peu près conforme à nos desiderata.

Ce succès ne fait qu'éveiller l'ardeur de l'Union et, loin de se reposer sur des lauriers justement conquis, elle reprend plus que jamais sa vie active et progressiste, elle va ajouter, au propre comme au figuré, un nouvel étage à sa maison.

Année 1891.

Le 5 janvier, par 31 voix sur 31 votants, le syndicat d'Annonay et du Haut-Vivarais est admis dans l'Union, en même temps que M. de Benoist, récemment nommé membre du Bureau, se voit obligé, par ses occupations multiples, de donner, malgré les démarches de ses collègues, sa démission définitive.

Il est remplacé, le 20 janvier 1891, par un jeune, M. Léon Riboud, que nous trouverons souvent sur notre route, et qui est aujourd'hui l'un des plus dévoués et des plus sympathiques soutiens de l'Union et de ses différents organismes.

Au mois de février, c'est-à-dire au moment où, pour la première fois, est appliqué l'impôt établi par la loi du 8 août 1890 sur les propriétés bâties, l'Union se préoccupe de défendre les agriculteurs lésés et, à l'exemple de la Société des Agriculteurs de France, constitue un Comité de défense de la propriété bâtie. Elle considère, à juste titre, qu'en présence des prescriptions complètement nouvelles de la loi et des irrégularités qui vont certainement en résulter, il lui appartient de prendre en mains les intérêts de ses membres, et c'est pour les mieux soutenir qu'elle adjoint à son Comité un ancien contrôleur principal des contributions directes, M. Rogé, qu'elle charge spécialement d'instruire et de soutenir, devant les autorités compétentes, toutes les réclamations en matière d'impôts qui lui seront adressées. Cette installation est portée à la connaissance des syndicats unis par la lettre suivante :

« Monsieur le Président,

« Nous avons l'honneur de vous informer qu'afin de permettre à tous les membres de nos syndicats unis de protester et de réclamer contre les évaluations exagérées et arbitraires de l'administration, relativement à la propriété bâtie, le Comité du contentieux de l'Union du Sud-Est s'est assuré le concours d'un ancien contrôleur principal des contributions directes, qui se chargera de toutes les réclamations, moyennant des honoraires qui ne lui seront dûs qu'en cas de réussite.

« Le Bureau de l'Union du Sud-Est vous serait reconnaissant de vouloir bien centraliser les réclamations de vos syndicataires pour les lui faire parvenir. Dans notre Bulletin de mars, nous insèrerons une circulaire indiquant aux membres de tous les syndicats les pièces nécessaires à l'appui de leur demande. Le Bureau, dans l'impossibilité de connaître tous nos associés de l'Union, n'acceptera que les réclamations lui parvenant par votre intermédiaire.

« Veuillez agréer, etc.

« *Le Secrétaire général,*

« CH. DE BÉLAIR. »

C'est à ce moment que l'Union, après avoir achevé l'élaboration de son projet de loi sur la représentation agricole, projet présenté à la Chambre par le comte de Pontbriant, chargea trois des siens : MM. Guinand, de Bélair et Riboud auxquels elle adjoignit M. Gairal, président du comité du contentieux, d'aller officiellement demander à M. Aynard, député du Rhône, son appui et son dévoué concours. L'honorable président de la Chambre de commerce a trop souvent affirmé sa sympathie à l'endroit des agriculteurs pour qu'il soit possible de douter de sa réponse ; elle fut affirmative autant qu'elle pouvait l'être et d'autant plus significative et encourageante que notre distingué compatriote était précisément chargé de l'étude et du rapport sur la réorganisation des Chambres de commerce. Présentés ensemble, les deux projets avaient bien des chances d'aboutir et de réaliser enfin le vœu des agriculteurs. C'était le point essentiel ; espérons — puisque nous en sommes encore là — que les résultats seront conformes aux prévisions. Il s'agissait, pour l'Union, de préparer l'entente, elle a fait de son mieux; à nos députés désormais de la consommer et de faire leur devoir.

Le 7 mars, affiliation de deux nouveaux syndicats :

le syndicat de Beaurepaire (Isère) et le syndicat de Saint-André-d'Apchon (Loire) admis l'un et l'autre par 29 voix sur 30 votants ; le 4 juillet, entrée dans l'Union des deux syndicats de Tain (Drôme) et Neyron (Ain), admis par 35 voix sur 35 votants.

Entre temps, MM. Guinand et Duport sont délégués au Congrès de La Rochelle avec mission de prendre part à l'étude et à la discussion du projet Rostand, projet qui avait pour but de former une immense Coopérative chargée d'exécuter tous les ordres d'achats et de ventes des membres des syndicats agricoles de France. Nous n'avons pas à étudier ici quel fut le résultat de cette mission, nous y reviendrons ultérieurement au chapitre VIII.

Le 1er août, admission du syndicat de Limonest-Neuville (Rhône), et du syndicat du Mas-Rillier (Ain) par 25 voix sur 25 votants.

Dernière étape avant sa quatrième assemblée générale, l'Union, après avoir pris connaissance d'une lettre du président de l'Association de la meunerie française et du rapport joint de M. Cornu, décide de s'associer pleinement aux conclusions de celui-ci et émet le vœu :

1o Qu'il soit maintenu sur la farine, dans le nouveau tarif des douanes, un droit double de celui du blé, d'après le principe consacré par la loi du 10 juillet 1891 ;

2o Qu'il soit établi sur la farine un droit fixe supplémentaire de 4 francs par 100 kilogs, pour ramener l'égalité des charges entre les industriels français et les industriels étrangers.

Nous sommes arrivés à l'Assemblée générale et comme, si au large qu'elle soit dans sa vieille maison de la rue du Garet, l'Union ne peut loger tous ses invités, c'est dans les salons d'un des grands restaurants de la ville, chez Maderni, qu'elle tient ses assises. Dieu sait si la précaution a été bonne, car, dès l'ouverture, les salons sont pleins d'auditeurs attentifs, venus pour la plupart de loin, de très loin même, à cette importante réunion. Ils ont compris, en effet, tous ces délégués, qu'il y avait quelque chose en l'air et que le projet Rostand, qu'ils sont appelés à discuter, va peut-être à jamais détruire leurs syndicats, ruiner leurs espéran-

ces Mais ne pressons rien et écoutons d'abord la parole
toujours si claire, toujours si bienveillante du président qui, en quelques mots, va nous résumer l'année
scolaire de l'Union.

« Il ne m'appartient pas de vous faire l'éloge de notre
Association, mais j'ai cependant le devoir de vous dire
comment son influence s'est fait sentir déjà d'une
manière utile, pour les intérêts à la défense desquels
nous nous sommes plus particulièrement dévoués.
N'y eût-il à son actif que la grande réunion provoquée
par elle, au lendemain de notre dernière Assemblée
générale, réunion dans laquelle la modération, le bon
sens pratique des agriculteurs ont produit une entente —
je pourrais dire une détente — dont les bons effets se
sont fait sentir jusque dans les débats parlementaires
qui l'ont suivie, qu'elle aurait acquis déjà des droits à
la reconnaissance du monde agricole.

Elle a fait plus, elle a contribué, par son exemple, à
fonder une autre union, en Normandie celle-là et nous
espérons ne pas avoir à aller si loin, l'année prochaine,
pour saluer de nouveaux confrères, travaillant comme
nous et avec nous dans une région moins éloignée. »

Après avoir constaté que le nombre des syndicats
unis est de 60, M. de Saint-Victor explique en excellents termes les raisons qui ont poussé l'Union à refuser deux syndicats ayant demandé leur affiliation.
« Nous nous appelons l'Union, nous ne pouvons donc
pas être des instruments de division ! Quand, déjà,
nous avons admis un syndicat, nous ne pouvons pas
accorder la même faveur à un syndicat rival qui se
fonde sur le même terrain, et qui, par là même, vient
faire concurrence au syndicat primitivement constitué
et agréé par nous. En pareil cas, faisant abstraction de
toute considération personnelle, ne nous inspirant que
de l'intérêt général de l'agriculture, nous engageons
les fondateurs à s'entendre, à se partager au besoin un
arrondissement, un canton ; c'est ce que nous avons
fait, mais en vain jusqu'à ce jour, et c'est ce qui explique que vos suffrages n'aient pas accueilli certaines
demandes. Nous n'avons cependant pas perdu l'espoir
d'arriver à un résultat plus pratique, c'est-à-dire l'en-

lente prochaine entre les agriculteurs de la première
et dernière heure. Si j'insiste sur ce point, c'est qu'il
ne faut pas que l'on puisse dire — que l'on puisse
penser surtout — que nous agissons d'après notre bon
plaisir. Nous avons pris à tâche de servir de notre
mieux la cause agricole, nous n'avons accepté que
cette mission et nous ne sortirons pas de la voie que
nous nous sommes tracés. Nous voulons l'union,
l'union qui double nos forces et sans laquelle on ne
peut rien, pas plus en agriculture qu'en toute autre
chose ; nous devons donc tout faire pour la conserver ».

Après avoir jeté un rapide coup d'œil sur les différents services de l'Union, M. de Saint-Victor retrace
son rôle économique et rappelle, à propos de la représentation de l'agriculture, que le projet déposé par
M. de Pontbriant émane du Sud-Est. « J'avais donc
quelque droit de parler en commençant de l'influence
qu'avait exercée déjà notre Union. Que ne ferait-elle pas
si elle pouvait s'appuyer sur des associations fondées
dans les mêmes conditions et poursuivant le même but
de relèvement agricole ? Ce qu'elle ferait, ce que
feraient ces Unions reliées à l'Union des Syndicats ?
Nous l'avons déjà dit, elles constitueraient les meilleures Chambres consultatives d'agriculture qu'il soit
possible d'imaginer ».

Arrivant enfin au projet Rostand, il recommande
avant tout la prudence et un examen approfondi avant
toute décision. « Nous avons exprimé souvent le désir
que nous avions de favoriser autant que possible les
fournisseurs locaux et combien nous désirions que
l'on ne fît pas concurrence au petit commerce, auquel
nous aurions voulu réserver la préférence à prix égal ;
mais, plus spécialement chargés des intérêts des membres de nos syndicats, nous manquerions aux devoirs qui
nous incombent si nous ne recherchions pas pour eux
les meilleurs prix de vente et d'achat. Voulant sauvegarder les intérêts de la classe nombreuse des petits
commerçants qui font partie, eux aussi, de la grande
famille agricole, nous avons repoussé tout d'abord le
monopole et nous espérons que si vous acceptez tout

ou partie des propositions Rostand, vous ne le ferez qu'en promettant la préférence à une société qui peut rendre de grands services à l'agriculture, mais dans le fonctionnement et la création de laquelle nous croyons ne devoir entrer à aucun prix, sous aucune forme et dans aucune condition, notre grande préoccupation étant toujours de n'engager nos syndicats dans aucune conpromission financière, de quelque nature qu'elle soit. Favoriser, dans ces conditions, de tout notre pouvoir, une société qui se fonde dans le but de venir en aide à l'agriculture et pour cela, lui assurer conditionnellement notre clientèle en repoussant jusqu'à l'apparence du monopole ; mais surtout, et avant tout, éviter une division dans le monde agricole, division qui nous paraîtrait le plus grand des malheurs, en ce moment où, jeunes encore dans la vie syndicale, nous avons besoin de toutes nos forces et de l'union de tous les amis de l'agriculture pour mener à bien la campagne que nous avons entreprise ».

C'étaient là de sages conseils, nous verrons plus tard, quand, à propos de la Coopérative, nous étudierons à fond le projet Rostand, combien ils étaient opportuns, et comment ils ont été suivis. Restons pour le moment à l'Assemblée générale, dont nous avons, du reste, peu à dire, chacun des rapports présentés se rattachant à l'un des chapitres suivants et devant être mentionné à ce moment, chacun en son lieu et place.

Disons seulement, pour n'en pas perdre l'habitude, que M. Ernest Richard est le modèle des trésoriers et qu'avec de faibles ressources il sait faire de grandes choses. C'est si généralement le contraire qui arrive, qu'il est bon d'en faire au moins mention en passant.

Avant de passer aux vœux, l'Assemblée renomme par acclamation, MM. Guinand, Duport, de Monicault. Command¹ Cullet, membres du Bureau, et désigne à titre définitif, M. Léon Riboud, comme membre du Bureau, en remplacement de M. de Benoist, démissionnaire.

VŒUX

1. Considérant que, dans l'état actuel, il est très avantageux que des Unions régionales de syndi-

cats agricoles soient créées en France, l'Union du Sud-
Est, réunie en Assemblée générale, charge expressément M. Gabriel de Saint-Victor, son président, d'inviter le président de l'Union des syndicats à encourager
et à faciliter la création d'Unions régionales en France.

II. L'Union du Sud-Est des syndicats agricoles, réunie en Assemblée générale, demande que l'administration des douanes renonce aux formalités vexatoires qu'elle a cru devoir employer cette année contre
l'entrée en France des blés provenant des localités zones et qu'elle se contente de la déclaration fondamentale qui donne toutes les garanties désirables en ce qui
concerne l'origine des blés.

III. L'Union du Sud-Est des syndicats agricoles, réunie en Assemblée générale, appuie et reproduit :

1° Le vœu émis par l'association nationale de la meunerie française qui demande avec instance aux pouvoirs publics :

Le maintien sur la farine, dans le nouveau tarif des
douanes, du droit double de celui du blé, d'après le
principe consacré par la loi du 10 juillet 1891 ;

L'établissement sur la farine d'un droit fixe supplémentaire de 4 francs par 100 kilogr. pour ramener
l'égalité des charges entre les industriels français et
ceux étrangers.

2° Le vœu formulé par le Congrès des grains tenu à
Lyon et qui est ainsi conçu :

Qu'en attendant que les pouvoirs publics soient plus
éclairés sur la justesse de notre demande de retrait
du décret de 1873 qui a divisé la France en zones et a
interdit qu'un acquit créé dans une direction des douanes puisse s'apurer dans une autre direction;

Nous demandons que ces zones soient agrandies de
façon à comprendre plusieurs directions dans la même
zone, permettant ainsi de créer l'acquit au Bureau de
douanes importateur et de l'apurer par le Bureau qui
en est le débouché naturel.

Nous demandons notamment que les meuniers, dépendant de notre région, puissent créer leur acquit,
soit à Marseille, soit à Saint-Louis, et le faire apurer par
la direction de Lyon, Chambéry ou Belfort. Cette faci-

lité nous permettra de lutter avec la meunerie suisse qui aborde à notre détriment l'approvisionnement de la zone neutre de Gex et de la Haute-Savoie.

Elle évitera les formalités nombreuses à faire pour envoyer les blés en continuation d'entrepôt à Lyon et permettra à un grand nombre de meuniers de travailler pour l'exportation, ce qu'ils ne peuvent faire avec les règlements actuellement en vigueur.

Enfin, qu'en attendant cette réforme, les employés des contributions indirectes soient autorisés à faire les constatations et opérations de douane dans les ports ou gares privés de bureau de douane, tout en continuant à créer les acquits au siège de la direction.

Que toute facilité soit donnée à la Cⁱᵉ P.-L.-M. pour la création d'un bureau de douane dans la gare de Lyon-Guillotière et cela à ses frais.

IV. L'Union du Sud-Est, réunie en Assemblée générale, proteste énergiquement contre tout projet de loi sur le vinage des vins.

V. L'Union du Sud-Est, réunie en assemblée générale, approuve, dans son entier, la pétition présentée à la Chambre des députés pour obtenir la suppression du principal de l'impôt foncier et charge expressément son bureau de la signer et de la faire parvenir à qui de droit.

VI. L'Union du Sud-Est réunie en assemblée générale, proteste contre le projet attribué au gouvernement de s'arroger le droit de faire des conventions au-dessous du tarif minimum voté par le Parlement.

L'envoi de ces vœux à M. le marquis de Dampierre, président de la Société des Agriculteurs de France, avec mission de les présenter aux pouvoirs compétents, marque la fin de la quatrième année de l'Union et son entrée dans la cinquième; nous verrons, dans la suite de ce livre, que l'année qui commence ne fut ni l'une des moins actives ni l'une des moins prospères.

Nous débutons, comme toujours, par une nouvelle affiliation, celle du syndicat de Voiron (Isère), votée, le 12 décembre, par 21 oui sans aucun non. A cette même époque, le Bureau charge son président de

prier M. Le Trésor de la Rocque de mettre en tête de
l'ordre du jour de l'Assemblée de l'Union des Syndicats
la question de la nécessité de la création d'Unions
pour établir les rapports des syndicats avec la Société
coopérative de France.

M. Guinand, vice-président, reçoit mission de représenter l'Union aux Agriculteurs de France et aux
réunions de délégués qui doivent précéder.

Huit jours plus tard, le 17 décembre, l'Union donne
mission à M. Guinand, vice-président, d'envoyer à
tous les syndicats de la région, affiliés ou non, et à
tous les syndicats faisant partie de l'Union des Syndicats des Agriculteurs de France, le Bulletin de décembre contenant la discussion du projet de création
d'une Société coopérative de France et les résolutions
votées à ce sujet par la dernière assemblée générale.
Une lettre circulaire sera jointe au Bulletin, qui ex-
pliquera le pourquoi de l'intervention de l'Union.

Année 1892.

L'année 1892 débute avec l'intervention de l'Union
dans une des questions qui vont précisément le plus
préoccuper, pendant l'année, l'agriculture : l'enquête
décennale. Plus que tout autre, compétent en la matière, M. Le Trésor de la Rocque fait part à l'Union des
inquiétudes de la Société des Agriculteurs de France à
l'endroit de la confection de cette enquête. L'honorable président de l'Union de Paris signale notamment
la nécessité de compter dans le recensement de la
population agricole, comme propriétaires ou cultivateurs, non seulement ceux qui font cette déclaration,
mais encore ceux exerçant des professions connexes,
aubergistes, débitants, épiciers, menuisiers, charpentiers, marchands de bestiaux, etc., etc., si ces derniers possèdent une propriété rurale.

La statistique agricole ayant pour but de recueillir
et de grouper méthodiquement les faits intéressant
l'agriculture et susceptibles d'être exprimés numéri-
quement, il est essentiel qu'elle soit bien établie afin
qu'il en découle l'indication des mesures à prendre, des

abus à éviter et la révélation tantôt d'un retour en arrière, tantôt d'un progrès accompli. C'est pour faciliter cette exactitude que M. Le Trésor de la Rocque invite l'Union à faire faire un recensement sérieux et complet auprès du plus grand nombre possible des présidents des syndicats unis et d'envoyer ensuite ces recensements à la Société des Agriculteurs de France, comme arguments et renseignements certains à invoquer, le cas échéant, dans les discussions parlementaires. Répondant au désir de la Société des Agriculteurs de France, l'Union charge son président d'envoyer à tous les syndicats affiliés un questionnaire détaillé et une lettre explicative.

Le 19 mars, par 27 voix sur 27 votants, les deux syndicats de Thurins (Rhône) et Beynost (Ain) sont admis à faire partie de l'Union.

C'est sur ces entrefaites que MM. de Saint-Victor, président, Guinand et Duport, vice-présidents, assistent à Paris, comme délégués de l'Union, à une importante réunion de tous les fondateurs d'Unions régionales créées ou actuellement en formation. Nous n'avons pas à entrer dans les détails de ce Congrès; qu'il nous soit permis seulement de conclure avec les congressistes que le mouvement de création des Unions s'accentue, qu'il se généralise dans toute la France et que, par son exemple, par les œuvres utiles qui en sont sorties, par les publications qu'elle a faites, l'Union du Sud-Est a servi de stimulant puissant pour la fondation des Unions et qu'elle est devenue comme un modèle à suivre.

Toutes les Unions concourant au même but, il importe qu'elles s'abstiennent les unes et les autres de tous empiètements sur leurs voisines et c'est pour donner l'exemple de la conciliation que l'Union du Sud-Est, voulant rester en bons rapports d'amitié avec ses voisines de Bourgogne et du Centre, charge son secrétaire général de leur communiquer le vœu suivant :

1° Qu'aucun syndicat refusé par une Union ne puisse être accepté par une Union voisine ;

2° Qu'aucun syndicat d'un département mixte (c'est-à-dire compris dans la circonscription de deux Unions)

ne puisse être admis sans que préavis n'en soit donné
à l'Union voisine.

Quelques jours après, sur la proposition de M. Emile
Duport, le Bureau, de plus en plus soucieux d'amener
de bons rapports de voisinage entre les Unions,
envoie à M. Le Trésor de la Rocque un projet de règlement en le priant de le faire sien et de le porter à la
connaissance de tous les intéressés : Syndicats et
Unions :

Art. 1er. — Les Unions se forment entre les syndicats des
départements voisins, suivant les affinités ou les relations
d'affaires. Les départements limitrophes de deux Unions
peuvent être déclarés mixtes et faire partie de deux unions;
mais aucun syndicat, compris dans ces départements
mixtes, ne peut être admis sans qu'avis en ait été préalablement donné à l'Union voisine.

Art. 2. — Un syndicat ayant son siège social dans un
département non mixte, ne peut être admis par une
autre Union.

Art. 3. — Aucun syndicat, refusé ou rayé par une Union
ne peut être admis dans une autre.

Art. 4 — Toutes difficultés, pouvant surgir de ce chef ou de
tout autre entre les Unions, devront être soumises au
Conseil de l'Union des syndicats dont l'arbitrage est accepté
par elles.

Ce règlement, soumis au Conseil de l'Union des syndicats, ne fut pas adopté, mais l'Union du Sud-Est n'en
a pas moins continué à en faire sa règle de conduite,
ses cadettes ne devant pas tarder longtemps à reconnaître elles-mêmes la nécessité de s'y conformer.

Fin septembre, au moment où certains membres du
gouvernement caressaient le projet de faire avec la
Suisse d'abord, avec l'Espagne et la Belgique
ensuite, des conventions portant réduction du tarif
minimum et cela au détriment des producteurs
nationaux, l'Union prend avec raison la défense des
siens et lance aux pouvoirs publics une énergique
protestation.

« Le Bureau de l'Union du Sud-Est, comprenant
soixante syndicats agricoles et quarante mille membres
et dont les circonscriptions s'étendent sur dix départements a, dans sa séance du 24 septembre, émis le vœu
suivant :

« Considérant que les projets du gouvernement

tendent à consentir des arrangements avec les pays
voisins au-dessous du tarif minimum ;

« Considérant que ces arrangements ou ces conventions, abaissant le tarif minimum, seraient contraires
aux engagements pris par le gouvernement devant les
Chambres ;

« Considérant que de semblables conventions ne
manqueraient pas d'engager toutes les nations, les
unes après les autres, à demander des abaissements
de tarifs équivalents ;

« Considérant que ces nouvelles dispositions, si
elles étaient adoptées, enlèveraient toute sécurité,
supprimeraient peu a peu les avantages que les lois
douanières semblaient avoir assurés à notre pays,
paralyseraient les bons résultats déjà obtenus en vertu
des tarifs actuels et mettraient, en un mot, l'agriculture française, dès lors abandonnée en pleine lutte
contre la concurrence étrangère, dans l'impossibilité
complète d'accroître et d'améliorer sa production, et,
par suite, de procurer à notre pays la prospérité qu'il
attend ;

« Le Bureau de l'Union du Sud-Est des syndicats agricoles demande :

« Que les pouvoirs publics n'admettent aucune
dérogation au tarif minimum, voté récemment par les
Chambres ;

« Et que les produits agricoles et, en première ligne,
le blé et le bétail ne soient jamais compris dans un
arrangement ou un traité commercial. »

Ajouté à toutes les protestations venues de tous les
points du territoire, ce vœu n'a pas été sans exercer
quelque influence sur le Parlement qui, malgré
l'intervention du Ministre du Commerce, rejetait fin
décembre, par 338 voix contre 193, le projet de convention qui lui était présenté par le Gouvernement.

C'est donc par un acte de défense des intérêts
économiques de ses membres que l'Union arrive à son
Assemblée générale du 3 novembre, la sixième depuis
sa fondation. C'est à coup sûr la plus nombreuse que
nous ayons vue, la plus importante peut-être, puisque

c'est d'elle qu'est née cette Coopérative agricole que nous étudierons plus loin et qui, remplaçant la Coopérative agricole de France, mort-née à la suite de la mort prématurée de son très distingué promoteur M. Rostand, répondait si bien aux besoins et aux vœux des syndicats. Ne nous étonnons donc pas de constater sur la feuille de présence, que quarante-trois syndicats sont présents et représentés, quelques-uns même par six et huit membres de leur Bureau ou de leur Chambre syndicale.

C'est assez dire que la grande salle des fêtes du restaurant Casati est littéralement pleine.

« Ce n'est pas, comme le disait peu après M. Robert de la Sizeranne, qui se trouvait au nombre des invités, que le programme de ce Congrès contienne des questions sensationnelles ! Le compte rendu des opérations de l'année, des vœux agricoles, la création d'une coopérative, des mesures d'ordre intérieur, voilà tout. Pas un député n'y assiste. On n'y prononce pas de harangue enflammée, pas un mot de politique. Et cependant, soyez sûrs que lorsque, à la tombée de la nuit, chaque délégué prendra le chemin de son village, quelque chose de plus grand, une semence plus fructueuse a germé que lorsque nos députés repassent, la serviette au bras, le pont de la Concorde. »

Prenons donc place nous-mêmes au rang des délégués et suivons avec attention les débats de la journée.

A tout seigneur, tout honneur. C'est le distingué président, M. Gabriel de Saint-Victor, qui ouvre la séance par son discours habituel et résume en quelques minutes les travaux, si considérables cependant, de l'année écoulée.

« Vous rappelez-vous, dit-il en débutant, de notre première réunion de 1888 et des onze Syndicats du Rhône qui fondaient ce jour-là l'Union du Sud-Est en admettant vingt-sept syndicats nouveaux ? Il me souvient qu'à cette époque nous passions dans le monde agricole — à Paris surtout — pour des gens bien avancés ; aujourd'hui nous ne sommes plus les audacieux novateurs d'autrefois, des affamés d'affaires et

de mouvement, nous avons eu de nombreux imitateurs et nous en trouverons encore. Non seulement
nous saluons aujourd'hui l'Union de Bourgogne et de
Franche-Comté, mais nous avons encore la satisfaction
d'annoncer la création des Unions du Centre, de l'An-
jou, du Nord, de la Normandie, du Sud-Ouest. Avec
cela on doit considérer le problème de la représentation agricole comme à peu près résolu, car, grâce à
la Société des Agriculteurs de France et par l'intermédiaire de l'Union des syndicats, nos justes revendications seront désormais écoutées, puisqu'elles émane-
ront du nombre qui fait la loi et qu'elles seront, dès
lors la force, la force qui constitue le droit moderne. »
Après avoir dit un mot de chacun des services de
l'Union, après avoir mis au net l'importante question
de la Coopérative, M. le Président proteste à très juste
titre contre la mauvaise foi de certains organes libre
échangistes qui, au sujet du projet de convention
avec la Suisse, publient à plaisir de fausses assertions.

« Vous me permettrez bien de relever ici les déclarations des libre échangistes et de leurs organes qui
semblaient triompher, en comparant les importations
des mois qui ont suivi l'établissement du droit sur
les céréales ou l'application de celui qui frappe les
vins, avec celles des mois correspondants de l'année
précédente. Au lieu d'étranges, c'est « mensongères »
que j'aurais dû dire, car il y a mauvaise foi à ne pas
tenir compte des importations immenses qui ont eu
lieu à cette époque. Certains spéculateurs bien connus
— qui ne sont pas tous Français — ont fait entrer des
blés pour nourrir la France pendant deux ans et qui
de vous ne se souvient de ces montagnes de tonneaux
qui encombraient alors les gares et les frontières des
Pyrénées?

« Il est donc assez naturel que, dans les mois qui ont
immédiatement suivi l'application des tarifs, soit en
avril dernier, les chiffres des importations aient sensiblement diminué, mais nos exportations ont commencé à se relever dès le mois de mai et la situation
est ensuite devenue telle qu'après quatre mois le
nouveau régime donnait ce résultat que nous avions

payé 76,000,000 de moins à l'étranger et que nous
avions reçu 42,000,000 de plus que pendant la période
correspondante de 1891. Ces chiffres sont assez éloquents pour se passer de commentaires, et le Gouvernement et les Chambres peuvent se féliciter des résultats obtenus. »

Après le président, MM. Guinand, Duport, Ducurtyl, Richard prennent successivement la parole pour
donner lecture des rapports dont ils ont été respective-
ment chargés par le Bureau. Tous ces rapports revien-
dront sous notre plume en temps et lieu, nous ne nous
y attardons donc pas et nous arrivons de suite aux
vœux émis par l'assemblée.

VOEUX

1. Les membres de l'Union du Sud-Est des Syndicats agricoles, réunis en Assemblée générale le 3
novembre 1892, protestent contre les conventions commerciales projetées avec la Suisse.

Ils approuvent la protestation adressée par son Bureau le mois dernier ; ils rappellent qu'en 1882, il avait
été convenu, sur les propositions faites au Sénat par
M. Pouyer-Quertier, que ni les céréales, ni les bestiaux
ne seraient compris dans les traités de commerce et
qu'en 1892 la même promesse a été faite. A cette époque,
tous les animaux, y compris les viandes fraîches et
salées, comme toutes les céréales ont été mises en dehors des traités de commerce futurs : ces produits ne
comportant qu'un tarif général et pas de tarif minimum.

Ils demandent au Parlement de tenir les promesses
faites à l'Agriculture française, en ne comprenant pas
dans les traités les produits pour lesquels il n'y a
qu'un tarif général unique et en n'abaissant pas, au
dessous du tarif minimum, les produits agricoles qui
peuvent être compris dans ces traités. La Chambre
ayant voté, comme principe absolu, l'interdiction de
dépasser les limites du tarif minimum, ne doit to-
lérer, sous aucun prétexte, la violation d'un principe
qui profiterait à l'Allemagne, en vertu de l'article 11 du
traité de Francfort, comme à tous les Etats auxquels
on a accordé le traitement de la nation la plus favorisée

24

entrainant, par ce fait, la ruine de notre production agricole et industrielle.

Ils observent que, bien que la récolte des céréales soit satisfaisante, l'agriculture française n'en traverse pas moins une période critique, due à l'énorme importation des blés étrangers, à la faveur du droit réduit à 3 fr. au lieu de 5 fr.—importation qui atteint 42 millions d'hectolitres, — cause de l'avilissement des cours qui n'arrivent pas aujourd'hui, en moyenne, à 22 fr. le quintal métrique.

Ils réclament que le tarif voté fonctionne dans son intégralité et qu'il ne soit pas faussé par des réductions arbitraires ou par des changements prématurés qui s'opposeraient à l'expérience à peine commencée, laquelle a cependant produit déjà, au chapitre des recettes douanières, 38 millions de plus que pendant la période correspondante de l'année dernière.

II. — L'Union du Sud-Est des syndicats agricoles, réunie, charge expressément son président d'inviter M. Le Trésor de la Rocque, président de l'Union des syndicats de France, à présenter aux Unions Régionales créées ou à créer et à faire adopter par elles le règlement élaboré par son bureau.

III. — L'Union du Sud-Est des syndicats agricoles, réunie en Assemblée générale, adoptant et reproduisant le vœu suivant déjà émis par la Société des Agriculteurs de France;

Considérant que le projet de budget de 1893 tend à imposer aux vins, aux vendanges fraîches et aux fruits à cidre ou à poiré, une taxe de consommation représentant au moins de 10 à 15 % du produit imposé;

Considérant que cet article et diverses autres dispositions du projet, notamment les articles 50, 51, 58 et 60, auraient pour effet de soumettre les récoltants aux investigations de la régie, à toutes les rigueurs des lois fiscales sur les boissons, aux formalités multiples, onéreuses et gênantes qu'elles imposent, aux pénalités qu'elles édictent;

Considérant que des millions de cultivateurs, répartis dans un grand nombre de départements, se trouve-

raient ainsi assujettis à un régime ressemblant de fort
près à l'exercice, et cela au moment où l'exercice serait
supprimé chez les 208,000 débitants qui y sont encore
actuellement soumis;

Considérant qu'il est absolument contraire aux intérêts de l'agriculture et aux principes modernes de
faire peser directement un impôt de consommation
sur le produit récolté;

Emet le vœu :

Que l'article 34 du projet de budget de 1893 soit
amendé en ce sens qu'aucune taxe de consommation
ou autre ne soit établie sur le vin, vendanges fraîches
et fruits à cidre ou à poiré ;

Que les articles 50, 51, 58 et 60 de ce même projet
soient remaniés de façon à laisser aux cultivateurs de
bonne foi une marge nécessaire pour l'utilisation de
leurs récoltes et à ne pas rendre illusoire l'exemption
d'exercice qui leur est conservée en principe.

IV. — L'Union du Sud-Est des syndicats agricoles,
réunie en Assemblée générale le 3 novembre 1893,

Considérant que les petits oiseaux sont les meilleurs
auxiliaires des cultivateurs pour la défense des récoltes contre les insectes nuisibles ;

Considérant qu'en présence de leur destruction de
plus en plus grande, il y a lieu de prendre des mesures énergiques ;

Par ces motifs,

L'Union du Sud-Est des syndicats agricoles émet le
vœu que les pouvoirs publics soutiennent et adoptent
au plus tôt le projet de loi, déposé sur le bureau du
Sénat et qui est ainsi conçu :

« La capture et la destruction des petits oiseaux, autres que l'alouette, par quelque moyen que ce soit,
fusils, filets, engins ou procédés quelconques, sont
formellement interdites. La mise en vente, l'achat, le
transport et le colportage de ces petits oiseaux sont
prohibés sur tout le territoire français. Tout fait ci-
dessus énoncé sera assimilé aux délits énumérés dans
l'article 11 de la loi du 3 mai 1844 et sera passible des
mêmes peines ». (Amendes de 16 à 100 francs).

V. — L'Union du Sud-Est des syndicats agricoles,

réunie en Assemblée générale le 3 novembre 1893,

Considérant qu'il est de toute justice et de toute équité que les agriculteurs aient les mêmes moyens de défense que les autres professions;

Considérant que l'industrie est représentée par les Chambres de commerce et que l'agriculture n'a pas de représentation professionnelle ;

Considérant que, pour être effective et efficace, cette représentation doit être élue par ceux-là seuls qu'elle a mission de représenter ;

L'Union du Sud-Est des syndicats agricoles émet le vœu qu'il soit donné suite, à bref délai, à l'organisation de la représentation agricole et que cette représentation soit établie de la manière la plus propre à sauvegarder les intérêts de la profession.

L'Assemblée charge son président d'envoyer tous ces vœux à M. le président de la Société des Agriculteurs de France, avec prière de les faire parvenir aux pouvoirs compétents. Elle décide toutefois, qu'en raison de sa pressante actualité, le vœu contre la convention franco-suisse sera immédiatement communiqué à tous les sénateurs et députés des dix départements compris dans la circonscription du Sud-Est.

La réunion se termine avec le renouvellement par continuation des pouvoirs de :

MM. G. DE SAINT-VICTOR, DE BÉLAIR, Ernest RICHARD, Léon RIBOUD,

tous membres du Bureau à fin de mandat.

Là ne finit point encore l'Assemblée générale, mais, comme sa seconde séance a été entièrement consacrée à l'étude, à la discussion, à l'acceptation du projet de Coopérative agricole régionale, création que nous étudierons plus tard en détail, c'est là du moins que finit, pour l'instant, ce que nous avons à dire, et c'est là qu'en somme commence la sixième année de l'Union du Sud-Est.

Comme d'habitude, nous débutons par deux admissions et par l'affiliation du syndicat de Matour (Saône-et-Loire) et du syndicat de la Côte-Saint-André (Isère). Mettant en action le principe de son règlement, l'Union, par l'organe de son secrétaire général, informe le président de l'Union de Bourgogne et de Franche-Comté de la demande d'admission du syndicat de Malour compris dans un département mixte.

Vers la même époque, fin novembre, le Bureau de l'Union prend une part active aux travaux du Conseil des Unions, réuni à Paris et au cours desquels est enfin adopté le principe d'un règlement des Unions régionales. C'est dans cette réunion que, sur l'instigation de l'Union du Sud-Est, l'Union des syndicats décide sa séparation d'avec le syndicat central et s'installe définitivement dans l'hôtel de la Société des Agriculteurs de France, 8, rue d'Athènes. Ces diverses décisions étant dues en grande partie à l'intervention de l'Union du Sud-Est, il nous a paru utile, en les consignant, de faire ressortir l'heureuse influence de la première Union régionale et des hommes dévoués que la confiance de leurs pairs a placés à sa tête.

Année 1893.

Au début de l'année, l'Union est frappée d'un deuil cruel dans la personne de son très éminent président, M. Gabriel de Saint-Victor, mort à Rome, le 12 mars, dans sa soixante-neuvième année.

Depuis la fondation de l'Union du Sud-Est, en mars 1888, Gabriel de Saint-Victor en avait été le président, et ce mandat lui avait été constamment renouvelé. L'Union, aujourd'hui si prospère, avait été, l'on s'en souvient, une tentative hardie. C'était une innovation. Devait-on encourager cette décentralisation ? Quel but se proposaient ces novateurs? Quelle serait l'interprétation du monde agricole? Mais que ne peuvent pas des hommes unis par une volonté ferme et disciplinés par le devoir?

Nous reproduisons ici l'éloge prononcé sur sa tombe par M. Guinand, vice-président :

« Au milieu de ces difficultés et peut-être de ces craintes, il fallait un vaillant, un preux, capable de mener à bien cette œuvre nouvelle et d'inspirer confiance à tous. M. Gabriel de Saint-Victor se trou-

vait tout désigné. Il se mit, sans hésiter, à notre tête.
Depuis lors, il était resté notre chef aimé, respecté,
écouté, partageant nos travaux, assistant à nos réunions qu'il présidait avec une haute compétence et
avec cette courtoisie et cet entrain dont il ne se dépar-
tissait jamais.

Sous son impulsion, s'étaient rapidement groupés les
soixante-quatorze syndicats qui forment aujourd'hui
notre Union, et les soixante mille membres qui la composent se souviendront longtemps de celui qui sut si
bien leur enseigner le moyen de s'entendre pour la
défense de leurs intérêts professionnels.

Non content d'être le président de la première grande
Union régionale de France, il fut encore l'initiateur de
toutes ces autres Unions qui couvrent à l'heure actuelle
presqu'entièrement le sol de notre pays.

Pensée aussi généreuse que féconde, réunissant en
un faisceau tous ces dévouements et toutes ces forces
qui forment aujourd'hui la très pacifique, mais puissante armée de l'agriculture française !

Homme de bien dans toute l'acception du mot,
Gabriel de Saint-Victor fut avant tout un apôtre de
l'agriculture.

Il commença son œuvre agricole par la régénération
de la région de Tarare qu'il habitait. Il prêcha d'exemple, et son magnifique domaine de Ronno devint un
vaste champ d'expérimentation. L'amélioration des
terres et des prairies, l'élevage du bétail, l'aménagement de sa belle forêt de plus de 100 hectares, furent
l'objet de tous ses soins et créèrent l'émulation dans
ses propriétés rurales. Gabriel de Saint-Victor avait
un coup d'œil si sûr que ses expériences réussissaient
dans des conditions exceptionnelles; aussi il avait su
inspirer à tous une confiance sans bornes.

Le voyageur, qui traverse ces contrées, est frappé de
la richesse et du bon aménagement de toutes les
pentes montagneuses, et s'il avait pu voir ce qu'elles
étaient il y a vingt ans, son étonnement se changerait
en admiration. Le revenu des terres, en effet, a plus
que triplé, et là où il fallait autrefois trois hectares
pour nourrir une tête de bétail, un seul peut en nour-

rir trois et quatre aujourd'hui. Un homme qui a fait
de telles choses, est véritablement un bienfaiteur in-
signe de son pays. Ces dernières années, il s'était fait
le propagateur, pour les plaines, des semences venues
dans les hautes altitudes, et par la vente des grains
récoltés de la sorte et soigneusement triés, il assurait
un débouché nouveau et très rémunérateur aux produits de ces montagnes.

Gabriel de Saint-Victor avait donné une impulsion
telle à la culture de sa région, que la plupart des primes du département du Rhône ont été décernées aux
membres du Comice de Tarare, dont il était le fondateur, et qui prit, sous sa paternelle direction, une importance véritable.

Il obtint lui-même, en 1869, la prime d'honneur du
Rhône et le rappel de cette prime, avec le grand prix
de sylviculture, en 1877; à cette occasion, il fut nommé
chevalier de la Légion d'honneur.

Elu député en 1874, membre de la fameuse Commission des marchés, il fut l'un des rares commissaires
qui lurent leur rapport à la tribune. Pendant toute la
durée de l'Assemblée nationale, Gabriel de Saint-Victor
fut secrétaire du groupe agricole où ont été préparées
les créations de l'Institut agronomique, des professeurs départementaux, les réformes du code rural et
d'autres encore, qui seraient réalisées depuis longtemps si, trop souvent, les intérêts agricoles n'étaient
sacrifiés aux passions politiques.

Lorsqu'intervint la loi sur les syndicats agricoles,
Gabriel de Saint-Victor fonda le syndicat de Tarare,
et, en 1888, était désigné par les présidents des syndicats de la région du Sud-Est, pour prendre leur tête
dans la grande fondation de l'Union du Sud-Est, devenue la plus importante de France, en même temps
que le centre le plus considérable de l'agriculture
française. Sous sa présidence, dix départements et
soixante-deux syndicats, comprenant plus de 50,000
membres, se groupèrent rapidement pour la défense
de leurs intérêts professionnels.

Les créations du comité du contentieux et de l'office
du courtier des syndicats unis, celles du Bulletin et de

l'Almanach du Sud-Est, organes occupant, à l'heure actuelle, le premier rang en France par le nombre de leurs lecteurs, enfin récemment, de la Coopérative agricole du Sud-Est, furent autant de chevrons qui vinrent successivement compléter l'organisation du Sud-Est agricole, et en faire une institution aussi utile que complète.

Les magnifiques comptes rendus où, chaque année, Gabriel de Saint-Victor résumait aux Assemblées générales les travaux du Conseil, témoignent toute la part qu'il prit à ces diverses créations. Et, puisque nous parlons des Assemblées générales qu'il présidait du reste si admirablement, nous ne saurions oublier la mémorable assemblée qui se tint au Palais du Commerce, sous sa présidence, assemblée qui fut le prélude de l'entente qui devait plus tard se faire entre le commerce lyonnais et l'agriculture et qui devait amener la loi, si importante pour la région du Sud-Est, sur la question du marché des soies.

Mais si Gabriel de Saint-Victor s'occupait des questions générales, il ne négligeait pas non plus les intérêts particuliers de ceux qui le touchaient de plus près et il fut véritablement le père de ses nombreux fermiers, s'intéressant à tout ce qu'ils faisaient, les aidant de toute manière à réaliser des progrès agricoles fructueux pour eux; modèle du propriétaire et de l'agriculteur, il réunit, il y a environ deux ans, ses fermiers et leurs familles dans un banquet à l'issue duquel il donnait à chacun un livret extrait des livres séculaires de la famille de Saint-Victor où chacun pouvait trouver la liste généalogique de ses ancêtres fermiers, comme lui, de la famille de Saint-Victor depuis plus de deux siècles. Bel exemple de l'Union chrétienne qui doit exister entre maître et serviteur, qui est le fondement le plus solide, non seulement d'une maison, mais encore d'un pays, car rien n'est plus puissant que le lien des souvenirs et des labeurs séculaires sous une main fraternelle.

Chevalier de la Légion d'honneur, ainsi que nous l'avons dit, Gabriel de Saint-Victor était, en outre, chevalier de l'Ordre religieux et militaire du Saint-Sépulcre et commandeur de l'ordre royal et militaire de François Ier des Deux-Siciles. Ces décorations, il les avait bien méritées par sa générosité et son dévouement.

Indépendamment de plusieurs volumes, de fort intéressantes relations de voyages, on a de lui un grand nombre de brochures et conférences, toutes relatives à ses travaux dans la région montagneuse qu'il habitait.

Tel est l'homme dont la perte est si douloureusement ressentie, non seulement par la région de Tarare et celle du Sud-Est, mais encore par le pays tout entier car son nom et sa réputation s'étaient répandus sur toute l'étendue de la France.

Mais les semences répandues autour de lui ne seront pas stériles, il aura des successeurs qui ne laisseront pas tomber les œuvres si patriotiques qu'il avait fondées et qui tiendront à honneur de marcher dans les sillons qu'il avait creusés et qu'il avait fécondés de son intelligence et de son labeur.

Si grande qu'ait été la perte faite, l'Union du Sud-Est n'en continue pas moins sa vie normale et sa marche en avant; les collaborateurs de Gabriel de Saint-Victor avaient à cœur de poursuivre son œuvre et d'assurer l'avenir et le succès de cette Union qu'ensemble ils avaient fondée.

Présage heureux, après d'aussi douloureux événements, quatre nouveaux syndicats demandent simultanément leur affiliation à l'Union. Après les formalités d'usage, les syndicats de Saint-Alban (Loire) et du Grand-Lemps (Isère) sont admis le 25 mars; les syndicats de Saint-Paul-Trois-Châteaux (Drôme) et Saint-Priest (Isère) sont définitivement reçus le 6 mai.

Ses adhérents augmentant, ses forces s'éparpillant de plus en plus sur toute la région qu'elle s'était assignée, l'Union du Sud-Est comprend qu'il n'est pas de force possible sans cohésion, sans union, et décide, sur la proposition d'un de ses conseillers, M. Léon Riboud, que, dorénavant, elle se fera toujours représenter aux Assemblées générales des syndicats unis. C'est là, croyons-nous, une décision sage et attendue depuis longtemps, car elle a pour but de mieux faire connaître aux intéressés cette Union dans laquelle tous les syndicats unis cherchent surtout un centre d'informations, une orientation générale et les moyens de développer leur puissance, soit pour traiter plus avantageusement les affaires de leurs membres, soit pour remplir plus efficacement le rôle technique, économique et social que leur a attribué la loi du 21 mars 1884.

C'est certainement pour compléter cette décision que, quelques jours plus tard, le Bureau est saisi d'une nouvelle proposition tendant à faire décider : qu'une Assemblée générale, à laquelle seraient convoqués tous les syndicats unis, pourra être tenue à tour de rôle dans chacun des dix départements formant la circonscription de l'Union.

Ne risquant, en aucun cas, de faire double emploi avec l'Assemblée générale annuelle qui, celle-là, se tiendrait toujours et nécessairement au siège social, à Lyon, il est certain que ces Assemblées départementales auraient les meilleurs résultats, tant au point de vue de la défense des intérêts locaux, qu'au point de vue de l'intimité des liens devant exister entre l'Union et les syndicats. Espérons qu'une décision favorable ne tardera pas à intervenir et que, dès cette année, le dévouement intarissable du Bureau de l'Union sera largement récompensé par les services rendus, les succès obtenus. La nécessité de ce contact permanent se fait, au reste, de plus en plus jour, et il est certain que, dans bien des cas, l'intervention de l'Union, dans les affaires privées des syndicats unis, pourrait avoir d'heureuses conséquences.

Nous en trouvons, de suite, en continuant notre route, un très frappant exemple. Très éprouvé par la baisse des cocons qui, en 1893, se produisit en fin de campagne, le syndicat de Montvendre (Drôme) saisissait, en juin, le Bureau de l'Union de cette délicate question, demandant qu'une Commission technique soit nommée pour étudier les causes et les remèdes de l'avilissement du prix des cocons. Nous n'avons pas à intervenir ici, dans cette étude, mais cependant, il est bien permis de dire que les conclusions de la Commission nommée par l'Union ont été corroborées par les té-

moignages les plus autorisés et qu'en somme l'étouf-
fement des cocons, permettant au sériciculteur de garder sa récolte et de vendre quand bon lui semble,
paraît aujourd'hui le meilleur remède à la crise
actuelle. Peut-être y aura-t-il, dans l'application, des
difficultés pratiques, mais n'est-ce pas là que l'intervention des syndicats et de l'Union pourrait être utile
et efficace ? La Drôme étant l'un des premiers et des
plus solides soutiens de l'Union, il est probable que
la première Assemblée départementale s'y tiendra, ce
sera le lieu tout indiqué de traiter à fond les questions séricicoles qui ne sauraient trouver place, en
raison de leur caractère entièrement local, dans nos
assemblées générales de l'Union. — Souhaitons donc
que le Conseil de l'Union ne recule pas devant ce nouvel appel à son dévouement et que l'année présente
voie la réalisation des desiderata depuis si longtemps
formulés.

En attendant, reprenons notre marche en avant et
marquons cet arrêt par l'admission, le 1er juillet, des
trois nouveaux syndicats de Colombe (Isère), Saint-
Joseph (Loire), Les Vans (Ardèche).

Avec le mois d'août, nous arrivons à la période électorale et, malgré que syndicats et Union aient toujours
tenu à honneur de se tenir scrupuleusement en dehors
de toute action politique, n'était-ce pas le droit, le
devoir de l'Union que de prendre en mains, dans une
circonstance aussi grave, les intérêts qui lui étaient
confiés et dont les syndicats lui avaient donné la
garde et la gestion ? Si délicate que fût la question,
le Bureau n'hésita pas à la trancher par l'affirmative
et c'est ainsi qu'il faisait publier, dans les premiers
jours d'août, la recommandation suivante :

« Le Bureau de l'Union du Sud-Est, à l'approche des
élections législatives, estime qu'il est de son devoir
d'appeler l'attention des membres des syndicats unis
sur le choix de leurs mandataires politiques. Si l'agriculture a obtenu des succès dans le vote des tarifs
douaniers, dans le dégrèvement de l'impôt foncier,
dans le rejet du traité de commerce Franco-Suisse,
elle ne conservera ses conquêtes et n'en fera de nou-

velles qu'en exigeant des candidats des engagements
formels, en faveur de la défense de ses intérêts ; elle
doit notamment leur imposer comme programme :

1° Maintien des tarifs douaniers ;

2° Maintien de la loi de 1884, sur les syndicats professionnels ;

3° Suppression du principal de l'impôt foncier ;

4° Consultation obligatoire des syndicats agricoles
dans toutes les questions intéressant l'agriculture, en
attendant le vote d'une loi sur la représentation agricole.

« Au moment du vote, ne nous laissons pas guider
par des considérations étrangères à notre profession
et ne donnons nos voix qu'à des candidats franchement et loyalement dévoués à la cause agricole ».

De là à l'Assemblée générale annuelle, nous ne trouvons rien à signaler sinon l'admission des syndicats de
Jujurieux (Ain) et de Suze-la-Rousse (Drôme) reçus
le 5 octobre. Nous sommes à la veille de l'élection
de celui qui, devenant le successeur de M. Gabriel de
Saint-Victor, doit être l'héritier de ses fondations, le
continuateur de son œuvre. La tâche, certes, n'est
pas des plus faciles : tous n'ont pas les mêmes capa-
cités pour la remplir, mais la bonne étoile qui a guidé
les premiers pas de l'Union n'a pas encore pâli et
bientôt les soixante-et-onze syndicats unis pourront
à leur tour crier en bons Français : « Le président est
mort ! Vive le président ! » Mais n'allons pas trop vite
et avant de lire entre les lignes tous ces bulletins qui,
sous double enveloppe, arrivent journellement rue
du Garet, assistons à l'Assemblée générale et répétons sommairement ce que nous y avons vu et entendu.

C'est dans les grands salons de Casati que se tient
la sixième Assemblée générale ; cinquante syndicats sur
soixante et onze sont présents ou représentés. Doyen
des vice-présidents — très jeune doyen du reste —
M. Antonin Guinand occupe le fauteuil de la présidence :
c'est donc à lui que revient l'honneur du résumé général des travaux de l'année.

« C'est pour moi, dit-il, une lourde et douloureuse

charge de vous présenter aujourd'hui le rapport des travaux de l'Union du Sud-Est, pendant le sixième exercice qui vient de s'écouler.

« Pour la première fois, la mort a frappé dans nos rangs et c'est notre chef, notre vénéré et aimé président, Gabriel de Saint-Victor, que sa main inexorable a choisi.

« Cinq années de suite, vous l'avez entendu et vous avez pu apprécier avec quelle précision, quelle clarté, quelle compétence, quel amour, il parlait de l'agriculture, des agriculteurs, de vous tous, Messieurs, et de notre grande Union du Sud-Est. Son cœur, il nous l'avait donné tout entier; aussi, malgré ses lointaines occupations et ses nombreux voyages, ne nous a-t-il jamais ménagé sa peine et son dévouement..........

« Si son souvenir demeure affectueusement gravé au plus profond de nos cœurs, son influence, elle aussi, restera vivante et salutaire au milieu de nos assemblées qu'elle éclairera et vivifiera toujours ».

Abordant ensuite les travaux du Bureau, le sympathique président continue ainsi :

« Votre Bureau, toujours sur la brèche, s'est réuni plus souvent encore qu'en aucune autre année; il a tenu vingt et une séances où ont été prises une série de décisions importantes, tant au point de vue de la marche intérieure de l'Union, de la discipline à y maintenir, de ses rapports avec les Unions de France, qu'au point de vue général de l'agriculture.....

« La question de délimitation des Unions régionales et de leurs rapports entre elles a de nouveau été examinée à Paris, mais n'a pourtant point été encore définitivement tranchée; qu'il me suffise de vous dire que le règlement, voté par vous l'an dernier, a toujours servi de règle de conduite à votre Bureau qui en a reconnu toute l'importance et toute l'opportunité...

« La marche de votre Union a toujours été de l'avant et votre Bureau a été heureux de proclamer, sur le vote des présidents, l'admission de douze syndicats nouveaux, ce qui porte aujourd'hui à soixante-douze le nombre des syndicats unis. Nous avons cependant le regret d'annoncer que deux syndicats de Saône-et-Loire, celui des Emboucheurs du Charolais et celui des Agriculteurs du Charolais, nous ont témoigné l'intention de se retirer en 1894.

« Tout en constatant l'accroissement du nombre des syndicats, nous devons aussi constater l'augmentation de leur effectif. La plupart sont en progression marquée, progression qui s'accentue avec les services qu'ils rendent à leurs membres. Mais ceux-là seuls progressent qui n'ont point hésité à créer des entrepôts et à donner à tous et surtout aux petits agriculteurs les moyens de se procurer les diverses denrées et les divers objets qui leur sont utiles. »

Prenant ensuite un à un les services annexes de l'Union : Bulletin, Almanach, Contentieux, Office, Coopérative, Union des producteurs et des consommateurs, le sympathique président passe en revue les faits principaux de l'année écoulée, adressant à chacun de ses collaborateurs, dont le labeur, cette année, a été si incessant et si fructueux, des éloges et des remerciements bien mérités et chaudement appuyés par les applaudissements de l'Assemblée.

Chacun de ceux-ci défile alors à son tour et c'est ainsi que nous entendons successivement MM. Riboud (Bulletin), Ducurtyi (Contentieux), Silvestre (Almanach), Richard (Finances), E. Duport (Office et Courtier). Tous ces rapports se rattachant à des services que nous étudierons en détail, il est donc inutile de répéter pourquoi nous les laissons momentanément dans l'ombre.

Nous arrivons ainsi au dépouillement du scrutin pour l'élection d'un président, en remplacement de M. G. de Saint-Victor, décédé.

Ce dépouillement achevé, M. de Fontgalland, vice-président de l'Union, président de la commission de recensement, annonce que 60 syndicats ont pris part au vote avec 68 voix, les syndicats de plus de mille membres ayant une voix en plus par mille membres ou fraction de mille membres.

M. Emile Duport obtient 55 voix et M. A. Guinand

13 voix. En conséquence, M. E. DUPORT est élu président de l'Union du Sud-Est.

Encore ému de la touchante manifestation de sympathique reconnaissance que les syndicats viennent de faire sur son nom, M. E. Duport prend place au fauteuil présidentiel et prononce l'allocution suivante :

« Messieurs,

« En prenant possession de la présidence, à laquelle votre bienveillance vient de m'appeler, l'usage veut que je fasse l'éloge de mon prédécesseur et que je joigne aux remerciements que je vous dois, la promesse de faire mon possible pour répondre à votre confiance. — Je n'ai garde de me dérober à l'usage, et je pense même que je puis réunir en un seul le double devoir qui m'incombe.

« M. Guinand vous a déjà dit, en excellents termes, en termes émus, tous les mérites de notre regretté président; je ne dirais pas mieux, aussi n'aurais-je rien à ajouter si, dans la mise en lumière de l'une des qualités de mon prédécesseur, je ne trouvais l'occasion de vous déclarer que de cette qualité je ferai ma principale règle de conduite, je veux parler de la grande correction qu'il a toujours apportée dans l'exercice de ses fonctions.

« Nous nous rappelons tous avec quelle cordialité de bon ton il présidait à nos travaux; mais permettez à l'un de ceux qui ont eu l'honneur de l'aider, dès le premier jour, à l'organisation de notre Union, d'insister sur sa parfaite correction. Sans rien renier ni retrancher de ses préférences personnelles, Gabriel de Saint-Victor n'a jamais apporté dans nos conseils d'autres pensées, d'autres aspirations que celles tendant à l'amélioration de l'agriculture. Il avait compris que nos syndicats agricoles sont un rare et merveilleux terrain de concorde, permettant à tous d'apporter leur concours pour le bien de la Patrie, terrain respectable entre tous.

« Faut-il ajouter d'autres engagements? Mais en me nommant votre président, vous avez voulu sans doute montrer que vous appréciez surtout les actes, aussi je

me bornerai à vous dire en mon nom, comme au nom
des membres du Bureau : nous ne ferons peut-être
pas mieux, mais, comme par le passé, nous ferons de
notre mieux.

« Pour y arriver, je compte sur tous mes collègues,
mes amis, sur M. Guinand, qui sait mon entière confiance dans son concours absolu, au point que le partage des voix sur son nom sera un lien de plus entre
nous ; sur M. de Fontgalland, qui n'a pas voulu briguer
vos suffrages, à cause de son éloignement, et qui me
donnera, comme par le passé, l'appui de sa grande
expérience : sur M. Riboud, que je vous demande de
choisir pour me remplacer à la vice-présidence, ses
services le désignent à votre choix, il sera pour moi
un conseiller aussi prudent qu'écouté ; je compte encore
sur M. de Bélair, le secrétaire général aussi parfait
que modeste, il était l'ami de mon prédécesseur, il me
permettra de dire qu'il est aussi le mien ; sur M. Richard, notre si excellent trésorier ; sur tous les membres du Conseil : M. de Monicault, qui sait mon attachement aux Agriculteurs de France, M. de Saint-Pol,
si dévoué à nos diverses créations ; sur vous tous,
Messieurs, qui me donnerez, j'en suis certain, votre
appui le plus complet pour la bonne direction de
l'Union.

« J'ai donc bon espoir, et, malgré les difficultés de
ma nouvelle charge, je l'accepte sans crainte, car j'ai
confiance qu'avec votre concours et l'aide de Dieu,
nous rendrons encore de grands et réels services aux
agriculteurs du Sud-Est. »

Ces dernières paroles sont, pour les assistants, une
nouvelle occasion de témoigner leur sympathie au
nouveau président et au Bureau tout entier, et les
acclamations qui partent de tous les coins de la salle
attestent qu'il y a parfaite communion d'idées et d'espérances entre le nouvel élu et ses électeurs.

Le président annonce à l'Assemblée que les membres
constituant la deuxième série renouvelable du bureau
sont : MM. A. de Fontgalland, comte de Villette, F. Donat et comte de Saint-Pol.

M. Donat demandant à être remplacé pour cause

d'éloignement, M. le président propose de le nommer membre honoraire du Bureau. Cette proposition est acceptée à l'unanimité.

MM. A. de Fontgalland, comte de Villette et comte de Saint-Pol sont renommés par acclamation.

Sont nommés également par acclamation, comme membres du Bureau : M. Croizat, en remplacement de M. Donat, et M. Jaricot, en remplacement de M. G. de Saint-Victor.

M. le président annonce ensuite que l'Assemblée va avoir à nommer un vice-président, en remplacement de M. Duport, et il propose M. Léon Riboud.

M. Riboud demande à ce que cette nomination soit faite au scrutin secret. L'Assemblée ne juge pas nécessaire cette formalité, et elle nomme immédiatement, par acclamation, vice-président de l'Union du Sud-Est, M. Léon Riboud, qui remercie et accepte ces fonctions.

Là s'arrête la séance du matin, c'est par les vœux que commence celle du soir.

VŒUX

I. *Tarifs douaniers.* — L'Union du Sud-Est des syndicats agricoles, réunie le 14 novembre 1893, en Assemblée générale, proteste énergiquement contre toute atteinte de nature à détruire ou à compromettre les tarifs douaniers.

II. *Représentation de l'agriculture.* — L'Union du Sud-Est des syndicats agricoles, réunie en Assemblée générale le 14 novembre 1893, renouvelle le vœu qu'elle a déjà émis en faveur de la représentation de l'agriculture, sur les mêmes bases que celle du commerce, avec le vœu qu'en attendant, on consulte, en toute circonstance, les groupes agricoles, qui en sont la représentation officieuse.

III. *Suppression du principal de l'impôt foncier.* — L'Union du Sud-Est des syndicats agricoles, réunie en Assemblée générale le 14 novembre 1893, demande la suppression du principal de l'impôt foncier sur la propriété non bâtie. Elle demande, en outre, que le

25

déficit, créé dans le budget par cette suppression, soit comblé, non par des impôts nouveaux, mais par le produit des droits de douane et par le produit de la conversion du 4 1/2.

IV. *Tarif des chemins de fer.* — L'Union du Sud-Est des syndicats agricoles, réunie en Assemblée générale le 14 novembre 1893, proteste énergiquement contre l'homologation du nouveau tarif des compagnies de chemins de fer, pour transport réduit, à Paris, des vins étrangers, manière détournée d'annuler les droits déjà si diminués par le change.

V. *Vagabondage.* — L'Union du Sud-Est des syndicats agricoles, réunie en Assemble générale le 14 novembre 1893, demande la répression énergique du vagabondage qui, se développant chaque jour, crée pour les campagnes un danger et une charge intolérables.

VI. *Prix du blé.* — L'Union du Sud-Est des syndicats agricoles, réunie en Assemblée générale le 14 novembre 1893, considérant que la production du blé est d'intérêt national, demande qu'il soit remédié à un avilissement du prix du blé qui aurait pour résultat l'abandon de cette culture, soit par un relèvement du droit de 5 francs, soit par le rétablissement d'une échelle mobile, soit par tout autre procédé qui, en combinant le droit avec le change, permette d'arriver au même résultat.

VII. *Loi sur la coopération.* — L'Union du Sud-Est des syndicats agricoles, réunie en Assemblée générale, le 14 novembre 1893, s'associant au vœu émis par le Congrès coopératif de Grenoble, demande que la coopération soit enfin dotée de la loi qu'elle attend depuis si longtemps.

Tous ces vœux, qui ont été adoptés à l'unanimité, seront envoyés à M. le marquis de Dampierre, président de la Société des Agriculteurs de France, et à M. le Ministre de l'agriculture, avec prière de les faire parvenir aux pouvoirs compétents.

L'Assemblée générale finit là, et, après deux très

intéressantes conférences de M. Louis Durand sur les caisses rurales et de M. Kergall sur les rapports entre sociétés coopératives et syndicats agricoles, M. le président clôt la séance après avoir remercié tous ceux, si nombreux, qui ont pris part aux travaux de l'Assemblée : « Votre concours si empressé nous prouve que nous avons tous la volonté de bien faire. Nous devons nous efforcer de faire de mieux en mieux. Étant donné notre point de départ, étant donné les résultats obtenus, nous pouvons avoir confiance. Et cette confiance nous donnera la force nécessaire pour travailler ensemble au relèvement de l'agriculture et à la défense sociale ».

Vivifiée par les nominations qu'elle vient de faire, l'Union du Sud-Est reprend, plus allègrement que jamais, sa marche en avant et retrouve, par l'admission des syndicats de Charlieu (Loire) et de Nivolas-Vermelle (Isère), le chiffre de 71 adhérents que la démission de deux syndicats charolais lui avait fait perdre un instant. Nous ne la suivrons pas longtemps sous sa nouvelle direction, mais il est bon, à la fin de cette étude, de rappeler comment l'Union, avec son nouveau président, entend continuer sa marche et parfaire son œuvre ; nous nous permettrons donc de la suivre jusqu'à l'extrême limite, soit fin avril 1894.

En novembre, l'Union entre dans la commission mixte organisée, à la suite du Congrès de Grenoble, par le vaillant directeur de la *Démocratie rurale*, M. Kergall. Cette commission de 20 membres comprend, comme son nom l'indique, 10 délégués de coopératives ouvrières et 10 délégués de syndicats agricoles ; son but est de mettre en rapport les uns et les autres en faisant consommer par les premières les produits obtenus par les seconds. C'est l'entente directe des producteurs et des consommateurs, l'alliance pratique de la démocratie urbaine et de la démocratie rurale.

L'Union étudie depuis trop longtemps la vente des produits agricoles pour ne pas s'intéresser à une entente qui cherche à se réaliser ; aussi ne faut-il pas s'étonner de la voir répondre aux avances qui lui sont faites

en désignant pour la représenter, MM. Léon Riboud et
comte de Saint-Pol.

L'avenir nous apprendra quels résultats pratiques
seront obtenus et quel parti les agriculteurs du Sud-
Est en pourront tirer.

Année 1894.

Abordant ainsi les problèmes les plus difficiles, ne
reculant jamais dès qu'il s'agit de la cause des agriculteurs, le Bureau comprend qu'à de nouvelles
charges il faut de nouveaux titulaires et se décide à
faire appel aux jeunes, si nombreux dans l'Union, si
disposés surtout à aider et à soulager ceux dont ils
aimeront un jour à se dire les élèves.

C'est pourquoi elle installe à titre d'auditeurs au
Conseil :

MM. Pierre DE MONICAULT, ingénieur agronome, section agriculture.

Auguste VINCENDON-DUMOULIN, ingénieur agronome, section viticulture.

Joseph MITAL, ingénieur agronome, section entretien du bétail, transports.

Charles GENIN, ingénieur agronome, section économie rurale.

Georges MARTIN, docteur en droit, section contentieux.

Claude SILVESTRE, secrétaire général du syndicat du Bois-d'Oingt, section presse, Bulletin,
Almanach.

Conseil représentatif des intérêts régionaux de
l'agriculture, l'Union aura désormais ses sections et
ses auditeurs qui tous, à défaut peut-être d'expérience,
lui apporteront du moins leur très ardente bonne volonté, leur très grand désir de bien faire.

Comme leurs anciens, ils ont cette foi sincère du
poète, qui agit, qui ne craint ni obstacles, ni difficultés;
comme eux, ils entrent à l'Union, sans ambition,
comme sans arrière-pensée pour travailler à la seule
défense des intérêts professionnels et économiques
de leurs concitoyens. C'est là une noble mission et
ceux-là n'auront pas été inutiles qui auront contribué
à développer dans leur pays l'œuvre de progrès, de
moralisation et de paix sociale qui est en somme la
base de l'Association syndicale agricole.

Le 31 janvier, l'Union voit son président, M. Emile
Duport, élu membre du Conseil de la Société des Agriculteurs de France; par l'organe de son Bulletin, elle
en fait part, en ces termes, à ses adhérents et à ses
amis :

« M. Emile Duport vient d'être élu membre du
Conseil de la Société des Agriculteurs de France.

« Nous savons qu'il a dû céder aux instances de ses
nouveaux collègues et accepter d'être candidat officiel.
Cela n'étonnera personne, car une telle démarche n'est
que la conséquence de la haute situation que le distingué président de l'Union du Sud-Est et de l'Union
beaujolaise a conquise dans le monde syndical.

« Aussi, comme tous ses amis, nous réjouissons-nous
du succès et nous le prions d'agréer nos plus cordiales
félicitations.

« Nous nous en réjouissons d'abord pour lui, parce
que c'est un précieux témoignage qui vient de lui être
donné de la considération bien méritée qu'il s'est
acquise par ses immenses services et son dévouement sans bornes.

« Nous nous en réjouissons aussi pour tous les syndicats unis de notre région, parce qu'elle rejaillit sur
eux, sans contredit, cette distinction flatteuse dont
leur chef vient d'être honoré. Ils ont, du reste, su, par
leur ardeur à défendre les intérêts professionnels, par
la bonne entente qui a toujours régné entre eux, faire
de l'Union du Sud-Est le groupe agricole le plus
puissant peut-être de France. De telle sorte que c'est
à la fois l'une des personnalités les plus en vue du

monde agricole, et le président de la plus importante Union régionale que le Bureau de la Société des Agriculteurs a appelé à lui.

« Il s'est assuré ainsi le concours d'un homme éclairé et, du même coup, il a su démontrer, de la façon la plus heureuse, la parfaite harmonie qui existe entre toutes les forces agricoles de notre pays.

« A ce double titre, nous applaudissons à l'élection de M. Duport, et nous félicitons d'un tel choix ceux qui sont à la tête de notre vénérable et grande Société.

« Déjà, parmi cette élite des Agriculteurs de France, notre région comptait un représentant éminent en la personne de l'honorable M. de Fontgalland, vice-président de l'Union du Sud-Est, auquel nous envoyons nos bien sincères compliments à l'occasion de sa réélection, à l'unanimité, à la présidence de la 8e section.

« Ils sont deux, maintenant, deux défenseurs autorisés, non seulement de l'Union du Sud-Est, mais de tous les syndicats agricoles de France qui sont assurés d'avoir toujours en eux des avocats aussi éloquents que dévoués. C'est de bon augure pour l'avenir de la cause syndicale. »

Le 17 février, la démission du syndicat de Beaurepaire (Isère), en dissolution, est acceptée; en même temps, l'admission des syndicats de Varacieux et Soleymieu (Isère) est votée à l'unanimité. Le 17 mars, deux nouveaux syndicats : le Syndicat des Agriculteurs de la Savoie et le syndicat des Agriculteurs de Sathonay, sont admis, portant à 74 le nombre total actuel des syndicats affiliés.

Entre temps, l'Union, sur l'invitation de la Chambre de commerce, se décide à prendre part à l'Exposition universelle de Lyon, dans le groupe de l'Economie sociale. Une commission spéciale est nommée pour arrêter les bases de cette participation et en préparer l'organisation. Une carte murale retraçant l'importance et la circonscription de chacun des syndicats unis, la présente monographie, une collection de tableaux et de graphiques donnant, année par année, la progression de son effectif, la marche des affaires de son Office, le tirage de son Bulletin et de son

Almanach, l'importance croissante de ses annexes: l'Union des producteurs et des consommateurs, la Coopérative agricole du Sud-Est, tous documents en un mot nécessaires à la reconstitution de son histoire, de ses services, telle sera la base de son Exposition. Placée au milieu des associations syndicales ouvrières, elle n'aura pas à craindre la comparaison, car elle sera, à n'en pas douter, la manifestation la plus éclatante et la plus réussie du grand mouvement syndical agricole inauguré par la loi de 1884.

C'est à ce titre que, profitant de l'Exposition, l'Union décide de convoquer à Lyon le premier Congrès des syndicats agricoles. Elle choisit le dixième anniversaire de la loi du 21 mars 1884 pour envoyer à tous les syndicats de France l'invitation suivante :

Messieurs,

Il y a juste dix ans que la loi organisant les syndicats professionnels a été votée, le 21 mars 1884 ; peut-être penserez-vous avec nous que le moment est venu de constater hautement, au sein d'un Congrès national, tous les services rendus par cette loi à l'Agriculture française.

Cette constatation nous sera certainement un encouragement puissant à étudier les meilleurs moyens de rendre ces services encore plus importants dans l'avenir, et c'est à cette étude vraiment grande que nous vous convions.

A l'occasion de l'Exposition qui va s'ouvrir à Lyon, de nombreux Congrès se réuniront dans notre ville, notamment ceux de la viticulture, de l'agriculture et de la coopération ; il nous a semblé que le Congrès des syndicats agricoles aurait sa place toute marquée à cette époque, et qu'il pourrait avoir lieu très probablement au mois d'août prochain.

Ce Congrès, dû à l'initiative de l'Union du Sud-Est, n'entraînera pour les syndicats adhérents aucune responsabilité dans les dépenses d'organisation, dont nous prenons à notre charge tous les frais.

Déjà M. LE TRÉSOR DE LA ROCQUE en a accepté la présidence d'honneur.

Le Congrès aurait une durée de trois journées avec
l'ordre du jour suivant :

1re journée : *Les Syndicats agricoles ;*
2e journée : *Le Crédit agricole ;*
3e journée : *Les Coopératives agricoles.*

Nous espérons que vous voudrez bien faire inscrire
votre syndicat comme adhérent au Congrès de Lyon,
nous faire connaître le nombre de vos délégués et
nous faire part de vos observations, *d'ici au 20 avril
prochain.*

Aussitôt votre réponse connue, nous pourrons nous
occuper de la fixation définitive de l'époque du Congrès, de son ordre du jour détaillé et des démarches à
faire auprès des diverses Compagnies de chemins de
fer, afin d'obtenir pour les délégués une remise sur le
prix des billets.

Une seconde circulaire vous indiquerait ultérieurement, et en temps utile, l'organisation totale et définitive du Congrès.

En terminant, nous croyons devoir insister de nouveau sur cette *Grande Assemblée,* parce que nous
sommes persuadés que cette imposante réunion des
délégués de toutes les régions de France et cette puissante consultation agricole assureront à nos syndicats
une occasion éminemment favorable à la discussion
des questions professionnelles et, par suite, à la défense de nos intérêts.

Veuillez agréer, Messieurs, l'assurance de notre considération distinguée.

Pour le Bureau de l'Union du Sud-Est des Syndicats agricoles.

Le secrétaire général,   *Le président,*

Ch. DE BÉLAIR.   Emile DUPORT.

Fixé depuis aux 22, 23, 24 et 25 août 1894, ce Congrès
compte déjà, à l'heure où nous écrivons ces lignes, plus
de deux cent cinquante syndicats adhérents, près de
six cents délégués. C'est assez dire que nous ne saurions

douter du succès mérité qu'attend cette première réunion plénière des syndicats agricoles de France. L'Union du Sud-Est, la première des Unions régionales par la date comme par l'importance, était tout naturellement désignée pour en prendre l'initiative, la réussite de son Congrès sera pour elle un titre de plus à la reconnaissance des syndicats, et pour ses fondateurs le commencement de leur récompense.

C'est là le dernier acte de l'Union du Sud-Est, la suite, nous en sommes certains, nous prouvera qu'il n'aura été ni l'un des moins féconds, ni l'un des moins brillants.

CHAPITRE V

_____

BULLETIN ET ALMANACH DE L'UNION DU SUD-EST

_____

BULLETIN

« Tant que les agriculteurs, a dit Georges Lafargue, resteront liés entre eux, sans solidarité réelle, ils ne pourront rien pour améliorer leur sort. Le jour où ils sauront se réunir pour la défense de leurs intérêts communs, ce jour-là ils auront trouvé le secret de la force et de la fortune; ils auront, dans les mains, l'instrument de l'émancipation définitive. »

Cet instrument, les agriculteurs du Sud-Est l'ont trouvé dans leurs syndicats, dans l'Union, et c'est par le Bulletin, création nécessaire, que la véritable solidarité s'est établie entre eux. Sans organe, il n'est pas de société prospère, car le journal est pour l'intelligence ce que les chemins de fer sont pour le sol: il abrège la distance entre les esprits. Dans une Union de syndicats, c'est le Bulletin qui donne un caractère de réalité au lien existant entre les syndicats unis, nous irons même plus loin, et nous affirmons que, sans le Bulletin, l'Union ne procurerait que des profits très limités au point de vue pratique. Le Bulletin doit servir à étendre à tous les syndicats unis la connaissance des offres et des demandes des syndicataires, par lui, l'annonce sort des limites du canton, de l'arrondissement, du département, pour entrer dans le domaine de la région, de la France même et, sans lui, il serait difficile, pour ne pas dire impossible, d'informer les agriculteurs unis des adjudications, des besoins spéciaux de telle ou telle région et, généralement, de tous les événements qui concernent la collectivité agricole, qu'ils se passent à l'intérieur ou à l'étranger.

Et, du reste, comme le disait si bien, au Congrès d'Autun, notre vénéré collègue, M. Deusy, le défaut de publicité est un des plus grands obstacles à la vente profitable des produits agricoles. La publicité est l'âme de l'industrie et du commerce, c'est le grand ressort qui fait mouvoir le monde des affaires, c'est désormais le véhicule obligé de toute entreprise qui veut réussir. Nous ne poussons pas l'excentricité jusqu'à recommander aux agriculteurs d'avoir des porteurs de bannières ou des hommes-sandwichs, nous leur demandons seulement d'être de leur siècle. L'agriculture n'est pas une œuvre de bienfaisance ni un passe-temps ; elle travaille pour réaliser des profits. Imitons donc nos émules de l'industrie et du commerce et puisque la réclame est nécessaire, n'hésitons pas à y recourir.

Cette publicité, nous la ferons non pas par les grands journaux de Paris qui absorberaient bien vite nos bénéfices, souvent même nos récoltes, nous la ferons par nos Bulletins et tout gratuitement. C'est grâce à eux que nous nous connaîtrons et qu'il nous sera loisible de traiter entre nous. Et nos champs d'expériences ? Sans Bulletin, comment faire profiter l'agriculture des résultats constatés ? Nous avons établi un champ d'expériences pour comparer, par exemple, diverses variétés de blé et apprécier les effets de tel ou tel engrais sur chaque espèce. Nous ne sommes pas égoïstes, nous n'entendons pas réserver pour nous seuls les remarques que nous aurons faites, les rendements que nous aurons obtenus. Qui en profitera? un ami, un voisin, venu par hasard nous rendre une visite ou quelques collègues zélés qui feront exprès le voyage. Mais les autres, ceux-là surtout qui en ont le plus besoin, ne sauront rien. Avec le Bulletin, au contraire, le grand nombre en profitera, l'expérience d'un seul pourra tourner à l'avantage de tous.

Dans la plupart de nos syndicats, le rôle vulgarisateur du Bulletin a été compris et nous ne connaissons guère d'associations syndicales qui réussissent sans lui.

Il était donc naturel que, dès sa création, l'Union songeât à établir, à côté des Bulletins particuliers défendant les intérêts privés de chaque syndicat, un Bulletin général soutenant les revendications communes, facilitant les échanges de syndicat à syndicat, traduisant en un mot, au fur et à mesure qu'ils se produisaient, les faits et gestes de l'Union du Sud-Est.

Dès le premier jour, l'Union avait conçu le Bulletin, mais ce n'est en réalité qu'après trois ans de gestation qu'elle mettait au monde, le 15 juin 1891, l'enfant dont elle devait, plus tard, être si justement fière. Ce n'est, en effet, qu'à cette date, que commence le Bulletin proprement dit. Mais, comme, en somme, il a été précédé d'une feuille d'offres et de demandes qui en était la préparation, nous allons d'abord parler de celle-ci avant d'aborder celui-là.

Feuille d'offres et de demandes.

C'est sur les conclusions très affirmatives de M. de Fontgalland, rapporteur de la Commission spéciale nommée pour étudier la question, que la première assemblée générale décide, le 16 octobre 1888, la création d'une feuille d'offres et de demandes. Pour la mener à bonne fin, une Commission de trois membres, composée de MM. Duport, Guinand et de Bélair, était immédiatement nommée; c'était d'avance forcer le succès et assurer l'avenir de la nouvelle publication. Sans perdre son temps, la Commission arrête les deux règlements qui doivent servir de base à la Feuille d'offres et de demandes et dont, pour les Unions nouvelles, nous reproduisons la teneur :

RÈGLEMENT AVEC LES SYNDICATS UNIS

I. — Un Bulletin dit d'offres et de demandes est créé, l'organisation en est commercialisée.

Il porte la mention expresse : Les annonces sont publiées sans la garantie des syndicats.

II. — La publication s'en fait à Lyon, chaque 25 du mois, sur feuilles portant comme en tête :

Supplément au Bulletin du syndicat agricole de... (tel mois). Il est divisé en deux parties :

1° Annonces des syndicats.

2° Annonces commerciales.

III. — Tout syndicat qui en fait la demande, s'il appartient à l'Union des syndicats agricoles du Sud-Est, reçoit gratuitement le nombre de numéros qu'il indique, à seule charge de les encarter dans son Bulletin mensuel.

IV. — L'Assemblée générale de l'Union nomme, pour trois ans, une Commission de trois membres chargée de veiller à ce service.

V. — Cette Commission choisit un employé spécial chargé de recueillir les annonces, d'en encaisser les prix fixés par elle, d'organiser l'impression dont elle discute et règle le prix.

VI. — Cet employé est aussi chargé de faire franco les envois aux syndicats adhérents. Il tiendra un carnet des recettes et des dépenses et aura droit comme appointements à 30 0/0 sur le net produit du *Bulletin d'offres et de demandes*.

VII. — Les 70 0/0 restant seront annuellement distribués aux syndicats recevant le Bulletin d'offres et de demandes, en prenant pour base de la répartition, la proportionnalité du tirage de chacun d'eux au 30 mars de l'exercice parcouru, par unité de centaines, sans tenir compte des fractions.

VIII. — Les comptes fournis par l'employé chargé de ce service seront vérifiés et approuvés par la Commission, chaque année en septembre, pour commencer en 1889.

IX. — Les pouvoirs les plus étendus sont donnés à la Commission en matière de contrôle et de direction, non seulement au moment de la vérification annuelle, mais aussi pendant tout le cours de l'exercice, comme pour tout ce qui n'a pas été prévu au présent règlement.

Les rapports des syndicats avec le Bulletin étant
ainsi réglés, il s'agissait de trouver, conformément à
l'article 5 et suivants, un employé directeur ; ce fut
facile puisque, dès le 22 novembre, le traité suivant
était signé :

Entre les soussignés :

composant la Commission spéciale du *Bulletin d'offres et
de demandes* nommée par l'Assemblée générale de l'Union
du Sud-Est des Syndicats agricoles le 16 octobre 1888,

Agissant au nom et comme représentants de cette Union.

D'une part,

Et M. X... (*Noms et adresse du Directeur*).

D'autre part.

Il a été convenu ce qui suit :

M. X..., sur la demande qu'il en a faite, est agréé comme
directeur du Bulletin d'offres et de demandes, publié sous
le patronage de l'Union du Sud-Est, mais sans sa participation.

M. X... se charge de provoquer et recueillir les annonces,
réclames, insertions à mettre au Bulletin. Il devra rigoureusement appliquer les tarifs fixés par la Commission,
il en encaissera le montant et donnera valable quittance.
Il surveillera l'exécution, par l'imprimeur, de la convention
passée entre la Commission et ce dernier. Il veillera à ce
que le service du Bulletin soit fait régulièrement aux
syndicats unis l'ayant demandé. Il paiera toutes les dépenses,
circulaires, lettres, postes, etc., etc., concernant le Bulletin.
Il en tiendra, ainsi que des recettes, un compte sur un
registre spécial. Ce compte sera à la disposition de la
Commission à toute demande.

Il tiendra également sur ce registre un compte en double-
partie et par mois, des exemplaires fournis par l'imprimeur
d'une part et des exemplaires servis à chaque syndicat
d'autre part. Ce registre, toujours à la disposition de la
Commission, servira à fixer la répartition des bénéfices entre
les syndicats.

Ce bénéfice sera établi par les soins de la Commission,
chaque année en septembre, pour commencer en 1889. Le
produit net, défalcation faite de tous frais d'imprimeurs et
autres, sera distribué :

Soixante et dix pour cent aux syndicats unis recevant le
Bulletin, en prenant pour base de la répartition la proportionnalité du tirage de chacun d'eux au 31 mars précédent, par
unité de centaines sans fraction ;

Tente pour cent à M. X... à titre de tout appointement.

Conformément à l'article 9 du règlement du Bulletin, la
Commission se réserve les pouvoirs les plus étendus pour
le contrôle de la direction, comme pour son changement.

Fait et signé double à Lyon le etc.

(Signatures.)

Ces deux réglements élaborés et approuvés par les
intéressés, le Bulletin n'avait plus qu'à paraître, ce
qu'il ne tarda pas à faire puisque son premier tirage
de 6,000 numéros eut lieu en novembre 1888.

De 6,000, le tirage s'éleva rapidement pour arriver, en
juin 1889, à 10,060 et, en octobre, à 12,100; après douze
mois d'exercice, le Bulletin accusait, pour l'année, un
tirage total de 118,640 exemplaires, soit un peu moins
de 10,000 par mois.

A la même époque, c'est-à-dire à l'Assemblée générale de l'Union du 14 novembre 1889, les comptes se
soldaient par un bénéfice net de 606 fr. 45.

Ce double résultat mérite d'être détaillé et de
nous arrêter quelques instants.

Pour une première année, le chiffre du tirage, en
considérant surtout sa progression rapide et continue,
était évidemment un premier succès fort encourageant;
il était surtout appréciable au point de vue de la publicité excellente qu'il offrait à la fois au commerce et
aux syndicats. Il ne faut pas oublier cependant que le
Bulletin était offert gratuitement à tous les syndicats
unis et que ceux-ci n'avaient, par suite, qu'à le vouloir pour en faire bénéficier leurs adhérents, sans
bourse délier. L'accroissement du tirage, si important qu'il fût, n'était donc pas en rapport avec l'augmentation du nombre des membres des syndicats unis
et il se trouvait encore, à la fin de la première année,
pas mal de syndicats qui n'avaient même pas pris la
peine de profiter du service gratuit que leur offrait
l'Union.

Y avait-il négligence, insouciance, mauvaise volonté
de leur part? Nous ne le croyons pas, il est plus juste
de penser que la feuille d'offres et de demandes ne
remplissait pas le but que lui avaient assigné ses
créateurs : servir d'intermédiaire entre les syndicats
unis. Si, en effet, nous scrutons les chiffres apportés
par l'honorable rapporteur, M. Guinand, à la fin
de cette première année d'essai, nous constatons
que sur 4,186 fr. 45 d'annonces payées au directeur, les
syndicats n'entraient que pour la faible part de 105 fr. 30.
Or, si nous voulons bien nous rappeler que le Bulletin

était destiné surtout à favoriser les échanges et qu'à
ce titre, les syndicats unis avaient droit à dix lignes,
par l'intermédiaire de leur président, avec un rabais
de 20 0/0, nous en devons conclure que les intéressés
n'en ont guère profité puisqu'entre eux ils n'arrivaient
ensemble qu'à un total de 330 lignes pour 12 Bulletins.

Malgré ces deux points noirs, la situation du Bulletin
n'était pas trop mauvaise, puisqu'après tous frais
payés, il restait 600 francs, soit 180 francs pour le
directeur, et 420 francs pour les syndicats abonnés,
ce qui représentait pour ceux-ci 3 fr. 85 à toucher
pour 1.000 exemplaires reçus. Recevoir gratuitement
un journal et toucher à la fin de l'année un dividende,
cela nous semble assez rare pour être signalé. Les
syndicats, du reste, ne voulurent pas être en reste de
générosité et abandonnèrent de bon cœur à la Commission, pour l'employer à l'amélioration du Bulletin,
la quote-part qui leur revenait. N'est-ce pas le cas de
dire avec M. Guinand : « Faire quelque chose avec
rien était, avant l'Union du Sud-Est, réputé impossible ;
vous avez résolu ce problème, si tant est qu'il faille
compter pour rien la bonne volonté et le dévouement
de tous ».

Sans ressources ni avances, le Bulletin a vécu un an,
payé tous ses fournisseurs, distribué un dividende ;
que va-t-il faire aujourd'hui qu'il a de l'expérience,
12,000 abonnés et 400 francs en caisse? Il ne sera
jamais, à coup sûr, qu'une feuille aride d'annonces,
mais comme il n'est pas créé pour thésauriser, son
Conseil va l'améliorer et le rendre en quelque sorte
plus syndical en y insérant, chaque mois, la circulaire
du courtier des syndicats de l'Union. Ce sera désormais
un lien entre l'Office et les syndicats, le porte-parole
de l'un, le conseiller des autres. Comme à l'Union du
Sud-Est, tout se fait avec la plus grande régularité, la
commission du Bulletin inaugure cette amélioration
en publiant, dans la feuille de janvier, les décisions
suivantes :

1° La circulaire, faite par le courtier le 25 de chaque
mois, au plus tard, sera insérée dans le Bulletin d'offres
et de demandes ;

2° Le courtier sera tenu de verser dans la caisse du
Bulletin la moitié du prix des abonnements à sa circulaire;

3° Il sera réservé, tant pour l'insertion de cette circulaire que pour les communications que la Commission
aura à faire, la moitié d'une feuille du Bulletin primitif;

4° Le prix annuel d'abonnement au Bulletin, servi
aux syndicats et aux syndiqués qui n'ont pas de
Bulletin et qui en feront la demande, sera de 1 franc
pour le département du Rhône et les départements
limitrophes et de 1 fr. 25 pour les autres départements.

Ainsi modifié, le Bulletin d'offres et de demandes suit
une progression constante mais lente et quand arrive
l'Assemblée générale de 1890, nous le trouvons, pour
les douze mois, avec un tirage total de 166,730 numéros,
soit une moyenne mensuelle d'environ 14,000 numéros. Si le tirage a augmenté, le nombre de syndicats
qui l'ont demandé n'a pas varié et, sur 52 syndicats
affiliés, 18 seulement ont consenti à recevoir ce Bulletin gratuit! La Commission, du reste, n'a pas beaucoup poussé à la diffusion, en raison de l'augmentation
considérable des frais qu'un tirage plus élevé eût occa-
sionnée. Les lignes d'annonces se payant à ce moment
0, 50 centimes, on ne pouvait guère espérer en augmenter le prix sans courir le risque de rendre les insertions difficiles et d'en faire diminuer le nombre. Ne
nous étonnons donc pas, outre mesure, du tirage restreint du Bulletin et cherchons surtout si, mieux que
précédemment, les syndicats ont utilisé ce mode de
publicité fait par eux et pour eux. Le rapport de l'honorable vice-président de l'Union, M. A. Guinand, va
nous fixer : « Comme en 1889, les syndicats se sont
fort peu servi du Bulletin pour leur usage personnel
et le commerce a été à peu près seul à utiliser sa publicité; quelle peut en être la cause? Nous avons cru
la trouver dans le fait suivant, que les syndicats ne
sont pas suffisamment organisés, en tant que syndicats, pour vendre les produits de leurs membres; des
opérations de ce genre sont extrêmement délicates et
difficiles et il faut encore de longs tâtonnements pour

26

arriver à cette pratique : il faudrait que les syndicats
deviennent, pour ainsi dire, de véritables intermédiaires, ce qui ne laisse pas d'être dangereux à bien des
points de vue. Pour donner un intérêt de plus au
Bulletin, votre Commission, avec les ressources que
vous lui avez laissées, y a inséré une des deux circulaires de votre courtier.

« Conviendrait-il de faire davantage? Devrait-on y
insérer les communications générales de votre Bureau,
les études intéressantes de votre Commission de contentieux ou toutes autres questions d'un intérêt général pour les syndicats de l'Union du Sud-Est? Vous aurez, Messieurs, à l'examiner comme aussi vous devrez
voir de quelle façon on pourrait faire face aux dépenses forcément occasionnées par ces améliorations. Une
feuille rédigée de la sorte pourrait tenir lieu de Bulletin aux syndicats qui n'en ont point et aurait l'avantage de resserrer de plus en plus les liens qui unissent les syndicats de l'Union du Sud-Est ».

In fine, le rapporteur constate un disponible de
884 fr. à répartir entre les syndicats abonnés, de telle
sorte que cet organe qui ne coûte rien à personne
peut, après avoir payé tous ses frais, distribuer à chaque syndicat un reliquat de 5 fr. par 1,000 exemplaires
reçus.

Comme conclusion, l'Assemblée, toujours désireuse
de mieux faire et s'enhardissant des résultats déjà
obtenus à si peu de frais, vote la résolution suivante :

1° Le format du Bulletin sera modifié et la feuille
pliée en deux.

2° La circulaire du courtier et tous autres documents
insérés dans cette feuille sont exceptés du service des
annonces. En conséquence, soit pour l'exercice expiré,
soit pour les exercices à venir, la partie de la feuille
qui comprend les dits documents et circulaires ne
sera pas comptée, pour établir la part proportionnelle
revenant au directeur du Bulletin, dans le produit des
annonces.

3° Le Bulletin sera dorénavant envoyé franco aux
syndicats.

4° Les fonds disponibles sont laissés aux mains de la Commission qui les emploiera à l'amélioration du

Bulletin.

Dès maintenant, la transformation de la feuille d'offres et demandes en *Bulletin-Journal* est virtuellement posée, pour ne pas dire résolue ; aux premiers jours de décembre, la Commission se met à l'œuvre et commence son enquête. Au moment où elle entreprenait ce travail, elle a la bonne fortune de rencontrer sur sa route un collègue dévoué, M. Léon Riboud, qui ne lui a jamais marchandé ni son temps ni son travail et qui devient, de ce jour, l'organisateur de ce Bulletin dont il est aujourd'hui le très sympathique directeur.

Les bonnes volontés, comme les dévouements jeunes, n'étaient pas de trop, au reste, pour résoudre cet important problème que depuis longtemps se posait le Bureau : la création d'un organe général, destiné à faciliter les relations entre les syndicats unis, en les faisant participer à la vie commune. Sur quelles bases fallait-il l'organiser et comment pouvait-on concilier les intérêts généraux des syndicats, tout en sauvegardant leur autonomie et leur vie propre ?

Là encore, ce sont les syndicats de l'Union beaujolaise, si habilement présidés et dirigés, qui servent de modèles. Deux combinaisons : le bulletin sera divisé en deux parties, l'une spéciale, réservée à chaque syndicat pour y faire les communications et publier les notes qui lui sont particulières, l'autre, commune à tous et rédigée par la commission, c'est le *Bulletin spécial* ; ou le Bulletin n'aura pas de partie spéciale, les quatre pages réservées à cet effet étant remplies au gré de la commission, c'est le *Bulletin omnibus*.

Le Bulletin spécial portera le titre de *Bulletin de l'Union du Sud-Est et du Syndicat agricole de*.......... la seconde page de couverture sera la propriété du syndicat abonné qui la pourra utiliser comme bon lui semblera.

Le problème ainsi résolu, il restait à l'appliquer.

Après entente avec les imprimeurs de Lyon, et malgré les difficultés que présentaient la confection de 25 Bulletins différents et leur expédition sans trop de retards, la commission pouvait offrir, dans sa circulaire du 15 mars, aux syndicats unis, les conditions suivantes :

0 fr. 50 par an et par membre, frais de timbre et de poste compris, pour les syndicats prenant le *Bulletin omnibus*, soit 16 pages, et y abonnant en bloc tous leurs membres ;

0 fr. 60 centimes pour ceux qui se réserveraient les quatre premières pages et y abonneraient leurs membres en bloc ;

1 fr. pour ceux qui ne prendraient que des abonnements isolés ;

2 fr. pour les personnes étrangères aux syndicats.

Les réponses de la première heure furent peu nombreuses, tant il est vrai que les agriculteurs sont la prudence même et veulent toucher du doigt avant de croire ; comme toujours les petits syndicats, ceux surtout pour lesquels l'Union travaille, se tinrent, au début, en dehors de la nouvelle création.

Malgré le peu d'empressement apporté par les syndicats à donner leur adhésion, la Commission ne crut pas devoir tergiverser plus longtemps ; le premier Bulletin de l'Union paraissait le 15 juin 1893, à 5,530 exemplaires.

A titre provisoire et jusqu'à meilleure organisation, l'Agence Fournier devint concessionnaire de la publicité, l'Union se réservant toutefois droit de censure sur les annonces et interdisant d'avance toute publicité ayant un caractère financier.

Suivant une marche progressivement ascendante, le Bulletin tire à plus de 8,000 dès le mois d'août pour arriver, en novembre, à 9,014 exemplaires, avec un tirage, pour son premier semestre, de 58,045. Fait à remarquer : le Bulletin omnibus diminue chaque mois, le Bulletin spécial augmentant dans les mêmes proportions, ce qui montre bien que l'Union a eu raison de ménager l'amour propre et l'autonomie des syndicats abonnés en leur réservant, pour leurs communications personnelles, les quatre premières pages de texte et la couverture spéciale avec titre. C'est là évidemment une condition *sine qua non* de succès.

Ce fut là, à n'en pas douter, la raison véritable de l'accueil flatteur fait par les intéressés au Bulletin de l'Union qui, après six mois d'existence, se présente avec 24 syndicats abonnés au *Bulletin spécial* et 3 au *Bulletin omnibus*. C'est plus qu'un résultat, le succès dépasse les prévisions les plus optimistes. De tous côtés, du reste, les concours sont venus appuyer la direction sage et intelligente de M. Léon Riboud et si les syndicats ont répondu si nombreux et si vite à l'appel qui leur était fait, pourquoi ne pas reconnaître qu'une bonne part en revient à la rédaction, composée toujours — c'est l'habitude dans nos syndicats — d'éléments bénévoles et dévoués qui ont su rendre, dès le premier jour, le bulletin instructif et attrayant?

C'est ici que se pose une question qui pouvait nuire au développement du nouveau Bulletin, en créant des ennuis et des difficultés aux syndicats abonnés : nous voulons parler du désir exprimé par quelques syndicats de voir encarter dans le Bulletin la circulaire du courtier de l'Union. Il y avait là, à notre sens, un écueil dangereux; les prix du courtier sont établis pour les syndicats et non pour les syndiqués; ils ne tiennent jamais compte ni des transports, ni des frais d'entrepôt, ni même des majorations nécessaires pour assurer l'existence matérielle de nos associations. Toujours établis pour des quantités de 5,000 kil., les prix ainsi présentés donnaient donc aux membres des syndicats abonnés de fausses indications, soulevaient souvent de mauvaises interprétations, quand, se basant sur les prix annoncés, l'acheteur se voyait obligé, dans son syndicat, de payer 1 ou 2 fr. de plus qu'il ne croyait payer. C'étaient toujours des récriminations, des démissions souvent, quelquefois même des doutes sur la bonne foi ou la probité des administrateurs. Échaudés déjà par la feuille d'offres et de demandes qui présentait les mêmes inconvénients, certains syndicats, sans vouloir cependant faire de l'obstruction et se mettre en travers des desiderata de quelques-uns, demandèrent et obtinrent que cet encartage serait facultatif, le président du syndical intéressé ayant toujours le droit d'imposer son *veto*. C'était résoudre la difficulté sans blesser personne, en laissant à chacun le soin d'apprécier l'opportunité de la décision à prendre.

Mentionnons, en passant, la résolution votée sur la demande de la commission du Bulletin : que le Bulletin spécial ne pourra être servi à l'avenir aux syndicats nouveaux qu'autant que ceux-ci prendront 100 abonnements minimum.

C'est là une sage mesure, car la composition est chose coûteuse et pour qu'elle ne conduise pas à une perte véritable, il est de toute nécessité qu'elle corresponde à un nombre d'exemplaires suffisant.

Entrant dans sa seconde année avec son septième mois d'existence, le Bulletin fait déjà très bonne figure à côté des publications similaires et comme, à cet âge, les enfants sont souvent capricieux et indociles, le Bureau donne au Bulletin un précepteur particulier qui sera chargé de faire son éducation et de pourvoir aux besoins de son existence, M. Dutertre, ancien élève de Grignon, précédemment agent du syndicat de la Haute-Savoie, se trouvait tout désigné, par ses études antérieures, pour remplir ces fonctions; il restait, du reste, sous la direction effective de M. Léon Riboud, par conséquent bien placé pour se rompre vite et bien à ses nouvelles fonctions.

Ce n'est pas cette année que nous constaterons les pleins résultats de la nouvelle organisation, mais déjà l'Agence Fournier n'a plus la régie exclusive des annonces et l'administration du Bulletin les sollicitant simultanément avec elle, nous n'avons pas lieu de nous étonner de l'accroissement du budget de publicité pour l'année 1892. Quoiqu'en progression, le tirage n'a guère augmenté que de 1,000 exemplaires et se tient, pendant tout l'exercice, entre 10,000 et 10,200; s'accentuant davantage encore, le mouvement en faveur du Bulletin spécial est général et il ne reste de vraiment fidèles à l'omnibus, que ceux qui ne peuvent faire autrement. De 27 syndicats abonnés, nous avons passé à 33; un seul, depuis la fondation, a dû, faute de ressources, renoncer à en bénéficier.

Premier résultat pratique : du 1er juin 1891 au 31 septembre 1892, le budget spécial du Bulletin se boucle par un excédent de recettes de 1,573 fr. 80.

A dix-huit mois, le Bulletin entre dans sa deuxième année avec 1,573 fr. de dot! Notre ami M. Riboud qui, tout en étant un sage, n'est pas un avare, va certainement lui apprendre la vie et le lancer dans le monde. Tout d'abord, on garnit sa garde-robe ; de 16 robes qu'il avait, on lui en donne 20 : quatre qui seront les robes de bal et qu'on modifiera suivant les milieux, selon les circonstances, et 16 robes de visite ou d'intérieur, qui — pour ne pas faire de jaloux — seront les mêmes pour tous les syndicats. Cette première dépense se boucle avec 589 fr. Ne pouvant faire seul son entrée dans le monde, le Bureau lui donne pour mentor son tuteur, M. Dutertre, qui, désormais, lui consacrera tout son temps, recevant pour ses bons soins 600 fr. de gratification. Ces prodigalités ne sont pas sans résultat; elles attirent non seulement des lecteurs, mais surtout des annonces.

Dégagé de tout traité avec l'Agence Fournier — qui, nous le reconnaissons sans peine, lui a rendu au début de signalés services — le Bulletin fait lui-même ses affaires et, grâce à ses manières distinguées, grâce aux multiples invitations qu'il reçoit, sous forme d'abonnements, grâce enfin à la vigilance et à l'activité de M. Dutertre, il est bientôt l'enfant gâté du commerce et sa publicité qui, pendant les 18 premiers mois, n'avait produit que 1,346 fr., donne, à la fin de 1893, un produit net, pour douze mois, de 3,500 fr. Tant il est vrai que

> .... la toilette a toujours fait merveille
> A tous les maux, c'est un remède sûr.

Mais *ad seria revertamur* et, après avoir constaté l'augmentation de l'article « annonces, n'oublions » pas de remarquer que le tirage a passé de 10,000 à 12,300 et que, malgré 1,200 fr. de dépenses supplémentaires, le total en caisse se chiffre, en fin d'exercice, par un total de 2,172 fr. 65.

Si, scrutant les chiffres du tirage, nous voulons un

résultat au point de vue de l'augmentation des syndicats abonnés, nous trouvons, à la fin d'octobre 1893, le Bulletin, servi à 44 associations : 36 reçoivent le Bulletin spécial, 8 le Bulletin omnibus, le chiffre des abonnés isolés étant de 194. Trois syndicats seulement ont un tirage de plus de 1,000 exemplaires ; c'est donc, on le voit, ceux surtout pour lesquels il a été créé, ceux-là même qui ont été les plus longs à l'utiliser, les petits et les moyens syndicats qui en tirent surtout parti. Tout lui réussissant, la fortune lui venant au-delà de toute espérance, que va faire le Bulletin? Nul, mieux que son directeur, M. Riboud, ne saurait nous le dire, écoutons la fin de son rapport de 1893 :

« Mais, ce ne sont pas seulement les mérites de l'administration de votre Bulletin qu'il est juste de signaler. Je ne saurais oublier de rendre justice aux syndicats qui font de réels sacrifices pour procurer gratuitement à tous leurs membres les conseils et les renseignements professionnels que renferme l'organe de l'Union. Près de 7,000 francs, cette année, ont été prélevés sur leurs maigres ressources, sans parler des frais supplémentaires que certains d'entre eux ont dû faire pour utiliser les pages spéciales dont ils pouvaient disposer. Ces pages ont été au nombre de 201 pendant l'exercice écoulé, représentant une somme de 804 francs. Ce sont donc finalement 7,800 francs en chiffres ronds, qui sont sortis des caisses syndicales pour vulgariser l'enseignement professionnel dans la région agricole du Sud-Est.

« On ne saurait trop féliciter les bureaux de nos associations de comprendre ainsi leur rôle, mais, en même temps, on ne saurait nier que le Bulletin manquerait à tous ses devoirs si, de son côté, il ne leur venait en aide, en leur faisant toutes les concessions compatibles avec ses ressources.

« Or, Messieurs, bien que tenu, en ma qualité de trésorier, à être prudent et économe, j'estime que cette année l'état de la caisse est assez satisfaisant pour pouvoir vous proposer un modeste dégrèvement.

« Dans notre esprit, le Bulletin doit servir à la fois d'organe général de l'Union et d'organe particulier de chaque syndicat, il doit offrir l'hospitalité dans ses colonnes aussi bien aux communications purement locales qu'aux articles d'intérêt régional. Il faut donc que nous nous préoccupions avant tout de mettre cette hospitalité à la portée de tous les syndicats, des petits comme des grands.

« Pour l'instant, je le reconnais, cette hospitalité est onéreuse pour les syndicats. Elle leur coûte 2 fr. par demi-page, et, s'ils en usaient autant qu'ils en ont le droit, elle leur reviendrait chaque mois à 14 fr. pour 3 pages et demie, soit 168 fr. par an. Certes, les syndicats abonnés sont loin d'en abuser, car ils étaient, l'an dernier, une trentaine jouissant de ce privilège, pouvant disposer de 42 pages chacun, ou, si vous aimez mieux, entre eux tous, de 1,260 pages par an, et je vous ai dit que 201 pages seulement avaient été utilisées. Les uns ont presque épuisé leur provision : Saint-Genis-Laval, par exemple, est allé jusqu'à 31 pages et demie sur 42 ; Die jusqu'à 24 ; d'autres, moins fortunés sans doute, n'en ont occupé que 10, 5, 1 ; il en est même qui ne nous en ont emprunté qu'une demie, mais tous en ont profité. Ce qui prouve que cette organisation peut rendre des services, et elle en rendra beaucoup, le jour où elle ne coûtera que la peine de préparer mensuellement de la copie.

« Il est même à craindre que, ce jour-là, les syndicats n'en usent largement, et alors, ce sera pour la caisse du Bulletin, une bien lourde charge, et pour son directeur beaucoup de souci. Songez donc qu'en admettant que nous ayons, pendant l'année actuelle, à servir 33 bulletins particuliers, et que nous ayons chaque mois à remanier 3 pages et demie par bulletin, ce serait, mensuellement, une composition nouvelle et un remaniement de 115 pages et demie qui coûterait au Bulletin 462 francs par mois et la somme respectable de 5,544 francs par an.

« Nous ne pouvons donc, Messieurs, penser même une minute à vous faire actuellement une telle gracieuseté. Nos finances ne nous le permettent pas. Si nous étions sûrs que 201 pages seulement seraient occupées par les syndicats, comme l'année dernière, nous pourrions peut-être obéir à un bon sentiment et risquer une dépense de 804 francs en escomptant le résultat des annonces. Mais il est à craindre que l'imagination des présidents et des secrétaires ne se donne libre carrière, le jour où elle ne risquera pas de coûter cher à leur association, et, dès lors, le Bulletin ferait preuve d'imprudence, pour ne pas dire de naïveté, en voulant se montrer trop généreux.

« Tout ce que votre trésorier peut proposer, pour prouver une fois de plus aux syndicats son désir de leur être agréable, et bien démontrer que le Bulletin n'a d'autre préoccupation que de leur venir en aide, c'est de diminuer de moitié le prix des pages de changement. Et encore, Messieurs, je vous l'avoue, c'est avec l'espoir que plus d'un d'entre vous reculera de temps en temps, pour une raison ou pour une autre, devant l'effort indiscutable que nécessite la composition d'une feuille périodique.

« Donc, chaque demi-page, dont peut disposer un syndicat, ne lui coûterait qu'un franc au lieu de 2 francs pendant l'année 1893-94. Chaque mois, par conséquent, il pourrait utiliser 3 pages et demie, c'est-à-dire 7 demi-pages pour la somme de 7 francs, faisant ainsi une économie de 7 fr. par mois sur le tarif actuel, une économie de 84 fr. pour l'année. Ce serait, en somme, pour 33 syndicats, une économie assez raisonnable de 2,772 fr. Mais il resterait bien entendu, qu'au-delà de 3 pages et demie par numéro, le prix des pages supplémentaires serait à débattre comme par le passé.

« Peut-être, n'est-ce pas agir en administrateur prévoyant que de vous faire une telle proposition. Mais j'estime que le Bulletin n'est pas fait pour thésauriser. Ce n'est pas une idée de spéculation qui le guide, c'est une œuvre qu'il poursuit, et, dès lors, on ne saurait, à mon sens, lui reprocher de mettre toutes ses économies au service de la cause qu'il est chargé de défendre.

« C'est, du reste, à vous, Messieurs, de prononcer en dernier ressort. Vous connaissez l'état de la caisse, vous connaissez ma proposition, vous en voyez à la fois l'avantage et le danger, à vous de décider. »

Comme bien on pense, c'est à l'unanimité que les syndicats ont accepté les offres gracieuses de M. Riboud ; le prochain exercice nous apprendra s'ils en auront profité.

Nous voilà, bien à regret, obligé [d'arrêter là, au moment le plus intéressant, l'histoire du Bulletin de l'Union du Sud-Est. Mais, en attendant que d'autres ou nous-même la reprenions, nous ne voulons pas aller plus loin sans féliciter l'Administration du Bulletin d'avoir si bien rempli sa tâche, d'avoir si bien compris et rendu les services qui lui incombaient.

C'est aux syndicats unis qu'il appartient désormais d'assurer l'avenir de cette jeune mais si intéressante publication, c'est à eux de la répandre dans les campagnes, c'est à eux de développer cet instrument si bien préparé pour l'union, le progrès et le développement de l'Association professionnelle.

Soyez, avec nous, les apôtres de cette feuille destinée à resserrer de plus en plus les liens qui nous unissent, de ce Bulletin, qui doit faire de l'Union du Sud-Est plus qu'une corporation agricole, mais une véritable famille agricole où chacun n'aspire qu'à une chose, rendre service à tous et, par là même, à la patrie.

ALMANACH.

S'il n'est plus vrai de dire, avec la diffusion générale de l'instruction, que « c'est dans l'almanach que le peuple des campagnes apprend à lire », il est encore vrai de dire avec Michelet que [« l'almanach bien compris est un excellent moyen d'instruction et d'éducation ».

Dès le premier jour, l'Union Beaujolaise des syndicats agricoles avait compris quel parti elle en pouvait tirer pour la propagation des bonnes méthodes agricoles, dès 1890 elle se mettait à l'œuvre ; nous avons vu plus haut à quels résultats elle était arrivée. Toujours à l'avant, toujours généreuse quand ses essais sont couronnés de succès, l'Union Beaujolaise ne crut pas devoir garder pour elle seule une publication qui, dès la seconde année, avait pu être distribuée gratuitement à ses 5,000 adhérents et contente d'en faire profiter sa grande sœur, l'Union du Sud-Est, elle lui offrit, sans compensation aucune, d'utiliser sa nouvelle création. C'était évidemment faire preuve de solidarité et d'abnégation, c'était sacrifier son intérêt particulier à l'intérêt général. Si, en effet, nous avions pu, par des prodiges d'équilibre, faire complètement payer par la publicité l'Almanach de 1892, tiré à 5,000 exemplaires, il était évident que, malgré toute l'activité déployée, il ne fallait pas songer à tabler ainsi pour un almanach de 20,000 exemplaires. C'était, pour les syndicats beaujolais, l'obligation future de débourser au minimum, et chaque année, 5 à 600 fr. pour continuer à servir à leurs membres cette gaie et intéressante publication. Ce n'était point là ce qui pouvait arrêter leur généreuse initiative et aucun d'eux n'a jamais songé à nous tenir rigueur de l'y avoir poussé.

L'Almanach, de Beaujolais devient Lyonnais, que va-t-il faire ? Notre rapport présenté à l'Assemblée générale de 1893 le dira sommairement :

« Je ne pensais pas être admis, dès la première année, aux honneurs de l'ordre du jour de votre Assemblée générale, et en accordant à l'Almanach une place dans vos travaux, le Bureau donne à ce jeune étranger ses lettres de grande naturalisation. C'est, en effet, Messieurs, dans le sein de l'Union Beaujolaise que l'Almanach a pris naissance, et c'est seulement à l'âge de deux ans, quand elle a reconnu sa vigoureuse constitution et ses bonnes aptitudes que l'Union du Sud-Est a songé à l'adopter. Cette adoption a complètement transformé votre jeune nourisson, et personne aujourd'hui ne saurait reconnaître dans ce jeune élégant, aux belles manières, que d'aucuns même trouvent trop fin de siècle, l'enfant mal dégrossi et quelque peu campagnard qu'il était en 1892. Bien qu'en sérieux progrès, j'aime à croire qu'il n'a pas dit son dernier mot et qu'il grandira de plus en plus, en âge et en sagesse, pour le plus grand honneur de l'Union, et le plus grand bien de nos syndicats.

« Et maintenant, Messieurs, laissez-moi entrer dans la vie intime de notre petit Almanach, et vous prouver que son sort est digne du plus grand intérêt.

« Disposant de peu de ressources et ne voulant qu'en
dernier ressort grever son budget d'un nouvel et onéreux article, le Bureau de l'Union a pensé qu'il était
essentiel que l'Almanach vécût de ses propres deniers,
avec son propre budget. Ce n'était pas impossible,
mais, en raison surtout des goûts luxueux de votre nourrisson, c'était difficile et il fallut, pour réussir, le doter d'un conseil judiciaire qui, fort habilement du
reste, lui fit comprendre qu'en tout, la médaille a son
revers, et qu'en affaires, à côté de l'actif, il y a toujours le passif. Vous allez voir que l'éloquence de ses
conseillers ne l'a pu convertir tout à fait, mais vous
reconnaîtrez en même temps que le coupable mérite
les circonstances atténuantes, et que si, en 1893, il a
dépensé plus qu'il n'a gagné, la faute ne lui incombe
pas toute entière.

« L'édition de 1893 a eu un tirage justifié de 20,000
exemplaires, dont le coût exact a été de 0,25 l'unité.
Si de ce prix vous rapprochez le prix de vente qui,
dans la plupart des cas, a été 0,10, vous comprendrez
sans peine, qu'à l'encontre de ce qui se passe généralement dans le commerce, nous avons d'autant plus
perdu que nous vendions davantage. La publicité,
Dieu merci, nous a permis de faire une liquidation honorable, et si le compte 1893 se boucle par un déficit
de 98 fr. 60, c'est à deux annonciers insolvables qu'il
en faut attribuer la responsabilité. Vous voyez, Messieurs, qu'il ne faut pas être trop sévère pour le petit
Almanach, il a péché par bonté d'âme et vous jure,
comme le corbeau, qu'il n'y reviendra plus. Il dépend
entièrement de vous de lui donner les moyens de tenir
ses promesses, car le jour où vous serez tous nos
souscripteurs, le prix de revient diminuera sensiblement, et la perte, au lieu d'être de 0,15 à 0,16 pourra
très bien être ramenée à 0,05 l'exemplaire. A ce moment, c'est l'équilibre assuré, peut-être la fortune, sûrement cette *aurea mediocritas* que nous traduirons
librement en la circonstance : De quoi faire le jeune
homme.

« Cette médiocrité dorée ne semble pas cependant

devoir commencer cette année et, pour l'instant notre
seule ambition est de boucler sans perte le compte de
1894. Y arriverons-nous? J'en doute et vous en doute-
rez avec moi, quand vous aurez vu avec quels soins
et quel luxe nous avons paré votre enfant. La différence, toutefois, sera peu importante et je ne doute
pas qu'une fois encore votre Bureau accepte de la parfaire. Quoiqu'il en soit, nous sommes en sérieux
progrès, et vous nous féliciterez sûrement des modifications apportées à sa composition et surtout à son
illustration, en même temps que vous nous saurez gré
de vous avoir donné les foires et marchés de tous les
départements unis.

« En somme, Messieurs, nous avons pourvu votre
almanach d'un trousseau de premier choix, il nous
reste à lui donner l'argent de poche qui lui doit permettre de faire le jeune homme.

« Nous avons fait tout ce que nous avons pu, à vous,
Messieurs, de nous prêter main forte en nous aidant
à écouler les exemplaires disponibles et à atteindre
ainsi le tirage espéré de 30,000. Il vous appartient,
Messieurs, de prouver que le vieux dicton : « Nul n'est
prophète dans son pays », ne saurait être applicable
à l'Union, car il serait véritablement regrettable que
l'Union du Sud-Est, faisant seule des sacrifices pour
l'Almanach, ce soient les sociétés et syndicats non unis
qui en retirent le bénéfice. Nous ne poussons pas
l'égoïsme jusqu'à vouloir en profiter seuls, et nous
sommes très flattés de voir notre Almanach aussi ami-
calement accueilli hors de notre région, mais il n'en
est pas moins vrai que charité bien ordonnée commence par soi-même, et que les premiers à en jouir
doivent être ceux-là même qui ont aidé à son éducation. Fait pour vous, dans un esprit qui est le vôtre,
l'Almanach de l'Union du Sud-Est ne saurait tarder
d'être l'Almanach de tous les syndicats unis, et quand,
par vous seuls, vous nous amènerez la souscription
de tous vos adhérents, que nous serons près, Messieurs,
de la réalisation de votre rêve, et combien avancé sera
l'œuvre entreprise !

Je sais bien que la grande objection est le manque

de ressources, et que la très grande majorité des
syndicats non souscripteurs ne peut ou plutôt ne
croit pas pouvoir faire cette dépense. Je dis ne croit
pas pouvoir, parce qu'en somme si votre Caisse
n'est pas assez riche pour supporter à elle seule les
frais de ce cadeau de bonne année, je suis persuadé
qu'aucun de vos adhérents ne vous refuserait les 0,10 c.
ou 0,15 c. qui représentent sa quote-part personnelle.
Une autre objection, sur laquelle nous ne sommes point
fâchés de nous expliquer, nous vient des syndicats
ayant déjà l'Almanach des Agriculteurs de France.
Nous avons trop de respect à l'endroit de notre grande
société pour vouloir marcher sur ses brisées, mais il
nous est bien permis de dire que, loin d'être le rival de
l'Almanach des Agriculteurs de France, l'Almanach de
l'Union du Sud-Est en est le complément et qu'en vérité pour les syndicats du Sud-Est, les deux font la paire.

« L'un et l'autre, du reste, ont des allures assez personnelles pour n'être pas en concurrence, mais tout en
s'adressant à des lecteurs bien différents, ils ont du
moins un but commun, bien défini, que nous pouvons
résumer en deux mots : l'amour du sol et de la Patrie.

« Je termine, Messieurs, en vous présentant l'Almanach de 1894, et si ce jeune élégant, que nous avons fait
aussi beau, aussi bon que possible, vous semble encore jeune, parfois léger, pardonnez-lui ses écarts de
jeunesse et n'oubliez pas que, pour bien remplir son
but, il doit *instruire en amusant*. »

Comme nous l'avions trop bien prévu, ce n'est point
encore l'édition de 1894 qui permettra à Messire
Almanach de faire le jeune homme et de mettre en poche
quelque argent mignon. En promettant de donner
désormais les foires des départements unis, renseignements qui sont, en somme, une des raisons d'être de
l'Almanach, nous savions bien que nous assumions de
ce chef une grosse dépense, en conservant surtout les
192 pages de la publication. Par cette seule addition
de 16 pages, le prix de revient de l'exemplaire est
monté à 0,30, soit, en moyenne — puisqu'il est vendu
0,10 et 0,15 — 0,20 de perte par unité, ce qui repré-

sente environ 6,000 francs de déficit pour un tirage de
30,000 exemplaires. Grâce à Dieu, nous avons pu, par
la publicité et quelques souscriptions isolées, couvrir
ce déficit, mais il est certain qu'en améliorant, comme
nous le faisons chaque année, notre Almanach, nous
n'arriverons jamais, si nous ne mettons un frein à
notre ambition, à faire des réserves si petites soient-
elles. Si, donc, comme tout le fait supposer, notre tirage
continue à augmenter et que de 30,000 il arrive à
40,000, 50,000 même, il nous faudra nécessairement
soit diminuer l'importance de la publication, soit obtenir de nos imprimeurs une notable réduction. C'est
évidemment cette dernière solution qui serait la plus
pratique et la mieux accueillie par tous les syndicats,
à moins toutefois qu'on ne se décide, en dernier ressort, à diminuer le format de la publication. Mais ce
n'est point ici le lieu de discuter de semblables questions et puisque le succès nous force, l'Union saura.
nous en sommes sûr, prendre telles mesures qu'il
conviendra pour sauvegarder l'existence de son fils
adoptif et les intérêts de ses syndicats.

Dieu veuille qu'à ce moment nous ayions trouvé le
moyen de donner gratuitement et sans grever les
caisses syndicales, l'Almanach aux 50,000 adhérents
de l'Union du Sud-Est comme en 1892 nous l'avons
donné aux syndicats beaujolais.

L'Union du Sud-Est a réalisé des choses plus difficil-
les, pourquoi ne pas espérer, puisque notre devise
est : « *Faire beaucoup pour rien et avec rien* ».

CHAPITRE VI

COMITÉ DU CONTENTIEUX DE L'UNION DU SUD-EST (1)

En 1889, le Conseil de l'Union du Sud-Est a créé, avec des éléments choisis dans son sein, une Commission spéciale, dite Comité de contentieux et de législation.

Bien que placées au second plan, les questions juridiques intéressent vivement les syndicats et présentent, pour l'agriculture en général, une grande importance.

Tout d'abord, au point de vue de la loi de 1884, la création et le fonctionnement des syndicats agricoles peuvent soulever de nombreuses difficultés.

Comme toutes les œuvres vraiment libérales, cette loi s'est bornée à poser des principes très larges, réservant à la pratique des choses et à la jurisprudence des tribunaux, le soin de régler les questions de détail. Au lieu de tracer minutieusement le domaine des personnes morales qu'elle créait, de limiter et de surveiller leurs pas, elle leur a donné pour mission l'étude et la défense des intérêts agricoles.

---

(1) Ce chapitre est dû à la gracieuse collaboration de M. Georges Martin, auditeur de la section du Contentieux au Bureau de l'Union du Sud-Est.

Programme singulièrement vaste et presque indéfini ! Si les agriculteurs, de caractère calme et réfléchi, peu disposés aux enthousiasmes exagérés et aux efforts excessifs, n'ont pas cherché à dépasser ces limites, si même la plupart des syndicats, dans leur marche sagement progressive, n'ont cherché à les atteindre que peu à peu et année par année, d'autres forces, par contre, se sont évertuées à les rétrécir.

Les syndicats groupant les agriculteurs et substituant, pour la première fois, l'Union vigoureuse à la faiblesse et à l'isolement de l'individualisme qui régnaient autrefois dans les campagnes, troublaient trop d'intérêts et alarmaient trop de susceptibilités pour n'avoir pas excité contre eux tous ceux qui, d'une manière quelconque, profitaient de l'ancien état de choses.

Sur le terrain des achats et ventes en commun, notamment des entrepôts, terrain relativement facile et le premier offert à l'activité des syndicats (peut-être parce que les abus y étaient les plus nombreux), de vives réclamations se sont élevées contre leur action. Et le partage, il faut le reconnaître, était difficile à établir entre la liberté de chaque consommateur syndiqué d'acheter ou de vendre personnellement de son mieux et le système administratif et fiscal, qui vient protéger parfois et gêner le plus souvent les commerçants de toute catégorie en notre pays de France.

Faciliter les achats syndicaux sans s'ingérer dans les actes réservés aux commerçants, tel est le problème qui s'imposait à l'Union du Sud-Est, et que la Commission du contentieux l'a aidée à résoudre.

Mais pour acheter, surtout au comptant, comme le veulent la plupart des syndicats, il faut de l'argent et, bien souvent, l'argent manque au cultivateur, même lorsque sa cave est garnie de vin et son grenier de blé. Pour se procurer de l'argent, si peu qu'il en ait besoin, il lui faut du crédit, du crédit honnête et bon marché, chose bien rare dans les campagnes, et la question du crédit agricole s'est imposée à l'Union du Sud-Est, comme elle s'imposait au même moment à l'attention des Chambres devant qui se dressent de nombreux projets de loi sur le Crédit agricole, plus ou moins applicables.

Etudier ces projets, leur valeur théorique et pratique, choisir ce qui se trouvait de bien parmi les uns et les autres, combattre vigoureusement ceux qui ne pouvaient que causer du mal, et il en est, tel était le premier devoir de la Commission du contentieux.

Elle a fait mieux. Grâce au zèle et à la science de l'un de ses membres, M. Louis Durand, soutenu et encouragé par elle, le Crédit agricole, sans réclamer de lois nouvelles, privilèges spéciaux, exemptions ou faveurs qui n'ont pas empêché la chute des crédits agricoles du passé, en utilisant uniquement les moyens légaux oubliés jusqu'à ce jour, s'est établi dans les campagnes par la création de caisses rurales, modestes et sûres ; nombreuses déjà, groupées en Union, dirigées par leurs fondateurs, elles donnent les meilleures espérances pour l'avenir. A côté d'elles, sur des principes un peu différents, mais avec un dévouement égal, ont été fondées, notamment à Belleville et à Bessenay, des sociétés de crédit mutuel à modeste capital ; expérimentées au syndicat de Poligny (Jura) où elles ont donné d'excellents résultats, favorisées par la Caisse d'épargne du Rhône, elles ont l'espérance, aussi légitime que fondée, de résoudre sans bruit le problème si complexe du Crédit agricole, devant lequel hésitent et reculent parfois nos législateurs.

La Commission du contentieux a étudié, éclairé et encouragé ces institutions nouvelles. Elle est fière d'avoir contribué à leur création, et montré ainsi combien sont féconds les principes et la pratique de la liberté, avec quelle souplesse ils savent adapter aux besoins les plus divers les institutions et les hommes.

A un point de vue plus élevé et plus direct, la Commission du contentieux est intervenue dans l'œuvre législative.

L'agriculture, après avoir été longtemps sans aucune influence dans les conseils de notre pays, jouit aujourd'hui d'une force morale que nul ne songe à lui contester et que ses adversaires tendraient plutôt à exagérer. Cette légitime influence, qu'elle doit à son union et à sa modération, pourrait être éphémère, s'il ne lui était pas assuré un organe légal et permanent qui la représente devant le pays : c'est-à-dire, sous quelque forme que ce soit, des Chambres d'agriculture. Sur ce point, tout est à créer et les innovations législatives peuvent se donner carrière. Mais la Commission du contentieux s'est inspirée d'une institution analogue qui a rendu les plus grands services à l'industrie et au commerce et leur a procuré la situation prépondérante qu'ils occupent aujourd'hui encore. Nous voulons parler de ces grandes et puissantes Chambres de commerce, indépendantes parce qu'elles sont électives, dont les conseils sont sollicités, écoutés et bien souvent suivis, parce que, vraiment représentatives, elles sont soutenues par le commerce et l'industrie, groupés autour d'elle.

Ce modèle, le comité de contentieux et de législation, après en avoir fait une étude approfondie, l'a cru applicable à l'agriculture et, par tous les moyens : dépôt de projets de loi, conférences, articles, démarches personnelles auprès des autorités compétentes, il s'est efforcé d'en faire prévaloir le principe et d'en régler les détails au mieux de tous les intérêts agricoles.

L'œuvre du comité a donc été large et, sur bien des points, féconde. Il lui reste encore beaucoup à faire. Quelques-unes de ses revendications passées, même les plus légitimes, devront être renouvelées bien souvent avant d'aboutir. Les questions importantes qui n'ont pu être encore effleurées se poseront dans l'avenir. Mais la tâche du présent a été remplie avec dévouement et persévérance, et l'agriculteur, plus que tout autre, apprend, à la rude école de la terre, la grande vertu de patience.

Composition du Comité.

Le Comité de contentieux et de législation a été ainsi composé à l'origine :

MM. GAIRAL, avocat à la Cour d'appel, vice-président

du syndicat de St-Symphorien-d'Ozon, président.

MM. DE BÉLAIR, secrétaire général de l'Union du Sud-Est.

CHOISY, avocat à la Cour d'appel, secrétaire-adjoint du comité.

DUPORT, président du syndicat de Belleville.

DUCURTYL, avocat à la Cour d'appel.

GUINAND, président du syndicat de St-Genis-Laval.

L. MARTIN, avocat à la Cour d'appel, secrétaire du comité.

RAMBAUD, professeur à la Faculté catholique de droit.

RÉROLLE, avocat à la Cour d'appel.

RICHARD, professeur à la Faculté catholique de droit.

DE SAINT-CHARLES, avocat à la Cour d'appel.

En décembre 1891, M. Gairal, réélu président, s'est vu contraint, par ses nombreuses occupations, de décliner cet honneur, malgré les instances et les regrets de la commission, dont il avait dirigé les travaux, depuis sa création, avec tant de dévouement et de compétence. M. Ducurtyl, avocat à la Cour d'appel, a été, à l'unanimité, désigné pour le remplacer. Il exerce encore aujourd'hui les fonctions de président.

L'an dernier, la Commission a eu la douleur de perdre un de ses membres les plus actifs, M. Louis Choisy, avocat à la Cour d'appel. Il avait longtemps collaboré à ses travaux comme secrétaire-adjoint. Ses connaissances étendues, son zèle passionné pour l'étude des questions sociales et la défense des intérêts agricoles rendaient précieux son concours, tandis que l'aménité et la générosité de son caractère le rendaient cher à tous ses collègues. Aussi cette fin prématurée a-t-elle éveillé chez tous de douloureux regrets.

Le 2 février 1893, M. Missol, avocat à la Cour d'appel, collaborateur assidu du Bulletin, a bien voulu accepter de remplir les fonctions de secrétaire-

adjoint, de telle sorte que le Comité se trouve aujour-
d'hui ainsi constitué :

Président : M. Ducurtyl ; Membres : MM. Gairal,
Rambaud, Guinand, Richard, de Saint-Charles,
Rérolle, de Bélair, L. Durand, L. Martin, Perroud,
L. Riboud ; Secrétaire : M. L. Missol.

Achats-Ventes.

L'une des premières difficultés soumises au comité est
relative à la question si délicate des achats. Le syndicat du Bois-d'Oingt demanda si un commerçant pourrait acheter, par l'intermédiaire du syndicat, des marchandises pour les revendre, avec bénéfice, à des personnes étrangères à l'association. Le comité répondit
que la loi ne s'y opposait pas, mais fit toutes réserves
quant aux statuts des syndicats, qui pourraient s'y
opposer. Ici, en effet, les syndicats, fort sagement, n'ont
pas usé de tous leurs droits ; créés pour favoriser l'a-
griculture et non pour faciliter la concurrence entre les
petits commerçants, la plupart ont interdit à leurs membres d'acheter par leur intermédiaire pour revendre
en détail à des personnes ne faisant pas partie du syndicat. « Après un avertissement et une réprimande,
lit-on dans les statuts du syndicat du canton
de Saint-Genis-Laval, art. 5, l'exclusion pourra être
prononcée contre tout syndiqué qui aurait fait profiter un tiers non syndiqué des avantages du syndicat ».

Les statuts du syndicat de Belleville sont plus caté-
goriques encore, puisque l'exclusion y est prononcée
de droit contre tout membre ayant fait profiter des
avantages du syndicat un tiers non syndiqué.

Cette clause, inscrite dans les statuts de la plupart
des syndicats et strictement observée, met à néant les
prétentions mal fondées et les réclamations injusti-
fiées, qui ont été parfois élevées contre les syndicats
par les commerçants et industriels des campagnes.
Le syndicat, loin d'être une arme de guerre contre
eux, peut leur rendre de véritables services en dimi-

nuant leurs dépenses personnelles, en facilitant la culture rurale qui fournit à la plupart d'entre eux une notable source de revenus, enfin, en ouvrant même des débouchés à leur commerce et en les faisant connaître par les avantages qu'ils peuvent consentir à leurs adhérents dans le syndicat. Ce dernier résultat a été surtout atteint dans les syndicats faisant partie de l'Union Beaujolaise.

S'ils n'ont pas été développés autant que la loi le permettait, les achats en commun des syndicats, au moyen des entrepôts, ont dû cependant être protégés par le comité du contentieux contre les entreprises d'une administration trop zélée.

En 1890, une patente de marchand d'engrais avait été imposée au syndicat de Belleville pour son entrepôt. Saisi de la question par M. Duport, un de ses membres, le comité, se basant sur la loi du 21 mars 1884 et sur la circulaire ministérielle ayant trait à ce sujet même, n'a pas hésité à repousser absolument cette prétention. La loi interdit aux syndicats toute opération commerciale et, plus encore que la loi, les syndicats se les interdisent à eux-mêmes. Ils ne doivent donc pas subir les charges de ces opérations, alors qu'ils ne peuvent en recueillir les bénéfices.

Cette manière de voir, si équitable, a, du reste, été adoptée par l'administration des contributions directes, qui a complètement renoncé à ses prétentions contre les syndicats, car, après deux ans d'instances, le Conseil de Préfecture du Rhône a jugé que le syndicat de Belleville devait être rayé du rôle des patentes.

Une solution, contraire en apparence, a, cependant, été admise en principe par la Commission du contentieux au sujet d'un autre impôt, celui des poids et mesures.

Plusieurs syndicats, notamment ceux de Savasse (Drôme) et d'Apprieu (Isère), assujettis à cette taxe pour leurs entrepôts, avaient consulté à ce sujet la Commission. Un rapport de son président, M. Ducurtyl, a nettement établi la question.

Le texte, actuellement en vigueur sur cette matière,

est un décret du 26 février 1873. Ce décret assujettit à
la vérification des poids et mesures et par suite à la
taxe de vérification les commerces, industries et professions qui sont énoncées dans un tableau qui y est
annexé, ainsi que les commerces, industries et professions analogues qui seront déterminés par des arrêtés
spéciaux du préfet et mentionnés ensuite dans les
tableaux additionnels publiés, tous les ans, en la forme
des règlements d'administration publique.

Si les syndicats agricoles sont, au point de vue de
leur formation et de leur objet, soumis à une législation spéciale, ils constituent, une fois régulièrement
formés, des personnes morales soumises à toutes les
prescriptions du droit commun. Si donc, par la nature
de leurs opérations, ils se mettent dans le cas d'être
assimilés aux personnes exerçant un commerce, une
industrie, une profession assujettis à la vérification
des poids et mesures, ils peuvent, sans aucun doute,
être soumis également à la taxe des vérifications. Pour
quel motif en seraient-ils dispensés?

Ce ne peut être par privilège spécial, car aucun
texte de la loi ne les en dispense formellement. Ce
n'est pas davantage parce que, renonçant à toute
pensée de spéculation, les syndicats agricoles ne
peuvent, en principe, être considérés comme des commerçants, ni soumis aux mêmes obligations que ces
derniers. Il résulte, en effet, d'une jurisprudence unanime et constante que la taxe de vérification des poids
et mesures n'a point un caractère fiscal et n'est point
imposée en considération des bénéfices ou revenus
que pourraient assurer les opérations auxquelles se
livrent ceux qui y sont assujettis. C'est dans un but
de sécurité sociale et uniquement en raison de l'intérêt général, qui veut que la plus grande sécurité
préside à l'emploi des poids et mesures, que la loi
prescrit aux personnes exerçant certaines professions,
l'obligation de soumettre à la vérification ceux dont
ils font usage, dans l'exercice même de cette profession. C'est ainsi que la jurisprudence reconnaît qu'on
a pu légalement y assujettir les personnes exerçant les professions les plus diverses, même cel-

les qui ne peuvent être soumises à la patente.

Cette taxe de vérification a, du reste, si peu le caractère d'une mesure fiscale que le Conseil d'État, lui-même, n'hésite pas à reconnaître qu'elle ne doit être exigée que dans le cas où la vérification a été réellement effectuée. Il l'admet, quelle que soit la cause qui ait rendu la vérification impossible, fût-ce même le refus de l'assujetti à s'y soumettre; si la vérification n'a pas lieu, la taxe ne peut être exigée (Conseil d'État, 5 avril et 26 juillet 1878, D. P. 78, 3, 86).

La seule sanction du refus d'exercice serait l'application de l'art. 471 § 15 C. P.

Mais dans quel cas un syndicat agricole pourra-t-il être assimilé aux personnes assujetties à la vérification des poids et mesures et à la taxe?

La solution proposée par la Commission est la suivante. Toutes les fois que le syndicat ne pourra pas justifier que ses entrepôts ne contiennent que des marchandises achetées ou consignées en vertu d'ordres formels de ses adhérents, c'est-à-dire qu'il ne prouvera pas avoir agi simplement comme mandataire de ceux-ci, il pourra être considéré personnellement comme entrepositaire et, par suite, être soumis à la vérification des poids et mesures, si la nature de cet entrepôt y est assujettie.

La Commission estime qu'il importerait peu de constater que le syndicat est lui-même membre coopérateur d'une société qui aurait consigné les marchandises dans l'entrepôt, car la jurisprudence du Conseil d'État n'hésite pas à soumettre à la taxe les sociétés coopératives, lors même qu'il est prouvé qu'elles opèrent exclusivement pour le compte de leurs adhérents sociétaires (Conseil d'État, 2 décembre 1887 et 9 novembre 1888. D. p. 89, 3, 24 et 125).

Cette taxe est, du reste, toujours minime, car elle représente seulement la valeur du service rendu par la vérification, et ne peut être exigée que si la vérification a eu lieu.

Dans ces conditions, il n'y a pas à redouter un contrôle qui, sans apporter aucune entrave ni aucun caractère commercial aux opérations des syndicats,

leur permet de se mettre au-dessus de toute suspicion
et leur donne en même temps la sécurité de mensu-
rations plus parfaites.

Représentation agricole.

Au point de vue des intérêts généraux de l'agriculture, la représentation agricole s'imposait en première ligne à l'attention des syndicats.

Il s'agit, en effet, de donner aux intérêts agricoles
une représentation telle, qu'ils soient toujours sauvegardés et que les vœux, les réclamations, les doléances des agriculteurs soient entendus par les pouvoirs
publics.

Ce ne serait une innovation que pour l'agriculture.
Le commerce et l'industrie qui sont, avec elle, les
deux sources principales de notre richesse nationale,
jouissent depuis longtemps de cette représentation.
Personne de la région lyonnaise qui ne connaisse la
Chambre de Commerce de notre ville et à qui ne soit
parvenu un écho des revendications qu'elle ne cesse de
faire entendre dans l'intérêt de notre industrie locale,
fidèle en cela au rôle qu'elle s'est toujours donné et à
tout son passé.

Lyon n'est pas la seule ville qui jouisse de cette
bienfaisante institution. Il n'est pas de centre industriel ou commercial de quelque importance qui ne
possède sa Chambre de Commerce. Elles sont partout
composées d'hommes ayant apporté dans l'exercice
de leur profession des preuves de capacité et d'honorabilité. Elus par leur pairs, ils considèrent la mission
qu'ils en reçoivent ainsi, comme un honneur et
comme un témoignage de confiance qu'ils prennent
toujours à tâche de ne pas tromper. Aussi, lorsqu'ils
font entendre leur voix aux pouvoirs publics, ils le
font avec la double autorité qui s'attache à leur personne d'abord et ensuite au mandat important qui
leur est confié.

Sans entrer dans le détail de l'organisation des
Chambres de Commerce et sans énumérer leurs mul-

tiples attributions, il est permis d'affirmer qu'elles ont une double mission qui constitue leur principale raison d'être.

Elles doivent, d'une part, se tourner vers leurs commettants, recueillir de leur bouche tous les renseignements, toutes les réclamations, tous les vœux de nature à développer et à faire progresser l'industrie locale. Elles doivent, en même temps, faire en sorte de recueillir et de fournir à cette même industrie tous les renseignements de nature à en développer l'essor.

Elles doivent ensuite s'adresser à ceux auxquels appartient la direction des affaires de l'État, se faire auprès d'eux les interprètes des gouvernés, faire en sorte que la direction générale des affaires tende à toujours augmenter le commerce et l'industrie qu'elles sont chargées de représenter. Cette intervention des Chambres de Commerce a été souvent de la plus grande utilité. Personne, d'ailleurs, ne cherche à la contester : ni les intéressés qui y trouvent une précieuse sauvegarde, ni les pouvoirs publics qui ne demandent qu'à s'éclairer.

Il est bon d'ajouter que cette organisation des Chambres de Commerce est complétée par l'existence d'un Conseil supérieur du commerce, qui en est comme l'émanation et qui, placé immédiatement à côté des pouvoirs publics, est appelé à donner son avis sur les questions d'intérêt général.

Le commerce et l'industrie sont donc, en France, merveilleusement représentés. Leur voix est toujours entendue ou, tout au moins, se fait toujours entendre; commerçants ou industriels ne peuvent se plaindre d'être oubliés.

Il n'en est pas de même de l'agriculture. Elle est absolument dénuée de toute représentation. Personne ne prend en mains ses intérêts; aucune voix ne se fait entendre pour elle, ou, lorsque cela arrive, elle est trop faible, trop isolée, trop dépourvue d'autorité pour arriver jusqu'à ceux dont elle voudrait être comprise.

Il est bien vrai que certaines institutions paraissent, au premier abord, jouer auprès de l'agriculture, le

rôle de Chambres de Commerce, les comices agricoles,
par exemple. Mais les comices se réunissent rarement
et à des intervalles éloignés. Leur mission consiste à
distribuer des récompenses. Ils couronnent et se dis-
persent après un banquet. On ne voit là que les heureux,
les triomphateurs de l'agriculture. Après un discours d'éloge aux lauréats, on ne recueille aucune
doléance et, le fit-on, on n'a pas mission de les transmettre.

Les sociétés d'agriculture s'occupent aussi d'intérêts
agricoles, mais généralement d'intérêts particuliers,
beaucoup plus que d'intérêts généraux. Quelque utilité
d'ailleurs qu'elles puissent avoir et quelques services
qu'elles puissent rendre, il faut bien reconnaître
qu'elles ne sont composées que du petit nombre et ne
représentent pas la masse des agriculteurs. Il ne faut
point excepter la Société des Agriculteurs de France,
malgré les grands et signalés services qu'elle rend
tous les jours. Elle ne représente point assez le moyen
et le petit agriculteur. Il lui manque la consécration
de l'élection et l'autorité s'attachant à un mandat
donné par notre population agricole tout entière. Et,
quelque importance que puisse avoir sa session, elle a
un défaut grave, au point de vue où nous nous plaçons,
c'est de n'avoir lieu qu'une fois par an. Il est donc aisé
de se convaincre que la Société des Agriculteurs de
France ne constitue pas cette représentation universelle et de tous les instants, qui est celle des Chambres
de Commerce.

Il est bien vrai qu'il a été institué, par un décret du
25 mars 1852, une représentation agricole. Mais hâtons-
nous de dire, pour ceux qui pourraient s'étonner de
n'avoir jamais entendu parler de ces Chambres d'agriculture, qu'elles n'ont jamais fonctionné. C'est qu'elles
ne sont pas viables. Ce qu'il faut à l'agriculture c'est une
représentation analogue à celle du commerce. Les
Chambres d'agriculture du décret de 1852 n'ont aucun
de leurs caractères. Elles existent ou n'existent pas
suivant le bon plaisir de chaque préfet. C'est lui qui
en nomme les membres. Il choisit qui il lui plaît. Enfin ces Chambres sont ou ne sont pas consultées. Rien

n'oblige le pouvoir à prendre leur avis et surtout rien ne l'oblige à le suivre.

Quel que soit le mérite personnel de leurs membres, ces Chambres ne représentent personne. Rarement réunies, plus rarement encore consultées, elles n'ont aucune autorité et sont sans influence sur les décisions administratives ou législatives. Il est donc urgent de les remplacer par des éléments plus actifs, plus indépendants et surtout plus représentatifs.

Dès 1884, la Société des Agriculteurs de France faisait entendre hautement ses réclamations à ce sujet et la campagne entreprise par elle a été continuée par tous ceux qui s'intéressent au relèvement de notre richesse agricole.

Mais, cette fois encore, comme toujours, le travail le plus efficace a été fait par les principaux intéressés, les agriculteurs eux-mêmes. Ce sont eux, en effet, qui ont donné l'impulsion au mouvement, par les syndicats locaux aidés par le syndicat économique agricole, devenu, sous la courageuse et intelligente direction de M. Kergall, un centre de défense pour les intérêts agricoles.

En 1890, il n'y avait pas moins de trois projets de loi déposés sur le bureau de la Chambre par MM. Bouthier de Rochefort, de Ladoucette et Méline. Pénétré de l'importance et de l'urgence de la question, le Comité du contentieux et de législation de l'Union du Sud-Est élabora, sous forme de vœu, un projet de loi dont nous allons indiquer les grandes lignes et qui établissait la représentation agricole sur les mêmes principes que la représentation industrielle et commerciale.

Ce projet avait été envoyé par M. Emile Duport à M. Flourens, ancien ministre des affaires étrangères et membre du groupe agricole, et à deux députés, MM. Aynard et de Pontbriant, ainsi qu'à M. Le Trésor de la Rocque, président de l'Union des syndicats, et à M. Kergall, président du syndicat agricole économique, pour qu'ils puissent en saisir les Agriculteurs de France.

Lors de l'Assemblée générale des Agriculteurs de France, en 1890, M. le président Sénart fut chargé du rapport sur la question. Dans son remarquable travail, lu en séance publique, il étudia les divers projets soumis aux Chambres, et notamment celui présenté par M. Méline, ancien ministre de l'agriculture. M. Sénart montra qu'à côté de bonnes choses, ce projet contenait des points tout à fait inadmissibles et de nature à rendre les Chambres d'agriculture aussi inutiles que celles créées par le décret de 1852. Faire des Chambres purement consultatives, en effet, c'est vouloir qu'elles ne soient jamais consultées ; introduire dans le corps électoral autre chose que des éléments agricoles, c'est y introduire la politique destructrice de toute affaire sérieuse et professionnelle. M. Sénart conclut en demandant que les Chambres d'agriculture fussent nommées par les comices, sociétés d'agriculture et syndicats légalement établis.

M. Guinand, vice-président de l'Union du Sud-Est, combattit ces dernières conclusions, contraires à celles adoptées par le Comité de l'Union du Sud-Est, comme irréalisables, injustes et dangereuses.

Irréalisables, car jamais les pouvoirs publics n'accorderaient aux syndicats, comices, sociétés d'agriculture, le droit de former seuls le collège électoral. *Injustes*, car tous les propriétaires ne faisant pas partie de comices, sociétés agricoles ou syndicats ne pourront prendre part au vote, et comme ces sociétés sont fermées, tel qui voudrait se présenter pourrait n'être pas admis. *Dangereuses*, car ce serait faire sortir les syndicats de leur rôle et les exposer à une lutte qui pourrait amener leur dislocation ou leur suppression.

Après ces critiques, M. Flourens, ancien ministre des affaires étrangères, vint défendre le système du Sud-Est et montra les dangers d'introduire, dans le corps électoral, autre chose que l'élément agricole : il repoussa donc l'idée d'y admettre les instituteurs qui ont déjà leur représentation particulière, demanda pour l'agriculture les mêmes avantages que pour le commerce, enfin il écarta toute immixtion officielle qui ramènerait aux dangers du décret de 1852.

Après ce discours, le rapporteur lui-même, M. Sénart, modifiant sur ce point son projet primitif, se rallia au vœu élaboré par le Comité du contentieux et présenté par l'Union du Sud-Est ; ce vœu fut voté à une écrasante majorité par les Agriculteurs présents.

Transformé en projet de loi, ce vœu a été déposé sur le bureau de la Chambre par M. de Pontbriand, député et membre du Conseil des Agriculteurs de France.

Les deux projets Méline et de Pontbriand sont d'accord pour demander : 1° La création de Chambres d'agriculture analogues aux Chambres de commerce ; 2° la création d'un Conseil supérieur de l'agriculture, sur le modèle du Conseil supérieur du commerce et de l'industrie.

Les deux auteurs reconnaissent, dans leur préambule, que la représentation proposée a trop longtemps fait défaut et il vaut la peine d'enregistrer cet aveu de M. Méline, ancien ministre de l'agriculture et propriétaire foncier.

En ce qui concerne la circonscription de ces Chambres, après avoir examiné successivement le système d'une Chambre par département et d'une Chambre par canton, on a adopté le principe d'une Chambre par arrondissement composée de deux membres pour chaque canton. Il a paru que c'était le seul moyen d'avoir des assemblées suffisamment consistantes et autorisées, ayant à la fois de la vie et de l'activité.

Les attributions données aux Chambres d'agriculture sont précisément celles des Chambres de commerce. Elles sont appelées à donner leur avis sur toutes les questions qui intéressent les agriculteurs : questions techniques telles que l'état des récoltes, la situation agricole de l'arrondissement, questions d'améliorations économiques touchant à l'agriculture, telles que tarifs de douane et de transport, travaux publics, etc.

Les deux projets, d'accord sur tous ces points, diffèrent sur d'autres, fort importants cependant. M. Méline ne parle, en effet, que de Chambres purement consultatives, M. de Pontbriand demande à ce qu'elles soient obligatoirement consultées. Il y a tout un monde dans cette distinction. Si, en effet, les Chambres sont consultatives, les pouvoirs publics peu-

vent, à leur gré, leur demander leur avis ou ne pas le
faire. Rien ne les oblige à interroger les intéressés sur
les graves questions qui se posent : tarifs de douanes,
traités de commerce, etc., surtout s'il est probable
que les réponses seraient peu conformes aux désirs
officiels. La question n'aura pas fait un pas et nous
retomberons sous le régime stérile du décret de 1852.

Il en est tout autrement, si les Chambres doivent être
consultées. Les pouvoirs publics qui, théoriquement,
ont toute leur liberté d'action, seront, cependant, liés
par les manifestations de l'opinion qu'ils auront dû
provoquer et, dans tous les cas, obligés d'en tenir
compte dans une très large mesure.

Aussi le Comité du contentieux a-t-il introduit et
maintenu énergiquement, dans son vœu, le principe
des Chambres d'agriculture, consultées obligatoirement et non facultativement, comme le demandait
M. Méline.

A un autre point de vue encore, le projet du Comité
diffère du projet Méline. Celui-ci comprend, en effet,
parmi les électeurs aux Chambres d'agriculture, les
instituteurs, les professeurs d'agriculture et les simples domestiques agricoles. L'analogie avec les Chambres de commerce disparaîtrait. Quel est, en effet, le
principe qui les concerne? Les commerçants seuls
sont admis à voter. Or, ce qui caractérise le commerçant, c'est la patente; mais, pour l'agriculteur, la
patente c'est l'impôt foncier. Il faudra donc, pour conserver l'analogie, n'accorder l'électorat qu'aux agriculteurs payant l'impôt foncier. Et cette règle maintien-
drait certainement, comme électeurs, les propriétaires
fonciers ne cultivant pas eux-mêmes, dont l'exclusion
avait été demandée. Leurs intérêts, parfois les plus
considérables et les plus légitimes, peuvent être discutés devant les Chambres d'agriculture ; il est donc
profondément juste qu'ils y soient représentés.

La Commission, nommée par la Chambre des députés,
pour l'étude des divers projets sur les Chambres d'agriculture, a écarté le projet de M. Bouthier de Rochefort
et celui de M. de Ladoucette Le projet qu'elle a
adopté, à une voix seulement de majorité, est une

combinaison du projet de M. Méline et de celui de l'Union du Sud-Est, présenté par M. de Pontbriant.

A la suite de cette décision, l'Union du Sud-Est a envoyé une délégation de ses membres à M. Aynard, député du Rhône, rapporteur de la nouvelle loi sur la représentation agricole et sur la représentation commercial, lequel s'est déclaré nettement partisan d'une représentation analogue pour les deux professions. Elle a également fait transmettre l'exposé de ses desiderata à M. Méline. Le projet élaboré par la Commission du contentieux sera donc activement suivi et vigoureusement soutenu, le jour où les travaux de la Commission viendront en discussion devant les Chambres.

Crédit Agricole

La Commission du contentieux a eu à s'occuper du Crédit agricole, à l'occasion des divers projets de loi soumis à nos assemblées législatives.

Peu de questions sont à la fois aussi anciennes et aussi urgentes : autant le désaccord et la variété existent dans les moyens de procurer le Crédit agricole, rapide et à bon marché, autant législateurs, écrivains et penseurs s'accordent sur la nécessité de créer en France le Crédit agricole, qui n'existe pas... ou qui n'existe plus.

Avec le Crédit agricole, il ne faut pas confondre ce qu'on appelle généralement le Crédit foncier. Ce dernier est nécessaire pour les prêts, qui ne peuvent être payés que pendant le cours d'une longue période; ceux, par exemple, contractés pour solder un prix d'acquisition ou des soultes de succession. Celui qui achète une propriété à crédit compte bien que les revenus de cette propriété dépasseront la somme d'intérêts qu'il aura à payer chaque année et, avec l'excédent des revenus, il amassera lentement le capital nécessaire pour rembourser son créancier; ou bien, si ce dernier y consent, il lui payera chaque année, en outre des intérêts, une petite somme qui amortira la dette en un nombre d'années déterminé. Le Crédit foncier est donc réservé aux emprunts que le débiteur ne pourra rembourser avant de longues années.

Pratiquement, le Crédit Foncier ne s'obtient guère, pour des sommes de quelque importance, qu'au moyen d'une hypothèque donnée sur ses biens par l'emprunteur au prêteur. Crédit foncier et Crédit hypothécaire sont presque synonymes. Et cela suffit à rendre le Crédit foncier impraticable pour les opérations agricoles à courte échéance ou de mince importance. Tout emprunt hypothécaire, en effet, nécessite des frais et des formalités onéreuses ; si ces frais ne se répartissent pas sur un certain nombre d'années, ils augmentent considérablement les charges de l'emprunteur ; dans ce cas, en effet, le taux du prêt devient presque indifférent, tant les intérêts à servir sont peu considérables, comparés aux frais d'actes, d'inscription, de main-levée. Il convient donc de ne pas recourir à l'hypothèque pour un emprunt remboursable au bout de deux ou trois ans.

Le Crédit hypothécaire ou foncier ne manque pas, dans notre pays, les placements hypothécaires, ayant toujours grande faveur dans le public. Au reste, les questions qui se posent dans cet ordre d'idées intéressent beaucoup plus le grand propriétaire que le petit cultivateur, qui ne peut prétendre que difficilement au crédit hypothécaire, soit parce qu'il ne possède pas de propriétés, soit parce que les propriétés qu'il possède sont de trop peu de valeur pour servir de base à un emprunt un peu important.

A cette dernière catégorie d'agriculteurs, la plus nombreuse, la plus intéressante, ce qu'il faut, pour la satisfaction urgente de ses besoins, c'est le Crédit personnel et mobilier, à court terme, celui qu'on appelle proprement le Crédit agricole.

Législateurs et particuliers se sont efforcés de l'établir en France.

« Malheureusement, dit M. Louis Durand, dans l'excellent ouvrage sur le Crédit agricole, dont nous parlerons plus loin et auquel nous empruntons ces détails, si l'on compare le nombre et la variété des projets avec la nullité des résultats, si l'on fait l'inventaire de toutes les Commissions dont les rapports sont enfouis dans les archives parlementaires, sans avoir eu seulement les honneurs de la discussion, de toutes les enquêtes dont les procès-verbaux avaient préparé ces résultats négatifs, de toutes les sociétés, qui n'ont pu arriver à se constituer, on constate, somme toute, que tous ces efforts et tous ces travaux n'ont abouti qu'à une seule discussion parlementaire en 1883, à une seule faillite : celle du Comptoir agricole de Seine-et-Marne, et à une seule liquidation, plus désastreuse qu'une faillite, celle de la Société du Crédit agricole, fondée sous les auspices du Crédit Foncier ».

C'est vers 1840 que les pouvoirs publics songent pour la première fois au Crédit agricole. De 1840 à 1845 le Conseil supérieur de l'agriculture s'occupe à plusieurs reprises de la question ; ne pouvant arriver à une solution, il convoque en congrès quelques hommes spécialement compétents en matières agricoles et économiques. Après une discussion intéressante entre MM. Wolowski, Dupin et Buffet, le Congrès se borne à émettre le vœu platonique que le gouvernement fît étudier la question.

Survint la Révolution de 1848. De nombreux projets, plus ou moins utopiques furent soumis aux pouvoirs publics. Ils fondaient le Crédit agricole sur la garantie des bons communaux et le réalisaient au moyen de billets hypothécaires, jetés dans la circulation pour des sommes énormes, avec cours forcé. Ces projets bizarres furent écartés; celui de M. Tourret, ministre de l'agriculture et du commerce, n'obtint pas plus de succès devant l'Assemblée nationale : il demandait un crédit de dix millions pour accorder aux agriculteurs des prêts hypothécaires à 3 0/0 ne pouvant dépasser 4,000 francs. C'était la première tentative de Crédit agricole au moyen des subventions de l'État : ce ne devait pas être la dernière.

En 1852, le ministère de l'agriculture ouvrit une enquête sur le mécanisme des institutions de Crédit agricole en France et à l'étranger. A la suite de cette enquête, fut constituée une commission dite de 1856, parce que c'est cette année qu'elle termina ses travaux. Elle se borna à demander, soit certaines

modifications au Code civil, permettant aux agriculteurs de mettre en valeur les éléments de crédit dont
ils disposent (gage sans dessaisissement, etc.), soit la
fondation d'établissements de Crédit agricole.

Les vœux de la Commission seraient probablement
restés platoniques, sans l'intervention de Napoléon III.
Sur son injonction, le Crédit Foncier s'occupa de la
constitution, sous la garantie de l'Etat, d'une société
qui prit le nom de Crédit agricole. La loi du 28 juillet
1860 approuva la convention passée par l'Etat avec la
nouvelle Société et qui engageait pour cinq années les
finances publiques, jusqu'à concurrence de 400,000
francs par année.

La Société du Crédit agricole avait principalement
pour objet l'escompte du papier agricole; elle ne le
recevait que muni de deux signatures, dont une, au
moins, donnée par des correspondants spécialement
accrédités auprès d'elle, banquiers, agents responsables, sociétés annexes fondées sous le patronage de
la Société. Elle poursuivit ses opérations avec des
succès divers jusqu'en 1876. Elle fut obligée de liquider
à cette époque, par suite de pertes qui n'avaient rien
de commun avec l'agriculture. Elle avait, notamment,
avancé 168 millions au gouvernement Egyptien qui, à
pareille date, suspendit ses paiements. Pour éviter
d'être mise en faillite, la Société du Crédit agricole se
fondit avec le Crédit Foncier, lequel se chargea de la
liquidation. De ce désastre, l'agriculture est entièrement innocente, car la clientèle, purement agricole de
cette vaste entreprise de spéculation, ne lui occasionna
absolument aucune perte, circonstance qui indique
bien la sécurité et la solvabilité, sinon l'exactitude,
que peut trouver le crédit dans le monde agricole.

Les lacunes que présentait la Société du Crédit agricole, dans l'accomplissement de son but, furent bientôt si évidentes, qu'en 1866, le gouvernement fit une
nouvelle enquête et nomma une nouvelle Commission.
Cette Commission formula à peu près les mêmes conclusions que sa devancière de 1856, réclamant des
modifications partielles de la législation du gage, des
privilèges et des billets à ordre. Elle demandait no-

tamment la commercialisation des effets à ordre souscrits par des agriculteurs, mesure qui aurait procuré de notables avantages d'économie et de rapidité.

Ces innovations présentaient de sérieuses améliorations, dont quelques-unes ont été obtenues depuis. Le Conseil d'État fut appelé à les étudier et, avant qu'il ait pu donner son avis, survinrent les événements de 1870, qui firent oublier, pour un temps, la question agricole.

En 1878, la disparition de la Société du Crédit agricole rappela l'attention publique sur ce sujet : il fut discuté, en 1879, dans le Congrès organisé par la Société des Agriculteurs de France, à l'occasion de l'Exposition. L'année suivante, le gouvernement nomma une Commission chargée de faire une nouvelle enquête et de rédiger un nouveau projet. Cette Commission présenta un projet que MM. de Mahy, ministre de l'Agriculture, et Léon Say, ministre des Finances, déposèrent au Sénat, dans la séance du 20 juillet 1882. La Commission sénatoriale présenta un contre-projet, qui fut renvoyé, par le Sénat, à la Commission ; la Société nationale d'Agriculture fut chargée d'une nouvelle enquête et le projet fut enterré.

Deux de ses dispositions spéciales ont été introduites dans notre législation, par la loi du 19 février 1889, sur a restriction du privilège du bailleur, et la subrogation légale du droit du débiteur aux indemnités qui lui seraient dues par une Compagnie d'assurances pour perte des objets sur lesquels portaient ces privilèges.

Depuis cet insuccès jusqu'au projet de loi présenté par M. Méline, aucune proposition, intéressant directement le Crédit agricole, n'avait été faite aux pouvoirs législatifs.

Et cependant, aujourd'hui plus que jamais, l'agriculteur a besoin de crédit.

Autrefois, il trouvait encore, chez les particuliers, certaines avances. Le paysan, qui avait besoin d'argent pour son exploitation, s'il était honnête et laborieux, rencontrait souvent un voisin, un ami, disposé à lui prêter, sur un simple billet, souvent même sur parole, tout ou partie de ses économies. L'argent gagné par la terre y retournait ainsi, et les bas de laine formaient une réserve importante pour le Crédit agricole. Cette réserve paraît aujourd'hui tarie.

D'abord, les besoins de l'agriculteur, en matière de crédit, ont augmenté. La culture d'aujourd'hui exige plus de capitaux que celle d'autrefois. Les fléaux divers qui ont dévasté l'agriculture et les nécessités économiques l'obligeant à des changements de cultures, à des replantations onéreuses de vignes, ont épuisé ses ressources propres et augmenté ses besoins. Non seulement l'agriculteur ne peut plus prêter à ses voisins, mais il est obligé d'emprunter lui-même.

En second lieu, les épargnes agricoles, si diminuées qu'elles soient, ont pris une autre voie qui les éloigne de la campagne. L'agriculteur conservait, en numéraire, l'argent qu'il n'employait pas en achats de propriétés, parce qu'il n'avait pas d'autre mode d'emploi à sa convenance; il regardait avec défiance les valeurs mobilières, peu connues encore dans les campagnes, et dont il ne pouvait apprécier la solidité. Aujourd'hui, les valeurs mobilières de toutes sortes, et non parfois les meilleures, ont pénétré jusque dans la campagne et la plupart des propriétaires ruraux aisés ont un portefeuille plus ou moins considérable, emploi de leurs économies.

Les Caisses d'Épargne, elles aussi, ont contribué à cette diminution du numéraire; de plus en plus répandues et appréciées, elles ont réuni et concentré une masse énorme de capitaux qui se trouvent ainsi retirés des lieux où ils auraient dû normalement circuler. Les dépôts agricoles, versés aux Caisses d'Épargne, vont se perdre dans le gouffre du budget et, s'ils sont remis en circulation, n'arrivent certainement pas aux campagnes qui les ont produits.

Ajoutons que la profession agricole inspire de moins en moins confiance aux prêteurs, découragés d'une industrie où les causes de perte sont devenues si nombreuses et les chances de gain de plus en plus rares. Comment l'agriculteur rembourserait-il, avec la même facilité qu'autrefois, les emprunts qu'il contracte, alors que toutes les conditions économiques ont changé à son désavantage? Tout ce qu'il paie est plus cher qu'autrefois. La main-d'œuvre a augmenté de prix; si le cultivateur est obligé d'employer un domestique, il le paiera le double de ce qu'il l'aurait payé il y a quarante ans. Les impôts se sont alourdis, la feuille du percepteur porte un total chaque année de plus en plus fort.

Mais, par contre, tout ce que l'agriculteur produit, tout ce qu'il vend, a baissé de prix, parfois dans des proportions désastreuses. Le blé est tombé à 20 francs les 100 kilos et ce n'est peut-être qu'un étage pour des cours plus bas. Le prix du bétail est soumis à des fluctuations désastreuses par la disette des fourrages. Les récoltes abondantes de vin deviennent une calamité par l'avilissement de leurs prix et les difficultés de leur vente. Comment un homme qui n'a d'autres ressources que les produits d'une profession aussi peu rémunératrice inspirerait-il confiance aux capitalistes? Et cependant, il n'y a qu'un moyen de faire appel aux prêteurs, c'est de leur offrir des garanties de remboursement du capital prêté et de paiement régulier des intérêts et annuités. Faut-il donc s'étonner si les gros banquiers n'ont pas, dans les opérations agricoles, une confiance qui les engage à diriger leurs capitaux de ce côté?

Dans bien des circonstances, cependant, une petite somme avancée à l'agriculteur peut lui épargner une grosse perte, ou lui procurer un bénéfice très appréciable.

Certaines dépenses, même improductives, peuvent parfois se faire utilement avec des fonds d'emprunt : ce sont les dépenses absolument indispensables, celles que le cultivateur ne peut éviter. Qu'il ait à payer des frais de maladie, de procédure ou autres dépenses extraordinaires, sans doute il sera fâcheux pour lui de s'endetter, mais contracter un emprunt à un taux raisonnable vaudra souvent bien mieux que de vendre, à bas prix, quelques-uns de ses produits.

Et, en effet, aujourd'hui plus que jamais, il est important, pour l'agriculteur, de pouvoir attendre et de n'être pas forcé de vendre sa récolte dès qu'elle est terminée. Avec la dépréciation qui atteint le cours des blés, avec l'impossibilité presque absolue de vendre les vins, que devient le malheureux agriculteur ou vigneron qui se voit contraint de réaliser immédiatement pour se procurer de l'argent, soit pour payer une dette pressante, soit même pour vivre? Il vend son vin au sortir de la cuve, son blé dès qu'il est livré par la machine, se mettant ainsi en concurrence avec tous les agriculteurs — et ils sont nombreux — qui se trouvent dans la même situation que lui, en présence des marchands qui connaissent et qui savent utiliser cette situation. Il en résulte des prix de vente dérisoires, qui ne peuvent s'expliquer que par la nécessité absolue où le vendeur s'est trouvé de les accepter. Combien plus avantageux, pour lui, eût été un emprunt lui permettant d'attendre, quelques mois, des prix plus rémunérateurs.

Dans d'autres circonstances, une légère dépense peut encore éviter des pertes. Durant la sécheresse de l'année qui vient de s'écouler, les cultivateurs, obligés de vendre leur bétail parce qu'ils n'avaient ni fourrages pour le nourrir, ni argent pour acheter ces fourrages, ont vendu a vil prix ces bêtes amaigries et affamées; obligés de les racheter au printemps de 1894, ils n'ont pu le faire qu'à des prix excessifs. Double perte d'argent, sans compter l'absence d'engrais pendant tout l'hiver. N'eût-il pas été favorable et bienfaisant, le Crédit qui leur eût permis de conserver et nourrir tant bien que mal leur bétail durant l'hiver, et de le posséder encore au printemps?

Enfin, même pour des améliorations et acquisitions d'engrais ou instruments, le Crédit peut rendre à l'agriculteur de grands services. Un outil perfectionné facilitant et accélérant son travail, lui rapportera rapidement son prix d'acquisition et au delà; mais, si modeste soit-il, ce prix ne sera peut-être, que par le Crédit, à la disposition du petit propriétaire ou fermier sans avances. Des engrais chimiques et autres, bien connus et analysés, peuvent transformer sa culture et, presque sans augmentation de main-d'œuvre, accroître notablement sa récolte. Les syndicats ne cessent d'en recommander l'emploi intelligent et leurs entrepôts les fournisssent, en toute sécurité. Mais, par une règle prudente, ils ne consentent à les livrer qu'au comptant, et l'agriculteur, dépourvu d'argent, qui bénéficiera plusieurs mois après de cette sage dépense, doit encore recourir au Crédit.

En résumé, l'agriculture de nos jours ne peut échapper au mouvement qui pousse toutes les industries à recourir de plus en plus au Crédit. Mais, pour les petites exploitations, pour les petits agriculteurs, fermiers, métayers ou propriétaires, le petit Crédit agricole n'existe pas en France à l'heure actuelle.

Telle est la conclusion de la savante et consciencieuse étude que, sur l'invitation de la Commission du Contentieux, l'un de ses membres, M. Louis Durand, a consacrée, en 1891, à cette importante question (1) et dans laquelle nous avons puisé les détails qui précèdent.

Dans un rapport antérieurement présenté à la Commission, le 2 juillet 1890, M. Louis Durand avait examiné la question du Crédit agricole chez les peuples étrangers, afin de voir quelles institutions satisfaisaient à ce besoin, et quel profit on pouvait tirer, pour la France, des expériences faites ailleurs. Nous trouvons, dans ce document, l'analyse complète des efforts parfois couronnés de succès de nos voisins, pour arriver à résoudre la question.

En Angleterre, l'État a prêté jadis, au taux de 3 0/0, aux propriétaires fonciers qui se proposaient de réaliser des améliorations foncières importantes, notamment des drainages. Le montant de ces prêts s'éleva jusqu'à deux cent millions. Aujourd'hui l'État ne consent à peu près plus de ces prêts qui rentraient plutôt dans le Crédit foncier que dans le Crédit agricole. Certaines sociétés financières consentent des crédits aux associations et aux syndicats agricoles.

---

(1) *Le Crédit agricole en France et à l'étranger*, par Louis Durand, docteur en droit, avocat à la Cour d'appel de Lyon. Paris, Chevalier-Maresq et Cie, 1891.

En Belgique, une loi du 15 avril 1884 oblige la Banque d'État à escompter les billets auxquels aval a été donné par des associations d'agriculteurs dont les membres sont solidaires les uns des autres. Cette loi, comme toutes celles qui veulent arbitrairement imposer le crédit, n'est à peu près pas appliquée.

En Suisse, on trouve un certain nombre de banques hypothécaires privées qui sont à la fois des institutions de crédit commercial et de crédit agricole.

L'Allemagne est le pays classique des banques agricoles. Ce sont, en général, des associations de crédit mutuel appartenant à l'un des deux types suivants.

Banques populaires tout d'abord, dont le capital est divisé en actions, de 50 fr. ordinairement, toujours nominatives, et en général incomplètement libérées. Ces banques ne prêtent qu'à leurs seuls adhérents. Chaque associé est, solidairement et pour le tout, responsable des opérations faites par la banque. Les bénéfices sont partagés entre les associés.

A côté des banques populaires existent, nombreuses, d'autres caisses de prêt, les caisses Raiffeisen qui ont pour tout capital les cotisations de leurs membres, les donations et les bénéfices réalisés ; encore ce capital ainsi formé ne peut-il s'accroître au-delà de certaines limites. Les sociétaires peuvent obtenir des prêts, mais ne profitent jamais des bénéfices.

En Espagne, existent différents établissements de Crédit agricole : à Orviédo notamment, une banque agricole, dont le capital a été constitué par souscription, et qui est régie par un conseil dont fait partie la commission départementale. Les plus nombreux sont les Positos, qui prêtent aux cultivateurs de la semence à rendre à la récolte prochaine. Ces établissements rendent souvent à l'agriculture d'assez mauvais services en lui fournissant des semences défectueuses.

En Italie, une loi nouvelle de 1887 a cherché à organiser le Crédit agricole. Elle a notamment réduit le privilège du propriétaire, surtout au point de vue de sa durée ; en revanche, elle lui a permis de le céder à une banque en garantie de l'emprunt consenti à lui-même ou à son fermier. Elle diminue les frais d'emprunt. Le fermier reçoit aussi la faculté d'emprunter hypothécairement sur la plus-value qu'il a donnée au fonds. Enfin la loi réglemente les institutions de crédit agricole.

A côté de ces facilités plutôt théoriques, le crédit agricole trouve en Italie de puissants instruments dans les caisses d'épargne, notamment celle de Milan, et même dans quelques grandes banques d'Etat comme la Banco de Naples, et la banque de Sicile qui escomptent largement le papier des petites banques agricoles de deux espèces, *caisses rurales* et *banques populaires.*

Les premières, très nombreuses en Vénétie, n'ont pas de capitaux et ne distribuent pas de dividendes. Les associés sont solidairement responsables de chaque opération.

Les secondes sont des sociétés coopératives par actions, ne prêtant qu'à leurs membres. Chacun de ceux-ci n'est responsable que jusqu'à concurrence du montant de son action. Ce sont plutôt des banques populaires que des caisses purement agricoles.

Telles sont les institutions que l'étude patiente de M. Louis Durand, a trouvées dans les autres pays, institutions dont quelques-unes donnent pleine satisfaction, et dont le législateur français pouvait s'inspirer pour doter notre pays du crédit agricole qui lui manque.

Le législateur ne paraît pas s'en être soucié. Plutôt que d'adapter aux conditions et aux mœurs françaises les vieilles créations étrangères éprouvées par le temps et l'expérience, Il a préféré innover entièrement. En même temps, pour s'épargner de la peine et trouver au moins une base solide pour y édifier ses théories, il s'est adressé, bien malgré eux, aux syndicats agricoles et a prétendu s'en servir pour procurer le crédit. Tel est le projet Méline.

Ce projet a été présenté aux Chambres dans le texte suivant :

Article premier. — Les syndicats professionnels peuvent, s'ils y sont autorisés par leurs statuts, et par dérogation à l'article 3 de la loi du 21 mars 1884 :

1° Acheter pour revendre, louer ou prêter à leurs adhérents les matières premières, machines, outils, engrais, semences, bestiaux et généralement tous objets nécessaires à l'exercice de leur profession ;

2° Garantir le paiement des achats directement faits aux producteurs et aux fournisseurs des objets ci-dessus énumérés ;

3° Recevoir de leurs adhérents des dépôts de fonds en comptes courants avec ou sans intérêts ; se charger des recouvrements à faire pour eux ou sur eux ;

4° Vendre pour leur compte les produits de leur profession ;

5° Contracter les emprunts nécessaires pour constituer ou augmenter le fonds de roulement de la Société.

L'émission d'actions est interdite.

Art. 2. — Les statuts détermineront le mode d'administration du syndicat, la composition du fonds de roulement et la proportion dans laquelle chacun de ses membres contribuera à sa constitution, ainsi que le taux de l'intérêt auquel il donnera droit.

Ils régleront aussi la part de responsabilité qui incombera à chacun des adhérents dans les engagements pris par le syndicat. En cas de silence des statuts, ceux-ci seront responsables solidairement.

Leur responsabilité cessera deux ans après leur sortie du syndicat.

Art. 3. — Les statuts détermineront les retenues ou prélèvements qui seront opérés au profit du syndicat sur les opérations faites par lui.

Les sommes résultant de ces retenues, après remboursement des intérêts du fonds de roulement et des emprunts, seront d'abord affectées à la constitution d'un fonds de réserve qui ne devra pas être inférieur à dix fois ni supérieur à vingt fois le montant des cotisations annuelles et souscriptions.

Le surplus sera réparti, à chaque exercice, entre les membres du syndicat, au prorata des opérations faites par eux.

A la dissolution de la Société, le fonds de réserve sera partagé entre les souscripteurs existant à ce moment, proportionnellement à leurs souscriptions.

Art. 4. — Les syndicats, qui se livreront à tout ou partie des opérations autorisées par la présente loi, devront avoir une comptabilité régulière.

Ils peuvent ester en justice, et avec l'autorisation du préfet, recevoir des dons et legs.

Par dérogation à l'article 5 de la loi du 21 mars 1884, il leur sera permis d'acquérir, avec leurs fonds de réserve, les immeubles nécessaires à l'installation et au fonctionnement de leurs services.

En cas de changement d'affectation non autorisé, la vente de l'immeuble sera poursuivie conformément à l'article 8 de la loi du 21 mars 1884.

Art. 5. — Les statuts seront déposés à la préfecture avant

toute opération, avec la liste complète des adhérents.

Chaque année, dans la première quinzaine de février, le directeur ou l'administrateur du syndicat déposera également à la préfecture, avec les noms des nouveaux adhérents, le tableau sommaire des recettes et dépenses, ainsi que des opérations effectuées par le syndicat dans l'année précédente. Ces documents seront tenus à la disposition du public.

Art. 6. — Les membres, chargés de l'administration ou de la direction du syndicat, sont personnellement responsables, en cas de violation des statuts ou d'inexactitude dans les déclarations ci-dessus prescrites. Des poursuites pourront être dirigées contre eux, conformément à l'article 9 de la loi du 21 mars 1884.

Ce projet, tel qu'il vient d'être reproduit, a soulevé, dès son apparition, les critiques les plus fondées. Le Comité du contentieux, après l'avoir étudié, discuta deux rapports de MM. Louis Durand et Duport, tous deux nettement défavorables à son adoption.

Plusieurs de ces dispositions, en effet, sont inutiles et quelques-unes dangereuses.

L'article premier, tout d'abord, autorise les syndicats à *acheter pour revendre :* c'est introduire les syndicats dans une voie qu'ils doivent éviter. Le syndicat n'est pas destiné à faire acte de commerce et à réaliser des bénéfices : il n'est pas créé dans ce but, pas outillé pour ces opérations délicates, et il aurait beaucoup de chances de trouver des pertes au lieu des bénéfices espérés. Eût-il même, par impossible, quelques bénéfices, ces préoccupations purement commerciales le détourneraient de son rôle qui est bien plus étendu et bien plus élevé.

Le mieux, pour lui, est donc de laisser le soin des achats et des ventes commerciales, soit à des intermédiaires choisis par lui, soit, bien mieux encore, à des sociétés coopératives annexes qui fonctionnent en dehors de lui, comme celle créée par l'Union du Sud-Est.

Si cette première disposition est dangereuse, celle du § 5 même article est au moins inutile. Ce § 5 autorise les syndicats à contracter les emprunts nécessaires pour constituer ou augmenter le fonds de roulement de la société. Les syndicats n'ont pas besoin

de cette disposition pour être parfaitement capables
de s'engager et d'emprunter. Bien que, fort sagement,
ils s'abstiennent de cette dangereuse faculté, ils ne la
possèdent pas moins, étant personnes morales et
pouvant contracter sans aucune autorisation.

L'art. 2, le plus important, établit la responsabilité
solidaire de tous les membres du syndicat, afin de
donner à celui-ci la solvabilité suffisante pour devenir une caisse de crédit. C'est là une clause des plus
dangereuses. Pour prêter sagement et prudemment
en effet, il faut connaître parfaitement la situation de
l'emprunteur, et les auteurs du projet le reconnaissent bien eux-mêmes. « Le prêt agricole, dit leur exposé de motifs, suppose un jugement porté sur la personne de l'emprunteur autant que sur sa situation, et
on comprend aisément que ce jugement ne puisse être
porté avec certitude que par des hommes, vivant en
quelque sorte d'une façon quotidienne avec lui, le connaissant à fond, sachant bien quel emploi il fait du
crédit qu'on lui accorde, et dans quelle mesure on
peut le lui acccorder ».

Or, excepté dans les syndicats communaux, l'administration du syndicat ne peut avoir cette connaissance
intime de la situation des emprunteurs, surtout dans
les grands syndicats d'arrondissement et de département, les plus puissants et les mieux disposés à devenir des instruments de crédit.

Fonctionner dans ces conditions serait aller au-devant de pertes certaines, qui, en vertu de la solidarité
établie par l'art. 3, retomberaient tout entières sur
les membres les plus solvables. Et cette perspective
seule de la solidarité, pour des opérations futures,
aléatoires et indéfinies, paralyserait immédiatement
les bonnes volontés des cadres professionnels incom-
parables des syndicats agricoles, dont parle l'exposé
des motifs de la loi, et, suivant M. Kergall, ferait perdre immédiatement aux syndicats 80 0/0 de leurs meilleurs adhérents.

Il est vrai que l'article 2 n'impose pas la solidarité
aux syndicats, et que, bien que celle-ci soit de droit
ommun, les statuts pourront expressément l'écarter.

Comment alors les syndicats se procureront-ils les fonds nécessaires pour distribuer eux-mêmes le crédit ? Le projet Méline (art. 1er, dernier paragraphe), leur interdit d'émettre des actions. Les modestes cotisations et réserves sont à peu près absorbées par les frais généraux, et doivent du reste subvenir à des besoins d'un autre ordre, enseignement agricole, champs d'expériences, pépinières, etc. Les syndicats qui excluront la solidarité, et ce sera le grand nombre, se trouveront dans cette obligation étrange de distribuer le crédit à leurs membres sans pouvoir en trouver pour eux-mêmes.

A côté de ces inconvénients graves de la solidarité, il en est d'autres provenant de la surveillance administrative introduite, indirectement au moins, dans la marche des syndicats. Par une disposition étrange, l'art. 4 autorise les syndicats, qui pratiqueront le crédit agricole, à recevoir des dons et des legs, avec l'autorisation du préfet. Or, dans l'état actuel de la législation, tous les syndicats peuvent recevoir des dons et legs sans aucune autorisation, comme toute personne morale non soumise à la tutelle administrative. Il en résulterait une infériorité appréciable pour les syndicats qui useraient du bénéfice de la loi Méline.

L'intervention de l'autorité préfectorale dans les affaires des syndicats ne se manifesterait pas, du reste, uniquement en matière de donations et de legs. L'art. 5 du projet oblige les syndicats à déposer chaque année à la préfecture la liste complète des adhérents et le tableau sommaire des recettes et dépenses, ainsi que des opérations effectuées par le syndicat dans l'année précédente. Ces renseignements sont bien plus détaillés et bien plus étendus que ceux exigés par la loi de 1884.

Ce serait un nouvel empiètement de l'autorité administrative sur la liberté salutaire et indispensable dont jouissent actuellement les syndicats.

Pour toutes ces raisons, le comité du contentieux, sur les rapports de MM. Louis Durand et Duport, a écarté le projet présenté par M. Méline comme impraticable et dangereux.

Depuis, M. Méline a abandonné son projet primitif

et l'a remplacé par une proposition de loi, beaucoup plus acceptable.

Sur l'invitation du comité qui en comprenait toute l'importance pour le monde agricole, surtout au moment de la discussion devant les Chambres des projets de loi sur le crédit agricole, M. Louis Durand a bien voulu compléter son rapport et publier en volume les résultats de ses recherches et ses idées personnelles.

Dans ce remarquable travail, le plus récent et le plus complet sur la matière, l'auteur, après avoir étudié les diverses formes du crédit agricole à l'étranger et les projets de loi proposés en France, conclut à l'adoption dans notre pays des caisses rurales Raiffeisen qui fonctionnent depuis un demi-siècle en Allemagne et en Italie.

Ces caisses, fondées pour une circonscription très limitée, commune ou groupe de petites communes, reposent sur deux principes :

1º absence de capital et de dividende, gratuité des fonctions, tous les bénéfices devant servir à créer et fortifier les réserves.

2º responsabilité illimitée de tous ses membres.

Pour introduire, dans notre pays, ces deux principes absolument nouveaux, le second surtout, M. Louis Durand n'a pas hésité à passer de la théorie à la pratique. Sans réclamer une législation nouvelle et des faveurs spéciales de l'État, usant uniquement de la législation de droit commun, il a rédigé les statuts d'une société en nom collectif à capital variable, fonctionnant dans les limites d'une seule commune.

Cette Société est en nom collectif : tous les associés sont donc solidairement responsables, sur tous leurs biens, des dettes de la Société.

Elle n'a pas de capital : les associés n'ont donc aucun versement à faire. Les capitaux, que la caisse prêtera, elle les emprunte elle-même sous la garantie solidaire de ses membres.

Les bénéfices que la caisse réalise forment une réserve qui couvre les pertes qui pourraient être faites ; jamais un centime de ces bénéfices ne doit être distribué, aux sociétaires comme dividende, ou aux administrateurs comme traitement. La réserve, s'accroît ainsi indéfiniment. Si elle devenait trop considérable, l'excédent en devrait être affecté à des œuvres d'utilité générale. Jamais les administrateurs ou les associés ne peuvent en bénéficier individuelle-ment.

La caisse ne prête qu'à ses associés pour un emploi déterminé et jugé utile. Tout emprunt est garanti par une caution.

La caisse prête tout le temps nécessaire; elle fixe d'avance, d'accord avec l'emprunteur, les époques où celui-ci devra payer des acomptes. Ces époques sont déterminées d'après les dates où l'emprunteur réalise ses principales recettes, par la vente de ses produits.

Sur ces principes, et grâce aux efforts énergiques et persévérants de M. Louis Durand, 33 caisses rurales sont fondées à l'heure actuelle, principalement dans la région du Sud et du Sud-Est, depuis le mois de juillet 1893.

Ces petites associations, éparses par la campagne, formées de paysans et de propriétaires inexpérimentés dans leur rôle nouveau de banquiers, n'ont pas tardé à se trouver faibles et isolées devant les méfiances et les difficultés que rencontrent toujours les œuvres nouvelles, celles surtout qui prétendent modifier un ordre de choses établi. Aussi les caisses rurales ont-elles senti le besoin de se grouper en Union, sous la présidence de leur fondateur, M. Louis Durand, pour trouver dans ce rapprochement les lumières et la force qui leur faisaient défaut.

L'Union des caisses rurales et ouvrières, dont le siège est à Lyon, avenue de Noailles 56, se charge de fournir tous renseignements juridiques ou pratiques pour la fondation et le fonctionnement des caisses. Elle publie, depuis peu de temps, un Bulletin mensuel où seront insérées des statistiques et tous documents dont le besoin se ferait sentir. Elle se propose en outre d'étudier et d'établir les institutions utiles au développement des caisses unies.

Peuvent seules être admises dans l'Union, les caisses

29

rurales et ouvrières qui remplissent les conditions suivantes :

1º Circonscription limitée à une seule commune, ou à deux communes, si l'une d'elles a moins de 600 habitants.

2º Prêts aux seuls sociétaires, pour usage déterminé et contrôlé.

3º Responsabilité solidaire et illimitée des associés.

4º Interdiction de distribution de dividendes, tous les bénéfices étant attribués à la réserve.

5º Gratuité des fonctions des membres du conseil d'administration et du conseil de surveillance, le comptable seul pouvant recevoir une rétribution.

Les caisses unies, en adhérant à l'Union, conservent toute leur indépendance. Elles ne sont pas obligées d'adhérer aux institutions que l'Union pourra fonder par la suite, telles que : assurance mutuelle du bétail, caisse centrale, etc. Elles prennent seulement l'engagement d'envoyer, chaque année à l'Union, le nombre de leurs membres, la copie de l'inventaire annuel et les totaux des recettes et dépenses du livre de caisse pour permettre d'établir les statistiques. Elles ont, par contre, le droit de demander tous renseignements, conseils et consultations à l'Union.

Telle est l'organisation simple, pratique et pleine d'heureuses promesses, qu'ont élaborée les efforts de M. Louis Durand, membre du comité du contentieux.

Parallèlement, et en des principes différents mais avec un égal dévouement, il a été formé, à côté de certains syndicats, des sociétés de crédit. Les fondateurs se sont inspirés de l'une des premières sociétés de ce genre établies en France par le syndicat de Poligny (Jura). Ce sont de petites sociétés anonymes, établies et administrées à côté, mais en dehors du syndicat. Elles puisent leurs premières ressources dans un capital modeste, facilement souscrit par des actionnaires généreux qui limitent à un taux très faible leurs chances de revenu, puis les dépôts de leurs membres ou de tiers viennent grossir ce premier noyau.

Pour les sociétés de crédit de Belleville et Bessenay, la Caisse d'Epargne de Lyon a favorisé leurs débuts en leur consentant un prêt à intérêts très réduits.

Comme dans les Caisses rurales, l'administration est entièrement gratuite, mais leur circonscription est plus étendue et, circonstance capitale, la responsabilité des sociétaires, comme dans toute société anonyme, est absolument limitée au montant du capital souscrit.

L'avenir et l'expérience diront lequel de ces deux principes est le plus fécond, et quelle forme est plus appropriée aux besoins agricoles en matière de crédit. Toutes deux, probablement, suivant les circonstances et les lieux, sont appelées à rendre de grands services, et bien plus que les textes législatifs, à faire avancer cette question. Le Comité du Contentieux, dont le rôle n'est pas d'intervenir dans la pratique est justement fier d'avoir étudié ces divers projets et d'avoir encouragé, autant qu'il dépendait de lui, leur mise à exécution.

Coopérative.

Le Comité du contentieux a eu à intervenir dans l'une des dernières créations de l'Union des syndicats, la Société coopérative agricole du Sud-Est. Le projet des statuts lui a été soumis au mois de janvier 1893.

Le Comité avait déjà étudié cette question des associations agricoles, sur la demande de la Société de battage de Livron. Celle-ci, constituée en simple association en participation, travaillant même pour le compte de tiers, avait été soumise à l'impôt de la patente en la personne de son président, M. de Bouflier. Pour éviter à la fois cette charge et la responsabilité personnelle qui pesait sur le président seul, la Société avait eu recours au Comité du contentieux.

Le rapport de M. Louis Durand avait conseillé la création d'une Société en nom collectif, où la responsabilité personnelle des adhérents serait couverte par de sérieuses assurances, et qui s'interdirait toute distribution de dividendes, les bénéfices étant destinés exclusivement :

1° A l'amortissement du matériel ;

2° Au remboursement du trop perçu aux sociétaires qui auraient employé la machine.

Pour éviter la patente, il fallait renoncer à battre pour les tiers, mais en constituant la Société à capital variable, c'est-à-dire avec facilité pour chacun d'y entrer et d'en sortir, on pouvait facilement pallier cet inconvénient et y introduire les tiers intéressés que l'on croirait devoir y admettre.

Un modèle de statuts fut rédigé par le rapporteur, adopté par le Comité et transmis à la Société de battage.

C'est au même rapporteur, M. Louis Durand, que fut confié l'examen du projet des statuts de la Coopérative agricole.

A l'occasion du titre de la Société, M. Durand rappela que le caractère civil de la Société résultait moins du titre adopté par elle que de sa constitution et de son genre d'opération. Il fit remarquer que l'expression de Société à capital et personnes variables était nouvelle en terminologie juridique. M. Duport signala cependant plusieurs sociétés coopératives, formées notamment entre officiers qui fonctionnaient avec une désignation semblable et dont les statuts semblaient, en outre, calqués sur ceux de la Coopérative.

Sur la proposition du rapporteur, quelques modifications furent introduites dans les art. 6, 9 et 25 des statuts. Le Comité appela particulièrement l'attention des fondateurs sur l'obligation de limiter aux sociétaires et adhérents le bénéfice de la Société, pour qu'elle restât civile et ne devînt jamais société commerciale.

Ces quelques indications données, le Comité du contentieux approuva pleinement les statuts de la Coopérative agricole du Sud-Est, dont pourront utilement se servir les fondateurs d'institutions analogues.

Tels ont été, en résumé, jusqu'à ce jour, les travaux de la Commission du contentieux. Son rôle a été d'étudier mûrement, au point de vue théorique et juridique, les questions nombreuses intéressant l'agriculture et les syndicats, sans entrer dans la pratique qui n'est point de son domaine.

Dans les limites de cette tâche importante et parfois difficile, le Comité du contentieux s'applaudit d'avoir, par ses travaux en commun et les études personnelles de ses membres, contribué pour sa part à l'œuvre des syndicats agricoles.

CHAPITRE VII

OFFICE ET COURTIER DES SYNDICATS UNIS

Les services matériels ayant été la première raison d'être des syndicats agricoles, il était naturel que l'Union s'occupât, dès le premier jour, de la création d'un intermédiaire destiné à mettre en rapport direct acheteurs et vendeurs et permettant d'alléger de rouages inutiles et onéreux les transactions des syndicats unis.

Dès la réunion constitutive, cette idée apparaissait nettement; le 16 octobre suivant, à la première Assemblée générale, elle recevait un commencement d'exécution par la nomination d'une Commission spéciale destinée à mener à bien cette délicate organisation. Il s'agissait, en réalité, de l'installation d'un courtier agissant sous le patronage de l'Union du Sud-Est, ayant pour attributions précisées et spécialisées de faire, sous la surveillance d'une Commission nommée par l'Assemblée générale, les opérations des syndicats unis, de se mettre en rapport avec leurs présidents, de surveiller les ventes aussi bien que les achats.

Étudié et préparé de longue date par l'un des vice-présidents de l'Union du Sud-Est, M. Duport, l'Office n'avait besoin, pour prendre vie, que de la consécration officielle de l'Assemblée; aussi ne faut-il point s'étonner de le voir définitivement installé, rue du Garet, dès les premiers jours de novembre. M. Jossinet, chimiste, ayant accepté d'être le premier courtier de l'Union et se trouvant, par ses études spéciales, bien placé pour lancer les syndicats dans la voie des engrais chimiques, signait, le 22 novembre, le traité définitif qui le plaçait à la tête de l'Office des syndicats unis, et qu'à titre documentaire, nous pensons utile de rappeler ici.

Entre les soussignés :

MM. Guinand, Duport, de Bélair, membres de la Commission spéciale de l'Office central de Lyon, nommés par l'Assemblée générale de l'Union du Sud-Est des syndicats agricoles, le 16 octobre 1888,

Et agissant au nom et comme représentants de cette Union,

D'une part;

Et M. Jossinet, chimiste, demeurant à Lyon,

D'autre part;

Il a été convenu ce qui suit :

M. Jossinet, sur la demande qu'il en a faite, est agréé comme courtier des syndicats faisant partie de l'Union du Sud-Est et comme tel, il payera patente.

M. Jossinet s'interdit toute opération étrangère aux syndicats unis. Il sera surveillé par la Commission nommée par l'Union du Sud-Est, qui lui donne en retour son patronage. Ce patronage et le titre de courtier pourront lui être retirés, quand bon semblera à la Commission. Dans ce cas, un délai de trois mois est accordé au courtier, comme aussi, il devra donner un délai semblable, s'il quittait ses fonctions de son plein gré.

Chaque syndicat traite directement ses affaires par l'intermédiaire du courtier et demeure responsable de ses opérations.

Les syndicats resteront toujours libres de s'adresser ou non à cet agent

La Commission détermine le taux des courtages qui seront dus par les syndicats.

Dans aucun cas, le courtier ne pourra se réserver ou accepter des acheteurs ou vendeurs traitant avec les syndicats un courtage quelconque, sans en avoir au préalable fait la déclaration écrite à la Commission.

Toute transaction entre syndicats unis, née d'offres et de demandes ayant paru au Bulletin des annonces, donne le droit au courtier de prélever un courtage, qu'il y ait ou non négociation de sa part. Dans ce cas, le courtage est réduit de 50 0/0.

Toute affaire terminée après avoir été préparée par l'entremise du courtier donne lieu au courtage, que cet agent ait eu part, ou non, à la conclusion de cette affaire.

M. Jossinet est chargé de faire enregistrer les présentes.

Fait et signé double, à Lyon le....

(Signatures.)

De possible, de nécessaire même qu'elle avait semblé à l'Assemblée générale, la création de l'Office devenant ainsi effective, il s'agissait d'annoncer sa naissance aux syndicats unis et de leur faire connaître dans quelles conditions le nouveau courtier allait opérer. Les deux circulaires suivantes, qui précisent bien les attributions respectives des diverses parties en jeu, furent donc envoyées de suite à tous les présidents intéressés.

I. — Circulaire de la Commission de l'Office

« La Commission a pensé qu'il serait de toute utilité que chaque syndicat portât à la connaissance de ses associés, par la voie de son Bulletin ou par tout autre moyen, les décisions suivantes :

« 1° L'Union du Sud-Est a agréé un courtier spécial, qui n'agit que sous la surveillance de la Commission ;

« 2° Le courtier s'interdit toute opération étrangère aux syndicats ;

« 3° Le courtier ne touche de courtage que des syndicats ; ces courtages ont été fixés :

« Pour les achats : à 2 0/0 jusqu'à 100 fr.
— à 1 0/0 jusqu'à 1.000 fr.
— à 1/2 0/0 au-dessus de 1.000 fr.

« Pour les ventes : à 2 0/0 jusqu'à 500 fr.
— à 1 0/0 au-dessus.

« 4° Toute affaire terminée, après avoir été préparée par l'entremise du courtier, donne lieu au courtage, que cet agent ait eu part, ou non, à la conclusion de cette affaire ;

« 5° La Commission reste juge de toute difficulté entre les syndicats et le courtier.

« Plusieurs syndicats, désirant faciliter le groupement des offres de leurs syndiqués et s'assurer de la bonne qualité des marchandises offertes, ont désigné un ou plusieurs intermédiaires sous leur surveillance.

« Nous croyons devoir vous signaler les avantages de cette combinaison ».

« La Commission. »

II. — CIRCULAIRE DU COURTIER

« L'Union du Sud-Est, dans son Assemblée générale constitutive des 15 et 16 octobre 1888, a décidé de créer un Office et voulant donner à cet Office une forme bien en rapport avec les services à rendre dans l'ordre économique et commercial, elle a désigné et agréé un courtier qui serait chargé des achats et des ventes.

« Quelles sont au juste les attributions de ce courtier ?

« Dans quelles conditions exerce-t-il ses fonctions ?

« Comment les syndicats peuvent-ils se servir du courtier ?

« C'est ce que nous avons cru utile de porter à la connaissance du plus grand nombre des intéressés, en empruntant la publicité du Bulletin d'offres et de demandes.

« Le courtier agréé est un agent qui se charge d'opérer les achats et les ventes pour le compte des syndicats unis. Il n'opère jamais pour son compte, son rôle étant absolument celui d'intermédiaire entre acheteurs et vendeurs.

« Le courtier s'interdit toute opération étrangère aux syndicats unis, c'est-à-dire que, dans toutes les transactions dont il s'occupe, l'acheteur ou le vendeur doit faire partie d'un syndicat de l'Union. D'autre part, les syndicats restent toujours libres de s'adresser ou non au courtier.

« Le courtier est surveillé par une Commission de douze membres nommés par l'Union du Sud-Est. Un membre de cette commission est toujours de service ; il examine la correspondance du courtier, voit si les achats et les ventes ont été bien effectués dans l'ordre de présentation et si les prix faits ou obtenus sont au mieux des intérêts des syndicats ; enfin il veille à la stricte application du tarif des courtages dus par les syndicats usant du courtier comme intermédiaire dans leurs achats et leurs ventes.

« Pour le moment et sauf modifications ultérieures. le taux des courtages a été fixé par la commission comme suit :

Achats effectués pour les syndicats 2 0/0 jusqu'à 100 fr.
— — — 1 0/0 — 1.000 fr.
— — — 1/2 0/0 au-dessus.
Ventes effectuées pour les syndicats : 2 0/0 jusqu'à 500 fr.
— — —. 1 0/0 au-dessus.

« Pour toutes transactions de syndicat à syndical, ce tarif est réduit de 50 0.0. Le courtier n'a aucun honoraire en dehors des courtages qui lui sont alloués. Toute affaire, terminée après avoir été préparée par l'entremise du courtier, donne lieu au courtage, que cet agent ait eu part ou non à la conclusion définitive de cette affaire. C'est l'usage commercial et la Commission a cru devoir le suivre à l'égard du courtier agréé par l'Union.

« Tout différend, pouvant naître entre le syndicat et le courtier, est tranché par la Commission de surveillance qui peut, du reste, retirer au courtier le patronage de l'Union et le titre de courtier des syndicats unis, si elle juge la chose nécessaire. Ainsi les mesures les plus sérieuses ont été prises pour que le courtier soit un intermédiaire sûr et pour qu'il ne soit pas à même d'être suspecté par les syndicats qui peuvent l'employer. Tous les membres des Syndicats unis ont droit aux services du courtier. S'ils ont des achats ou des ventes à effectuer, ils n'ont qu'à s'adresser au bureau de leur syndicat, qui transmet leur ordre au courtier, ou leur délivre l'autorisation de correspondre avec lui.

« Les courtages, pour les achats et les ventes effectués par le courtier, sont retenus par les bureaux des syndicats qui en donnent compte tous les trois mois à l'Office de l'Union du Sud-Est.

« Afin de faciliter les transactions et d'éviter trop de lenteur dans l'exécution des ordres, surtout pour la

vente des produits agricoles, plusieurs syndicats ont
pris les mesures suivantes : ces syndicats ont désigné
un courtier habitant leur circonscription chargé de
voir les agriculteurs syndiqués, d'apprécier leurs produits et de les grouper pour les expéditions ; ce courtier syndical est en rapport direct avec le courtier de
Lyon ».

« *Le Courtier des Syndicats unis,*

« JOSSINET ».

Ainsi organisé, l'Office étant tenu sous le nom et la
responsabilité d'un courtier patenté, l'Union est en
règle vis-à-vis de la loi qui ne lui permet pas les actes
de commerce proprement dits. Le commerce perd ainsi
son arme principale de critique, puisque le courtier renonce à tout privilège et que, pour gagner les mêmes
libertés que lui, il accepte, il va même au-devant de la
patente. Par l'Office, l'Union évite l'obligation de créer à
côté d'elle un syndicat central qui aurait nécessité :
statuts, déclaration, administration, soit une foule de
rouages spéciaux et aurait suscité souvent de regret-
tables confusions. Enfin, en cas de difficultés résultant
des transactions, le président du syndicat intéressé et
le courtier se présentent seuls devant la justice, évitant
ainsi à l'Union tous les ennuis, tous les frais qui résul-
teraient d'une organisation différente.

Donc, installation modeste, toute naturelle ; appointements basés sur les services ; en cas d'échec, retraite
discrète sans avoir compromis la cause syndicale et
surtout possibilité d'attendre, par suite du peu de frais
engagés, que les syndicats apprennent plus complètement à se servir de cet instrument nouveau.

Tel est, en quelques mots, le nouveau rouage créé par
les syndicats unis. Nous allons rapidement examiner
comment, pendant la première année, il a fonctionné,
les services qu'il a rendus et comment les syndicats en
ont profité.

Du jour de son installation au 1er novembre 1889, le
chiffre total des affaires traitées par son intermédiaire
s'élève à 130.662 francs. Les affaires traitées par les
bureaux des syndicats atteignent 119.996 fr., les affaires

traitées directement avec lui par des membres isolés des syndicats arrivent seulement à 10.666 francs. Les courtages payés ou dus par les syndicats ou leurs membres forment la somme de 961 fr. 45, les remises consenties au courtier par les divers fournisseurs forment celle de 636 fr. 20.

Du rapprochement de ces chiffres, il ressort d'abord que les affaires traitées par le courtier n'ont coûté en moyenne aux syndicats qu'un droit de courtage de 0,74 %. C'est donc un premier résultat important puisque les syndicats unis ont surtout voulu établir un intermédiaire dont les services ne fussent pas onéreux.

Si maintenant nous scrutons le chiffre des affaires au point de vue respectif des achats et des ventes, nous trouvons que les ventes des produits des syndicats font la somme de 28.500 fr. alors que les achats effectués pour leur compte s'élèvent à 102.462 francs ; à ce point de vue le nouveau total des affaires se répartit donc ainsi : Achats, 78,50 % ; ventes, 21,50 %.

Les plus gros chiffres d'achats portent sur le sulfate de cuivre dont le courtier a traité plus de 170.000 kil., puis viennent les engrais, les grains et tourteaux pour le bétail, les plants, les semences, etc.

Dans les ventes, le bétail tient la première ligne avec 14.400 fr. pour le seul mois d'octobre ; les fourrages viennent ensuite avec 8.500 fr., les pommes de terre, les grains, les plants, les vins, les fromages, les truffes représentent quelques milliers de francs.

Les opérations ont donc porté sur les matières les plus diverses, sans donner pour cela un chiffre d'affaires bien considérable ; à cela, il y a quelques circonstances atténuantes dont voici les principales.

D'abord les syndicats débutaient avec une organisation toute nouvelle, si nouvelle pour eux que, pendant trois mois, ils n'ont pas su s'en servir, ne commençant, très timidement du reste, à l'utiliser qu'aux mois de février et mars.

Puis, cette organisation nouvelle n'a pas été bien comprise par beaucoup de syndicats

Pour les achats, les syndicats déjà anciens avaient

leurs habitudes prises, ils ont crû devoir les suivre
encore et n'ont pas estimé qu'ils trouveraient un sérieux avantage à faire passer leurs ordres par l'Office.
Les faits cependant leur ont donné tort, car toutes les
fois que le courtier a pu grouper des ordres importants il a obtenu des conditions meilleures que celles
obtenues par le syndicat agissant isolément. En veut-
on une preuve?

Courant 1889, un membre du Bureau de l'Union, se
trouvant dans une ville voisine, entendit le président
d'un de nos syndicats donner à son secrétaire l'ordre
d'acheter des engrais à telle maison, et à tel prix. —
Pourquoi, lui dit-il, ne faites-vous pas passer cet ordre
par notre courtier? — C'est bien inutile, répondit le
président, je n'aurais pas de meilleures conditions et
j'aurai un courtage à payer. — Je ne suis pas absolument de votre avis. Donnez-moi l'ordre pour 48 heures
et je verrai ce que notre courtier pourra faire.

Celui-ci acheta dans la maison même désignée par
le président, et le résultat de son intervention se tra-
duisit ainsi : 62 francs de bénéfice sur 2,000 francs
d'achat. De plus, le courtier avait reconnu lui-même
les marchandises, prélevé les échantillons, surveillé le
bon conditionnement, fait faire l'analyse, et il ne demandait rien au syndicat, car le fabricant d'engrais lui
avait consenti une remise personnelle suffisante. Les
services du courtier, loin d'être onéreux, se chiffraient
donc par un bénéfice de 3 0/0 net.

L'économie de l'Office ressort bien de ce fait, que
nous pourrions cent fois répéter, mais il faut savoir
s'en servir.

Peu de syndicats ont, au début, bien compris le rôle
et les fonctions du courtier; on l'a confondu, soit avec
un employé salarié, soit avec un intermédiaire ordinaire et on l'a traité comme tel. Or, le courtier agit
sous la surveillance de l'Union, il n'est pas un intermédiaire, mais un agent chargé de défendre les intérêts des syndicats dans les transactions que ceux-ci
lui confient; il est toujours tenu de traiter au mieux
des intérêts des syndicats.

Au début, comme aujourd'hui, pour pouvoir acheter

à de bonnes conditions, le courtier est obligé de se présenter comme étant à même de traiter des affaires sérieuses et, pour exécuter aux meilleures conditions possibles les ordres fermes qui, seuls, peuvent être remplis par lui, il faut que ces ordres soient importants. Il faut donc, pour arriver à un résultat utile, que les syndicats groupent les ordres respectifs de leurs membres, le courtier groupant à son tour les ordres des syndicats unis. C'est en agissant ainsi que l'on pourra obtenir de l'office et du courtier le maximum d'effet utile pour les achats. Nous verrons, dans la suite, que les syndicats ont peu à peu compris quel était leur intérêt et que tous, si bien organisés soient-ils, ont trouvé avantage sérieux à passer par l'Office plutôt que d'opérer directement.

Nous venons de voir que le service des achats n'a pas rendu, la première année, tous les effets qu'on était en droit d'espérer ; il nous reste à étudier pourquoi le service des ventes a donné moins encore de résultats.

L'idée fondamentale, pour beaucoup de syndicats qui se déclaraient en état d'opérer seuls leurs achats, étant de trouver dans l'Office un instrument pour la vente de leurs produits, comment se peut-il faire, qu'en fin d'exercice, les ventes atteignent à peine le quart des affaires traitées?

Ce n'est un secret pour personne qu'il est toujours plus difficile de vendre que d'acheter, la preuve en est qu'au moment de la création du courtier, c'est à peine si, sur cinquante syndicats affiliés, deux avaient tenté de rendre ce genre de services à leurs adhérents. L'inexpérience de tous était absolue; le courtier, néanmoins, étudia son terrain et chercha des débouchés. Une fois les acheteurs trouvés, il semblait que le problème allait être résolu; on avait compté sans la routine, car si les syndicats témoignaient tous le désir de vendre leurs produits, aucun n'était en mesure d'exécuter les expéditions. Nombreux sont les ordres, avantageux pourtant, qui ont dû être annulés, faute par les syndicats de grouper les vendeurs, faute par leurs adhérents de s'entendre pour former un wagon, faute par eux d'attendre leur argent huit ou dix jours, préférant, la plupart, continuer à courir les foires qui les mettent à la merci des intermédiaires. C'est au point que, dans les premiers mois, ce ne sont pas les ordres qui ont manqué, ce sont les vendeurs. Dans les trois mois d'été, la situation changea et les envois de bestiaux arrivèrent en si grand nombre qu'on reconnut la nécessité de créer un rouage nouveau : *l'Union des producteurs et consommateurs*. Ce n'est qu'en passant que nous parlons de cette création, que nous étudierons à sa place, dans un chapitre spécial.

En résumé, si la première année d'exercice n'a pas fourni au courtier une rémunération suffisante, elle a du moins été une période d'études, d'installation et les constatations qu'elle nous a fournies nous montrent en somme que l'Office était utile, nécessaire même et qu'il manque surtout aux intéressés la pratique et l'expérience.

Les syndicats vont-ils, dans la suite, se servir de l'instrument si moderne, mis à leur disposition ?

A la longue, peut-être, mais à condition de laisser toute latitude à leurs membres et de ne pas forcer ceux-ci à passer préalablement par leur président. Si, en effet, dans un syndicat nombreux et bien organisé, les membres préfèrent passer leurs ordres par l'intermédiaire de leur association locale, il est non moins certain que, dans les petits syndicats où l'organisation est plus défectueuse, les ordres restent souvent dans la poche du président ou de l'administrateur délégué forcément inexpérimenté et mal renseigné. Aussi, après une ou deux tentatives infructueuses, les membres retournent au commerce local et cela pour toujours, à moins qu'en attendant l'accroissement de leur syndicat et par suite l'amélioration de ses services, ils ne puissent trouver, grâce à leur titre de syndiqués, les avantages auxquels ils ont droit, qu'on ne leur procure pas et que l'Office leur offre. Qu'on ne dise pas que les syndicats ont besoin, pour vivre, de la commission qu'ils auraient prélevée sur les ordres passés par leur intermédiaire, car rien ne les empêche de dire au courtier de réserver cette commission à leur crédit sur tous les ordres passés directement par leurs membres. Cela est faisable, cela se fait.

Quelques présidents de l'Union ne voulaient pas cependant entrer dans cette voie et, sous prétexte d'anarchie, avaient demandé à plusieurs reprises qu'il fût décidé que le courtier ne tînt compte que des ordres qui lui seraient passés par les syndicats ; il fallut l'intervention très sage, mais très énergique, de M. Duport, pour que l'Assemblée générale repoussât cette dernière condition.

C'est donc, sans changement dans le mode d'opérer que se présente l'exercice 1890. De celui-là, il nous est difficile d'en retracer ici les diverses phases, un gros orage survenu courant mai-juin nous empêchant d'apprécier les opérations du premier semestre. Rien cependant n'eut à souffrir du changement de titulaire ; le départ de M. Jossinet, et son remplacement par M. A. Verrière courtier actuel, s'effectuèrent sans secousses, passant presque inaperçus, sauf cependant pour l'homme dévoué qui, pendant plusieurs mois, ne recula ni devant les ennuis d'une liquidation, ni devant les difficultés que présentait la formation du nouveau titulaire. Grâce à M. Duport, grâce aussi à sa bonne volonté, à son travail persévérant, M. Verrière, rompu du reste aux affaires commerciales, fut bien vite à la hauteur de sa tâche, lourde cependant ; c'était bien l'homme de la situation, et vendeurs comme acheteurs n'ont qu'à se louer aujourd'hui de l'heureux choix de l'Union.

Si troublée qu'elle ait été, l'année 1890 est cependant en très sérieux progrès sur sa devancière ; peu à peu les syndicats apprennent à se servir de l'Office, le chiffre des affaires a considérablement augmenté.

Il y a cependant une lacune, regrettable entre toutes, c'est qu'en réalité 20 syndicats sur 50 ont totalement paru oublier le courtier et que ce sont précisément ceux qui sont les moins bien organisés, les moins prospères qui restent en dehors.

Ceux-ci ont un double tort : 1º parce qu'ils diminuent la force de l'Office en ne lui donnant pas leur concours ; 2º parce que, loin de leur coûter, le courtier leur procurerait le plus souvent de grosses économies.

L'Office ne leur coûte cependant rien, en effet, car les fournisseurs, pour avoir sa clientèle, très facilement et sans rien changer à leurs prix, accordent au courtier sa modeste commission, et que, d'autre part, depuis l'installation du nouveau courtier, la Commission de l'office a décidé qu'à l'avenir tous les courtages seront payés par les vendeurs.

En résumé, ce sont précisément les syndicats qui auraient pu, grâce à leur bonne organisation, se passer de l'Office, qui l'ont le plus utilisé. Ce doit être pour les autres un stimulant précieux, car si les syndicats prospères se sont adressés à l'Office, c'est qu'ils y ont trouvé leur avantage et qu'ils ont compris la nécessité de renforcer, par leurs ordres, l'importance naissante de l'Office, appelé à rendre de très grands services le jour où les syndicats auront enfin appris à s'en servir.

Si, très lentement du reste, les achats prennent de l'importance, les ventes restent toujours le côté difficile. Quelques bestiaux, quelques fourrages, quelques semences et c'est tout. C'est, de plus en plus, l'organisation qui manque chez les vendeurs car, quand les ordres arrivent, on ne peut les exécuter.

Comme le disait fort bien M. E. Duport, à la fin de son rapport de 1890 : « Si l'on ne considérait que ces résultats, sans songer que nous avons déjà pu réaliser des progrès qui semblaient impossibles, il y a deux ans à peine, il n'y aurait pas lieu de s'enorgueillir. Je pense, au contraire, que nous devons être vraiment fiers des résultats acquis, car ils sont un sûr garant de ceux, plus grands encore, que nous sommes certains d'obtenir, pour peu que tous nos syndicats se servent de l'Union en toutes circonstances et par préférence. M. Guinand vous disait, l'an dernier : « Ce qu'il y a de plus surprenant, c'est que ces résultats, nous les avons obtenus sans capital, en un mot avec rien ». Laissez-moi, à mon tour, terminer en vous disant : J'ai confiance dans l'œuvre, les résultats iront grandissants, car, pour les obtenir, nous avons tous un capital inépuisable le dévouement ».

C'est, assurément, le dévouement qui a toujours constitué le principal capital de l'Union du Sud-Est, pourquoi faut-il que nombre de syndicats n'aient pas cru devoir accepter d'en recevoir les intérêts?

Il faut reconnaître, cependant, que plus nous avançons dans l'histoire de l'Office, plus aussi les syndicats se décident à en profiter. L'année commerciale du 30 juin 1890 au 30 juin 1891 est, à ce sujet, pleine d'enseignements : le chiffre des affaires a plus que doublé.

Voici, du reste, comment M. Duport résume la situation de fin d'exercice, dans son rapport annuel de 1891.

« Les articles qui donnent lieu aux plus grosses transactions sont :

« Le sulfate de cuivre 445.000 kil. en 1890 ; nous arriverons pendant cet exercice à 600.000 kil. peut-être plus.

« Nous sommes actuellement les plus gros acheteurs de la région en sulfate de cuivre, pourquoi ne le serions-nous pas pour les autres produits nécessaires à l'agriculture ?

« Les charbons sont en grosse progression, c'est ainsi que, dans les deux derniers mois, nos ordres ont été de 285.000 kil. près de 10.000 kil. par jour, cet article si indispensable dans nos campagnes est appelé à un très grand avenir.

« Les fumiers également, dont les demandes passent 620.000 kil. pendant les mois de septembre et d'octobre, soit une moyenne journalière de 20.000 kil.

« Les ronces artificielles, les fils de fer, les fers à T sont également très demandés, ainsi que les vignes américaines pour le greffage. Le Beaujolais nous en a déjà commandé 2 millions et demi de mètres pour le printemps 1892. Songez que cela fait deux mille cinq cents kilomètres !

« Les machines, instruments, fourrages, tourteaux, etc., sont également en progrès, mais il est grand temps de s'arrêter.

« N'allez pas croire pourtant qu'avant de terminer je vais vous dire à quel prix se sont élevés les courtages payés à M. Verrière, ni quel a été le résultat, tous ses frais payés. N'oubliez pas que, si je le sais, cela ne nous regarde pas, c'est son affaire, mais ce qui nous regarde, c'est de calculer les services immenses que les syndicats, assez avisés pour se servir de lui, ont été mis à même de rendre à leurs adhérents.

« Le chiffre est colossal. N'en pas douter, c'est notre salaire, salaire précieux, aussi pour le gagner encore pendant de nombreuses années, rien ne nous découragera, n'est-il pas vrai, mes chers collègues, car nous savons qu'il s'agit du relèvement de l'agriculture, de la richesse et de la force de la Patrie. »

Il y a donc, dès maintenant, un très sérieux progrès, il est possible déjà de calculer les services immenses que les syndicats, assez avisés pour se servir du courtier, ont été mis à même de rendre à leurs adhérents, de calculer le chiffre énorme économisé par l'Office aux agriculteurs, sur une telle masse de fournitures, de supputer les majorations de récoltes obtenues, grâce à ses engrais, grâce à ses semences, d'estimer le nombre des vignes reconstituées par les porte-greffes fournis par ses soins, les pièces de vins récoltées malgré le mildew grâce à son sulfate de cuivre. Le chiffre est colossal : le capital dévouement, si généreusement avancé par les promoteurs de l'Office, commence dès aujourd'hui à porter intérêt.

Tout n'est peut-être pas encore parfait, mais nous marchons chaque jour plus avant et si, dans son rapport de 1892, M. Duport ne dit pas encore : « Tout va bien », il ne craint pas de dire : « Tout va mieux ». Il reste bien encore quelques syndicats qui persistent à ne pas connaître l'Office, mais ceux-là sont de moins en moins nombreux ; il ressort toutefois de l'examen détaillé des affaires faites, que les syndicats, qui ont le plus utilisé le courtier, sont assurément ceux qui sont le plus en progrès, d'où il résulte que ceux-ci ont raison de s'adresser au courtier et qu'ils en ont retiré des avantages. A très peu d'exceptions près, les syndicats qui figurent à peine sur les registres de l'Office végètent, ne progressent plus, certains même reculent; c'est là un indice grave qui mérite d'être signalé.

Sans vouloir toujours les citer comme modèles, il nous sera bien permis de donner encore, comme exemple probant, les syndicats du Beaujolais. Ces syndicats, qui se sont mis franchement à rechercher tous les moyens de rendre à leurs adhérents le plus de services possible, ont vu leur effectif s'élever à près de cinq mille membres, alors qu'ils ne s'étendent que sur la moitié à peine d'un arrondissement. Il n'y a pas, en France, d'exemple d'un groupement pareil des agriculteurs sur une aussi minime étendue de territoire. Le chiffre de leurs affaires a dépassé 450 000 fr. et, pour y arriver, ils ont organisé un Office analogue à celui du Sud-Est, géré par un courtier patenté. Malgré ce rouage, bien convaincus de l'importance et des avantages de la concentration de toutes les forces agricoles, ils n'ont pas hésité à faire passer tous leurs ordres par le courtier du Sud-Est et, cela faisant, ils estiment n'avoir rien perdu ; bien plus, ils ont conscience d'avoir servi la cause générale, car les ordres plus importants ont assurément permis d'obtenir, pour eux comme pour tous, de meilleures conditions.

Ceci uniquement pour montrer qu'un syndicat, si bien organisé soit-il pour opérer directement, a tout avantage à passer ses commandes au courtier et si l'avantage ne semble pas toujours immédiat et palpable, il n'en existe pas moins, car c'est par la réunion des ordres, et par cela seul, que les syndicats deviendront vraiment forts.

Voici, du reste, le chiffre total des affaires pour l'exercice écoulé :

Les engrais divers s'élèvent au total de 4.119.510 kil., soit la charge de plus de 800 vagons de 5.000 kilog. Dans ce total énorme, les superphosphates figurent pour plus de 1.200.000 kilog. et il y a lieu d'observer que les ordres de la Drôme ne passaient pas à l'époque par votre courtier, ce qui permet de prévoir un chiffre double l'an prochain, puisque depuis trois mois les ordres de ces syndicats seuls atteignent déjà 600.000 kilog. Les scories sont toujours très demandées puisqu'il en a été expédié par le Creusot 372.000 kilogs et, par la Marche 263.000, soit ensemble plus de 600.000 ;

les autres produits les plus demandés sont le chlorure
de potassium 80.000, le nitrate de soude 185.000,
les engrais composés 120.000, le sulfate de fer
46.000, etc., etc. Les produits anti-cryptogamiques
s'élèvent à 300.000 kilog., le principal est le sulfate de
cuivre 269.000 kilog. Les semences figurent pour le
chiffre relativement modeste, bien qu'en très grand
progrès, de 23.758 kilog. La nourriture du bétail donne
lieu à la même observation avec 104.910 kilog.

Le sucre pour vendanges est tombé à 35.000 kilog., il
faut nous en réjouir, c'est l'indice de meilleures récoltes. Une curieuse observation à faire c'est la demande
de 170 litres de levures pour vinification par petites
quantités, souvent 1 litre à la fois seulement.

Les charbons ont atteint, cette année, 805.000 kilog.,
c'est beaucoup et ce n'est rien si l'on songe qu'avec
son organisation qui lui permet de recevoir directement en gare et sans frais, grâce à ses attelages, la
culture française peut s'affranchir d'un lourd tribut en
gagnant sur la qualité, en ayant toujours le poids
acheté, enfin en économisant sur le prix, il y a de ce
côté une marge énorme, je vous la signale. Dans les
machines et outils, dont le chiffre en pièces est de
1.450, je remarque un matériel de battage complet,
achat fait par le syndicat de Livron qui fait profiter ses
membres d'un superbe instrument dont nous savons
qu'il est très satisfait.

Je remarque encore des batteuses à bras, des tarares,
une moissonneuse lieuse, enfin 9 pressoirs de diverses
grandeurs, etc., etc. Ce qui prouve jusqu'à l'évidence
que l'on commence enfin à comprendre que le courtier
bien renseigné sur les meilleurs instruments et leurs
prix, peut rendre de véritables services. Les articles
divers et de viticulture me permettent de vous signaler
quelques chiffres également dignes de remarque.

Les fils de fer dépassent 50.000 kilog., les ronces
atteignent 111.000 mètres et j'observe les vignes raci-
nées et les greffes soudées qui s'élèvent à 490.000 pieds
enfin les boutures de vignes américaines destinées au
greffage qui atteignent 3,869.220 mètres, soit près de
4.000 kilomètres, et si nous totalisons en poids toutes

ces marchandises, nous arrivons à un tonnage énorme de plus de 6.000 tonnes, soit 6.000.000 de kilog., représentant la charge moyenne de 1.200 vagons.

Avec M. Duport nous disons : « Ces chiffres sont assurément éloquents, mais ils ne le sont pas dans le sens que vous croyez. Ils signalent un progrès considérable, c'est vrai, mais ils sont loin de donner une idée de la force d'acquisition que nous représentons ou du moins il ne faut les considérer que comme étant la démonstration éclatante de la puissance que nous aurons le jour où, tous, nous utiliserons convenablement ce merveilleux instrument de défense agricole qui s'appelle la loi du 21 mars 1884. Ce jour, nous devons l'appeler de nos vœux et en avancer l'aurore par nos efforts énergiques et constants, car il marquera la grande prospérité de l'agriculture nationale ».

Mais, quelque progrès qu'il y ait dans la marche de l'Office, il ne faut pas dissimuler que, si le courtier est organisé pour les achats de produits agricoles, il ne l'est pas du tout pour la vente de ces mêmes produits. Les difficultés de vente sont, en effet, multiples. Pour la vente directe aux consommateurs, il faudrait des courtiers spécialistes, des courtiers voyageant, allant voir à domicile le producteur et ensuite le consommateur. Il faudrait créer des dépôts, des docks, des magasins généraux où l'on pourrait prendre livraison des marchandises en tout temps et pour toutes quantités. De là des frais, des risques qui ne peuvent être supportés par le courtier.

Il est certain, d'autre part, que si l'Office ne rend pas tous les services désirables, c'est que les syndicats reculent devant les dangers des achats fermes, parce que si la loi interdit de faire des bénéfices, rien ne les assure contre les pertes.

C'est pour y remédier en donnant aux syndicats unis la possibilité de rendre le plus grand nombre de services à leurs membres, que l'Union, dans son Assemblée générale de 1892, décide d'adjoindre à l'Office la *Coopérative agricole du Sud-Est*, dont nous parlerons plus tard.

La Coopérative créée, l'Office va-t-il disparaître et les deux services se confondant, la création de l'une va-t-elle amener la chute de l'autre ? Non et dès aujourd'hui il y a lieu de féliciter l'Union d'avoir compris que, loin de se faire concurrence, les deux organes se complètent admirablement l'un par l'autre, le courtier étant le trait d'union entre les syndicats et la Coopérative qu'il importe de laisser bien distincte des syndicats, bien que créée par eux et pour eux. L'Office ne faisant pas double emploi avec la nouvelle société, il devait être conservé, car s'il eût été supprimé, bon nombre de syndicats unis qui, pour une raison ou une autre, ne font pas partie actuellement de la Coopérative, n'eussent plus trouvé près de l'Union l'aide qu'ils en attendaient.

Assurément, avec le temps et peut-être très rapidement, tous, ou à peu près tous, les syndicats deviendront des adhérents coopérateurs mais, même à ce moment, le maintien du courtier s'imposera. En effet, la Coopérative agricole, qui est un fournisseur, peut ne pas avoir toujours les marchandises nécessaires et, dans certains cas même, il se peut que le courtier reste un organe plus économique, par exemple pour des achats de machines ou de certaines spécialités, pour lesquelles il n'est pas possible de faire des provisions ou de passer de gros marchés.

Le courtier a donc été maintenu à côté de la Coopérative, les services nombreux et très importants qu'il a rendus pendant le dernier exercice témoignent que son maintien était sage, pour ne pas dire nécessaire.

Il y a bien toujours les mêmes remarques à faire et la même indifférence de la part d'un certain nombre de syndicats, mais, outre qu'il y a quelques conversions heureuses, il y a, de la part des fidèles, un tel accroissement qu'il nous est permis de dire que qualité supplée à quantité.

Le chiffre total et détaillé des affaires est intéressant, surtout si on le compare aux précédents résultats.

Les engrais divers atteignent le poids énorme de 4.650.000 kil. soit la charge de 900 wagons à 5.000 kil. Dans ce total, nous relevons quelques chiffres intéressants, par exemple celui du nitrate de soude qui, de

20.000 kil. en 1889, s'est élevé à 381.000 en 1893, les scories de déphosphoration qui atteignent le total de 1.080.000 kil. les superphosphates d'os et minéraux, qui sont en continuelle augmentation et le prochain exercice ne fera que constater une nouvelle et considérable avance, à en juger par les commandes reçues cet automne.

Par suite de la sécheresse nous avons vu affluer les ordres en marchandises destinées soit à la nourriture, soit à la litière des animaux, et, grâce à la Coopérative agricole qui a su passer d'importants marchés, bien que surprise en pleine période d'organisation, nous avons pu les exécuter en très grande partie; le poids de ces marchandises dépasse déjà 3.600.000 kil. et il est à noter que de très importants marchés en, cours de livraisons, ne figurent pas dans ces totaux.

Voici quelques chiffres détachés de ce total : — Tourteaux, 335.000 kil. ce qui est peu, mais ce qui est peut-être le chiffre le plus étonnant, car il représente en totalité des livraisons à la petite et moyenne culture qui ne les avaient jamais employés; les sons avec 130.000 kil. dont 30.000 en sons de riz; les pulpes de betteraves, venues souvent de fort loin, avec 700.000 kil. montrent que nous sommes en mesure de satisfaire à toutes sortes de demandes; les foins avec plus de 1.200.000 kil. dont la majeure partie en provenance du Danube, achetés par la Coopérative agricole, ont sauvé nombre de bestiaux, ainsi que les 1.100.000 kil. de tourbe venus de Hollande, qui ont permis de consacrer un poids de paille bien supérieur à la nourriture des animaux. — Ce sont là de beaux chiffres, dont nous avons le droit de nous montrer fiers, car, sans secours d'aucune sorte, nous avons, dans de difficiles circonstances, montré des premiers ce qu'il fallait faire pour atténuer le désastre.

Les articles destinés à la viticulture ne sont pas non plus sans intérêt : le sulfate de cuivre avec 337.000 kil., le raphia avec 11.000 kil., les fils de fer avec 71.000 kil. indiquent l'importance des ordres qui nous sont transmis. Par contre, le sucre et les raisins secs sont heureusement tombés au chiffre d'ensemble de 50.000 kil., nous disons heureusement, car c'est la preuve que nos vignerons font du vin et n'ont plus besoin de demander leur boisson à ces procédés de disette venus avec le phylloxéra.

Les échalas, piquets, ronces artificielles, grillages, donnent des totaux en continuel accroissement.

Les boutures pour greffage se sont élevées au chiffre fantastique de 4.517.000; placées bout à bout, cela ferait 4.517 kilomètres. Songez à la quantité de bourgeons ayant pu donner naissance à un pied de vigne ; songez au nombre de pièces de vin qui pourront sortir de ces racines américaines et vous reconnaîtrez que notre œuvre est grande.

Pour les semences diverses le chiffre total est de 47.000 kil. ; c'est peu.

Pour les articles de ménage, les chiffres intéressants sont les riz pour 27.000 kil., le pétrole pour 21.000 kil., les charbons pour 850.000 kil. Pour ceux-ci nous ne pouvons que répéter ce que nous disions l'an dernier, nous devrions tripler au moins ce chiffre, tant l'avantage est considérable pour le cultivateur qui demande par wagon de 5.000 kil. au moins, le charbon dont il a besoin lui et ses voisins. Prix, poids, qualité, tout engage à ne plus employer à l'avenir d'autre intermédiaire que le courtier pour s'approvisionner de charbons. Conseillez-le donc, sans hésiter, à nos adhérents. Il y a là pour les agriculteurs le moyen de s'affranchir d'un lourd tribut.

Il reste à ajouter que 908 pièces, machines ou outils ont été fournies par les soins du courtier.

Si le poids de toutes ces marchandises est totalisé, nous aurons un total respectable de 9,730,000 kil., soit près de 10,000 tonnes, en progrès de 4,000 tonnes sur l'an dernier.

Avec M. Duport, nous ajoutons : « C'est bien quelque chose, c'est beaucoup même, si l'on considère d'où nous sommes partis et avec quelles faibles ressources nous obtenons cet énorme résultat ; et pourtant, je ne saurais trop le répéter, ce n'est rien, ce n'est qu'un commencement, car l'agriculteur, par sa masse même, est le plus gros consommateur, en même temps qu'il est le plus grand producteur. Si la moitié seulement des adhérents de nos syndicats unis passaient à notre courtier la moitié des ordres de ce qui leur est nécessaire, il faudrait décupler ce chiffre et le porter à cent mille tonnes. Je ne dis pas que nous verrons jamais ce chiffre, mais il n'est pas douteux que celui de dix mille peut grandement s'élever ; il laisse à notre zèle une marge très large et je ne désespère pas de la voir se combler en partie, car, n'est-il pas vrai, Messieurs, rien ne nous coûtera, rien ne nous lassera dans l'accomplissement de l'œuvre entreprise par nos syndicats : l'amélioration du sort des cultivateurs, cette force vive et la meilleure de notre beau pays de France ».

La seule conclusion à formuler, à la fin de cette étude sur l'Office du Sud-Est, nous paraît celle de l'honorable M. Guinand à la dernière Assemblée générale de l'Union : « Si les services rendus par l'Office sont de plus en plus nombreux, si ce rouage marche constamment de l'avant avec une précision de plus en plus appréciée, tout le mérite (et je suis heureux de le proclamer ici) en revient à mon ami Duport qui consacre à nos œuvres du Sud-Est son intelligence, ses forces et sa foi ».

CHAPITRE VIII

___

LA COOPÉRATIVE AGRICOLE DU SUD-EST

Frappée des grandes difficultés qu'ont les syndicats agricoles à rendre à leurs membres les services matériels qu'ils leur doivent et qui sont leur principale raison d'être, l'Union du Sud-Est avait, dès 1891, compris la nécessité d'annexer à ses services une Coopérative.

Entrée la première dans cette voie, après avoir étudié la question sous toutes ses formes, dans tous ses avantages, comme dans tous ses dangers — si dangers il y a — l'Union peut servir aujourd'hui d'exemple. L'histoire de sa Coopérative va nous apprendre pourquoi et comment, malgré de nombreuses résistances, elle a franchement abordé et résolu le problème difficile de la coopération.

Posé à deux reprises successives, le problème a reçu deux solutions différentes et, malgré que la première n'ait pas eu de suite, étant donné la mort prématurée du regretté M. Rostand, il nous semble impossible de ne pas étudier ici les deux solutions. Nous aurons ainsi l'histoire complète du mouvement coopératif agricole en France et de sa première application par une Union de Syndicats : l'Union du Sud-Est.

I. Coopérative de France. — Projet Rostand.

En avril 1891, à la Rochelle, puis en juin à Paris, un certain nombre de présidents d'Unions et de présidents de Syndicats départementaux se réunissaient, sur l'initiative de M. Rostand, directeur de la Coopérative agricole de la Charente-Inférieure, à l'effet d'étudier un projet grandiose : la constitution de la Coopérative de France. M. Rostand avait eu la généreuse pensée de doter la France entière d'une organisation analogue à celle de la Rochelle et de faire profiter tous les syndicats de son expérience et de sa grande compétence commerciale.

A côté des syndicats adhérents et pour eux, il fondait une Société commerciale qui devait, pour ainsi dire, être leur homme d'affaires. Son rôle devait être de procurer aux agriculteurs tous les moyens de production et de faciliter l'écoulement de leurs produits. Par l'importance de sa clientèle, recrutée presque en bloc au moment de sa constitution, elle obtiendrait des prix de revient étonnants de bon marché et, quant à la vente des produits agricoles, elle serait à même, par sa vaste organisation et grâce au dévouement des Chambres syndicales, d'en poursuivre facilement la réalisation.

De quoi s'agissait-il exactement ? M. de Rocquigny, plus mêlé que nous aux négociations de la première heure, par conséquent mieux renseigné, va nous le dire : Chercher à affranchir les producteurs et les consommateurs, du joug de cette féodalité moderne des intermédiaires qui, vivant à la fois sur les uns et sur les autres, les rançonne, les exploite et est très réellement la cause déterminante de la cherté de la vie, c'était une entreprise que devait tenter le génie de M. Rostand, lorsque le succès de la Société coopérative de la Rochelle fut bien assuré. M. Rostand conçut donc le plan d'organiser une grande Société coopérative, la Coopérative de France, fonctionnant pour toute la France au bénéfice des syndicats agricoles, livrant les marchandises à leurs adhérents et se chargeant de la vente de leurs produits. Cette société, qui pouvait compter sur de puissants patronages, exonérait les syndicats adhérents des risques, responsabilités et frais généraux qui leur incombent par suite des achats fermes qu'ils sont obligés de traiter pour l'approvisionnement de leurs dépôts, car elle aurait fait des consignations de marchandises dans leurs magasins, en échange *d'une petite subvention annuelle proportionnée au nombre de leurs membres.* Elle devait être l'intermédiaire naturel entre le syndicat producteur et l'acheteur consommateur; elle se proposait de créer, dans les villes, des dépôts ou magasins de vente alimentés par les Syndicats et où la consommation aurait pu, presque sans rien modifier de ses habitudes, s'approvisionner, aux plus bas prix possible, de la plupart des denrées d'alimentation. La Coopérative devait acheter les produits agricoles aux prix des cours et les revendre au mieux, répartissant ensuite une partie de ses bénéfices nets entre les syndicats producteurs, qui les auraient distribués à leurs adhérents.

Présenté pour la première fois à l'Union du Sud-Est, le 28 juillet 1891, le projet Rostand fut, avant toute discussion, soumis au Comité du contentieux. La réponse de celui-ci, longuement étudiée, sévèrement motivée, fut résumée ainsi : « Le projet Rostand pouvant entraîner la responsabilité des syndicats en faisant naître l'idée d'association entre la Société et les syndicats, le Comité donne un avis défavorable et engage l'Union à se tenir en dehors ». Le très distingué président du Comité, M. André Gairal légitimait ainsi la décision prise : « Peut-être nos conclusions seront-elles taxées par quelques-uns d'excessive prudence ou de défiance trop grande à l'égard des forces encore naissantes et inexpérimentées de nos syndicats, mais nous persisterons à penser qu'il vaut mieux ici pécher par circonspection exagérée que par témérité. Nous estimons, en effet, que l'apprentissage de la liberté, qui n'est jamais sans péril, exige des précautions parfois minutieuses et que, pour le salut même d'une institution aussi précieuse que celle de nos syndicats, il faut laisser le moins possible aux incertitudes des contestations à naître, le moins possible aussi à la critique de ceux auxquels cette institution porte ombrage ».

C'était une exhortation à la prudence, à la sagesse, mais la Coopérative Rostand devant être, ne valait-il pas mieux, en somme, l'avoir avec nous, c'est-à-dire avec les syndicats que contre nous, contre les syndicats? Faire autrement eût été dangereux, c'eût peut-être été la ruine du mouvement syndical en France.

M. Duport l'avait compris et fait comprendre à ses collègues du bureau, c'est pourquoi nous voyons le projet revenir sur l'eau vers la fin d'octobre 1891. Cette fois, M. Rostand comprenant que, sans l'Union du Sud-Est, il ne fallait pas songer à convertir les autres syndicats, arrivait tout disposé à amender son projet et à faire des concessions. D'un accord commun, la participation des syndicats aux avantages de la Coopérative de France fut arrêtée sur de nouvelles bases dont les plus essentielles étaient :

La Société sera créée en dehors des syndicats ; les cotisations seront facultatives, un délai sera accordé aux syndicats pour adhérer à la Société.

Les syndicats adhérents seront divisés en deux catégories :

1º Les syndicats adhérents et payant une cotisation annuelle de 1 franc par membre à la Société et auxquels celle-ci fera, en retour, une remise de 3 0/0 sur le montant de leurs ordres ;

2º Les syndicats adhérents et ne payant pas de cotisation, auxquels la Société fera seulement une remise de 1 0/0.

La Société s'engagera, dans la circonscription de tout syndicat adhérent, à ne vendre au public qu'à des prix supérieurs de 7 0/0 aux prix appliqués aux syndicats, bonification non comprise.

Pour lier Société et Syndicat une simple lettre sera échangée entre le directeur d'une part et le président de l'autre.

Dans ces conditions, les syndicats restaient maîtres de la Société sans être dans la Société; si cette dernière changeait de front et modifiait son attitude, les syndicats pouvaient, du jour au lendemain, l'abandonner et se séparer d'elle. Donc, pas de lien, pas de contrat, pas de subvention obligatoire, le tout pour réserver l'avenir des syndicats et leur liberté d'action. C'est ainsi amendé que le projet Rostand se présenta à l'Assemblée générale de l'Union du Sud-Est, le 24 novembre 1891, avec M. Duport comme rapporteur. C'est évidemment à cette dernière circonstance, tout heureuse pour lui, que M. Rostand dut de voir son projet adopté, aussi estimons-nous nécessaire de rappeler en entier la remarquable défense de l'éminent avocat de la Coopérative de France.

« *Est-il nécessaire de faciliter aux Syndicats agricoles les moyens de rendre des services matériels ?*

« Je n'hésite pas à répondre oui, mille fois oui.

« Et cela, non pas seulement parce que c'est une des conséquences de la loi du 21 mars 1884, non pas seulement parce que les membres de tous nos syndicats le demandent, mais surtout et avant tout parce que c'est le meilleur moyen d'amener le relèvement de l'agriculture nationale.

« La théorie, l'enseignement, la vulgarisation des bonnes méthodes par l'exemple, sont assurément des choses fort utiles, c'est même, si vous le voulez, la moitié de ce qui est nécessaire à la défense de la profession, mais ce n'est que la moitié. Que sert, en effet, d'indiquer de nouveaux outils ou instruments, tous si coûteux, des semences ou des plants de vignes de pays éloignés, des engrais aussi extraordinaires d'origine que variés de composition, si vous n'aidez pas à se les procurer aisément, sûrement, à prix raisonnables ? — Que sert enfin de montrer les moyens de produire, si, par suite de l'augmentation incessante du nombre des intermédiaires, l'agriculteur vend chaque jour plus mal ses produits, quand il les vend ?

« Cela est si vrai que les syndicats agricoles ne vivront que s'ils se mettent franchement en mesure de rendre à leurs adhérents tout ou partie de ces services, car on vous l'a déjà dit, c'est leur grande raison d'être.

« Or, les syndicats, dans l'état actuel de leur organisation, ne peuvent que très difficilement rendre de véritables services matériels.

« Pour les achats, ils sont souvent trop peu importants, plus souvent ils sont dirigés par des hommes, dévoués sans doute, mais peu habitués aux affaires, enfin ils ne sont que trop souvent mal vus du commerce qu'ils gênent, plus encore par la publicité désintéressée de leurs prix que par le chiffre de leurs affaires ; aussi n'arrivent-ils que rarement là procurer des avantages considérables à leurs adhérents.

« Pour les ventes, c'est bien pis. En butte à l'animosité d'une foule d'intermédiaires intéressés à ne pas permettre aux producteurs de se rapprocher des consommateurs, leurs efforts sont stériles pour ne rien dire de plus. — Pour leur nuire, les vendeurs consentent parfois momentanément à leurs adhérents des prix au-dessous des cours, bien certains qu'ils sont de se récupérer de cette perte lorsqu'ils auront causé la mort des syndicats. Il en est de même des intermédiaires qui savent à l'occasion être fort raisonnables.

« Aussi le résultat est-il visible; il n'y a pas à le nier, à part quelques rares et remarquables exceptions, les syndicats agricoles ne progressent plus que lentement.

« En dehors de ces causes si connues, il en est une dernière tout aussi grave ; j'entends parler de la lassitude que laissent voir un grand nombre de présidents et de bureaux. L'organisation des syndicats agricoles a été hâtive, trop hâtive même dans bien des cas. Aussi beaucoup d'hommes, de bonne volonté assurément, mais habitués à des efforts modérés et surtout peu prolongés, se sont trouvés dans la nécessité de prendre la direction des syndicats, sans être préparés et surtout sans bien se rendre compte ni du poids de la tâche qu'ils assumaient ni de sa durée. — Tels enfin qui ont accepté, se sachant aptes seulement à diriger une association se bornant à un rôle théorique, se trouvent, par la force des choses, à la tête des syndicats, forcés de rendre à leurs adhérents les services matériels que ceux-ci en exigent.

« A tous ceux-ci, il faut faciliter leur tâche, ou le découragement causera d'irréparables désastres.

« C'est triste à constater, c'est désagréable à dire, mais c'est bon à savoir.

« *Est-il possible de faire autre chose que ce qui nous est proposé ?*

« A cette question comme à la précédente, je voudrais pouvoir répondre : oui, mille fois oui, et pourtant je ne le puis.

« Oui, j'aurais voulu quelque chose de plus parfait, de plus à nous, pour tout dire en un mot, de plus sûr.

« Oui, il y avait mieux à faire et pourtant ma réponse sera nette : Non, il n'y a pas autre chose à faire que ce que nous avons proposé.

« Ah ! si, dans toutes les régions, nous avions des Unions déjà vieilles de quatre années comme le Sud-Est; si, à côté de ces Unions, nous avions un service organisé au moyen d'un courtier patenté, bien à nous comme au Sud-Est, ah ! mon langage serait tout autre.

« Le Sud-Est, le courtier, je le sais, ce n'est pas parfait non plus, mais prudemment, sagement, tout cela se perfectionne, et si l'on savait mieux se servir de ce que l'on a, ce serait presque parfait; en tout cas, ce serait suffisant.

« Le courtier, il est vrai, bien que groupant les ordres, n'est qu'un courtier, il n'est pas et ne peut pas être un acheteur ferme, il n'a donc qu'à moitié l'action qu'aura la nouvelle Société ; c'est exact, mais il n'a pas non plus les frais généraux énormes d'une vaste organisation ; l'économie vaut la différence de prix et il reste, en faveur de l'organisation telle que nous l'avons établie, qu'elle est la marche prudente et sûre vers le connu au lieu du saut dans l'inconnu.

« Mais, à quoi sert de regretter ce qu'il n'est plus temps d'organiser ailleurs, de vanter ce qui sera peut-être désorganisé ici demain? Au-dessus de l'intérêt régional il y a l'intérêt général, il y a la nécessité absolue d'éviter toutes causes de divisions des forces agricoles; il y a la certitude, en ne restant pas en dehors du projet, de voir nos observations écoutées ; il y a, par suite, l'espoir de pouvoir l'améliorer, c'est pourquoi nous devons nous rallier à un projet appli-

cable partout, c'est pourquoi je vous dis : non, il
n'est pas possible de faire autre chose que ce qui
nous est proposé.

« *Quels seront les résultats probables de la mise à exécution du projet Rostand ?*

« Ces résultats peuvent varier à l'infini, nul ne saurait les définir avec précision, mais il est possible de
prévoir ce qu'ils seront, en cas d'insuccès comme en
cas de réussite.

« En cas d'insuccès, les syndicats se retrouveront
sensiblement dans la situation où ils sont actuellement. S'étant tenus entièrement à l'abri des responsabilités financières de la société nouvelle, sa chute
les laissera sans nul doute découragés, mais pas plus
que beaucoup ne le sont en ce moment. Ils auront, du
moins, montré leur désir de rendre le genre spécial
de services qu'on leur demandait. Leurs adhérents
n'auront donc plus aucun motif de leur reprocher
leur inertie ou leur timidité.

« En cas de réussite, ce serait une force si grande
pour nos associations syndicales que leur avenir en
serait assuré et que l'agriculture serait sauvée.

« L'on dira peut-être : mais cette société que vous
aurez faite, n'abusera-t-elle pas un jour de sa puissance ? Il est fort possible qu'elle le tente.

« C'est évidemment un danger à prévoir. Mais ce
danger n'est pourtant pas aussi redoutable qu'il le
paraît, surtout si les syndicats savent rester unis,
comme il y a lieu de l'espérer, comme on y veillera et
c'est là qu'apparaît plus que jamais la nécessité du
groupement des syndicats dans les Unions régionales,
pour pouvoir opposer à de semblables prétentions
une force de résistance vraiment sérieuse. En effet, si
la nouvelle société, ayant réussi, devient puissante,
nous aurons considérablement augmenté nos forces
au contact même de son succès et celle-ci aura besoin
de notre clientèle tout autant que nous de ses services. Au fond, notre abandon en masse, qui lui serait
funeste, lui semblera d'autant plus à redouter que sa
chute nous causerait peu de préjudice et qu'elle nous

sentira assez forts pour réaliser alors, avec nos seules forces, ce que nous n'osons tenter aujourd'hui. Ne pas être lié au sort d'une société, c'est encore le meilleur moyen d'en rester maître.

« Aussi est-ce la qualité principale du projet qui vous est soumis, et c'est ce qui nous permet de l'appuyer, si tel est votre avis.

« Je me résume : *Oui, il faut accepter ce qui nous est proposé, car il n'est pas possible de faire autre chose et il faut faire quelque chose* ».

Aussi clairement posé, aussi sagement présenté, le projet Rostand ne pouvait manquer d'être adopté. On vota pour le rapporteur et pour le Bureau, mais non pas le projet lui-même que, malgré l'exposé si clair et si précis de M. Duport, la grande majorité des délégués persistait à trouver dangereux, pour ne pas dire nuisible. Les termes mêmes de la résolution votée sont là pour confirmer notre dire, il y a lieu de ne pas les oublier :

« L'Union du Sud-Est des Syndicats agricoles, considérant qu'il semble indispensable, au moins pour une grande partie de la France, de faciliter aux syndicats agricoles l'extension des services matériels à leurs adhérents ;

« Considérant que si, en ce qui concerne notre région, il suffirait pour cela de persévérer dans la voie adoptée, tout en l'améliorant, il n'en est pas de même partout ;

« Considérant qu'il ne faut pas, dans une question d'intérêt national, se laisser guider par des considérations régionales ;

« Regrette qu'une organisation, analogue à la sienne, n'ait pas été établie dans toutes les régions de la France ;

« Décide :

« Qu'elle se rallie au projet dit : *Projet Rostand,* tel qu'il a été présenté dans son Assemblée générale de ce jour, sous les réserves stipulées quant au mode de négociations devant conduire à des accords avec les syndicats unis ».

Pour conclure, l'Union acceptait bien le projet Ros-
land, mais elle s'y ralliait à contre cœur, dans le seul
but de ne le pas laisser aboutir contre les syndicats.
Elle l'acceptait comme un mal nécessaire, avec l'espérance secrète que, pour une raison ou une autre,
il n'aboutirait pas.

L'avenir ne devait que trop lui donner raison, car le
cercueil qui emportait si prématurément au mois d'avril
1892, M. Rostand, emportait avec lui cette création
hardie dont il pouvait seul atteindre la réalisation:
la Coopérative de France.

Ainsi finit le si vaste projet Rostand et, abstraction
faite des circonstances douloureuses qui ont entravé sa
mise à exécution, nul, aujourd'hui, ne peut regretter
qu'il en soit resté là. C'était peut-être une idée sé-
duisante, une conception grandiose et hardie, mais
sa réalisation même était un danger.

II. Coopérative régionale. — Projet Duport.

Quiconque est un peu au courant des besoins de
l'agriculture est aujourd'hui convaincu de la nécessité de perfectionner les moyens d'action dont disposent les syndicats. Comme l'écrivait notre sympathique collègue, M. Riboud, la loi de 1884 a créé ces
associations en leur donnant pour mission de défendre
les intérêts professionnels ; mais ces intérêts sont fort
complexes et leur défense, pour être utile, demande
autre chose que des conseils et des dissertations
savantes sur les avantages du groupement des forces
agricoles. Si nous voulons rendre aux cultivateurs
tous les services qu'ils attendent des syndicats, en
particulier les services matériels qui sont à leurs
yeux les plus importants, il faut que nous soyons,
avant tout, des hommes pratiques et que nous abor-
dions franchement les questions d'ordre commercial.
Mais, sur le terrain des affaires, on se heurte vite à des
responsabilités, à des risques, que plus d'une Chambre
syndicale hésite à affronter. Et puis, s'il est vrai que

les syndicats ne doivent rendre que des services professionnels, il est non moins vrai que la portée du
mot professionnel n'est pas parfaitement établie et,
dès lors, le respect de la légalité devient une cause de
prudence et de piétinement. De telle sorte qu'il est
indispensable de venir en aide aux syndicats qui ne
sont ni assez hardis ni assez bien outillés pour surmonter ces difficultés, en un mot, il est du devoir de
ceux qui les dirigent de leur fournir les moyens de
donner libre carrière à leurs aspirations. C'était le but
poursuivi par le regretté M. Rostand, qui entendait,
grâce à la vaste clientèle sur laquelle pouvait compter
« la Coopérative de France » non seulement délivrer
les cultivateurs du joug des intermédiaires, mais
dicter même ses conditions aux industriels et aux gros
commerçants. Malheureusement les conceptions de
M. Rostand avaient le défaut d'être trop vastes, et puis
lui seul était capable de diriger la future société; or,
lorsque l'avenir d'une affaire dépend de l'existence
d'un seul homme, il n'est pas des mieux assurés. Les
événements, hélas ! ne l'ont que trop vite prouvé.

Toutefois M. Rostand avait vu juste en voulant aller
de l'avant, c'était le côté vrai de son projet; aussi ce
côté a survécu et c'est M. E. Duport qui, dans le
courant de l'été 1892, le reprend, l'étudie, le met au
point pour le faire ensuite approuver par ses collègues
du Bureau d'abord, par l'Union tout entière ensuite.

Il nous reste à voir pourquoi et comment M. Duport
a voulu résoudre le problème.

Et d'abord, pourquoi ? Parce que les syndicats qui
rendent des services matériels à leurs membres sont
les seuls qui soient vraiment prospères. Si, en effet,
nous prenons les soixante-quatorze syndicats de l'Union,
il est facile de constater que la moitié environ marche
bien, progresse sans cesse ; ce sont ceux et ceux-là
seuls qui n'ont pas hésité à ouvrir des entrepôts où
leurs adhérents trouvent tous les produits nécessaires à l'exercice de leur profession. L'autre moitié
ne marche pas; or, ne pas marcher, c'est reculer; ce
sont ceux qui n'osant pas ou n'en ayant pas les

moyens, n'ont pas cru, jusqu'à présent, pouvoir ouvrir des entrepôts. On dira, peut-être, que n'en
ouvrent-ils et, s'ils n'en ouvrent pas, tant pis pour
eux.

Peut-être, mais, dans une Union, les syndicats ne
sont-ils pas solidaires les uns des autres et si, actuellement, tous profitent de ce que, jusqu'à ce jour, aucun
de ceux affiliés à l'Union du Sud-Est n'a échoué
complètement dans sa tâche, ils recevraient un contre-
coup fâcheux de l'échec absolu de plusieurs d'entre
eux, échec possible, échec menaçant aussi, car, en
dehors même de tout esprit, de toute espèce de confraternité, nous sommes tous dans l'obligation de
nous soutenir les uns les autres, c'est notre intérêt
bien entendu.

Il est facile, assurément, à ceux qui ont réussi, de
dire aux autres : Ouvrez des entrepôts, mais il ne
faut pas perdre de vue qu'il y a souvent des raisons
spéciales rendant la réalisation de ce conseil difficile,
sinon impraticable. Il faut, en effet, non-seulement la
volonté, il faut encore les moyens, il faut surtout les
connaissances indispensables pour diriger ces entrepôts. Des hommes dévoués, il y en a partout dans nos
syndicats, c'est entendu, mais cela ne suffit pas et,
quand il s'agit de traiter des achats souvent considérables et de diriger un ou plusieurs dépôts de marchandises, il faut des aptitudes spéciales.

Quant aux syndicats qui réussissent, ne voient-ils
pas eux-mêmes que leur responsabilité devient chaque
jour plus considérable, en proportion même de
l'augmentation constante des services qu'ils rendent ?
Ils ont réussi jusqu'à présent, soit, mais ils peuvent
un jour ne plus réussir, et, pour cela, il faut peu de
chose, quelques achats de prévision malheureux ; or,
les achats de prévision, c'est indiscutable, sont iné-
vitables pour assurer le complet fonctionnement des
entrepôts. Les syndicats peuvent alors subir des pertes que rien ne viendra compenser, puisque la loi de
1884 leur défend de faire des bénéfices, tout en les
obligeant à céder les marchandises achetées avec la
simple majoration de prix nécessaire à les rembourser

de leurs frais. Mais alors, dira-t-on, pourquoi ouvrir des entrepôts et ne pas se contenter de faire exécuter les ordres au fur et à mesure qu'ils sont donnés ? Est-ce possible, alors que nous venons justement de constater que les syndicats seuls qui ont des entrepôts progressent ; ce n'est, en fait, pas surprenant, car c'est le seul moyen de rendre service à la petite culture, la plus intéressante à coup sûr, celle que nous devons le plus avoir à cœur d'aider ; n'est-elle pas la force vive du pays ?

Le petit cultivateur ne sait pas ou ne peut pas, le plus souvent, demander par avance la petite quantité d'engrais ou de semences dont il a besoin. Parfois, l'emploi qu'il en fait dépend de la température, d'une pluie, ou encore de l'argent qu'il espère avoir et qu'il n'a pas au moment où il faut faire sa commande. C'est pour lui surtout que le syndicat est utile, ce serait mal comprendre le rôle de l'association que de ne pas prendre en mains la défense de ses intérêts.

Une Société coopérative, en prenant à sa charge les risques, ce qu'elle peut faire, puisqu'elle a, pour y faire face, la possibilité de faire des bénéfices, exonérerait les syndicats de tous les aléas inhérents aux opérations que l'on exige d'eux et pour lesquelles ils ne sont pas faits. Pour cela, la Société n'aura qu'à consigner aux syndicats les produits qu'ils lui demanderont, étant bien entendu que chacun d'eux restera absolument, en face de la Société, dans la situation d'un client vis-à-vis d'un fournisseur ordinaire. De la sorte, il n'y aura plus un seul syndicat qui ne puisse ouvrir un entrepôt, si ses adhérents le désirent, car il n'aura besoin ni d'argent ni d'aptitudes spéciales, il suffira de vouloir.

Mais, et c'est là une raison majeure qui milite en sa faveur, la Société coopérative sera non seulement une société de consommation, mais encore une société de production, c'est-à-dire une Coopérative complète. Nous lui achèterons les articles nécessaires à notre production et, en retour, elle nous achètera les produits de notre sol. Or, il n'est pas douteux que c'est là le double objectif du syndicat : produire plus, produire bon, c'est le premier point ; mais vendre, surtout vendre mieux, c'est assurément le second point du problème. Or, même avec l'organisation presque parfaite du courtier, l'Union le pouvait-elle ? Non, les difficultés, les risques, déjà redoutables dans les achats, sont insurmontables dans les ventes. Pour les vaincre, il fallait un rouage nouveau ayant, pour se mouvoir, toutes les facultés commerciales qui manquent aux syndicats, pouvant prendre, vis-à-vis des tiers acheteurs, les responsabilités qu'ils ne peuvent assumer. La création d'une Coopérative régionale s'imposait donc, nous allons voir de quelle façon M. Duport a résolu sa constitution.

Comment. — Comme M. Rostand, M. Duport a voulu une société coopérative destinée à approvisionner les syndicats de la région, société qui prendra pour son compte les risques commerciaux. Tout d'abord, il avait eu l'intention de donner à cette société un caractère exclusivement professionnel et syndical et de constituer le capital avec le concours exclusif des associations syndicales de l'Union. Celles-ci eussent été les seuls acheteurs de la société, auraient distribué aux syndicataires les articles achetés à la Coopérative et réparti entre eux les bénéfices en résultant. Pressenti, le Comité de contentieux de l'Union s'opposa à cette manière de voir et, tout en reconnaissant que la création d'une Société coopérative régionale telle que la concevait l'Union, était une œuvre opportune et parfaitement réalisable, il fit observer que, s'il est permis aux syndicats de prendre des actions, des parts d'une société, il serait à craindre, du moment qu'ils seraient seuls souscripteurs, qu'on ne vît dans cette combinaison une Union dissimulée, faisant des opérations commerciales, contrairement à la loi du 21 mars 1884.

Sans se laisser rebuter et convaincu avant tout de la nécessité d'aboutir, M. Duport reprit son projet, s'inspirant cette fois des dispositions de la nouvelle loi sur les sociétés coopératives, déjà votée par la Chambre et le Sénat, et qu'une seconde lecture à la

Chambre empêchait seule d'être promulguée. C'était partir avant l'heure, mais ne valait-il pas mieux partir trop tôt que ne pas partir du tout ?

Tout d'abord, M. Duport se prononce pour une société civile et non commerciale, c'est-à-dire une société qui ne fera des affaires qu'avec ses membres et non avec des tiers.

Bien que partisan en principe de la liberté commerciale et, par suite, de la patente qui assure une plus grande indépendance, M. Duport demande que la future Coopérative soit civile afin d'éviter jusqu'à l'apparence d'un but commercial et aussi et surtout afin de se prémunir contre les conséquences du fameux projet de loi sur les patentes, alors en instance devant le Parlement.

Voilà donc pour le caractère de la nouvelle Société ; elle sera *civile*. Mais comment constituer le capital et comment faire de tous les syndicataires des coopérateurs ?

Que les syndicats ne soient pas les seuls souscripteurs du capital, répond le Comité de contentieux, car l'administration pourrait accuser l'Union de faire du commerce d'une façon détournée. Soit, mais il est pourtant indispensable de ne demander le capital qu'à des agriculteurs faisant partie eux-mêmes des associations syndicales unies, ceci pour éviter les spéculateurs.

Dès lors, on demandera à ce que, dans chaque syndicat, il soit souscrit une part à raison de cent membres ; le syndicat, personne morale, en prendra une à son nom, les autres, il les fera souscrire par des particuliers, personnes physiques, membres de l'association. Ainsi, un syndicat a mille membres, il prendra une part à son nom et en fera souscrire neuf par des individualités comptant au nombre de ses membres. De la sorte, les syndicats unis ne seront pas les seuls souscripteurs et les associés seront à la fois et des personnes morales et des personnes physiques, ce sera même ce dernier élément qui dominera.

Et, maintenant, comment appeler tous les membres des syndicats unis aux bénéfices de la coopération, comment les rendre coopérateurs ? La loi actuelle

ne semblant pas en fournir le moyen, M. Duport
n'hésite pas à escompter la loi nouvelle dont nous
parlons plus haut. Cette loi crée des adhérents :
un adhérent est un postulant à une part et le
postulant est placé sur le même pied que le vrai
porteur de part, il devient coopérateur. Il n'a pour
cela qu'à verser une cotisation de 2 francs, une fois
payés, qui représente le dixième d'une part de 20
francs, dont il pourra se trouver un jour propriétaire. Cette somme de 2 francs lui appartient, elle
est en dépôt à la société, sans procurer d'intérêt, il
est vrai, mais l'adhérent ne court aucun risque, il n'a
à redouter aucune responsabilité, et le jour où, par le
fait de l'accumulation des bonis auxquels il participera, au prorata du chiffre d'affaires qu'il aura faites
avec la Société, le jour, disons-nous, où il sera porteur d'une part de 20 francs, il pourra à, son choix, rester coopérateur ou se retirer avec son argent.

Dès lors, la combinaison est simple : les syndicats
n'auront qu'à verser 2 francs au nom de chacun de
leurs membres pour faire de tous en bloc des adhérents, soit de véritables coopérateurs. Donc, pour
profiter des avantages de la Société nouvelle, un syndicat de mille membres aura dix parts de cent francs
à souscrire, dont une à son nom propre, et deux
mille francs à verser une fois payés.

C'est sous cette nouvelle forme que le projet de
Coopérative régionale fut présenté et défendu par
son auteur, M. E. Duport, à l'Assemblée générale de
l'Union du 3 novembre 1892.

Aucune responsabilité n'étant engagée, aucune obligation n'étant imposée, les syndicats restant absolument libres d'utiliser ou non la Société, qui se fondait
en dehors d'eux, mais pour eux, la création proposée
n'offrait que des avantages sans présenter aucun inconvénient pour les syndicats. Leurs délégués n'eurent
pas de peine à le comprendre et comme une seule
objection se faisait jour : la responsabilité financière
des syndicats, M. Duport s'empressa de rassurer les
intéressés par cette très franche explication:

« Ni l'Union du Sud-Est, ni nos syndicats n'ont ou

n'auront à créer la Société coopérative régionale de consommation et de production, dont nous nous occupons. Ils n'y songent pas et ils n'en ont du reste pas le droit. C'est pourtant ce que, bien à tort, certains d'entre vous semblent avoir compris. Cela vient probablement de ce que le projet vous a été présenté sous les auspices de l'Union du Sud-Est et aussi de ce que l'on vous a demandé votre avis. Si l'Union vous a présenté le projet, c'est que sa réalisation en doit profiter à nos syndicats; si l'on vous a demandé votre avis, c'est qu'il ne se réalisera que si vous l'approuvez. De cette utilité, de cette approbation, il ne saurait résulter, ni pour l'Union, ni pour vous la moindre responsabilité. Tout projet destiné à être utile à nos syndicats ne saurait laisser l'Union du Sud-Est indifférente, elle a donc étudié ce projet de coopérative, elle vous l'a présenté, elle vous l'a recommandé. Elle a fait son devoir, rien que son devoir.

« A votre tour, reconnaissant l'utilité, la nécessité d'une Coopérative régionale, vous allez peut-être déclarer que cette création est désirable. Vous serez dans votre rôle, bien dans votre rôle.

« Après quoi, la Société coopérative se créera ou ne se créera pas, elle établira ses statuts elle-même, soit à l'aide des lois existantes sur la matière, soit en escomptant la loi en discussion devant les Chambres, c'est son affaire, elle réussira ou ne réussira pas, je vous le demande où sont vos responsabilités?

« Est-ce dans quelque vice de formation? Est-ce par suite de sa non réussite? Mais puisque la Société n'est pas constituée par vous et ne peut pas l'être, puisque vous n'avez pas à la diriger et seulement à en user, vous ne sauriez pas plus en être responsables que vous ne l'êtes de la création ou du fonctionnement d'une société quelconque à laquelle vous donnez votre clientèle ou à laquelle vous apportez des fonds. Ce qui peut arriver de pire, la seule chose qui puisse arriver : c'est que, pour une cause ou une autre, vos apports de fonds soient perdus, c'est encore beaucoup, mais c'est tout; ceci est certain ».

Cette explication si claire, qui répondait bien aux objec-

tions soulevées par divers délégués et leur donnait toute
satisfaction eut raison des dernières résistances et c'est
à l'unanimité moins deux voix que les syndicats présents et représentés adoptèrent la mise à exécution
immédiate du projet Duport.

C'était, pour les fondateurs, un encouragement précieux qui leur devait permettre de mener rapidement
à bien l'œuvre délicate qu'ils avaient si heureusement
commencée.

Là s'arrêtait la période de préparation, là commençait aussi la période d'organisation : celle-ci devait
être plus courte que celle-là, puisque le 17 janvier
1893, la Coopérative tenait son Assemblée constitutive,
élaborait ses statuts et nommait son Conseil.

Base de son organisation, les statuts de la Coopérative ont été partout cités, discutés, copiés même, on
ne trouvera donc pas déplacée leur reproduction ici :

TITRE PREMIER. — FORMATION DE LA SOCIÉTÉ. — SON OBJET.
SA DÉNOMINATION. — SA DURÉE. — SON SIÈGE.

Art. 1. — Il est formé entre les personnes qui adhéreront
aux présents statuts par la souscription ou la possession
d'une ou plusieurs parts qui sont ou seront créées, une Société coopérative de production et de consommation, civile,
anonyme, à capital et personnes variables.

Art. 2. — Cette Société a pour double objet :
1º Les achats des coopérateurs ;
2º La vente de leurs produits agricoles.

Peuvent être coopérateurs non seulement les porteurs de
parts, mais encore toute personne qui serait admise,
comme adhérent participant aux clauses et conditions
fixées par le Conseil d'administration, notamment moyennant un droit d'entrée qui ne pourra, dans aucun cas, être
inférieur à 2 fr.

L'adhérent participant n'a pas le droit de s'immiscer
dans les affaires sociales.

La Société est exclusive de toute idée de spéculation. Elle
s'interdit toute discussion politique, religieuse ou étrangère
à son but.

Art. 3. — La Société prend la dénomination de : *Coopérative agricole du Sud-Est*.

Art 4. — Sa durée est fixée à 10 ans à compter du jour de
sa constitution définitive, sauf prorogation ou dissolution
anticipée.

Art. 5. — Son siège est à Lyon, rue du Garet, n° 9, il pourra être transporté ailleurs dans Lyon, en vertu d'une simple décision du Conseil d'administration.

TITRE II. — CAPITAL SOCIAL. — PARTS. — VERSEMENTS. — TRANSFERTS.

Art. 6. — Le capital est, quant à présent, fixé à la somme de *cinquante mille francs*, divisé en cinq cents parts de cent francs chacune. Toutefois, au cours du premier exercice, le Conseil d'administration aura le droit de porter, en une ou plusieurs fois, le capital social au total de *soixante-quinze mille francs* au moyen de souscriptions postérieures à la constitution. Il avisera, comme il l'entendra, au meilleur moyen de se procurer des souscriptions, mais ne sera nullement tenu, en ce qui concerne le capital nouveau, d'attendre qu'il soit souscrit en totalité et réalisé dans la proportion de moitié comme pour le capital initial.

Le capital pourra ensuite être augmenté d'année en année, par délibération de l'Assemblée générale décidant la création de nouvelles émissions de parts.

Il pourra, par contre, être réduit par suite de reprises d'apports, résultant de retraite ou exclusion de porteurs de parts, mais jamais de plus du dixième du capital initial ou augmenté.

Art. 7. — Chaque part est payable :
Moitié en souscrivant, et le surplus à l'appel du Conseil d'administration.

Tout souscripteur pourra se libérer en totalité par un seul versement.

Les versements en retard seront passibles d'un intérêt à raison de 5 0/0 l'an. — Passé le délai de trois mois, la Société en disposera aux risques et périls du souscripteur, après une mise en demeure préalable par simple lettre recommandée.

Les porteurs de parts, conformément à la loi, ne sont engagés que jusqu'à concurrence du montant des parts par eux souscrites.

Art. 8. — Les parts seront toujours nominatives, les titres de ces parts seront extraits de registres à souche, signés de deux administrateurs et frappés du timbre de la Société. — Elles sont indivisibles à l'égard de la Société, qui ne reconnaît qu'un seul propriétaire par part. — En conséquence, tous les co-propriétaires d'une part sont tenus de se faire représenter par un seul d'entre eux. — Nul ne peut posséder plus de cinquante parts.

Art. 9. — Les parts seront transmises par une inscription sur les registres de la Société signée du cédant, du cessionnaire et d'un administrateur. — Toutefois, le transfert est subordonné à l'agrément du Conseil d'administration.

TITRE III — ADMISSIONS — RETRAITES — EXCLUSIONS

Art. 10. — Lorsqu'en vertu de l'art. 6 une augmentation de capital aura été décidée par une Assemblée générale, l'émission des nouvelles parts aura lieu aux conditions fixées par la dite Assemblée, qui devra donner un droit de préférence aux anciens porteurs, mais l'admission des nouveaux porteurs de parts ne pourra avoir lieu qu'en vertu d'une décision du Conseil d'administration.

Art. 11. — Tout porteur de parts a le droit de se retirer de la Société au moyen d'une déclaration signée de lui sur un registre spécial tenu au siège de la Société. La déclaration devra être faite un mois au moins avant la clôture de l'exercice annuel.

Art. 12. — Le Conseil d'administration pourra proposer l'exclusion d'un ou de plusieurs porteurs de parts à l'Assemblée générale, qui se prononcera dans les conditions fixées par l'art. 52 de la loi du 24 juillet 1867.

Art. 13. — La retraite et l'exclusion des porteurs de parts cessent d'être praticables lorsque le capital social sera réduit au chiffre minimum fixé par l'art. 6, à moins que l'associé sortant ne soit immédiatement remplacé par un nouvel associé dont l'apport soit au moins égal au sien.

Art. 14. — Lors de la retraite ou de l'exclusion d'un porteur de parts, la Société doit lui rembourser ses parts, au prix fixé par la dernière Assemblée générale. — Ce remboursement, ainsi que le paiement du dividende d'intérêt et de la quote-part de coopération lui revenant, ne seront exigibles qu'à l'époque fixée par le Conseil d'administration pour le paiement du dividende d'intérêt et de la répartition pour trop perçu de l'exercice en cours, conformément aux dispositions de l'art. 44.

Le porteur de parts qui cesse de faire partie de la Société reste tenu, pendant *cinq ans,* envers les co-associés et envers les tiers, de toutes les dettes et de tous les engagements de la Société contractés avant sa sortie, mais cette responsabilité ne peut excéder le montant de ses parts.

Art. 15. — En cas de retraite volontaire ou forcée, les porteurs de parts ou leurs héritiers ou ayant droits ne peuvent, sous aucun prétexte, provoquer l'apposition des scellés sur les biens ou valeurs de la Société, en demander le partage ou la licitation, ni s'immiscer en aucune façon dans son administration ; ils doivent, pour l'exercice de leurs droits, s'en rapporter aux décisions de l'Assemblée générale.

En cas de décès d'un porteur de parts, le Conseil d'administration aura toujours le droit de rembourser les héritiers dans les conditions de l'article 14.

TITRE IV. — ADMINISTRATION.

Art. 16. — La Société est administrée par un Conseil composé de 9 membres au moins, et de 18 au plus, pris parmi les porteurs de parts et nommés par l'Assemblée générale.

Art. 17. — Les administrateurs doivent être propriétaires, pendant toute la durée de leur mandat, chacun d'une part. Cette part est affectée à la garantie de tous les actes de leur gestion, même de ceux qui seraient exclusivement personnels à l'un des administrateurs. Elles sont inaliénables, frappées d'un timbre indiquant leur inaliénabilité et déposées dans la caisse sociale.

Art. 18. — Les administrateurs sont nommés pour *six ans*. Le Conseil d'administration se renouvelle par tiers tous les 2 ans. Les deux premières séries sont désignées par le sort. Les administrateurs sont toujours rééligibles.

Art. 19. — En cas de vacance par décès, démission ou autre cause, d'un ou de plusieurs administrateurs, ils peuvent être provisoirement remplacés par le Conseil, par voie d'élection, jusqu'à la prochaine Assemblée générale qui procède à l'élection définitive. Le membre ainsi nommé achève le temps de celui qu'il a remplacé.

Art. 20. — Chaque année le Conseil nomme, parmi ses membres, son bureau composé d'un président, de deux vice-présidents et de deux secrétaires.

Art. 21. — Le Conseil d'administration se réunit au siège social, aussi souvent que l'intérêt de la Société l'exige et au moins une fois tous les deux mois, sur la convocation du président ou, en cas d'empêchement, sur celle d'un des vice-présidents. Les délibérations sont prises à la majorité des voix des membres présents ; en cas de partage, la voix du président est prépondérante.

Nul ne peut voter par procuration dans le sein du Conseil.

Art. 22. — Les délibérations sont constatées par des procès-verbaux qui sont portés sur un registre tenu au siège de la société et signé par le président du conseil ou l'un des vice-présidents.

Art. 23. — Le Conseil a les pouvoirs les plus étendus pour l'administration des biens et des affaires de la Société ; il peut même transiger, compromettre, donner tous désistements et mains levées, avec ou sans paiement. Il arrête les comptes qui doivent être soumis à l'Assemblée générale, propose tous projets d'augmentation du capital, toutes modifications énumérées à l'art. 40.

Le président du Conseil représente la Société en justice, tant en demandant qu'en défendant ; en conséquence, c'est à sa requête ou contre lui que doivent être intentées toutes actions judiciaires.

Les pouvoirs sus énoncés ne sont qu'indicatifs et non limitatifs.

Art. 24. — Les administrateurs ne reçoivent aucun jeton de présence, leur concours est donc absolument gratuit. Ils ne sont responsables que de l'exécution du mandat qu'ils ont reçu ; ils ne contractent aucune obligation personnelle ou solidaire à raison de leur gestion, relativement aux obligations de la Société.

Art. 25. — Le Conseil peut déléguer ses pouvoirs à un comité de direction de 3 ou 5 de ses membres.

Le Conseil nommera, en outre, un Directeur qui pourra être une personne étrangère à la société, de même il pourra le révoquer.

TITRE V. — DIRECTION.

Art. 26. — Le comité de direction et, sous son autorité, le Directeur sont chargés, chacun en ce qui le concerne, de l'exécution des décisions du Conseil d'administration et de la gestion des affaires sociales.

Le Directeur reçoit un traitement annuel dont la quotité est arrêtée par le Conseil d'administration qui détermine aussi les avantages qui peuvent lui être accordés.

Art. 27. — Le Directeur représente le Conseil d'administration vis-à-vis des tiers, dans la limite des pouvoirs qui lui ont été conférés par le comité de direction.

TITRE VI. — COMMISSAIRES DE SURVEILLANCE.

Art. 28. — Conformément à l'art. 32 de la loi du 24 juillet 1867, un ou plusieurs commissaires, membres ou non de la Société, seront désignés chaque année par l'Assemblée générale. Ils sont rééligibles et peuvent être rétribués par décision de la dite Assemblée générale.

TITRE VII. — ASSEMBLÉE GÉNÉRALE.

Art. 29. — L'Assemblée générale régulièrement constituée représente l'universalité des porteurs de parts, ses décisions sont obligatoires pour tous, même pour les absents ou dissidents. — Elle se compose de tous les porteurs de parts.

Art. 30. Nul porteur de parts ne peut se faire représenter aux Assemblées générales que par un autre porteur de parts.

Art. 31. — L'Assemblée générale est présidée par le président du Conseil d'administration et, en son absence, par un des vice-présidents ; à défaut, par l'administrateur que le Conseil désigne.

Les fonctions de scrutateurs sont remplies par les deux plus forts porteurs de parts présents ou représentés, et, sur leur refus, par ceux qui les suivent jusqu'à acceptation.

Le Bureau ainsi composé désigne le secrétaire.

Art. 32 — Les délibérations sont prises à la majorité des voix des membres présents ou représentés.

Chacun d'eux a autant de voix qu'il possède de parts, sauf l'exception prévue par l'art. 27 de la loi du 24 juillet 1867 pour les assemblées constitutives.

Art. 33 — Ces délibérations sont constatées par des procès-verbaux inscrits sur un registre spécial et signés par les membres du bureau. Une feuille de présence, contenant les noms et les domiciles des porteurs de parts membres de l'Assemblée et le nombre de parts dont chacun est porteur, est certifiée par le Bureau et annexée au procès-verbal pour être communiquée à tout requérant.

Art. 34. — Les copies ou extraits des délibérations de l'assemblée, à produire en justice ou ailleurs, sont signés par deux membres du Conseil d'administration.

Art. 35. — Les convocations aux Assemblées générales ordinaires et extraordinaires ont lieu par un avis inséré, au moins huit jours avant l'époque de la réunion, dans l'un des journaux de Lyon désignés pour recevoir les annonces légales

Ce délai sera le même dans le cas de deuxième convocation.

Lorsque l'assemblée est extraordinaire, l'avis de convocation doit relater l'ordre du jour.

Art. 36. — L'ordre du jour est arrêté par le Conseil d'administration ; il est soumis préalablement aux commissaires. Il n'y est porté que les propositions émanant du Conseil ou des commissaires, ou qui ont été communiquées au Conseil un mois au moins avant la réunion avec la signature d'au moins vingt porteurs de parts.

Il ne peut être mis en délibération que les objets portés à l'ordre du jour.

Art. 37. — Il est tenu une assemblée générale ordinaire chaque année, du 1er octobre au 31 décembre, à Lyon, au lieu désigné par le Conseil d'administration dans sa convocation.

Art. 38. — L'Assemblée générale ordinaire délibère valablement, lorsqu'elle est composée d'un nombre de parts représentant le quart au moins du capital social alors existant.

Si cette condition n'est pas remplie à la première réunion, la délibération ne peut avoir lieu.

32

Il est fait une nouvelle convocation conformément à l'article 35 et la délibération sur les objets à l'ordre du jour de la première réunion est valable quel que soit le nombre des membres présents et des parts représentées.

Art. 39. — L'Assemblée générale annuelle entend le rapport des commissaires sur la situation de la société, sur le bilan et sur les comptes présentés par les administrateurs. Elle discute et, s'il y a lieu, approuve les comptes. Elle fixe la somme à répartir entre les coopérateurs et la valeur des parts.

Elle nomme les administrateurs à remplacer, et les commissaires chargés de la surveillance pour l'exercice suivant.

Sur la proposition du Conseil d'administration, elle décide, s'il y a lieu, d'augmenter le capital social. Elle constate les augmentations et diminutions de capital effectuées.

Elle délibère et statue souverainement sur tous les intérêts de la société, elle confère au conseil d'administration tous les pouvoirs supplémentaires qui seraient reconnus utiles.

Art. 40. — Les assemblées générales extraordinaires qui ont à délibérer sur des modifications aux statuts, des propositions de continuation de la Société au-delà du terme fixé pour sa durée ou de dissolution avant ce terme, de transformation de la Société, de l'extension de l'objet de la société (notamment aux opérations de crédit agricole), mais sans se départir d'un but agricole, de la fusion avec toute autre société, ne sont régulièrement constituées et ne délibèrent valablement qu'autant qu'elles sont composées d'un nombre de porteurs de parts représentant la moitié au moins du capital social alors existant.

TITRE VIII. — INVENTAIRE. — ÉTATS DE SITUATION

Art. 41. — L'exercice commence le 1er juillet et finit le 30 juin. Par exception, le premier exercice comprend le temps écoulé entre la constitution définitive de la société et le 30 juin 1894.

L'intérêt à servir aux porteurs de parts ne commencera à courir qu'à partir du 1er juillet 1893.

Il est établi, à la fin de chaque année sociale, un inventaire, contenant l'indication des valeurs mobilières et immobilières, et de toutes les dettes actives et passives de la société, y compris les frais de déplacement, s'il y a lieu, des administrateurs habitant hors de Lyon. Cet inventaire est mis, ainsi que le bilan et le compte de profits et pertes, à la disposition des commissaires le 40e jour au plus tard avant l'Assemblée générale.

Ces divers documents sont ensuite présentés à l'Assemblée générale.

Tout porteur de parts peut en prendre, à l'avance, communication au siège social, ainsi que de la liste des porteurs de parts pendant les 15 jours qui précèdent la réunion de l'Assemblée générale.

Art. 42.— Le Conseil d'administration dresse, chaque semestre, un état sommaire de la situation active et passive de la société. Cet état est mis à la disposition des commissaires.

TITRE IX. — RÉPARTITION

Art. 43. — Si, lors de l'inventaire annuel, l'actif surpasse le passif, il est prélevé 5 p. % sur la différence entre ces deux sommes pour constituer la réserve légale.

Et sur le surplus :

La somme nécessaire pour payer aux porteurs de parts un intérêt de 5 p. % net d'impôts du capital versé.

Si, après ce double prélèvement, il existe un excédent, il est réparti de la manière suivante :

10 p. % pour un fonds de réserve supplémentaire.

10 p. % à la disposition du Conseil d'administration, pour être employés en gratification à la direction et au personnel.

80 p. % aux coopérateurs (porteurs de parts ou adhérents participants), au prorata du montant de leurs opérations.

En cas d'insuffisance pour le paiement de l'unique dividende d'intérêt de 5 p. % aux porteurs de parts, le complément sera pris sur le fonds de réserve supplémentaire et, à défaut, sur les profits disponibles des exercices suivants, après prélèvement de la réserve légale.

Dans le cas où l'inventaire révélerait des pertes, le montant de ces pertes serait prélevé sur les fonds de réserve et, en cas d'insuffisance, sur les profits disponibles des exercices suivants et avant le prélèvement des intérêts du capital social.

Art. 44. — Le paiement du dividende d'intérêt aux porteurs de parts et de la répartition aux coopérateurs pour trop perçu, ont lieu, dans les 3 mois qui suivent l'Assemblée générale annuelle, aux époques fixées par le Conseil d'administration, par les voies et moyens indiqués par lui.

Le dividende d'intérêt est valablement payé au porteur du titre ou du coupon et sans responsabilité aucune pour la Société, en cas de perte ou de soustraction du titre ou du coupon.

Art. 45. — Tout dividende d'intérêt non réclamé dans les 5 ans de son exigibilité est prescrit au profit de la Société.

Toute répartition, non réclamée dans l'année de l'exigibilité, est prescrite au profit de la Société.

Les sommes prescrites sont versées au fonds de réserve supplémentaire.

TITRE X. — FONDS DE RÉSERVE

Art. 6. — Un double fonds de réserve est constitué par

l'accumulation des sommes prélevées sur les profits annuels, conformément aux dispositions de l'art. 43, pour faire face aux charges et dépenses extraordinaires et imprévues.

Lorsque le fonds de réserve légal aura atteint le dixième du capital initial ou augmenté, le prélèvement affecté à sa création cessera de lui profiter et sera versé au compte de réserve supplémentaire.

Lorsque la somme des réserves aura atteint le quart du capital initial ou augmenté, l'Assemblée générale décidera, sur la proposition du Conseil d'administration, si le surplus sera laissé à ce compte en totalité ou en partie, ou distribué au personnel, ou réparti entre les coopérateurs, ou enfin employé à des œuvres d'intérêt agricole.

TITRE XI. — CONTESTATIONS.

Art. 47. — Toutes les contestations qui pourront s'élever pendant la durée de la Société ou au cours de la liquidation à raison des affaires sociales, seront jugées à Lyon par les tribunaux compétents ; mais, préalablement à toute instance judiciaire, elles seront soumises à l'examen du comité consultatif du contentieux de la Société.

Art. 48. — Dans le cas de contestation, tout porteur de parts devra faire élection de domicile à Lyon et toutes assignations et notifications seront valablement données au domicile élu par lui, sans égard à la distance du domicile réel.

A défaut d'élection de domicile, cette élection aura lieu de plein droit pour les notifications judiciaires et extra-judiciaires au Parquet de M. le Procureur de la République près le Tribunal civil de Lyon.

TITRE XII. — DISSOLUTION. — LIQUIDATION.

Art. 49. — A l'expiration de la Société, ou en cas de dissolution anticipée, l'Assemblée générale extraordinairement convoquée règle le mode de liquidation, elle nomme un ou plusieurs liquidateurs ou confie la liquidation aux administrateurs en exercice. Pendant la liquidation, les pouvoirs de l'Assemblée générale se continuent comme pendant l'existence de la Société. Toutes les valeurs de la Société sont réalisées par les liquidateurs qui ont, à cet effet, les pouvoirs les plus étendus ; après paiement des dettes sociales et remboursement du capital, sur la proposition du Conseil d'administration, l'Assemblée extraordinaire pourra décider de l'emploi des fonds de réserve à des œuvres d'intérêt agricole.

L'assemblée constitutive ayant approuvé les statuts, le Conseil nommé par elle élisait, le 24 janvier, son Bureau et son Comité de direction. Le 1ᵉʳ mars, la Coopérative ouvrait ses bureaux et ses entrepôts ; dès ce moment elle était organisée, elle vivait.

Il avait donc fallu un peu moins de trois mois pour mettre sur pied cet édifice grandiose qui s'appelle la Coopérative agricole du Sud-Est.

La coopération, du reste, est à la mode. Elle se présente de nos jours avec raison comme un instrument de relèvement social, comme l'arme pacifique de chaque profession. Elle vient tirer l'individu de son isolement, de son ignorance, de son impuissance. Elle en fait une partie d'un tout puissant, actif, intelligent, organisé, un corps qui a des milliers de têtes, des milliers de bras, qui parle par des milliers de bouches, et devient d'autant plus influent qu'il se compose de plus de têtes et de bras. Ce tout travaille pour chaque associé, et chaque individu, en entrant dans le tout, travaille pour tous. C'est la concentration des volontés, c'est l'effort en commun. C'est l'application la plus exacte de la solidarité et de la fraternité qui se traduit par cette devise de la coopération : Tous pour un, un pour tous.

Telle est l'histoire de la Coopérative du Sud-Est, il nous reste à voir ce qu'est cette société, quels sont ses avantages, quel est son but ? C'est avec l'aide de camp du fondateur, avec notre collègue et ami M. Riboud, qui en est aujourd'hui l'un des directeurs de bonne volonté que nous allons entrer plus avant dans les rouages de la nouvelle Société.

La Coopérative agricole du Sud-Est est une société civile, anonyme, à capital et personnes variables. C'est une société civile, c'est-à-dire qu'elle ne peut faire des affaires qu'avec ses membres. Elle ne peut acheter que pour les coopérateurs, elle ne peut vendre que les produits des coopérateurs. Pour être coopérateur il y a deux moyens : ou souscrire une part de 100 francs, on est alors porteur de part, ou verser un droit d'entrée, une somme de 2 francs une fois versée, on est alors adhérent participant. Dans chaque syndicat, suivant son importance, suivant le nombre

de ses membres, les fondateurs ont exigé qu'on prît
un certain nombre de parts, c'est de la sorte qu'ils
sont arrivés à constituer le capital social. Quant aux
autres membres des syndicats, pour rendre coopérateurs ceux qui n'ont pas souscrit, on a dû recourir
à une combinaison juridique qui s'appelle le contrat
de participation ; car il ne suffisait pas que le syndicat
lui-même, personne morale, fût souscripteur d'une part
pour rendre tous ses membres coopérateurs, il fallait
un lien de droit entre les membres de chaque syndicat et la Coopérative elle-même, lien de droit qui résulte du contrat de participation et qui se manifeste
par une demande d'admission et le versement d'un
droit d'entrée fixé à 2 francs. Dans nombre de syndicats, cette somme a été avancée soit par la caisse
sociale, soit par le bureau, soit enfin par le président
lui-même, mais toujours nominativement.

Mais quelle différence, nous dira-t-on, existe entre
les porteurs de parts et les adhérents participants ?
La voici : les porteurs de parts sont les vrais associés;
seuls ils ont droit de s'immiscer dans les affaires sociales, d'assister à l'Assemblée générale, de toucher, enfin,
un intérêt de 5 0/0 sur leur contribution à la constitution du capital. Les adhérents ne peuvent, au contraire,
s'immiscer dans les affaires sociales, ils ne peuvent
assister aux Assemblées générales, ils ne touchent point
d'intérêt pour leur versement de 2 francs. Ces 2 francs,
du reste, ne sont pas du capital, ils restent en dépôt
dans la caisse de la Société, ils restent la propriété de
chaque adhérent auquel ils sont rendus en cas de retraite ou d'exclusion.

Au point de vue de la responsabilité, la situation
n'est pas la même. Les porteurs de parts sont responsables jusqu'à concurrence du montant de leur part,
c'est-à-dire jusqu'à cent francs, mais pas au-delà. Les
adhérents, par contre, n'ont à encourir aucune responsabilité pécuniaire, tout ce qu'ils peuvent redouter
c'est qu'en cas de faillite de la Société, leurs 2 francs
ne soient plus dans la caisse, et encore, en cas de faillite, pourraient-ils se présenter comme créanciers

A tous les autres points de vue, porteurs de parts et

adhérents se trouvent dans une situation identique.
Tous peuvent acheter dans les entrepôts, tous profitent
des mêmes prix, tous peuvent vendre par la Société,
tous peuvent se retirer de la Société de même qu'ils
peuvent en être exclus par le conseil d'administration,
car la Société est à personnes variables comme elle est
à capital variable; tous enfin sont appelés, à la fin de
chaque exercice, à la répartition des bénéfices pour
toucher un boni proportionnel au chiffre de leurs affaires. Mais, nous le répétons, la Société est civile et
non commerciale, de telle sorte qu'elle ne fait des
affaires qu'avec les coopérateurs porteurs de parts ou
adhérents et, en fait, qu'avec les membres des syndicats unis qui ont adhéré à la coopérative, puisqu'elle
ne prend ni de porteurs de parts ni d'adhérents participants aux bénéfices en dehors des syndicats. Grâce
à son caractère civil, la Société n'a pas à payer patente
et elle est dispensée de l'impôt de 4 0, 0 sur les bénéfices.

La Société est anonyme, c'est-à-dire sans nom d'associés, et ayant un capital formé par un certain nombre
de souscripteurs qui tous encourrent la même responsabilité. Ils s'engagent à verser 100 francs par part et
ces 100 francs par part qui constituent le capital sont
le gage des tiers, de ceux qui vendent à la Société, de
ses créanciers. Mais, les associés ne sont pas tenus au-
delà de cet engagement. S'ils ont seulement versé
50 francs par part, on peut encore leur demander
50 francs, mais pas un sou de plus.

Et, pour répondre à des préoccupations qui se sont
fait jour au moment de la constitution de la Société,
pour que les tiers n'arguent pas de leur ignorance,
sur tous les imprimés est relaté un extrait de l'art. 7
des statuts qui dit que les porteurs de parts ne sont
engagés que jusqu'à concurrence du montant de
leur part. Donc, les fournisseurs de la Coopérative
savent à quoi s'en tenir, à eux de juger si sa surface
est suffisante, si son crédit est suffisant, mais, en
cas de faillite, ils ne pourraient en aucun cas, se
retourner contre les porteurs de parts pour leur
réclamer au-delà de ce qu'ils auraient souscrit. Les
porteurs de parts, en retour de leur versement, auront

entre les mains des titres libérés, de moitié ou intégralement, suivant qu'ils auront versé 50 francs ou
100 francs. Ces titres ont des coupons au porteur et,
chaque année, dans les délais statutaires, leurs propriétaires pourront toucher l'intérêt de leur argent suivant les résultats de la Société.

La Coopérative est une société à personnes et à capital variables, c'est-à-dire que le nombre des porteurs
de parts, que le montant du capital peuvent varier. Ils
peuvent diminuer, chaque année, d'une certaine quantité, par le fait de la retraite ou de l'exclusion d'un
certain nombre de porteurs de parts; ils peuvent
augmenter indéfiniment jusqu'à concurrence de
250.000 fr. par an, par un vote de l'Assemblée générale annuelle. De fait, le capital a déjà été augmenté
pour permettre l'admission de nouveaux syndicats:
et, de 50,000 qu'il était au début, il a été porté à
60.000 francs par décision de l'Assemblée constitutive.

Et maintenant comment fonctionne la Société?
Comment est-elle organisée pour arriver à rendre service à ses membres?

La Société a ses bureaux à Lyon ainsi qu'un entrepôt
avec un personnel modeste et un Comité de direction pris
dans le sein du Conseil d'administration. Un membre de
ce Conseil, au reste, est là d'une façon presque permanente, c'est M. Duport qui fait preuve d'un dévouement
sans bornes et qui, avec sa haute compétence en matière commerciale comme en toutes questions syndicales, plane au-dessus de l'affaire, en est l'âme et comme le
vrai directeur de fait, admirablement secondé, et amica-
lement aidé par M. Pontbichet, président, et par MM. Riboud et Croizat, administrateurs. Les syndicats ne sauraient avoir trop de reconnaissance pour eux, car la
charge est lourde, mais elle n'est pas disproportionnée
avec leur dévouement.

La Coopérative est destinée à être le fournisseur
unique des syndicats qui lui sont affiliés, car elle est
pour eux un fournisseur désintéressé et n'ayant en
vue que leur prospérité. Si, en effet, elle est Société
indépendante, elle est néanmoins une émanation d'eux et
elle est, en fait, sous leur surveillance et leur direction

puisque le Conseil d'administration est composé d'un
certain nombre de présidents de syndicats. Mais, bien
entendu, si la Coopérative a été créée pour être le
fournisseur unique, l'homme d'affaires des syndicats
ce n'est pas le fournisseur obligatoire. Chaque syndicat
reste libre d'acheter où il veut, où il trouve les meilleures conditions. Il est clair que, pour l'instant, la
Coopérative ne saurait répondre déjà à tout ce qu'on
attend d'elle; il est clair qu'elle n'a pu, du jour au lendemain, obtenir du gros commerce, de l'industrie, des
conditions autres que celles qu'obtiennent quelques
associations syndicales. Il faut qu'elle s'impose, qu'elle
recrute de nombreux adhérents, qu'elle puisse se présenter comme un gros acheteur, qu'elle obtienne de
ses syndicats affiliés des renseignements exacts sur
leurs besoins, qu'elle ait le temps de passer des marchés. Les présidents, qui sont au courant des affaires,
ne s'y sont pas trompés, ils n'ignoraient pas que c'était
une question de temps et que, de plus, les frais généraux de premier établissement retarderaient l'heure
des prix d'un entier bon marché.

Et cependant, la Coopérative n'a pas perdu son
temps. Surprise par la sécheresse exceptionnelle de
1893 et la disette fourragère qui en a été la malheu-
reuse conséquence, comprenant que les ressources
locales étaient insuffisantes, elle n'a pas hésité à faire
un marché de mille tonnes de foin du Danube, qu'elle
a pu livrer à 15 francs à toutes gares, alors que le commerce vendait 18 et 20 fr. les 100 kilog.; en même
temps, elle achetait des quantités considérables de
sons, maïs, tourteaux, en approvisionnait les syndicats, les faisant bénéficier d'une réduction moyenne
et constante de 15 à 20 0/0. Montrant ensuite qu'elle
est avant tout une œuvre de progrès, elle envoie, en
Hollande même, un jeune ingénieur M. Mital, qui étudie
sur place la question des tourbes et tourbières, lui
rapporte des renseignements utiles lui permettant de
traiter, en toute connaissance de cause, un marché de
1,200 tonnes. En même temps, grâce à une manœuvre
habile, elle déjoue les projets du syndicat des fabricants
d'engrais et soustrait les syndicats unis à leur coalition

en leur obtenant des prix d'autant meilleurs que, sur toutes les livraisons, les dosages ont été supérieurs au titre de vente.

Enfin, et c'est là le résultat palpable, le chiffre total des affaires, pour les onze premiers mois, a été de 772,625 francs. C'est un début d'autant plus heureux que, pendant les quatre premiers mois, les transactions ont été à peu près nulles, augmentant ensuite progressivement, pour atteindre, pendant le mois de février 1894, le chiffre de 179,898 francs. C'est dire que d'ici peu la Coopérative fera annuellement de 1,000,000 à 1,500,000 francs.

Tout cela, n'est-ce rien? Et n'est-on pas en droit de s'étonner de l'impatience de certains syndicats qui voudraient tout obtenir à rien et de suite?

C'est évidemment, de leur part, un excès de... naïveté, car, il faut le dire, si la Société n'est pas plus vite en bonne posture, c'est que ces syndicats semblent avoir à tâche d'entraver l'œuvre qu'ils ont eux-mêmes créée, en se faisant une joie de s'adresser ailleurs, même à conditions égales! Nous pourrions même citer un des fournisseurs de la Société qui s'est engagé à ne livrer, dans tout le Sud-Est, qu'à un prix de....., prix de la Coopérative. Ne sachant probablement pas ce que signifie le mot solidarité, certains syndicats aiment mieux s'adresser à lui qu'à la Coopérative, sans se douter que ce fournisseur loyal, consciencieux, donne à celle-ci la différence entre ce prix et celui auquel elle a traité. Il y a, de la part des présidents qui agissent ainsi, un faux calcul, car, en croyant faire preuve d'habileté, d'initiative, en voulant narguer la Coopérative en lui montrant qu'ils obtiennent les mêmes prix qu'elle, ils se nuisent à eux-mêmes, mettant la Coopérative dans l'impossibilité de faire des marchés plus importants et, par le fait, plus avantageux.

Il ne faut pas bâtir pour démolir. Ce qu'il faut, c'est de l'entente, c'est de la complaisance. Pour notre part, nous sommes secrétaire d'un syndicat affilié à la Coopérative. Eh bien, nous ne faisons pas le moindre achat sans nous adresser d'abord à elle. Quels sont vos prix, lui disons-nous? S'ils sont trop élevés et que nous ayons ailleurs de meilleures conditions, nous lui répondons : Pour cette fois, nous nous passerons de vous, mais tenez, voici notre fournisseur, voici nos conditions, tâchez de traiter pour l'avenir à de meilleurs prix. Nous savons très bien que l'article que nous demandons par 10,000, par 20,000 kilog., est demandé par d'autres, et nous savons aussi que si la Coopérative, agissant comme acheteur de cet article pour plusieurs syndicats, propose un marché pour cet article de 50 ou 100,000 kilog., elle obtiendra de meilleurs prix que nous, prix dont nous profiterons en fin de compte.

En tout, en coopération surtout, il faut, pour réussir, de l'entente, de la patience et de la confiance, surtout de la confiance, et il est nécessaire que les syndicats viennent en aide aux fondateurs par tous les moyens, et cela dans l'intérêt de leurs membres, puisque c'est pour eux qu'ils ont fondé la Coopérative agricole du Sud-Est.

Parmi les articles que la Société peut fournir, il en est de deux sortes : les articles professionnels d'abord, les articles de ménage et de consommation ensuite. C'est là une distinction qu'il faut signaler et sur laquelle nous appelons l'attention.

Nous l'avons déjà dit, la loi de 1884 semble n'avoir compris, dans les attributions des syndicats, que les fournitures d'articles professionnels, et l'administration a plus d'une fois rappelé un syndicat au respect de la loi, en lui interdisant d'acheter pour livrer à ses membres des articles de ménage ou de consommation. Bien entendu, il n'était pas dans l'esprit de la Coopérative d'exclure du cadre de ses affaires ces articles de consommation et de ménage. La Coopérative n'est pas régie par la loi de 1884 ; c'est une Société civile à forme commerciale, qui est bien libre de vendre tout ce qu'elle veut. Mais pouvait-elle vendre ces articles aux syndicats ? Il y avait là un danger, car certains syndicats ont une prédilection marquée pour ces articles, qui leur sont journellement demandés.

Or, pour ces articles, la Coopérative est, sans contredit, à même d'acheter en gros, à des prix fort avantageux et de vendre bien meilleur marché que le petit commerce. Dès lors, en vendant ces articles aux syndicats, elle les poussait dans la voie de l'illégalité. Ce ne pouvait être son but, ce ne pouvait être son rôle. Il fallait donc tourner la difficulté ; il fallait procurer les articles de ménage et de consommation aux membres des syndicats, tout en déchargeant ceux-ci de la vente de ces articles, pour leur permettre d'être très respectueux de la loi de 1884 et les protéger contre l'intolérance de l'administration. C'est le but qu'elle a atteint au moyen de la consignation.

La Coopérative a, en effet, deux systèmes de vente, elle opère de deux façons avec les syndicats.

Ou elle leur vend ferme, c'est-à-dire que c'est le syndicat lui même qui achète à la Coopérative, à un prix de....., pour revendre ensuite à ses membres au prix qui lui convient. En l'espèce, la Coopérative ne connaît que le syndicat, qui est son acheteur, son débiteur, et elle n'a pas à se préoccuper des conditions dans lesquelles les marchandises sont revendues.

Ou bien elle vend en consignation, mais alors elle ne vend pas au syndicat. Elle livre au syndicat les marchandises qu'il lui demande, mais elle ne fait que les consigner dans ses entrepôts. Elle reste propriétaire de la marchandise consignée, et c'est aux membres du syndicat qu'elle la vend par les soins du syndicat. Elle emprunte au syndicat ses entrepôts, elle fait appel à son concours, mais son acheteur, son débiteur ce n'est pas le syndicat, c'est directement le syndiqué qui achète. Il s'en suit que le syndicat n'a pas la libre disposition des prix des marchandises consignées, et qu'il doit les vendre à ses syndiqués aux prix fixés par la Coopérative. Ce système des consignations a été imaginé sur la demande des syndicats eux-mêmes et dans un double but.

D'abord, tous les syndicats ne constituent pas des agglomérations importantes, des groupes de 100, 300, 500, 1,000 cultivateurs, faisant un gros chiffre d'affaires, ayant des ressources et pouvant se permettre de courir les risques inhérents à toute opération importante. Dès lors, les petits syndicats sans avances ou sans

audace, les plus intéressants sans contredit, les moins
bien placés pour se tirer d'affaire eux-mêmes, ont
trouvé dans le système des consignations toutes les
facilités pour procurer à leurs membres toutes marchandises de bonne qualité à des prix raisonnables,
sans débourser un sou, sans encourir le moindre risque commercial. Et de fait, plus d'un modeste syndicat de notre Union n'a qu'un seul fournisseur, la Coopérative agricole du Sud-Est, et sans jamais rien
acheter, sans débourser un centime, il a son entrepôt
toujours garni de toutes les marchandises dont ses
membres ont besoin.

Mais, c'est surtout pour la vente des articles de
consommàtion et de ménage, que les consignations
sont appelées à jouer un rôle important, car ces articles, pour la raison donnée plus haut, et pour n'être
pas complice de l'illégalité dans laquelle se meuvent,
d'après l'administration et certains jurisconsultes, les
syndicats qui en font l'objet de transactions, la Coopérative ne les livre jamais aux syndicats qu'en consignation. C'est elle qui les vend, comme c'est son devoir,
à ses associés, tous membres de syndicats, il est vrai,
mais tous porteurs de part ou adhérents participants ;
c'est elle qui fixe le prix de ces marchandises et le
syndicat n'intervient que pour en faciliter la vente en
prêtant son personnel et ses entrepôts; en retour, la
Coopérative lui concède une commission de tant pour
cent, suivant les articles, sur chaque vente.

Actuellement, certains bureaux ne veulent pas encore
entendre parler de livrer à leurs membres, pour le
compte de la Coopérative, du savon, du riz, des pâtes
alimentaires, du sel, du chocolat, du café, de l'huile,
du pétrole, etc..., sous prétexte que ces articles ne
sont pas professionnels et dès lors ne sauraient être
que du ressort de la Coopérative et non de celui du
syndicat. Ils ont raison, croyons-nous, de ne pas tenir
ces articles pour professionnels, et de laisser à la
Coopérative seule le soin de les vendre. Mais la question est de savoir si le syndicat n'est pas dans son
rôle en prêtant son concours à la Coopérative pour la
vente des objets de ménage et de consommation

comme pour celle des articles professionnels. Il faut reconnaître que le cultivateur, lui, ne se demande pas si tel objet est professionnel ou non, il ne s'arrête pas à de telles distinctions, il n'aspire qu'à faire des économies sur tout et par tous les moyens, aussi bien sur les articles de ménage et de consommation que sur les articles professionnels. S'il a besoin de semences, d'engrais, de machines, il a besoin aussi de manger, de s'éclairer, de se chauffer, il a besoin de trouver toutes ses fournitures à bon compte, aussi bien pour son ménage que pour ses terres. Est-ce qu'en effet, la ménagère ne contribue pas tout autant que le cultivateur à améliorer la condition de la famille ? Or le syndicat n'a-t-il pas précisément pour mission d'aider cette famille, d'améliorer sa condition, et par tous les moyens ; dès lors ne devons-nous pas chercher à résoudre à son profit, le problème de la vie à bon marché aussi bien que celui de la culture à bon marché ? Ne voyons qu'une chose, l'intérêt des cultivateurs, notre devoir est là, et ne nous laissons pas arrêter par des considérations qui sont loin de nous encourager à le remplir, d'autant que, par le procédé de la consignation, le syndicat ne fait que prêter son concours tout en respectant rigoureusement les préceptes de la loi de 1884.

Il faut prendre, du reste, le bénéfice où il se trouve, et c'est justement sur les articles de ménage que la Coopérative pourra le mieux, elle aussi, faire des bénéfices, tout en les procurant à des prix avantageux ; dès lors, si au moyen de ces marchandises elle peut couvrir ses frais généraux, il en résultera qu'elle pourra fournir tous les articles professionnels au prix coûtant, au prix de revient. N'est-ce pas là un objectif légitime, n'est-ce pas là une raison suffisante pour convertir tous les syndicats et les entraîner dans la voie de la consignation ? Si, toutefois, certains d'entre eux ne croyaient pas l'heure venue d'y entrer, ils ne sauraient du moins refuser à leurs membres la possibilité de s'adresser directement, pour les besoins de leur ménage, à la Coopérative, du moment que ceux-ci font tous partie de cette Société.

Ainsi donc, la Coopérative vend, soit aux syndicats

affiliés à elle, et, dans ce cas, elle ne vend que les articles professionnels, soit à ses membres adhérents, par l'intermédiaire des syndicats, et, dans ce cas, elle vend, par la consignation, les articles de consommation et de ménage, aussi bien que les articles professionnels.

Telle est, en somme, la manière de fonctionner de la Société.

Et maintenant, quels avantages promet-elle? Sur quels services les syndicats qui l'ont fondée peuvent-ils compter?

Nous l'avons déjà dit : un jour viendra où les syndicats trouveront en elle leur fournisseur attitré, unique peut-être, qui, par de gros marchés, pourra leur procurer les articles professionnels à des prix de revient toujours meilleurs. Cela se fera progressivement et, si les syndicats veulent bien la tenir régulièrement au courant et de leurs besoins et des bonnes occasions qu'ils sont à même de trouver, ils l'aideront puissamment à réaliser ce programme. Par elle, les syndicats sans avances, ou qui ne veulent pas courir de risques, ont la facilité de procurer, néanmoins, à leurs membres, tout ce dont ils ont besoin et, au moyen des consignations, tous les syndicats peuvent livrer des articles de consommation et de ménage.

Ces avantages que retirent les syndicats, en fin de compte, ce sont les syndicataires eux-mêmes, les membres de la Coopérative qui en profitent. Ils peuvent acheter à de bons prix, ils peuvent trouver dans de bonnes conditions, de bonnes qualités, toutes les marchandises et, un jour viendra où, par la Coopérative, ils pourront aussi trouver l'écoulement de leurs produits. Ah! la vente des produits, voilà bien le but final, le but suprême de l'organisation nouvelle. A ce point de vue, il faut le reconnaître, les syndicats n'ont atteint que des résultats à peu près nuls ; c'est que la chose est peu aisée et il ne suffit pas d'offrir, dans un bulletin mensuel, telle et telle marchandise, pour faire naître la demande.

Ne l'oublions pas, le consommateur ne se dérange pas, et c'est l'intermédiaire, le commerçant qui vient au producteur. Pour se passer de cet intermédiaire, il faut que le producteur fasse lui-même ce que fait l'intermédiaire, il faut qu'il porte sa marchandise au consommateur. Eh bien, chaque cultivateur, individuellement, ne peut le faire; il faut donc que les agriculteurs trouvent le moyen d'avoir leur propre intermédiaire, leur intermédiaire unique, leur homme d'affaires, qui, loin de penser à ses propres intérêts, n'aura en vue que ceux des producteurs. La Coopérative est, dans notre région, destinée à jouer ce rôle. Qu'elle réussisse, qu'elle vive, qu'elle grandisse et bientôt elle aura les ressources suffisantes pour organiser un service de ventes. Elle a son entrepôt à Lyon, où elle pourra offrir au public des œufs, du beurre, du fromage, des pommes de terre, etc.; elle pourra avoir un représentant à Paris, dans le même but; elle s'abouchera avec les Coopératives ouvrières, avec les grands établissements; elle pourra créer des entrepôts pour les foins, les luzernes, les blés, les vins surtout; elle pourra participer aux adjudications. Et alors, se servant des syndicats pour connaître les offres, recevoir les échantillons de marchandises, grouper même les commandes, elle pourra, soit acheter ferme les produits de ses membres, soit se charger de les vendre pour leur compte, en leur faisant de suite des avances sur marchandises. Mais, on le comprend, tout cela ne peut se faire en un jour, surtout avec un capital de 60,000 francs, et bien fou serait le conseil d'administration qui entrerait de suite dans cette voie; mais tout cela peut se faire et tout cela se fera, si les syndicats font preuve d'un peu de patience, de confiance et de bonne volonté.

Un autre avantage réservé aux syndicats, c'est la participation aux bénéfices de la Société. Chaque année, une fois les frais généraux payés, une fois la réserve servie, une fois le capital payé, les bénéfices nets sont répartis entre tous les coopérateurs porteurs de parts ou adhérents participants, au prorata de leur chiffre d'affaires. A ce point de vue, situation égale pour tous. Celui qui a versé 2 fr. de droit d'entrée ou pour lequel le syndicat a versé 2 fr. et qui,

par ce versement, est devenu adhérent, a droit, aussi
bien que le souscripteur porteur de parts, à la même
quote-part de participation dans les bénéfices, s'il a
fait des affaires avec la Coopérative. Et, réciproquement, tout coopérateur qui n'a pas fait d'opération
avec la Coopérative, qui ne lui a rien vendu ou
rien acheté, soit directement, soit par l'intermédiaire de son syndicat, n'est pas appelé à la répartition quand bien même il a souscrit une part ou versé
2 fr.

Mais, et ici nous arrivons à une question de haute
importance, de toute actualité, que vont faire les syndicats de ces bénéfices, de ces sommes perçues en trop
par la Coopérative et que celle-ci leur restitue généreusement après inventaire? Les mettre en réserve
serait trop prosaïque, c'est l'occasion ou jamais de
penser à l'avenir, d'entrer dans la voie de la prévoyance.

Il ne faut pas voir, en effet, dans le syndicat, un simple
comptoir, ou bureau, destiné à gagner quelques sous,
quelques francs par des ventes ou des achats avantageux. C'est presque le petit côté de leur existence et
de leur destinée. Il faut voir plus loin, plus grand,
plus haut; c'est une œuvre, — on dit souvent avec
raison l'œuvre syndicale — une œuvre d'avenir, une
œuvre philantropique, qui doit avoir des visées plus
larges, qui doit appliquer, dans leur ensemble, les principes de la solidarité et de la fraternité qui sont les
bases de la mutualité. Car enfin le syndicat a été créé
pour venir en aide aux agriculteurs, pour les secourir,
pour les protéger. Or, de quoi sont-ils menacés?

Non seulement d'acheter trop cher ou de vendre
trop bon marché, mais encore et surtout d'être victimes des gelées, des grêles, des orages, des inondations, de la maladie, de la mort enfin qui va laisser
dans l'abandon leurs femmes, leurs enfants?

Eh bien, il faut penser à tout cela et l'association,
le syndicat, est le vrai moyen de parer, jusqu'à un
certain point, à tous ces malheurs. Caisse d'assurance
contre la grêle, contre les inondations, contre la mortalité du bétail; caisse de retraite pour la vieillesse,

33

caisse de secours pour les indigents, pour les orphelins, pour les veuves, assistance médicale, tout cela
est du ressort du syndicat; c'est là le sommaire de
son avenir, c'est à la réalisation de ce programme que
nous devons travailler.

Mais où prendre l'argent? Où l'on peut, et surtout en
employant les bénéfices de la Coopérative à alimenter
cette caisse, à en former les premiers éléments. Plus
tard, peut-être, d'autres ressources y tomberont, il
n'est jamais trop tôt pour bien faire ; l'heure, pour les
syndicats du Sud-Est, est venue de commencer leur
œuvre de prévoyance.

Et maintenant, comment ne pas finir avec ce vaillant
apôtre de la démocratie rurale et de la coopération,
M. Kergall, qui a si bien réalisé, au mois de janvier
dernier, l'Union des Syndicats et des Coopératives.

« Coopérative, syndicat, c'est bien peu de chose, en
soi. Mais la cellule organique aussi est bien peu de
chose et, sans elle, pourtant, il n'est pas d'organisme
vivant. Le Syndicat ou la Coopérative, disions-nous à
Pontoise il y a un an, c'est la cellule sociale, sans
laquelle il n'est pas plus de corps social qu'il n'est de
corps animal sans cellule vivante. Ce que vous faites,
disions-nous à nos amis ruraux, et cela sans plus
vous en douter peut-être que les animalcules du poly-
pier qui, dans l'Océan Pacifique, nous élaborent un
nouveau continent, ce que vous faites n'est rien moins
que la reconstitution de la nation et de la société
françaises, émiettées il y a cent ans, ou, suivant le
mot expressif de Rivarol, réduites en charpie « qui
n'est pas du linge ». Le politicien vous dédaigne, le
savant économiste vous raille. « Laissez faire », pou-
vez-vous répondre à votre tour, et attendons la fin.

« Qu'avons-nous trouvé, en effet, dans la tête et dans
le cœur de nos associations ouvrières coopératives?
Leur procédé est-il donc le bestial et monstrueux procédé scientifique : La lutte pour la vie? C'est tout
le contraire. Ce que nous avons vu, et ce que nous
voyons, ce sont des hommes de bonne volonté qui, au
lieu de se disputer les éléments de vie, s'unissent pour
les conquérir. Ce n'est pas la *Lutte pour la vie*, c'est

l'*Union pour la vie*. Ils ne théorisent pas, soit, ils ne professent pas davantage, ils font mieux, ils mettent en pratique. Honneur donc à cet instinct populaire, plus fort que la science, qui tient levé drapeau contre drapeau et oppose à la formule égoïste : *La lutte pour la vie*, cette formule humanitaire et charitable : *L'Union pour la vie !* »

CHAPITRE IX

UNION DES PRODUCTEURS ET CONSOMMATEURS

Les syndicats agricoles ont un double devoir :

Faciliter la production du sol;

Faciliter la vente des produits agricoles.

Il était logique de chercher d'abord à produire, à meilleur marché, par les achats d'engrais, de machines, de semences, etc. Nous avons vu que par la création du courtier et de la Coopérative, l'Union y était arrivée. C'était le plus facile.

Il appartenait donc à l'Union de chercher ensuite à favoriser l'écoulement des produits des syndicats unis; elle l'a tenté. Grâce à l'activité et au dévouement de M. Duport, elle y a réussi, du moins en partie; nous allons voir, avec lui, comment.

Suivons-le donc dans ses études préliminaires d'abord, dans l'exécution de son projet ensuite; nous aurons ainsi la solution complète du problème posé.

Comme nous l'avons vu précédemment, les syndicat, si désireux qu'ils soient de faciliter la vente des produits de leurs membres, ne sont pas du tout organisés pour ce genre d'affaires, et si l'on peut espérer qu'à la longue ils arriveront à s'organiser, il n'en faut pas conclure pour cela que le problème de la vente sera résolu. S'il est vrai, en effet, qu'un syndical, ayant fait une première affaire avec le courtier, en fait plus aisément d'autres, instruits que sont ses membres par l'expérience, il n'en est pas moins vrai que ces ventes en gros, au grand et au moyen commerce, outre qu'elles nécessitent des frais de groupement sur les lieux de production, ne correspondent pas entièrement au desideratum, à la raison d'être des syndicats et des Unions : *le rapprochement des producteurs et des consommateurs*. Le problème de la vente se présentait donc pour l'Union, sous trois faces : vente au commerce en gros, vente aux détaillants, vente aux consommateurs.

Pour la vente en gros, l'avenir était très limité, à cause des difficultés de groupement d'abord, ensuite et surtout à cause de la mauvaise volonté du commerce qui voit ces ventes sans enthousiasme, à regret même, prévoyant bien, non sans raison, que ce n'est là qu'un premier pas vers la vente directe.

Pouvait-on espérer qu'en s'adressant aux détaillants et en modifiant le personnel de l'Office, pour le mettre en mesure de voir journellement cette clientèle, on obtiendrait un meilleur résultat? Pas davantage. En effet, outre les frais spéciaux du personnel, inhérents à ce changement de front, l'Union eût été bien vite arrêtée par un fossé profond : nous, agriculteurs, nous renonçons déjà difficilement au paiement immédiat de la foire pour attendre l'arrivée de notre marchandise à la ville, mais nous ne pouvons faire plus; or, le détaillant veut le crédit, il est même entre les mains des marchands en gros, et c'est là peut-être la plus grosse plaie de l'organisation commerciale pour la vente des produits alimentaires.

Que ce soit le boucher, le marchand de fromages, le débitant de vins, tous sont entre les mains du commerçant en gros, dont l'habileté première a été de consentir un premier terme. C'est le commerce en gros qui est le maître du détaillant, comme il est le maître du producteur. Il y a donc, dans cette question de crédit, un obstacle à peu près insurmontable, car les débiteurs, qui ont su garder les libertés du comptant, ne

peuvent guère nous fournir des acheteurs. Voici
pourquoi : usant eux-mêmes de l'Association, ils veulent garder pour eux tout l'écart de prix entre la
production et la consommation. Certes, ils ont
raison de se mettre en syndicat, mais puisqu'ils
abusent de leur force, pourquoi les syndicats agricoles n'useraient-ils pas de cette force qui réside
non-seulement dans le groupement syndical, mais dans
la logique ? Il n'y a, en effet, de syndicats logiques,
moraux, que ceux de production et ceux de consommation; tous ceux qui ont pour but le commerce sont
des parasites et il est dans la logique de les voir périr.
S'ils cherchent à accaparer, ils sont immoraux, s'ils
se substituent au commerce, ils sont onéreux.

Restait le troisième moyen, la vente directe à la
consommation, moyen auquel les agriculteurs sont
conduits par la force des choses. Là, les difficultés se
dressent innombrables, mais il n'y en a pas d'insurmontables, et si le combat promet d'être rude, la
conquête sera définitive, le succès immense, absolu.

Examinons donc le terrain et laissons expliquer, par
M. Duport, pourquoi il y avait lieu d'engager la lutte.
Voici ce qu'il écrivait en 1889 :

« Et d'abord les intermédiaires gagnent-ils autant
qu'on le dit : non, si vous les prenez chacun séparément, et c'est pour cela qu'à n'en supprimer qu'un, le
résultat nous paraît insuffisant; oui, si les supprimant
tous, vous réussissez à diminuer les charges tout en
groupant les bénéfices. Pour cela il n'y a qu'un moyen :
la vente directe au consommateur.

« Il ne faut pas pourtant espérer y trouver des profits immenses, car une organisation semblable néces-
sitera des frais et, pour réussir, il faut offrir à la consommation le partage exact de ce profit.

« Différemment, nos syndicats ne seraient plus
qu'une force purement commerciale, par suite onéreuse
et destinée à périr. Ce principe posé et admis d'un
partage exact, entre le producteur et le consommateur,
du profit réalisé par la suppression des intermédiaires,
omment l'appliquer pratiquement ?

« Je rentre,à partir de maintenant,dans l'explication détaillée du projet soumis à votre approbation.

« Nous examinerons· :

« 1º L'organisation de la vente directe aux consommateurs ;

« 2º Le partage pratique des bénéfices avec les consommateurs.

§ I

« Je n'hésite pas à penser que, pour l'organisation de nos ventes à la consommation, nous devons suivre l'exemple donné par les grands magasins de nouveautés, qui ont groupé sous une seule direction, dans le même local, avec une seule patente, tous les genres de commerce touchant à l'habillement; groupons, nous, tout ce qui touche à l'alimentation en un ou plusieurs magasins, sous une dénomination quelconque rappelant le principe ou le but, comme par exemple : « Aux producteurs et consommateurs réunis », ou toute autre, peu importe.

« Je pense que ces magasins, au début, devraient être au nombre de deux, dont un dans un quartier riche, et l'autre dans un quartier populeux. Il faudrait, en plus, un entrepôt pour emmagasiner les marchandises encombrantes venues par grosses quantités; c'est de cet entrepôt que se ferait l'alimentation des magasins de vente au détail. Cet entrepôt aurait, de plus, l'avantage de permettre la vente au demi-gros à la consommation, pour certaines marchandises qui peuvent la demander, telles que les vins en fûts, les pommes de terre, etc.

« La direction générale serait installée à côté de votre Office, avec un directeur spécialement affecté à cette branche, car, pour réaliser une semblable organisation, il vous faut créer une société, distincte de votre Union, cela va sans dire, mais même de votre Office, au moins en ce qui regarde la question financière; c'est un point à étudier sérieusement si vous vous décidez à entrer dans cette voie.

« Je vous ai dit qu'il fallait prendre modèle sur les grands magasins de nouveautés et créer, en quelque sorte, des docks de l'alimentation où se trouveraient réunis tous les produits de nos campagnes qui sont employés, tels quels, à l'alimentation de l'homme : farine, vin, viande, lait, beurre, fromage, volailles, fruits, légumes, etc. Nous laisserons, de côté, les préparations, en quelque sorte industrielles, de la panification, de la charcuterie, etc., qui nécessiteraient une organisation plus compliquée.

« Le champ est, du reste, assez large, car notre région plus qu'aucune autre, est riche en produits alimentaires qu'elle fournit en foule et de qualité supérieure.

« L'éloge n'est pas à faire de nos bœufs du Charolais, de nos moutons bourguignons, de nos veaux du Beaujolais. Notre production en vins revient ; nous pouvons offrir aux consommateurs du vin du pays, pour toutes les bourses, depuis le vin nouveau un peu vert, mais qui a son charme pour l'ouvrier auquel il rappelle le pays, jusqu'aux grands crus vieillis dans nos celliers de propriétaires. Comme fruits, en plus des pommes et des poires des montagnes du Lyonnais, nous aurons le raisin frais pour la table, les petites prunes de la Haute-Savoie, les superbes noix de Saint-Marcellin, les excellents marrons du Vivarais.

« Pour le laitage et le beurre, notre intermédiaire est aussi nécessaire que pour le vin à ceux qui redoutent les falsifications et les mélanges. Pour les fromages, la Haute-Savoie nous fournit ses gruyères, ses excellents rebrochons de la vallée de Thones, la Loire ses tômes, Saint-Marcellin, Condrieu, nos montagnes lyonnaises leurs succulents fromages de chèvre, sans parler des monts-d'or et de certains façon-Brie, qui sont nos voisins immédiats.

« Pour la volaille, il n'est besoin que de citer la Bresse, et parmi les légumes, sans parler de l'article maraîcher proprement dit dont nous ne saurions nous occuper, les pommes de terre peuvent donner lieu à d'importantes et satisfaisantes transactions ; certaines primeurs, les asperges de Saint-Symphorien d'Ozon, par exemple, pourraient prendre place à notre devanture sans oublier le succulent tubercule, la truffe de la

Drôme, qui trouve à Lyon, grâce à notre gourmandise, un vaste marché. Tous ces produits et beaucoup que je passe, alimenteraient votre détail. J'ajoute encore qu'à votre entrepôt des affaires de fourrages et d'avoines se pourraient traiter en gros.

« J'aurai terminé l'exposé général de cette question, l'organisation de la vente aux consommateurs, quand j'aurai étudié avec vous quelle est la somme nécessaire pour obtenir un bon fonctionnement. La somme nécessaire est moins considérable qu'on le croirait en songeant à l'ampleur du projet. Cinquante mille francs seraient l'aisance, je ne crois pas qu'ils soient nécessaires et, si nous réussissons, avec quarante mille francs nous devons pouvoir marcher, car nous n'achetons pas pour vendre, nous recevons seulement des marchandises à la vente, de telle sorte qu'une fois l'agencement des magasins réalisé, il suffit d'un fonds de roulement modeste.

« Comment obtenir cette somme ? Non seulement en ne promettant aucun dividende fantastique, mais en promettant seulement un intérêt de 5 0/0, sans même dissimuler les chances de pertes. La chose paraîtrait impossible et elle le serait en effet, s'il y avait, dans notre œuvre, autre chose qu'un dévouement absolu à la cause agricole.

§ II

« Il nous reste à examiner le partage pratique des bénéfices avec les consommateurs, car, je ne saurais trop le répéter, toute autre manière de faire dénaturerait nos intentions en faussant l'équité ; j'ajoute que, pour ce motif, le partage doit être égal.

« En étudiant attentivement les meilleurs moyens de nous attirer la consommation, j'ai eu à examiner s'il convenait d'offrir nos produits à un prix plus bas que le commerce, ce que notre organisation permettrait souvent ; or je ne le pense pas et en voici les raisons :

« Nous devons réussir non pas seulement par l'économie procurée au consommateur, mais aussi par l'excellence, l'honnêteté de nos produits ; si nos produits sont

honnêtes il se trouvera souvent que l'écart de prix sera
nul ou peu important en face d'un produit falsifié. De
plus, l'acheteur est ainsi fait qu'en offrant de la viande,
par exemple, à dix centimes meilleur marché que les
grands bouchers, il en conclura que c'est une qualité
inférieure, il s'en éloignera ; souvent un sot amour
propre amènera ce résultat et le disposera à croire
les méchancetés inventées par les intéressés.

« Il en sera tout autrement si vos magasins confor-
tablement agencés, situés dans des quartiers convenables, s'ouvrent avec une réclame suffisante, avec des
prix raisonnables, avantageux certainement, mais offrant surtout à l'acheteur une participation dans le bénéfice qu'il vous aide à réaliser.

« D'autre part, il est bien évident que vous devez
bannir la forme coopérative proprement dite, cela
pour plusieurs raisons, parmi lesquelles je me borne
à citer : 1° la nécessité de vous adresser au gros public ; 2° la méfiance naturelle de ce public pour toute
idée nouvelle, qui exige un premier versement, un
engagement ; 3° l'obligation où vous serez parfois
d'acheter de la viande, par exemple, en dehors de nos
syndicats, si leurs envois laissent nos magasins dé-
pourvus, ce qui ôterait le seul avantage de cette forme
d'association, l'exemption de la patente ; 4° enfin, et
ceci seul suffirait pour faire rejeter la forme coopérative, la difficulté des écritures et surtout de la répartition avec une clientèle aussi nombreuse, aussi mobile.

« Et, cependant, il nous faut une sorte de coopérative
pratique, simple ; or, je crois qu'elle nous est fournie
par une organisation qui a bruyamment échoué, parce qu'elle avait un but de spéculation, et qui réussira
si elle est basée sur la justice aidée du désintéressement ; j'ai nommé les « bons commerciaux » que
nous appellerons, si vous le voulez, pour éviter toute
confusion, « Bons de production et Bons de consommation » selon qu'ils seront remis aux vendeurs ou
aux acheteurs. Là tout est simplifié.

« Voyons d'abord le vendeur ; il expédie, pour la
vente, du bétail, du vin, etc., la Commission fixe le prix

d'après les marchés de Vaise, de Serin, ou le cours
des Halles. La marchandise est payée sur ce prix et
l'on remet en plus au vendeur des « Bons de production », pour le montant de son envoi.

« Quant à l'acheteur, rien de plus simple. Tout
achat donne droit à un « Bon de consommation ». Pour
simplifier, on pourrait établir que les bons seraient de
1, 5, 50 et 100 fr. Toute fraction au-dessous de 0,50 c.
ne donnerait pas droit à un bon, toute fraction de
0 fr. 50 c. ou au-dessus donnerait droit à un bon de 1 fr.,
l'échange des bons plus petits pourrait se faire avec
les plus gros en les groupant.

« Tous les six mois ou tous les ans, les comptes étant établis, on verrait quel est le bénéfice par
0/0 et la répartition s'en ferait comme suit :

« 80 0/0 aux vendeurs et aux acheteurs, par moitié ;

« 10 0/0 à la réserve ;

« 10 0/0 au personnel salarié à l'année.

« Par exemple, le mouvement des ventes et des
achats étant de 100,000 fr. pour un trimestre, si le bénéfice net est de 5,000 fr. soit 5 0/0, tous frais et
amortissement déduits, cette somme sera répartie :

« 4.000 aux vendeurs et acheteurs ;

« 500 à la réserve ;

« 500 au personnel payé à l'année.

« De telle sorte que si j'ai envoyé, par exemple, un
bœuf, vendu 400 fr., je reçois un supplément de prix
de fr. 16, soit 80 0/0 du bénéfice de ma vente ; si, en
même temps, j'ai consommé pour mon ménage, pendant ces trois mois, 400 fr. de viande, ce que constat-
tent mes bons de consommation, je reçois encore
16 fr., soit 80 0/0 du bénéfice de mes achats.

« Rien n'est plus simple, rien ne laisse mieux à
chacun toute sa liberté, rien n'est plus équitable.

« Grâce à ces Bons, pas de comptabilité spéciale ; si
certains bons ne sont pas représentés à la répartition,
ils augmentent la réserve et servent ainsi à rembourser le capital.

« Par ce système, véritable coopérative libre,
sans les encombres de l'affiliation, ni les dépenses
du versement, chacun peut essayer, ne serait-ce

qu'une fois en passant, l'achat dans nos magasins.
De la sorte, enfin, l'association est bien complète entre
les producteurs et les consommateurs, se partageant
également les bénéfices de leur entente, si naturelle,
que l'on s'étonnera un jour qu'elle n'ait pas existée
plus tôt.

« J'ai fini, Messieurs, votre œuvre commence. Exami-
nez les grandes lignes de ce projet, pesez les avantages, jugez les difficultés, décidez si nous devons obéir
à la soif de dévouement qui nous anime, décidez si
nous devons doter notre région d'une organisation qui
sera le complément de notre œuvre, si grande et si
féconde des Syndicats agricoles ».

Tel était, dans ses grandes lignes, le projet Duport ;
si étudié, si généreux qu'il fût, il n'en reçut pas moins,
le 6 mai 1889, jour de sa présentation à l'Union, un
accueil indifférent, pour ne pas dire hostile.

Les marchands, objectaient quelques membres de
l'Union, vont accumuler les difficultés contre la réussite des magasins de vente ; plus forts que nous, ils
auront facilement raison de notre tentative qui, dès
lors, ne pourra aboutir.

Que fera-t-on, disaient d'autres, des marchandises
avariées, viandes ou autres denrées ? Ce sont des pertes
à prévoir dans une large mesure, pourra-t-on les compenser avec le bénéfice très modeste qui sera prélevé?

Enfin, et c'était là l'objection la plus spécieuse, n'est-
il pas dangereux de faire descendre des syndicats
agricoles cette tentative de vente directe? L'Union du
Sud-Est est-elle assez forte pour supporter les fluctuations de cette affaire? L'œuvre des syndicats ne sera-
t-elle pas compromise en cas de non réussite ? Est-il prudent, pour les syndicats, de revendiquer cette paternité?

M. Duport n'eut pas de peine à dissiper toutes ces
craintes : « La production, dit-il, est favorisée par tous
les moyens possibles. C'est bien, mais le monde agricole a-t-il intérêt à ce que cette production soit encou-
ragée si, d'autre part, les débouchés manquent à l'écoulement des produits ? Ce sont des débouchés que nous
cherchons, pourquoi hésiter à rapprocher, par la vente

directe, producteurs et consommateurs ? C'est peut-
être une transformation sociale, un changement de
front dans les habitudes des agriculteurs, mais est-ce
une raison pour redouter un échec ? L'idée peut et doit
germer, il faut qu'elle pénètre dans les syndicats. Plus
tard, lorsqu'ils seront à même de l'appliquer ou bien
lorsqu'ils en auront vu la mise en pratique à côté d'eux
(car nous pouvons être distancés par d'autres dans
cette organisation de la vente directe), nos syndicats
unis seront au regret de n'avoir pas pris la place et de
ne pas se trouver à la tête du mouvement.

« Les syndicats doivent être les fournisseurs, les
livreurs des produits vendus dans les magasins, il
n'a jamais été question pour les syndicats, en tant que
syndicats, d'être les pères de cette affaire qui doit être
entreprise par une Société indépendante de l'Union,
indépendante des syndicats. Les capitaux ne sont pas
demandés aux syndicats, pas plus que ceux-ci n'auront
à encourir la responsabilité de la direction de cette
entreprise.

« Ce n'est pas la clientèle, ni les consommateurs qui
manqueront, ce qu'il faut plutôt redouter, c'est l'indifférence, la négligence de la part des vendeurs ».

Cette argumentation serrée n'eut pas raison de certaines résistances et c'est sur la demande même de
l'auteur que le projet fut provisoirement réservé.
Il ne le fut pas longtemps, car, peu de jours après, un
certain nombre de présidents des syndicats unis,
parmi les plus dévoués et les plus compétents, comprenant de mieux en mieux l'importance d'une tentative immédiate, demandèrent qu'a nouveau le projet
fût mis à l'ordre du jour et, par l'organe de M. de Fontgalland, formulèrent très nettement le vœu que l'Union
du Sud-Est aidât de toutes ses forces à la fondation
d'une Société, ayant pour but de favoriser le rapprochement du producteur et du consommateur, en prenant pour début la vente de la viande de boucherie à
Lyon. A l'unanimité des présidents présents, l'Union se
prononçait, le 9 juillet, pour l'affirmative ; de ce jour le
rôle de l'Union du Sud-Est était terminé, la mission
de la nouvelle Société commençait.

L'ouverture des boucheries avait été fixée au 1er octobre, le temps pressait, mais, avec du dévouement et des amis, que ne fait-on pas? La Société « Union des Producteurs et Consommateurs » pouvait compter sur les uns et les autres, aussi ne nous étonnons pas de voir son capital de 25,000 francs — 50 parts de 500 francs, — entièrement souscrit, les statuts rédigés et approuvés, la Société constituée en l'étude de Me Verrier, notaire à Lyon, le tout en moins d'un mois, puisque dès le 15 août, la Société installait ses bureaux à côté de ceux de l'Union du Sud-Est.

Pendant les six semaines qui précédèrent l'ouverture des boucheries, les membres du Conseil de la nouvelle Société, réunis pendant de nombreuses séances, sous la présidence de M. Chavent, secrétaire de la Chambre de commerce de Lyon, qui a bien voulu leur apporter l'appui de son expérience, étudièrent très soigneusement toutes les questions d'organisation, questions des plus nouvelles, puisqu'il s'agissait d'innover en tout. Il n'est pas inutile, en effet, de rappeler que la tentative, faite par l'Union, d'une création qui n'est ni une Société de consommation, ni une Coopérative et qui tient cependant des deux genres, est la première application, non seulement en France, mais même à l'étranger, de ce principe économique qui peut transformer les conditions matérielles et morales de l'ordre social actuel : « l'Union des Producteurs et Consommateurs ».

Il a été dépensé, pour ces études préparatoires, beaucoup d'intelligence et beaucoup de zèle, mais si le succès répond aux espérances des fondateurs, jamais l'intelligence ni le dévouement n'auront été dépensés plus utilement.

La Société étant créée, organisée, dans ses meubles, il importe, avant de passer aux résultats obtenus, de rappeler les difficultés qu'elle a eues à vaincre, d'examiner aussi de quelle manière les administrateurs en ont eu raison. Cette revue en arrière pourra servir d'enseignement à ceux qui voudraient suivre l'exemple de l'Union du Sud-Est ; elle ne saurait manquer, pour tous ceux qui s'intéressent à l'œuvre syndicale, d'être instructive.

La plus grande difficulté était le contrôle du personnel au triple point de vue des recettes, des déchets et des prix de vente, contrôle indispensable dans tout commerce de détail, mais plus encore dans celui de la boucherie où les prix varient suivant les morceaux. La chose paraissait impossible, la Société put réussir grâce à ses Bons de consommation. Cette utilisation des bons, pour le contrôle des opérations, a rendu les plus grands services, et comme, dans toutes tentatives analogues de vente au détail, il n'y a pas lieu de croire que l'on puisse s'en passer sans danger, nous allons en parler avec quelques détails.

Le Conseil ayant décidé que les bénéfices nets seraient répartis intégralement et également aux producteurs et aux consommateurs, au moyen de bons de production et de consommation, l'idée vint à M. Duport d'utiliser ces bons pour obtenir, par le public, le contrôle du personnel. Il proposa donc de remplacer les jetons de valeur fixe, dont il avait été primitivement question, par des bons du chiffre exact des ventes ou des achats, bons sur lesquels on ferait figurer toutes les indications propres à permettre au Conseil de contrôler non seulement les sommes encaissées, mais encore le poids des marchandises vendues et, par suite, le déchet ainsi que les prix de vente, ce qui était capital. L'idée une fois née, il ne restait plus qu'à en rendre l'application pratique, c'est ainsi que le modèle actuel de carnet de bons de consommation fut adopté.

Le carnet comprend cent feuillets, divisés eux-mêmes en cinq parties ou bons, d'un libellé absolument semblable ; chaque carnet contient donc 500 bons de consommation, dont modèle ci-dessous.

U. P. & Cⁱᵉ	B BOUCHERIE BOULEVARD DE LA CROIX-ROUSSE, 10.							OBSERVATIONS
	Bœuf...	K				à	F.	
	Veau...		K			à	F.	
	Mouton.			K		à	F.	TOTAL
						à la p.	F.	F.

Chacun de ces bons est perforé pour en faciliter le détachement rapide ; il porte, de plus, le numéro du feuillet et une lettre correspondant à sa place dans le feuillet, afin de permettre d'en rechercher la souche, s'il est besoin de la comparer ; enfin il est frappé d'un timbre dateur. Chaque feuillet, ainsi composé de cinq bons, séparés par des perforages, est doublé d'un feuillet en papier blanc, divisé d'une manière semblable et portant absolument les mêmes indications de numéros, lettres et libellés.

Les bons à détacher sont imprimés sur du papier mince et de couleur : détails qui pourraient paraître insignifiants, tout en ayant leur valeur. Le papier mince, qui est de nature résistante, a pour but de permettre le décalque forcé des chiffres qui y sont inscrits au moment de la vente, procédé analogue à celui employé, dans les gares de chemins de fer, pour les expéditions de colis ; grâce à ce procédé, les erreurs se retrouvent et s'il y en avait de volontaires, elles ne pourraient même pas profiter à leurs auteurs. La couleur des bons a également son utilité : les bons verts sont uniformément employés pour les livraisons à crédit, payables fin de mois ; les autres couleurs, qui sont changées tous les trimestres et qui varient pour chaque boucherie, ont pour but de faciliter la répartition, en permettant, dès le premier coup d'œil, de savoir par laquelle des boucheries ils ont été émis et s'ils ne sont pas périmés.

Voyons à présent comment les choses se passent :

Le client est servi, le garçon a appelé la qualité, le poids et le prix ; la caissière, qui a tout inscrit à mesure, fait ressortir le total dans la colonne réservée et, détachant le bon, le remet à l'acheteur contre paiement. Si celui-ci achète pour lui ou pour autrui, son bulletin lui sert à bien se rendre compte si le poids est exact, si le prix est celui convenu, si enfin le calcul ne comporte aucune erreur. Quant au Conseil, comme tout ce qui a été écrit sur le bulletin détaché s'est décalqué sur le double du feuillet, il peut à son aise en tirer toutes les indications qui lui sont utiles. On comprend, en effet, facilement que, par la simple addition des poids, le commissaire de surveillance a le total exact des sorties, qualité par qualité, ce qui, en les défalquant des entrées, lui permet de constater, chaque semaine, le déchet et d'éviter ainsi ce terrible aléa du coulage. D'autre part, en additionnant tous les totaux, il est facile d'établir le chiffre exact des recettes journalières. Dans les ventes à crédit, les feuillets détachés du carnet vert et sur lesquels les livraisons sont détaillées de même, servent à établir le compte à chaque fin de mois.

Nous venons de voir les nombreux avantages des Bons de consommation ; il nous reste à parler de certain inconvénient qu'ils ont, si tant est que ce soit un inconvénient.

Nous avons vu que, par eux, le client pouvait exercer un contrôle sérieux et permanent; mais, de même qu'ils servent à empêcher le coulage dans les boucheries, de même aussi ils gênent singulièrement cet autre coulage qui a nom l'anse du panier; aussi, dès le premier jour, ces Bons nous ont-ils fait des ennemis acharnés de la grande majorité des cuisinières qui, ne trouvant pas dans les boucheries de l'Union le sou par franc, cet usage indélicat qui équivaut à un prélèvement de 5 %, n'ont pas pu se rattraper sur la majoration du prix ou du poids.

De ce côté, l'Union des producteurs et consommateurs a toujours eu à compter avec une hostilité marquée, et nous ne pouvons que féliciter son Conseil d'avoir tenu bon, préférant perdre une partie de sa riche clientèle plutôt que de favoriser cet onéreux intermédiaire qui s'appelle la cuisinière. Les bouchers, de leur côté, se sont montrés les fidèles alliés des cuisinières, il n'est pas de sots racontars qu'ils n'aient répandus, il n'est pas de sottes manœuvres qu'ils n'aient essayées.

Cuisinières et bouchers étaient dans leur rôle, la Société était dans le sien en leur tenant tête et en suivant, droit devant elle, la voie qu'elle s'était tracée: la vente directe sans intermédiaire.

L'organisation de la vente étant ainsi résolue, il nous faut, pour être complet, donner le règle-

34

ment arrêté pour les envois de bestiaux par le producteur :

1° Nulle expédition de bestiaux ne peut être faite au Directeur des boucheries, sans avoir été autorisée par écrit par le courtier agréé des syndicats agricoles de l'Union du Sud-Est, chargé du service d'approvisionnement. La lettre d'autorisation détermine la date d'expédition.

2° Dans le cas où les bestiaux seraient envoyés sans l'autorisation écrite du service d'approvisionnement, comme dans le cas où leur qualité ne conviendrait pas à l'emploi des boucheries, le directeur les tiendra, dans une écurie, à la disposition des ordres ultérieurs de l'expéditeur, qui sera prévenu par lettre dans les vingt-quatre heures de l'arrivée.

3° Les expéditions sont faites franco Vaise. Les frais de débarquement et de conduite sont à la charge du vendeur.

4° Le directeur n'abat les bestiaux, régulièrement envoyés, que le troisième jour après leur arrivée; leur entretien et les dépenses en résultant sont à la charge de la Société.

5° Le prix des bestiaux expédiés est déterminé par le cours moyen du premier marché de Vaise qui suit l'arrivée. Le classement par catégories, devant déterminer ce prix, est fait par le directeur.

6° Le poids des veaux est reconnu vif par peseur juré. Le poids des moutons, bœufs, taureaux, vaches et génisses, est reconnu poids net par peseur juré.

7° Pour tout ce qui n'est pas prévu au présent règlement, le règlement des abattoirs à Lyon fait loi.

8° Le compte de vente est toujours remis dans les cinq jours de l'arrivée, par les soins du service d'approvisionnement, auquel toutes réclamations doivent être adressées.

9° Le service d'approvisionnement est autorisé à déduire du compte de vente, pour ses peines et ses soins, un demi pour cent. Par contre, il n'est compté ni frais de commissionnaire, ni frais de marché, ni frais de corde.

10° Le paiement se fait au choix du vendeur : par traite payable à trente jours de la date du marché, au Crédit Lyonnais, à Lyon, ou par l'envoi d'un mandat ou d'un chèque. Dans ce dernier cas, les frais sont à la charge des vendeurs.

Aussitôt les bestiaux abattus et dépouillés, le compte de vente établi par le courtier, un Bon de production, conforme au modèle ci-contre, et au dos duquel figure le compte détaillé de la livraison, est envoyé à l'expéditeur; on remarquera que le bon de production, donnant droit à la répartition, porte le produit brut et non le produit net.

Compte de vente
No . . . .

M. . . . .

Fo Jal . . . .

UNION DES PRODUCTEURS ET CONSOMMATEURS

BON DE PRODUCTION

Montant du Compte de Vente No ˍˍˍˍ remis le ˍˍˍˍˍˍˍ 18

Francs ˍˍˍˍˍˍˍˍˍˍˍˍˍˍˍˍˍˍˍˍˍ

La part des bénéfices à laquelle ce BON donne droit sera payée au Porteur, rue du Garet no 9, à Lyon, dans les 3 mois qui suivront la fixation des bénéfices à répartir.

Tout BON. qui n'aura pas été présenté pendant le Trimestre qui suivra la da date fixée pour la répartition, sera périmé.

— 511 —

Année 1890   **Compte de vente.**   Nº .....

1º VENTE DE BOEUFS

4 bœufs pesés chaud.... 1.761^k »
A déduire, suivant règle-
  ment de l'abattoir, 5^k
  par bœuf.............   20   »

    Poids net...... 1.741^k » à 152^f les 100^k = 2.646^f 30
  A déduire :
Commission du courtier 1/2 0/0......... 13^f 25)
Pesage............................   4   » |
Garantie contre la saisie, 0.50 par tête..   2   » }   22 25
Frais de débarquement et conduite.....   3   »)

    Produit net......................... 2.624 05

2º VENTE DE VEAUX

1 veau pesant brut......   88^k »
A déduire tare de sangle.   2   »

    Poids net.......   86^k » à 116^f les 100^k =   99^f 75
  A déduire :
Commission du courtier 1/2 0/0.......   0^f 50)
Pesage............................   0 40 |
Droit d'octroi..... ....   7 90 }   10 90
Débarquement, conduite et pansage..   2 10)

    Produit net.........................   88 85

3º VENTE DE MOUTONS

24 moutons, pesant en-
  semble............... 400^k 500
A déduire pour pieds ...   6

    Poids net...... 394^k 500 à 195^f les 100^k =   769^f 30
  A déduire :
Commission du courtier 1/2 0/0.......   5 35)
Pesage.............................   3 55 }   10 90
Débarquement et conduite...........   2   »)

    Produit net.........................   758 40

    Total du Bon de production....... 3.515 35
    Total à payer 3.471 30

                    Le courtier agréé,
                    (SIGNATURE.)

Nous avons vu, par ce qui précède, l'organisation complète des boucheries de l'Union des Producteurs et Consommateurs ; nous allons maintenant voir leur marche progressive et les résultats.

Comme nous l'avons dit plus haut, c'est le 1er octobre 1889, que les deux premières boucheries furent ouvertes ; depuis, deux nouvelles ont été ouvertes, c'est sur l'ensemble des quatre magasins que porteront nos observations et le chiffre d'affaires.

Le premier soin du Conseil de l'Union des Producteurs et Consommateurs fut de faire connaître aux intéressés la nouvelle création et comme la circulaire envoyée aux acheteurs et aux vendeurs résume exactement le but poursuivi, les moyens pris pour y arriver, nous croyons bien faire en la reproduisant nous-mêmes.

But. — Le but de la Société est de rapprocher le producteur du consommateur par la suppression des intermédiaires devenus trop nombreux et, par suite, onéreux.

Objet. — La Société a pour objet d'acheter et de vendre tous les produits agricoles, pouvant servir tels quels à l'alimentation de l'homme ou à l'entretien des animaux.

Base. — Comme il s'agit d'une véritable association entre les producteurs et les consommateurs, la Société prend comme base la répartition intégrale et égale aux producteurs et aux consommateurs des bénéfices devant résulter de leur entente.

Fondateurs. — Les fondateurs de la Société, n'ayant en vue qu'une œuvre de haute économie sociale, ne se sont réservés aucun avantage.

Souscripteurs. — Les souscripteurs, pour le même motif, ont renoncé à tous bénéfices.

Administrateurs. — Les administrateurs exerceront leur mandat gratuitement, ils ne recevront pas même des jetons de présence.

Capitaux. — Les capitaux engagés n'ont droit qu'à un intérêt de 5 0/0 et au remboursement par l'amortissement.

Bénéfices. — Les bénéfices nets seront répartis : moitié aux producteurs et moitié aux consommateurs.

Répartition.—La répartition des bénéfices se fera, tous les ans, contre la présentation de bons dits de production ou de consommation, selon qu'ils auront été remis à des producteurs, au moment de leurs ventes, ou à des consommateurs au moment de leurs achats.

Bons. — Ces bons seront détachés de carnets numérotés, ils porteront toujours les indications de poids et de prix, ce qui servira de contrôle et de garantie.

Producteurs. — Les membres des syndicats agricoles, faisant partie de l'Union du Sud-Est, peuvent seuls recevoir, au moment de leurs ventes à la Société, des bons de production, leur donnant droit à la répartition des bénéfices; tout vendeur étranger à ces associations n'a droit qu'au paiement de ses fournitures.

Consommateurs. — Tout consommateur, au moment de ses achats, a droit, sans distinction aucune, à la remise d'un bon de consommation du montant de ses achats ; il n'est nullement nécessaire qu'il soit membre d'un syndicat agricole, ou client de la Société ; l'achat fait, même en passant, donne droit à un bon et, par suite, à la répartition des bénéfices.

Et maintenant, rendons nous compte du fonctionnement journalier des magasins de l'Union des Producteurs et Consommateurs.

Chacune des boucheries a comme personnel :

Une caissière intéressée.   Un 3e garçon.
Un 1er garçon intéressé.   Un 4e garçon.
Un 2e garçon.

Au-dessus et comme directeur de toutes les boucheries, se trouve un boucher chef intéressé ayant sous ses ordres un comptable, en permanence au siège de la société.

L'ouverture en a lieu à 5 heures et souvent plus tôt, car il faut préparer, entre les quatre boucheries, 150 à 200 commandes, qui doivent être portées à domicile avant neuf heures, or, ce n'est pas une petite affaire, certains clients habitant plus loin que le rayon habituel de la clientèle d'une boucherie ordinaire. Dès 6 heures 1/2, le public se présente pour affluer de 8 à 10 heures et, si l'on songe que, certains dimanches, à la Croix-Rousse par exemple, 500 clients sont servis avant 11 heures, heure de la fermeture les dimanches et fêtes, on est surpris de la rapidité des garçons à servir et de la caissière à calculer. A dix heures, les garçons chargés de porter les commandes à domicile rentrent et commencent la toilette du magasin, des outils, des tables et des plots, ce qui n'est pas une mince besogne. L'étalage est enlevé de la devanture et refait tout au fond du magasin. A midi, la caissière fait la situation, la journée commençant et finissant toujours à midi ; il faut qu'après avoir fait la caisse elle remplisse la feuille journalière, dont modèle ci-après.

Cette feuille qui se décalque, comme les bons, sur un registre qui reste à la boucherie, est remise à 2 heures à l'employé chargé des encaissements, lequel vérifie les additions, appose son timbre avec sa date sur le registre et sur le carnet des bons de consommation, puis, emporte chaque jour la recette qu'il verse immédiatement et intégralement, pour le compte de la Société, au Crédit Lyonnais. De cette manière, les versements inscrits dans cette banque doivent toujours correspondre avec la feuille des recettes journalières ; il n'y a d'exception que pour le dimanche, dont la recette, bien que séparée sur les livres, s'ajoute au versement fait le lundi. Ce procédé rend la surveillance bien plus facile et ne présente pas d'inconvénient. Dans chaque boucherie, la caissière a toujours une petite somme pour faire face aux menues dépenses afin de ne jamais prendre sur la recette ; elle inscrit ses débours sur un registre où, chaque semaine, un administrateur les vise et fait les observations nécessaires.

UNION

DES

PRODUCTEURS & CONSOMMATEURS

Société anonyme capital 25.000 fr.

9, rue du Garet, 9

LYON.

FEUILLE JOURNALIÈRE

Boucherie de la rue Sala, n° 32

Situation du........ 189 .

MARCHANDISES

	BOEUF	VEAU	MOUTON	DIVERS
Existences......	kil.	kil.	kil.	kil.
Entrées.........				
Totaux.........				
Sorties.........				
Existences......				

VENTES

FR.

ÉTAT DE CAISSE

Solde précédent................. Fr.	
Ventes de la journée............ Fr.	
Versement.................... Fr.	
Reste en Caisse................ Fr.	

Pendant les après-midi, les garçons sont à l'abattoir pour tuer et travailler les animaux désignés par le boucher-chef. Le soir même, ces animaux sont transportés dans les boucheries, pesés soigneusement à leur entrée et prennent place de suite à l'étalage du fond. Ce pesage rigoureux, avec l'inscription du poids au livre des entrées par les soins de la caissière, est indispensable, car, c'est ce qui permet d'établir les situations de marchandises qui se font tous les lundis soir en présence du boucher-chef. Toutes les marchandises existantes à ce moment étant pesées et le poids en étant ajouté à celui des sorties, il est clair que la différence entre le chiffre ainsi obtenu et le total des entrées depuis la dernière situation représente le déchet. A 8 heures, les magasins ferment. La journée de chacun a été bien employée.

Le boucher-chef, les jours de marché, est obligé d'y aller pour se rendre compte des cours et faire les achats nécessaires si les syndicats n'ont pas envoyé en suffisante quantité; enfin, il passe dans les magasins, chaque jour, plutôt deux fois qu'une, ainsi qu'au bureau de l'Office du Sud-Est pour assurer les approvisionnements par nos syndicats. Une fois par semaine, du 1er janvier au 31 mars, le comptable procède au paiement de la répartition contre la remise des bons de consommation. Les clients les lui remettent en paquet, il les classe rapidement par date, les relie par une épingle, les annule d'un seul coup à l'aide d'un emporte-pièce, puis totalise rapidement les sommes et paie, de suite au porteur, le montant de la répartition. En plus de ce travail de répartition, de l'encaissement et du versement de la recette, le comptable tient les livres, vérifie les factures, dresse les comptes de vente, fait la correspondance nécessaire, envoie les bons de production et prépare les paiements qui se font tous par chèques sur le Crédit Lyonnais avec le visa du courtier chargé de l'approvisionnement par les syndicats, ce visa afin d'assurer le service et la représentation des intérêts des expéditeurs.

Nous avons fini avec l'organisation, l'installation des boucheries, passons maintenant aux résultats.

Et d'abord, l'expéditeur a-t-il intérêt à vendre par les boucheries ? En suivant la filière habituelle, que l'on

soit emboucheur du Charolais, fermier de la Bresse ou
de la Savoie, éleveur de la Loire ou berger de la
Drôme, il faut vendre en foire où le bétail est acheté
par un petit marchand du pays, sorte de courtier, ou
mieux, de racoleur, au service des gros marchands.
Loin de se contenter d'un tant par tête, il achète le plus
souvent à un prix inférieur à celui auquel il est autorisé à traiter par le marchand de bœufs ; bien entendu,
il garde cette différence qui s'ajoute aux frais d'achat
et de conduite jusqu'au lieu d'embarquement. Le marchand de bœufs, qui est une puissance, a la bourse bien
garnie, il est admirablement renseigné sur les cours
des marchés, il dirige ses achats en conséquence, c'est
lui qui prélève la plus grosse part de la différence de
prix entre la production et la consommation. Le bétail,
embarqué sur wagon ou dirigé par terre, est confié
aux toucheurs, ou bâtonniers, qui le conduisent jusqu'au marché de Vaise.

Pour éviter ces trois intermédiaires, quelques éleveurs dirigent eux-mêmes leurs envois sur Lyon,
mais alors ce sont des tribulations sans nombre et il
faut passer sous de nouvelles fourches caudines, non
moins onéreuses que celles du gros marchand. Les commissionnaires en bestiaux sont une véritable puissance, ils tiennent nombre de bouchers par leur crédit, les marchands de bœufs, eux-mêmes, passent
souvent par leur intermédiaire. Supposons donc que
le paysan passe par là : il envoie son bœuf la veille du
marché, le commissionnaire le prend en gare, le conduit à l'écurie et l'attache le lendemain à côté de ceux
qu'il doit vendre. La commission, en plus des frais de
débarquement, d'écurie et de conduite au marché, est
de 5 francs par tête, mais comme la plupart des com-
missionaires sont marchands ou associés avec de gros
marchands, ils vendent d'abord leur propre bétail
avant celui de leur client, lequel reste quelquefois
pour le marché suivant, d'où frais supplémentaires
pour trois ou quatre jours de garde C'est là une première perte, mais ce n'est pas la plus forte. A Lyon,
la vente, les veaux exceptés, se fait toujours au
poids vif. Si les bœufs envoyés sont tués le lendemain

de leur arrivée, le déchet sera modéré, il n'y a pas lieu de se plaindre ; mais si, au contraire, le boucher ne les tue que deux ou trois jours après, le déchet est important, la perte sensible, l'expéditeur ne sera évidemment pas content, mais qu'y faire ?

Changer de méthode, répondrons-nous, et envoyer aux boucheries coopératives de l'Union des Producteurs et Consommateurs. Rien de plus simple : après avoir rempli les formalités prévues par le règlement donné plus haut, l'expéditeur envoie son bétail qui, aussitôt arrivé, est débarqué, saigné et abattu ; les billets de poids sont dressés par les peseurs jurés, apportés à l'Office et le compte de vente envoyé à l'intéressé qui le reçoit au plus tard dans les cinq jours de son expédition.

Comme l'écrivait, en 1893, M. Léon Riboud :

« Une des particularités intéressantes de notre organisation, c'est que l'éleveur peut, par nous, vendre son bétail inférieur aussi bien que son bétail de bonne qualité. Vous avez, par exemple, un lot de trente moutons ; vingt sont bons et trouvent preneurs sur place, mais que faire des dix autres ? Vous usez de nos services et, d'un coup, vous vous débarrassez du lot complet : les vingt moutons de bonne qualité vous sont payés par nous et vont à nos boucheries, et les dix autres sont vendus sur le marché pour votre compte. Point d'embarras pour vous et généralement un bénéfice.

« Je dis bien un bénéfice ; car si nous pouvions mettre sous vos yeux les lettres de tous les éleveurs qui ont eu recours à nous, vous seriez convaincus, quelquefois même étonnés, du gain par eux réalisé, grâce à la différence existant entre nos prix et ceux de la foire. Assurément il y a quelques plaintes, peut-être même des pertes, mais il ne saurait en être autrement, car on ne tombe pas toujours sur un marché favorable et, d'ailleurs, n'y a-t-il pas toujours des insatiables qui, par nature et par principe, ne se déclarent jamais satisfaits. La différence entre nos prix et ceux payés en foire peut être évaluée, en général, pour le gros bétail, par exemple, à une moyenne de

25 à 30 fr. par tête, sans faire entrer en ligne de compte
le tant pour cent que le producteur vendeur aura à
toucher à la fin de l'année, à la répartition des bénéfices. Est-ce à dédaigner, en vérité, et ne vaut-il pas
mieux mettre ce bénéfice dans votre poche que
d'en faire cadeau aux marchands de bestiaux ou aux
commissionnaires ? Ceux que la routine aveugle à ce
point qu'ils méconnaissent ainsi leurs intérêts, non
seulement font preuve d'une imprévoyance coupable,
mais, en même temps, trahissent la cause agricole,
parce qu'ils découragent les hommes de bonne volonté
et laissent sombrer des entreprises destinées à faciliter le relèvement de l'agriculture ».

Pour appuyer par des chiffres, les avantages qu'aurait le producteur à utiliser les boucheries, nous pren-
drons une moyenne hebdomadaire, pour l'ensemble
des magasins, de 8 bœufs, 16 veaux, 60 moutons. En
prenant, comme base du bénéfice réalisé par les producteurs, les chiffres donnés par ceux-ci, nous pouvons, au bas mot, estimer que ce bénéfice est de 25 fr.
par tête de bœuf, de 5 fr. par tête de veau, de 2 fr.
par tête de mouton. Continuant notre calcul, nous
arrivons donc à une somme totale de 410 fr., représentant la part de bénéfices revenant, chaque semaine,
au producteur par la suppression soit du marchand
en gros, soit du commissionnaire. Si nous ajoutons à
ce chiffre très respectable, la répartition qui, en 1893,
a été de 2 1/2 0/0 pour 400,000 fr. environ d'achats,
nous en concluons qu'en utilisant les boucheries, les
producteurs auraient réalisé un bénéfice net de
32,000 francs.

*Ayant un intérêt indiscutable à utiliser les boucheries
coopératives, le producteur a-t-il profité de l'instrument
merveilleux mis entre ses mains ?*

Si pénible que soit la constatation, il nous faut répondre : non ; le producteur envoie à peine le quart,
souvent moins, de l'approvisionnement nécessaire aux
boucheries, la Société devant recourir, pour la différence, aux achats sur le marché de Vaise.

Et cependant, M. Léon Riboud le faisait ressortir, il

y a quelques mois : Les producteurs sont les vrais intéressés; c'est en réalité pour eux que la Société a
été créée, c'est pour eux que nous travaillons, et
pourtant ils sont bien lents à user de nos services.
S'ils n'ignorent pas notre entreprise, ils font preuve
d'une insouciance vraiment désespérante et l'on dirait
même qu'ils prennent plaisir à refuser la main que
nous leur tendons. Obéiraient-ils, par hasard, à une
sorte de défiance? Certes, ils auraient bien tort, car
à l'Union des Producteurs et des Consommateurs, ils
sont chez eux, ce sont eux qui abattent leurs bêtes,
ce sont eux qui les vendent aux consommateurs; le
contrôle y est parfait, et si des intérêts y sont plus
particulièrement surveillés, ce sont bien les leurs. Au
surplus, ils ne peuvent douter de notre désintéressement et de notre dévouement, puisque. pour nos
peines, nous n'avons d'autre rémunération que le
plaisir de leur venir en aide, et ils savent bien que les
bénéfices de chaque année leur appartiennent à eux
producteurs comme aux consommateurs. Il faut
croire que leur abstention tient plutôt à leur connaissance incomplète de notre entreprise.

Un certain nombre d'entre eux, mieux renseignés
sans doute, sont venus à nous du Charolais, de l'Ain,
de la Loire, de la Drôme; nous recevons régulièrement
des envois, qui ont même parfois été assez importants,
puisqu'ils ont représenté jusqu'à 15,000 francs et plus
par mois, mais ils sont loin de suffire à l'alimentation
de nos boucheries. La plupart des éleveurs intelligents
et prévoyants ont été satisfaits, quelques-uns même
ont été très satisfaits. Mais pourquoi les autres s'obs-
tinent-ils à suivre les vieux errements? Comment se
fait-il que cette défiance, qu'ils nous témoignent, ils
ne l'éprouvent pas à l'égard du gros marchand?

C'est que la routine est puissante et tenace. Et
puis, le paysan aime la foire; on y jase, on y rit, on y
trinque et c'est alors que le maquignon fait de bonnes
affaires. En temps de hausse, tout le monde est content, mais, au jour de la baisse, l'éleveur sera bien
obligé, tout en maugréant, de se plier aux exigences
de son faux ami. Il pourrait, il est vrai, s'adresser aux

commissionnaires et expédier ses bêtes à Vaise, mais une fois déjà il a usé de ce moyen et il a juré qu'on ne l'y prendrait plus. Alors il pensera à nous peut-être, mais plaise à Dieu qu'il ne soit pas trop tard, car il est à craindre qu'en présence de l'inutilité de nos efforts, notre dévouement ne se lasse et nos portes ne se ferment.

Le consommateur, second intéressé, a-t-il mieux compris que le producteur les avantages des boucheries coopératives?

Oui, et en donnant sa clientèle, il s'est bien vite rendu compte que la nouvelle Société devait servir de frein à l'élévation du prix de la viande et que, d'autre part, le désintéressement des administrateurs était pour lui la double garantie de l'exactitude des pesées et de la qualité des marchandises. Il n'a pas eu, du reste, à regretter sa confiance et, à en juger par la fidélité de la clientèle des boucheries, il est permis de penser que, du côté des consommateurs, la création a été appréciée. Il y a lieu, cependant, de faire quelques restrictions et, sans parler à nouveau de l'hostilité des cuisinières, qui ne trouvent pas, dans les établissements de l'Union, cette complaisance coupable, grâce à laquelle elles font danser l'anse du panier, nous ne pouvons que nous étonner de l'abstention ou de la désertion de quelques-uns qui, ne voulant pas comprendre le but social de l'œuvre, n'ont vu, dans la Société nouvelle, qu'une affaire ordinaire.

En résumé, de l'essai tenté par l'Union du Sud-Est il résulte :

1º Que la consommation approuve l'idée et l'utilise, surtout dans les classes moyennes qui ne dépendent pas des cuisinières;

2º Que la production en pourrait retirer de très sérieux avantages, mais qu'elle n'en sait pas profiter.

Ce n'est peut-être pas ce qu'escomptaient au début les promoteurs de l'idée, mais ils ne sont pas hommes à se décourager et si, un instant, la lassitude les a pu gagner, ils sont aujourd'hui, plus que jamais, convaincus de la nécessité de rapprocher producteurs ʒə consommateurs et de faire une nouvelle tentative. Cette tentative portera sur tous les produits du sol selon le projet primitif, et complètera la démonstration commencée par les boucheries. C'est le 1er juin que les nouveaux magasins s'ouvriront, à Lyon, cours Lafayette, 32. Souhaitons que le succès, rebelle une première fois, vienne couronner les efforts des généreux fondateurs, et que le producteur, plus perspicace, comprenne enfin où est son véritable intérêt, où sont ses véritables amis.

« C'est ainsi, concluons-nous avec M. Duport, notre guide éclairé dans les considérations qui précèdent, que nous aurons puissamment contribué à réaliser ce second desideratum du syndicat agricole, le plus difficile assurément : la vente des produits agricoles.

« C'est ainsi que nous aurons assuré à nos adhérents, ce qui semblait impossible, l'écoulement régulier et rémunérateur des produits qu'ils ont augmentés sous notre impulsion.

« C'est ainsi que nous aurons acquis le droit d'exiger la protection contre les produits étrangers ; car loin d'imposer à l'industrie un surcroît de dépenses, nous aurons prouvé que l'existence de ses ouvriers n'en sera pas plus difficile.

« Ce rapprochement des producteurs et des consommateurs, ne conservant plus entre eux que les intermédiaires utiles, payés en raison de leurs services, forcera ceux qui trouvaient plus facile de vivre sur les autres, à retourner à la première profession de toutes, celle de l'agriculture. Ce sera pour le plus grand bien de notre cher pays dont ils augmenteront ainsi la force de production et la richesse nationale ».

CONCLUSION

Nous venons d'étudier, dans ses manifestations multiples, la marche ascendante du mouvement syndical dans la région du Sud-Est, nous espérons avoir prouvé, aux uns que l'Union du Sud-Est a noblement rempli sa tâche, aux autres qu'avec du dévouement et du caractère, il est possible de faire beaucoup avec rien.

La première en date, l'Union du Sud-Est a été le point de départ de la création de ces unions régionales qui couvrent aujourd'hui la France entière, justifiant le mot célèbre de Proudhon : « Le XIX⁰ siècle ouvrira l'ère des fédérations, car le vrai problème ne sera plus le problème politique, ce sera le problème économique ». Comme l'écrivait il y a quelques jours, le vicomte d'Hugues, député et président du syndicat des Basses-Alpes : « En dix ans, ce mouvement immense et profond s'est produit dans les masses agricoles. L'observateur et même quiconque n'est pas aveuglé par l'esprit de parti, se rend compte aujourd'hui de l'importance de ce mouvement. Nos adversaires eux-mêmes, après avoir tout

essayé pour l'enrayer se voient maintenant
forcés de marcher dans nos sillons, afin de ne pas
perdre toute influence autour d'eux. Certes, ce
n'est pas sans peine qu'ils s'y résignent, mais
c'est par la force des choses, inconsciemment
quelquefois, qu'ils y sont amenés ».

Le chemin parcouru par l'Union du sud-Est
et par les syndicats qui la composent est immense et ceux qui, il y a dix ans, incapables du
moindre sacrifice, jetaient leurs paroles décou-
rageantes aux pionniers allant gaiement à la
peine, doivent bien regretter aujourd'hui de
n'être pas à l'honneur. « On récolte ce que l'on
sème », dit un proverbe populaire, ce sera pour
nos amis leur plus grande récompense que
d'avoir eu l'intuition de ce qui s'est passé et
d'avoir eu foi dans l'avenir.

Un des nôtres, administrateur du syndicat
agricole vauclusien, disait récemment : La loi
de 1884 qui a autorisé la création des syndicats a
été, en quelque sorte, une loi de réparation sociale
qui a permis à chacun de se grouper pour la
défense de ses intérêts les plus chers. Cette loi
a permis à l'agriculteur de vivre de sa vie propre ;
elle a donné le pouvoir à tous ceux qui vivent de
la terre de sortir de leur isolement économique
de faire entendre leur voix.

Si chaque cultivateur, si chaque paysan soutient dans la mesure de ses forces les syndicats
agricoles, qui n'ont été créés, organisés que dans
le seul but de lui être utile, s'il veut bien comprendre le puissant moyen d'action qui est entre
ses mains, il marchera rapidement à la conquête

de lois nouvelles qui lui seront plus favorables, de lois économiques qui se répercuteront de suite sur le prix des marchandises qu'il a journellement à vendre, il en tirera un meilleur parti ; il aura moins de concurrence de la part de l'étranger, il aura moins de charges à supporter du côté de l'impôt, la situation s'améliorera rapidement et nous verrons la valeur des terres reprendre leur niveau d'autrefois, indice le meilleur que l'agriculture est redevenue florissante.

Si, au contraire, il ne veut pas sortir de son apathie s'il ne veut pas éviter les conséquences désastreuses que son inertie peut avoir à l'égard de ses intérêts les plus immédiats, s'il ne considère les syndicats que d'un œil méfiant ou bien comme des maisons de commerce chez lesquelles il trouve ce dont il a besoin à des prix plus abordables, il peut s'attendre à ce que, dans un avenir peu éloigné, les grandes villes, les grandes industries, le grand commerce imposent de nouveau au parlement des lois en leur faveur, c'est-à-dire, des lois dirigées contre l'agriculture et nous verrons toujours le blé se donner (non pas se vendre) au dessous de son prix de revient, le vin rester en cave et les bestiaux étrangers approvisionner nos boucheries.

Si nous avons déjà pu quelque chose alors que nous étions peu nombreux, que ne pouvons-nous pas maintenant que nous sommes des centaines de mille, que ne pourrons-nous pas surtout le jour où les sept millions d'agriculteurs auront conscience de leur force qui ne leur vient pas seulement du nombre, mais de leur droit bien

compris, qui n'empiète sur le droit de personne
et dont le triomphe profitera au pays tout entier.

L'association, comme nous la pratiquons dans
les syndicats, peut se développer au plus grand
avantage de tous, elle n'annule pas l'individu au
bénéfice de la collectivité, elle soutient, en même
temps, les intérêts généraux et particuliers, permet à chacun de s'appuyer sur ses confrères tout
en conservant cette liberté individiduelle, ce droit
d'initiative qui, seuls, maintiennent et font respecter la dignité humaine .

Nous n'avons pas besoin de tuteur pour nous
tous, agriculteurs ; aujourd'hui que nous avons
pris possession de nous-mêmes, nous nous sentons assez grands, assez forts pour nous conduire
et nous devons repousser énergiquement toutes
les compromissions.

Nous devons marcher au grand jour, ne demandant que ce qui est notre droit et par là, nous conserverons l'estime, le respect même de tous.

Pas de politique dans nos syndicats ; si on en
fait contre nous, notre loyauté nous défendra
mieux que toutes les alliances hétéroclites, dont
nous n'avons à attendre que des déboires.

N'oublions jamais que les syndicats sont des
machines merveilleuses qui exigent pour fonctionner de l'huile de dévouement dans leurs nombreux rouages et qui s'arrêtent net quand, par
hasard, il s'introduit dans les engrenages les
moindres grains de politique, d'indifférence ou
d'égoïsme .

Il y a quelques jours, dans un banquet populaire de sociétés coopératives, au Palais de l'In-

dustrie, M. Kergall, président du Syndicat économique agricole s'écriait : Je bois à la démocratie
rurale qui aura eu ce grand honneur d'opposer à
la formule scientifique : « la lutte pour la vie » la
formule humaine : « l'union pour la vie ».

Ce mot, ajoutons-nous avec M. Robert de la Sizeranne, de par les idées qu'il exprime et de par la
personnalité qui l'a prononcé, a la valeur d'un
mot d'ordre. Suivons-le. Puisqu'il y a, pour améliorer le sort des classes souffrantes, des bonnes
volontés encore inactives, puisqu'il y a encore
des dévouements qui cherchent le devoir, mon-
trons-leur nos populations agricoles qui luttent
aussi et ne se plaignent pas, qui labourent en
silence et que, pour cela, on oublie !

Mettons-nous, ouvriers de la première et de la
dernière heure, courageusement à l'œuvre, à ces
œuvres d'association d'abord, de coopération
ensuite et enfin de crédit rural mutuel, qui, multipliées sur tout le territoire, rendront la vie moins
chère, le travail plus rémunérateur, l'acquisition
de la propriété plus facile.

Ainsi nous aurons résolu ce qui est soluble de la
question sociale et l'avenir sera à nous si nous
savons rester unis dans la défense de nos intérêts
qui sont ceux de tous et qui se peuvent résumer
dans la devise de nos syndicats du Sud-Est :

LE SOL, C'EST LA PATRIE

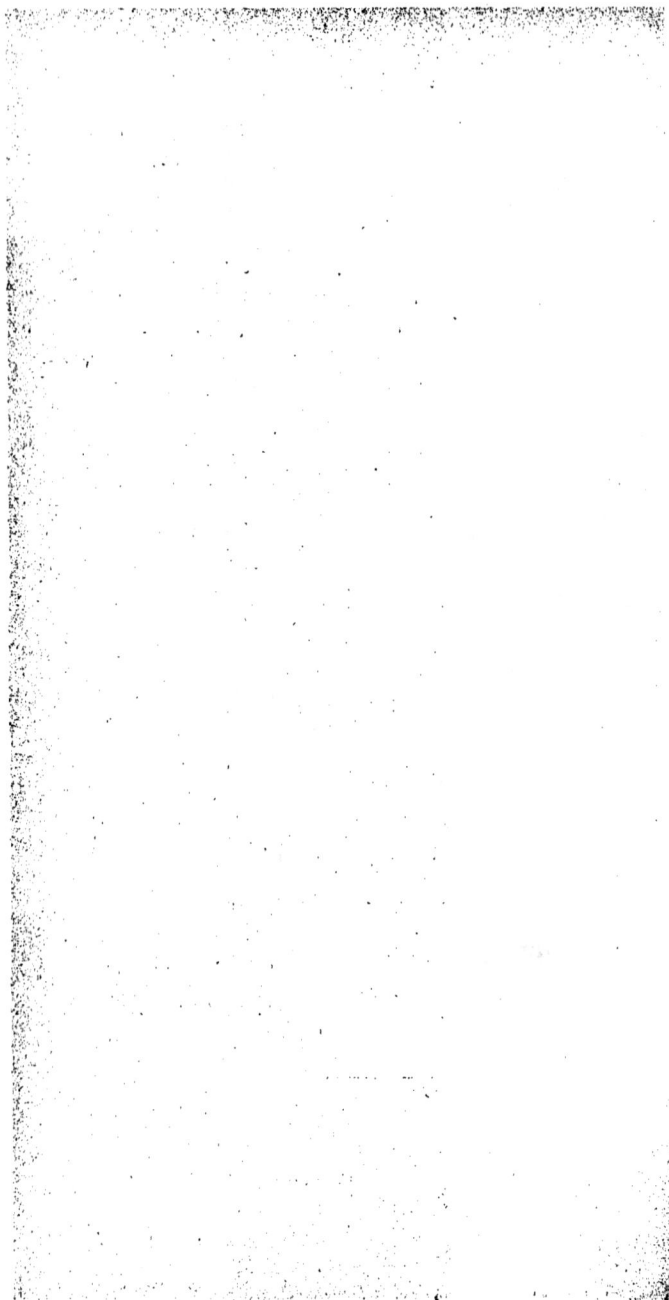

TABLE DES MATIÈRES

TITRE TROISIÈME. — **L'Union régionale.**

PLANCHES

52.536 — Imp. A. WALTENER ET Cie, Lyon.

UNION DU SUD-EST

SYNDICATS AGRICOLES

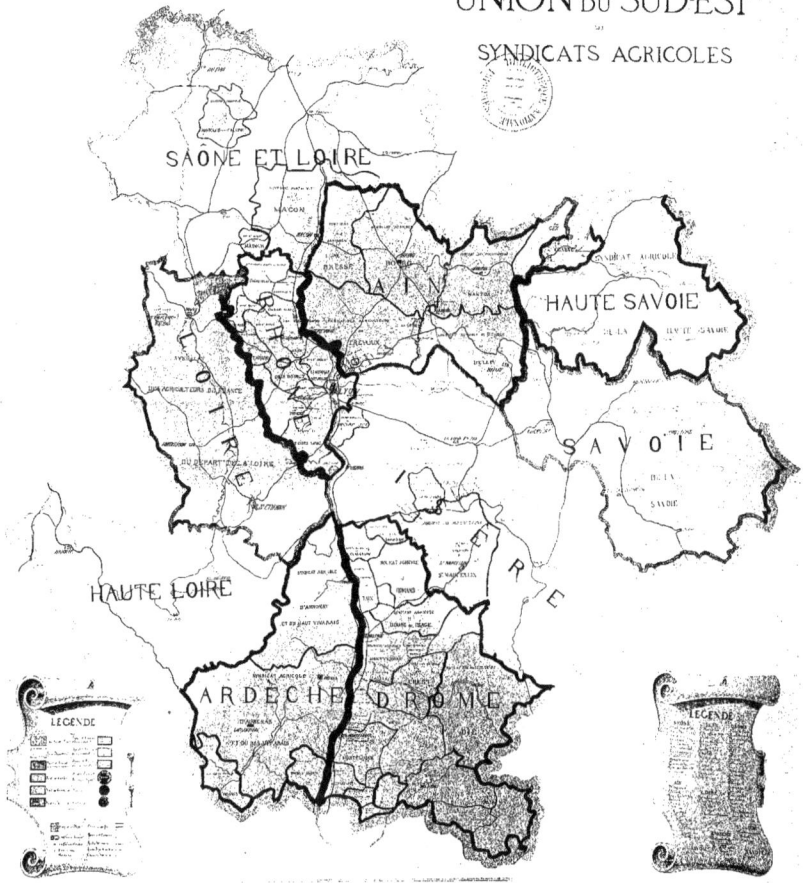

Union du Sud-Est

BULLETIN ET ALMANACH

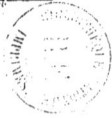

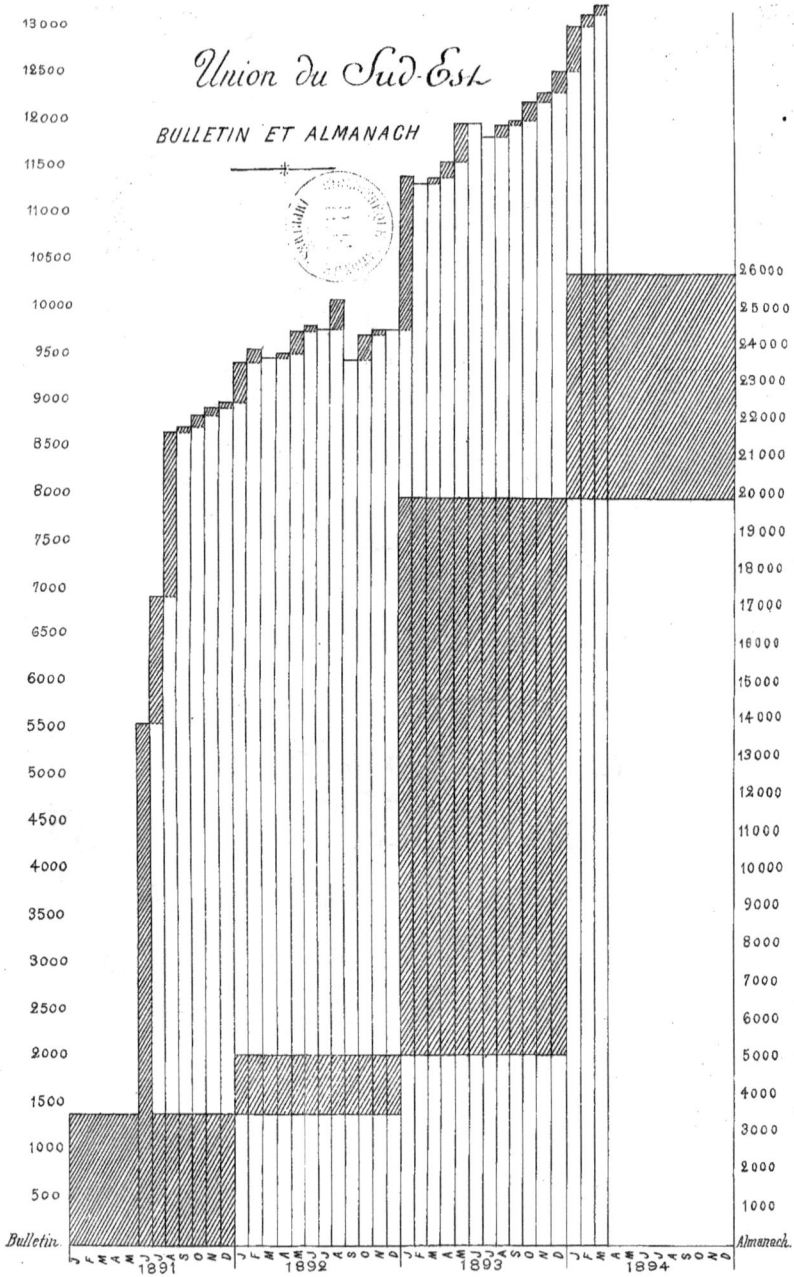

Bulletin

13000				
12500				
12000				
11500				
11000				
10500				26000
10000				25000
9500				24000
9000				23000
8500				22000
8000				21000
7500				20000
7000				19000
6500				18000
6000				17000
5500				16000
5000				15000
4500				14000
4000				13000
3500				12000
3000				11000
2500				10000
2000				9000
1500				8000
1000				7000
500				6000
				5000
				4000
				3000
				2000
				1000

Bulletin   J F M A M J J A S O N D | J F M A M J J A S O N D | J F M A M J J A S O N D | J F M A M J J A S O N D   Almanach.

1891   1892   1893   1894

CITO ET BENE